창세기 강해설교 3

천사와 씨름한 야곱

창세기 강해설교-3
[25-32장]

천사와 씨름한 야곱

김서택

홍성사.

차례

개정판 머리말

저의 창세기 강해는 제가 처음으로 홍성사에서 출간한 책입니다. 무려 열 권으로 되어 있고 부족한 점이 많은 책이지만 독자들의 사랑을 많이 받았습니다. 그때는 제가 아주 작은 개척 교회를 할 때였습니다. 그러나 이 창세기 강해가 부흥의 불을 붙였고, 교인들로 하여금 삶의 의미와 가치를 깨닫게 했습니다.

처음 창세기 강해를 할 때는 참고할 만한 책이 거의 없을 때였습니다. 그러나 지금은 창세기에 대한 책들이 많이 출판된 것을 보면서 참으로 반가운 마음이 듭니다. 이번에 홍성사에서 열 권의 강해집을 네 권으로 묶어서 출판한다고 합니다. 더 사랑받고 도움되는 창세기 강해가 될 줄 믿습니다.

첫 창세기 강해집 출간을 허락하셨던 정애주 사장님께 감사드리며, 편집부 모든 식구들에게도 감사드립니다.

대구 수성교 옆에서

김서택 목사

김서택

일러두기

· 본문에 쓰인 성경은 개역한글판입니다.
· 이 책은 저자의 창세기 강해설교 6권 《팥죽 한 그릇의 거래》(2000년 3월 초판 발행)와 7권 《천사와 씨름한 사람》(2000년 5월 초판 발행)을 합본한 뒤 어문규정에 맞게 교정하고 새롭게 다듬은 것입니다.
· 《팥죽 한 그릇의 거래》는 이 책 1~12장에 해당되며, 1996년 12월부터 1997년 2월까지 제자들교회에서 설교한 내용을 정리했습니다. 《천사와 씨름한 사람》은 이 책 13~24장에 해당되며 1997년 3월부터 5월까지 제자들교회 주일예배에서 설교한 내용을 정리했습니다.

1

배 속의 두 아들

어렸을 때 저희 집은 무척이나 가난했습니다. 그야말로 끼니를 거르는 것은 예삿일 정도였습니다. 그런데 저만 가난했던 것이 아니라 제 주위에 있던 사람들이 다 그렇게 가난했습니다. 제 친구들이나 제가 알고 있던 사람들은 모두 다 가난한 사람들이었습니다. 초등학교에 다니던 저는 어린 마음에 혼자 곰곰이 생각을 해 보았습니다. '왜 나는 돈 많은 부자 나라에서 태어나지 않고 이토록 가난한 나라에서 태어났을까?' 그런데 아무리 생각해도 왜 내가 가난한 나라, 가난한 집에서 태어났는지 알 수가 없었습니다. 그때 제가 내린 결론은 '내가 왜 이 가난한 나라, 가난한 집에서 태어났는지는 알 수 없지만 일단 이 사실을 받아들이고, 이 가난한 나라에서 다른 사람들을 위하여 할 수 있는 일이 무엇인지 찾으면서 살아 보자'는 것이었습니다.

우리는 모두 자신의 문제에 대해 결정을 할 수 있는 인격을 가진 사람들입니다. 그래서 자신의 의사에 반하여 어떤 사항이 결정될 때 마치 인격이 무시당하는 것 같은 느낌을 받습니다. 그러나 우리가 아무리 인격을 가진 존재라 하더라도 모든 것을 스스로 결정할 수는 없습니다. 우리는 많은 부분에서 자신의 의사와 상관없이 타의에 의해 이미 결정된 채로 태어납니다. 내가 미국 시민으로 태어나느냐 북한에서 태어나느냐 하는 것은 나의 의지와 전혀 상관없이 결정되는 것입니다. 남자로 태어나느냐 여자로 태어나느냐 하는 것도 내 의사와 상관없이 미리 결정됩니다.

어떤 여자는 남자로 태어나지 못한 것을 원망합니다. 집안 형편이 너무나도 어려워서 자기가 돌봐야 하는데 여자이기 때문에 시집을 가야만 할 때, 왜 여자로 태어났는지가 원망스럽지요. 그러나 아무리 원망해 봐야 소용이 없습니다. 이것은 자신의 의사와 아무 상관 없이 이미 결정되어 있는 것이기 때문입니다. 건강도 이미 결정된 상태로 태어나는 사람들이 있습니다. 예를 들어 선천적으로 건강이 약하다거나 병을 가지고 태어나는 사람 중에 자기가 원해서 그렇게 된 사람은 아무도 없습니다. 자신의 의사와는 아무 상관 없이 그렇게 태어난 것입니다.

그럴 때 할 수 있는 일이 무엇입니까? 그 사실을 인정하고 그 범위 안에서 최선을 다하여 사는 것입니다. 내가 왜 한국에서 태어났고 왜 여자로 태어났으며 왜 이런 병을 가지고 태어났는지 아무리 원망해 봐야 소용이 없습니다. 일단 그 사실을 인정하고 그 범위 안에서 최선을 다하는 수밖에 없습니다.

오늘 본문은 이삭의 두 쌍둥이 아들에 대해 말씀하고 있습니다. 이삭은 결혼한 후에도 오랫동안 아이를 가지지 못했습니다. 리브가는 몸이 건강했음에도 불구하고 무려 20년 동안이나 임신을 하지 못했습니다. 결국 이삭은 이 문제를 놓고 기도하지 않을 수 없었습니다. 그가 기도했을 때 드디어 리브가가 임신을 하게 되었는데, 나중에 알고 보니 쌍둥이였습니다. 그런데 문제는 이 쌍둥이들이 배 속에서 너무나 싸운다는 것이었습니다. 그래서 이 일을 어떻게 하면 좋을지 하나님께 여쭈어 보았더니, 이 두 아들의 장래에 대해 말씀해 주셨습니다.

그 말씀의 내용은 아이들이 배 속에 있는 이때, 이미 하나님께서는 이들에 대하여 각기 다른 뜻을 가지고 계시다는 것이었습니다. 하나님께서는 이들이 아무 행동도 하기 전, 선한 일도 악한 일도 전혀 하지 않은 상태에서, 하나는 택하여 하나님의 백성이 되게 하시고 다른 하나는 버려서 멸망받게 하겠다는 계획을 말씀하셨습니다. 이것이 놀라운 점입니다. 이 아이들은 아직 태어나지도 않았습니다. 아직 아무 일도 한 것이 없습니다. 그럼에도 불구하고 하나님께서는 이 아이들에 대하여 각기 다른 계획을 가지고 계시다는 것입니다.

기독교의 가르침 중에서도 가장 비밀스러운 것이 바로 이 예정에 대한 가르침입니다. 하나님께서는 그 백성들이 태어나기 전부터 알고 계셨으며 택하셨습니다. 즉 어떤 자들에게는 은혜를 주기로 결정하셨는가 하면, 어떤 자들은 버리기로 결정하신 것입니다. 사실 이 예정에 대한 가르침보다 더 우리를 화나게 하는 것이 없습니다. 만일 하나님께서 이처럼 우리의 의사와 상관없이 미리 다 결정을 내려 놓으셨다면 인간은 도대체 뭐가 되는 것입니까? 결국 하나님께서 예정하신 자들은 어떻게든 믿게 될 것이고 예정하지 않으신 자는 아무리 믿으려고 애를 써도 못 믿게 될 것 아닙니까?

그러나 우리가 참으로 자기 자신의 모습을 깨닫는다면 이 예정이라는 것이 결코 인간의 의사를 무시하는 것이 아니며, 오히려 이런 방법이 아니라면 구원받을 사람이 단 한 명도 없다는 사실을 알게 될 것입니다. 그리하여 이 예정을 통하여 하나님의 은혜가 얼마나 소중한지를 깨닫고 그 은혜를 더 찬양하게 될 것입니다.

쉽게 아이를 가지지 못하는 이삭

이삭은 아브라함이 노년에 가진 유일한 아들이었습니다. 그는 자기 마음대로 결혼하지 않고 하나님께서 정해 주신 여자와 결혼했습니다. 그런데 하나님께서 정해 주신 이 아내가 오랫동안 아이를 가지지 못했습니다. 혹시 하나님이 기뻐하시지 않는 결혼을 했다면 '아, 내가 하나님께 불순종했기 때문에 그 벌로 아이를 주시지 않는구나'라고 생각하겠지만, 이 결혼은 하나님이 결정하시고 축복하신 결혼이었습니다. 처음에는 '시간이 좀 지나면 생기겠지' 하면서 가볍게 생각하고 넘어갔는데 결혼한 지 20년이 지나도록 아이는 생기지 않았습니다. 그래서 이삭은 이 문제를 가지고 하나님께 기도하지 않을 수 없었습니다. 25장 21절을 보십시오.

이삭이 그 아내가 잉태하지 못하므로 그를 위하여 여호와께 간구하매 여호와께서 그 간구를 들으셨으므로 그 아내 리브가가 잉태하였더니

우리는 하나님께서 축복하시고 함께하신 결혼인데도 불구하고 이토록 오랫동안 아이가 생기지 않는 것을 이해할 수가 없습니다. 지금까지 이삭은 무슨 생각을 하면서 살았습니까? 모든 것을 하나님이 알아서 하신다는 것입니다. 하나님의 때에, 하나님의 방법으로, 하나님께서 다 알아서 주신다는 것이 이삭의 믿음이었고, 그는 이 믿음으로 지금까지 기다렸습니다. 그가 모리아 산에서 죽을 뻔했을 때 깨달은 것은 '여호와 이레'의 신앙이었습니다. 하나님은 필요한 것을 다 준비해 주신다는 것입니다. 그래서 이 일도 하나님께서 알아서 해주실 것을 믿고 기다렸는데, 무려 20년이 지나도록 아이는 생기지 않았습니다. 그래서 그는 어쩔 수 없이 이 문제를 놓고 하나님께 기도하지 않을 수 없었습니다.

사람들은 말로는 하나님께 맡긴다고 하면서, 실제로는 그 문제의 중요성을 잊어버리고 거기에 무관심해질 때가 많습니다. 우리는 움켜쥐든지, 아니면 잊어버립니다. 그래서 하나님께서는 이미 우리가 믿음으로 하나님께 맡겼음에도 불구하고 오히려 응답해 주지 않고 기다리게 하심으로써, 그 문제에 다시 한 번 관심을 집중시

키시고 그 문제의 중요성에 주의를 환기시키시는 것입니다.

믿는 사람들은 '저절로 신학'을 가지고 있는 경우가 많습니다. 말로는 믿는다고 하지만 실제로는 그 문제를 잊어버린 채 '하나님이 다 알아서 하시겠지' 하면서 방관하는 것을 믿음으로 생각하는 것입니다. 그때 하나님께서는 오히려 그 문제에 빨리 응답해 주지 않으심으로써 우리를 방관의 굴에서, 구경꾼의 위치에서 나오게 하십니다. 그래서 그 문제를 놓고 기도하게 하시고 그 문제의 중요성에 집중하게 하십니다. 하나님께서는 중요한 문제에 방관하는 자세로 있는 것을 좋아하시지 않습니다. 하나님께서 우리의 중요한 문제에 더디게 응답하시는 데에는 그렇게 방관하는 자세나 포기하는 자세를 버리고 나와, 그 문제를 놓고 하나님과 의논하고 기도하며 더 적극적인 하나님의 뜻을 찾으라는 의미가 들어 있습니다.

'저절로 신학'의 특징이 무엇입니까? 하나님께 맡겼다는 미명하에 다른 일에 더 열중하는 것입니다. 정작 중요한 문제는 하나님께 맡겼다는 핑계로 밀어 놓은 채, 자기는 돈 버는 문제에 빠지고 사람 만나는 문제에 빠지고 취미생활에 빠집니다. 그리고 여호와 이레의 하나님이 다 알아서 하실 것이라고 하면서, 자기는 그 문제에 책임을 지지 않으려고 합니다. 그럴 때 하나님은 그 기도에 응답하지 않으심으로써 다시 한 번 그 문제에 매달리게 하시고 그 중요성을 인식하게 하시는 것입니다.

하나님께서 이삭의 아이를 늦게 주신 데에는 또 다른 의미가 있습니다. 즉 우리에게 무언가 중요한 가르침을 주시려는 뜻이 있습니다. 아브라함의 경우, 하나님께서 아들을 늦게 주신 이유가 무엇이었습니까? 하나님의 아들은 자연발생적으로 출생하는 것이 아니라 하나님의 말씀으로 만들어진다는 것을 보여 주시기 위해서였습니다. 이삭은 부모가 너무 늙어서 인간의 상식으로는 태어날 수 없는데도 불구하고 하나님의 말씀이 늙은 아버지와 어머니의 몸속에 역사함으로써 잉태되어 태어난 아들입니다. 하나님의 백성은 자동적으로 만들어지지 않습니다. 도저히 변할 수 없는 사람이 하나님의 말씀에 붙들려 변화됨으로써 하나님의 백성이 되는 것이지, 원래부터 종교성이 있고 기독교 테두리 안에 있다고 해서 되는 것이 아닙니다. 이 점이 이스마엘과 이삭의 다른 점입니다.

그런데 하나님께서는 이삭 역시 아들을 오래오래 기다리게 하셨습니다. 이번에는 그 이유가 무엇입니까? 같은 아들이라 하더라도, 심지어는 쌍둥이라고 하더라도 각 사람에 대해 다른 계획을 가지고 있다는 것을 가르쳐 주시기 위해서입니다. 같은 아들입니다. 같은 어머니에게서 태어난 쌍둥이입니다. 그러나 하나님께서는 이들이 태어나기도 전에 각각에 대해 근본적으로 다른 계획을 가지고 계셨습니다.

그러므로 하나님께서 나를 사랑하심에도 불구하고 나의 필요를 채워 주시지 않고 오래 기다리게 하실 때 '나에게 가르쳐 주시고자 하는 중요한 진리가 있구나' 생각하면서 하나님의 뜻을 기대해야 합니다. 하나님은 분명히 여호와 이레의 하나님이십니다. 그럼에도 나의 필요를 오래 채워 주시지 않는 것은 나를 사랑하시지 않거나 무관심하시기 때문이 아닙니다. 나에게 가르쳐 주실 엄청난 진리가 있기 때문입니다.

하나님께 결혼 문제를 맡겼는데도 결혼이 늦어집니까? 이미 하나님의 뜻대로 결혼을 했고 아이의 문제를 하나님께 맡겼는데도 임신이 늦어집니까? 그럴 때 '하나님은 나를 사랑하지 않는다'고 생각하지 말고, '도대체 또 어떤 진리를 나에게 체험하게 하시려고 이렇게 하시는가, 도대체 어떤 큰 은혜를 주시려고 이렇게 기다리게 하시는가, 나를 얼마나 감격시키시려고 이렇게 눈물 흘리게 하시는가' 하는 기대의 마음으로 하나님을 바라보십시오.

배 속의 두 아들

이삭은 아이를 갖는 문제 앞에 더 이상 '저절로 신학'을 가질 수 없었고, 더 이상 방관한 채로 머물러 있을 수 없었습니다. 그래서 하나님께 기도했고 하나님께서는 그의 기도를 들으셔서 마침내 리브가는 임신을 하게 되었습니다. 얼마나 기쁘고 감사한 일입니까? 그런데 배 속에 있는 아기가 자라면서 마냥 기뻐할 수만은 없는 일이 벌어졌습니다.

> 아이들이 그의 태 속에서 서로 싸우는지라 그가 가로되 이 같으면 내가 어찌할꼬 하고 가서 여호와께 묻자온대(25:22).

리브가는 처음에 자신이 쌍둥이를 임신했으며 이 쌍둥이들이 서로 싸우는 바람에 그토록 몸이 불편하다는 사실을 몰랐을 것입니다. 하지만 좌우간 하루도 배가 편할 날이 없이 항상 요동질을 쳤습니다. 오늘 본문에는 "이 같으면 내가 어찌할꼬?"라고 되어 있는데, 다른 번역에는 "이러면 도대체 내가 어떻게 살꼬?"로 되어 있습니다. 다시 말해서 날이면 날마다 엄청난 요동질이 일어나는 바람에 거의 죽을 지경이 되었다는 것입니다. 무엇보다 걱정이 되어서 살 수가 없어요. 다른 부인들은 임신을 해도 배가 조용할 때가 있다는데, 자기는 무언가 쉬지 않고 우당탕거립니다. 도대체 뭘 잘못 먹어서 그런 건지, 정말 아이가 들어 있긴 한 건지, 혹시 무슨 짐승이 든 것은 아닌지 알 수가 없습니다. 그렇지 않아도 여자들은 임신을 하면 과연 정상적인 아이가 태어날 것인지에 대해 걱정을 많이 합니다. 그런데 이렇게 요동질이 심하니 어떻게 걱정이 되지 않겠습니까? 또 몸은 몸대로 힘들어서 견딜 수가 없었습니다. 그래서 이 문제를 가지고 하나님께 나아갔습니다.

여기에서 중요한 것은 리브가가 어떤 방식으로 하나님께 나아갔느냐 하는 것입니다. 우리는 어려운 문제가 있을 때 여러 가지 방식으로 하나님의 뜻을 구합니다. 때로는 설교를 통해 하나님의 뜻을 구하기도 하고, 성숙한 신앙의 선배를 찾아가서 상담하기도 합니다. 또 어떤 경우에는 일반적이고 상식적인 방법을 통해 하나님의 뜻을 찾기도 합니다. 예를 들어서 리브가가 요즘 세상에 살았더라면 당장 병원에 가서 초음파 검사를 해 보고 답을 얻었을 것입니다. 그러나 리브가는 고대의 인물입니다. 그는 하나님께 "제 몸이 대체 왜 이렇습니까? 다른 사람들은 임신해도 잘만 사는데 저는 왜 이렇게 속이 편한 날이 하루도 없습니까?" 하고 물을 수밖에 없었습니다.

물론 그 당시에도 사람들은 개인적으로 기도할 수 있었습니다. 그러나 이런 문제에 대해서는 하나님의 선지자를 찾아가서 묻게 되어 있었습니다. 특히 리브가의 경우에, 하나님의 응답이 어떤 직감적인 느낌이 아니라 구체적인 예언의 말씀으로 주어진 것을 보면 어떤 선지자와 상담한 것이 분명합니다. 문제는 이 선지자가 누구냐 하는 것입니다. 아브라함은 선지자였습니다. 그러나 성경은 이 선지자가 아브라함이라고 굳이 말하고 있지 않습니다. 어쩌면 우리가 모르는 또 다른 선지자가 있었는지도 모릅니다.

그러나 이삭은 분명히 선지자였습니다. 리브가는 자기 남편에게 물었을 가능성이 아주 큽니다. 그러니까 이때만큼은 이삭이 리브가에게 남편이 아니라 목회자요 선지자가 되는 것입니다. 성경이 이 부분에 침묵을 지키고 있기 때문에 분명히 이삭이 리브가를 상담했다고 단정 지어 말할 수는 없습니다. 그러나 그 밖의 다른 가능성이 적기 때문에, 이삭이 남편이 아니라 선지자의 자격으로 이 문제에 대하여 하나님께 물은 후에 그 뜻을 리브가에게 전달했다고 볼 수 있는 여지가 많습니다.

목사는 집에서는 남편이자 아버지입니다. 그러나 어떤 영적인 문제가 생겼을 때에는 더 이상 남편이나 아버지로서가 아니라 목회자로서 그 문제에 접근하게 됩니다. 또 목사가 없는 집일 경우에는 그 가정에서 영적으로 가장 성숙한 사람이 선지자가 됩니다. 아내가 선지자가 될 수도 있고, 딸이 집안의 위기에 대한 하나님의 뜻을 전할 수도 있습니다. 어느 가정이든지 그 가정에서 영적으로 가장 성숙한 사람이 선지자가 되는 것입니다.

하나님은 무엇이라고 말씀하셨습니까?

> 여호와께서 그에게 이르시되 두 국민이 네 태중에 있구나 두 민족이 네 복중에서부터 나누이리라 이 족속이 저 족속보다 강하겠고 큰 자는 어린 자를 섬기리라 하셨더라(25:23).

리브가는 이 말씀을 통해 자신이 쌍둥이를 가졌다는 사실을 안 것 같습니다. 전에는 혹시 무슨 죽을병에 걸려서 이처럼 하루도 속이 편한 날 없이 요동질을 한다고 생각했을 수도 있습니다. 그런데 알고 보니 배 속에 쌍둥이가 있었으며 이 쌍둥이들이 기를 쓰고 싸우는 바람에 하루도 편한 날이 없던 것이었습니다. 그렇다면 도대체 이 쌍둥이들은 왜 이렇게 기를 쓰고 싸우는 것입니까?

하나님께서는 이 두 쌍둥이가 하나 될 수 없는 사람들이기 때문에 싸운다고 말씀하십니다. 우리 상식으로 쌍둥이는 배 속에서 하나는 아래로 하나는 위로 어긋나게 있는 법입니다. 애들이 마주 봐야 싸울 텐데 이렇게 거꾸로 있으면서 어떻게 싸웠는지 모르겠습니다. 발바닥을 이빨도 없는 입으로 물어뜯었는지, 발을 서로 잡아당겼는지 모르겠지만, 어쨌든 인간의 모습이 생기면서부터 죽어라고 싸웠습니다.

보통 형제가 태어나면 한 민족으로 살아갑니다. 성질이 좀 안 맞아도 그냥 삽니다. 그러나 이들은 한 민족이 되지 못하고 나뉠 것이라고 말씀하십니다. 그것도 늙은 후에 그 자손들이 나뉘게 되는 것이 아니라, 배 속에서부터 나뉜다는 것입니다. 배 속에 이미 국경이 있다는 거예요. 보통 민족은 핏줄로 나뉩니다. 핏줄이 같을 때 대개는 한 민족으로 생각합니다. 그런데 여기에서 핏줄 외에 또 다른 민족의 개념이 생기고 있습니다. 그것이 무엇입니까? 하나님의 선택입니다. 하나님의 선택에 따라 같은 핏줄을 가진 한 형제인데도 민족이 나뉘고 있습니다.

하나님께서 배 속에서 서로 싸우는 이 두 쌍둥이를 통해 보여 주시고자 하는 것이 무엇입니까? 하나님의 백성은 단순히 자기 자신의 선행이나 노력으로 되는 것이 아니라 하나님의 영원한 작정에 따라 된다는 것입니다. 사도 바울은 로마서 10장 10절부터 13절에서 이렇게 말씀하고 있습니다.

> 이뿐 아니라 또한 리브가가 우리 조상 이삭 한 사람으로 말미암아 잉태하였는데 그 자식들이 아직 나지도 아니하고 무슨 선이나 악을 행하지 아니한 때에 택하심을 따라 되는 하나님의 뜻이 행위로 말미암지 않고 오직 부르시는 이에게로 말미암아 서게 하려 하사 리브가에게 이르시되 큰 자가 어린 자를 섬기리라 하셨나니 기록된 바 내가 야곱은 사랑하고 에서는 미워하였다 하심과 같으니라

기독교의 가르침 중에 가장 위험한 것이 바로 이 선택의 교리입니다. 하나님께서는 아직 우리가 태어나기도 전에, 착한 일이나 악한 일을 하기도 전에 우리를 택하시기로 영원히 작정하셨습니다. 사실 이 선택의 교리만큼 하나님을 불리하게 만드는 것이 없습니다. 사람들은 이 가르침을 듣자마자 반발합니다. 태어나기도 전에 결정적으로 예정해 놓았다면 도대체 인간은 무엇 때문에 태어나고 무엇 때문에 살며 무엇 때문에 선행을 해야 하느냐는 것입니다. 그럼에도 불구하고 성경은 분명히 우리가 태어나기도 전에 영원한 하나님의 작정에 따라 구원받았다고 말씀하고 있으며, 리브가의 배 속에서부터 두 민족이 나뉠 수밖에 없다고 단언하고 있습니다.

그 이유가 무엇입니까? 우리가 우리의 본성을 바로 안다면 이 하나님의 선택에 대해 오히려 찬양드리지 않을 수 없을 것입니다. 이 세상에 태어나는 인간들 가운데 하나님께 택함받을 만한 사람은 단 한 사람도 없기 때문입니다. 자발적으로 하나님의 백성이 될 수 있는 사람은 단 한 사람도 없습니다. 다윗은 시편 51편에서 무엇이라고 고백했습니까?

> 내가 죄악중에 출생하였음이여, 모친이 죄중에 나를 잉태하였나이다 (시 51:5).

모친이 죄악 중에 자기를 잉태했다는 것입니다. 이것은 아기를 가지는 것 자체가 죄라는 뜻이 아닙니다. 사람은 처음 잉태될 때부터, 아예 만들어질 때부터 죄 가운데 있었으며, 따라서 그 본연의 모습 그대로 하나님의 백성이 될 수 있는 사람은 아무도 없다는 것입니다.

사람은 누구나 죄 가운데서 만들어집니다. 이삭의 두 쌍둥이 아들은 둘 다 처음에 만들어질 때부터 하나님의 백성이 될 자격이 없었습니다. 그럼에도 불구하고 하나님께서는 그 중에 하나를 택하여 한평생 말씀으로 찾아오시고 은혜로 설득하셔서 결국은 하나님의 백성으로 만들어 놓고야 마십니다. 둘 다 하나님의 백성이 될 수 없는데 둘 중에 하나를 택하여 끝까지 물고 늘어져서 변화시킴으로써 그 백성으로 만드시는 것입니다. 야곱이 하나님의 백성이 된 것은 그가 처음부터 경건했거나 신앙생활을 착실히 했기 때문이 아닙니다. 오직 그가 나기도 전에 하나님께서 그를 주목하셨고, 그의 죄성에도 불구하고 끊임없이 찾아와 변화시키셨기 때문입니다.

이 선택의 교리보다 더 인간의 죄성을 잘 드러내는 것이 없습니다. 이 선택의 교리보다 더 하나님의 은혜를 잘 나타내는 것이 없습니다. 우리는 나중에 이 두 쌍둥이가 태어나는 모습을 보게 될니다. 둘 중에 어느 누구도 하나님의 백성의 모습을 가지고 있지 않았습니다. 그럼에도 불구하고 하나님께서는 그중에 하나를 택하여 끝까지 붙드시고 끝까지 설득하시며 끝까지 변화시켜서 결국은 하나님의 백성이 되게 하셨습니다. 이것이 하나님의 선택이요 예정입니다. 이처럼 예정은 우리를 구원하고자 하시는 하나님의 의지와 열정을 나타냅니다.

그러나 우리에게는 또 다른 의문이 있습니다. 만약 그렇다면 왜 쌍둥이를 둘 다 선택하지 않으신 것입니까? 둘 다 변화시키고 둘 다 끝까지 물고 늘어지지 왜 하나만 택하셨습니까? 하나님께서 공평하게 두 사람 모두를 선택했거나 버리셨다면 아마 아무도 이의도 달지 않았을 것입니다. 인간의 불만은 왜 불공평하게 하나는 택하시고 하나는 버리셨느냐는 것입니다.

여러분, 이것이 바로 하나님의 주권입니다. 하나님께는 우리를 구원하셔야 할 의무나 책임이 전혀 없습니다. 만일 하나님께 그런 의무나 책임이 있다면, 우리는 하나님의 구원에 대해 전혀 감사하거나 영광 돌릴 생각을 하지 않을 뿐 아니라 이 모든 일을 아주 당연하게 생각할 것입니다. 하나님께서는 이 구원을 통해 참으로 영광받으시기 위해서, 이 구원을 통해 전심으로 하나님을 찬양하게 하기 위해서 일부는 버리시기로 작정하신 것입니다.

구체적으로 어떤 사람을 버리시는지는 우리가 알 수 없습니다. 그러나 같은 인간임에도 불구하고, 같은 형제임에도 불구하고, 같은 쌍둥이임에도 불구하고, 같은 부부임에도 불구하고 그중에 일부를 버리신다는 것은 분명합니다. 그리하여 우리의 구원이 당연한 것이 아니라 하나님의 은혜라는 것을 알게 하시고, 이 구원에 대해 하나님을 찬양하며 기뻐하게 하십니다.

하나님께서는 우리가 예정 때문에 불평하지 못하도록 하기 위해, 어떤 것은 우리의 의지와 상관없이 정해진 채로 태어나게 하셨습니다. 남자로 태어나느냐 여자로 태어나느냐, 유대인으로 태어나느냐 일본인으로 태어나느냐 하는 것은 우리가 결정할 수 있는 일이 아닙니다. 그것은 내 의사와 상관없이 결정되는 것으로서, 우리는 그것을 받아들이지 않을 수 없습니다.

하나님의 택함을 받지 못한 자의 특징이 무엇입니까? 하나님의 말씀을 경멸하는 것입니다. 자신이 하나님보다 더 능력 있고 똑똑하다고 생각하는 것입니다. 하나님을 무시하고 업신여기는 것입니다. 그들은 교만 가운데 자기 멋대로 살다가 영원한 멸망으로 떨어집니다. 택함받은 자들도 원래는 그들과 똑같았습니다. 그러나 그들은 말씀을 통해 하나님이 얼마나 크고 오묘하신 분인지 깨닫고, 두렵고 떨리는 마음으로 살게 된 사람들입니다.

하나님은 공평한 분이십니다. 이 세상에서 자기 하고 싶은 대로 다 하며 사는 사람들은 반드시 멸망당할 것입니다. 하나님을 두려워하지 않는 사람들은 공부하고 싶은 만큼 다 공부하고 돈 벌고 싶은 만큼 다 법니다. 사기를 치든 도둑질을 하든 벌고 싶은 대로 벌고 누리고 싶은 대로 누립니다. 그런 사람들은 멸망당하는 것이 당연합니다. 만약 그런 사람이 한 명이라도 천국에 들어온다면, 그것이야말로 불공평한 일이 될 것입니다. 이 세상에서 제멋대로 다 하면서 다른 사람을 업신여기며 산 사람은 천국에 발가락 하나도 들여놓으면 안 됩니다.

그리스도인들은 누구입니까? 이 세상에서 온갖 고난을 다 받는 사람들입니다. 낮아질 대로 낮아진 사람들입니다. 하고 싶은 말도 다 못하고 하고 싶은 일도 다 못 합니다. 야곱은 성경에 나오는 인물들 중에 가장 많은 연단을 받은 사람입니다. 야곱의 연단은 그야말로 눈물겨운 것이었습니다. 야곱만큼 쓰라린 경험을 한 사람이 없었습니다. 그 이유가 무엇입니까? 변화되어야 했기 때문입니다. 하나님의 백성으로 만들어져야 했기 때문입니다. 야곱은 자기 꾀에 빠져 젊은 시절을 노예로 보냈고, 사랑하는 아내를 잃었으며, 쫓기며 살았습니다. 바로를 만났을 때 자기가 130년을 살았지만 험

악한 인생을 살았다고 고백할 정도로 그는 힘들게 살았습니다.

그렇게 변화되지 않았다면 야곱 같은 사람이 어떻게 하나님의 백성이 될 수 있었겠습니까? 하나님은 참 공평하신 분입니다. 자기 하고 싶은 대로 다 하는 사람은 복을 받을 수 없으며 영원한 영광에 들어갈 수 없습니다. 예배드리고 싶으면 드리고 빠지고 싶으면 빠져 가면서 제멋대로 살던 사람이 하나님의 영광에 들어간다는 것은 정말 불공평한 일입니다. 진리를 붙들고 자기의 모든 욕망을 포기한 채 이런 소리 저런 소리 다 들어가면서 산 사람과 자기 하고 싶은 대로 다 하고 산 사람이 어떻게 같을 수가 있습니까?

택함받은 사람은 하나님이 바꾸어 놓으십니다. 바뀌지 않으면 치십니다. 야곱은 한평생 도망을 쳤습니다. 그의 인생은 하나님과의 숨바꼭질이었습니다. 은혜를 베풀려 하면 도망치고 베풀려 하면 도망쳤습니다. 결국 하나님은 얍복 강에서 그의 다리를 치셨습니다. 우리의 신앙생활도 숨바꼭질입니다. 여러분 자신도 알고 있지 않습니까? 하나님께 잡히지 않으려고 얼마나 요리조리 피하고 있습니까? 그러나 여러분이 정말 하나님이 택하신 백성이라면 잡힐 때가 있습니다. 하나님께서 잡으실 때는 손으로 잡지 않으십니다. 아예 도망갈 생각을 못하도록 작살을 꽂으십니다.

여러분, 더 이상 도망가지 마십시오. 이 세상에서 갈 데까지 다 가본 사람은 결국 지옥으로 가게 됩니다. 돈 벌고 싶은 만큼 다 번 사람, 돈이 너무 많이 들어와서 지겨운 사람, 세종대왕 얼굴만 봐도 입맛이 떨어지는 사람이 어디로 가겠습니까? 공부하고 싶은 만큼 다 한 사람, 너무 지겹게 많이 해서 얼굴이 다 마비될 지경인 사람들이 어디로 가겠습니까? 그러나 하나님께서 사랑하시겠다고 한번 찍은 사람은 끝까지 추격하십니다. 긴말하시지 않습니다. 작살로 박아 버립니다. 그러면 손들고 돌아오지 않을 수 없습니다.

이것이 하나님의 예정입니다. 하나님이 한 명 한 명 그런 식으로 추적하지 않으셨다면, 교회에 사람들이 모여지지가 않았을 것입니다. 우리가 보통 사람들입니까? 보통으로 할 일이 많고 보통으로 똑똑한 사람들입니까? 자발적으로 여기에 올 리가 없어요. 하나님이 한 명 한 명 찾아가서 쓰러뜨리셨기 때문에 결국은 끌려온 것입니다. 그런데 이렇게 끌려와서도 졸면서 딴 생각 하면 되겠습니까? 딴 생각이 나거든 얼른 의자에서 내려와 무릎 꿇고 앉아서 예배드려야 합니다. 실컷 딴 생각하다가 축도 소리에 깜짝 놀라서 깨고 그러면 안 돼요. 예배드리는 이 시간이 얼마나 중요한지 알고 정신을 차려야 합니다.

쌍둥이의 출생

배에서 싸우는 쌍둥이가 어떻게 생겼는지 보고 싶지 않습니까? 도대체 어떻게 생긴 아이들이길래 배 속에서부터 이렇게 전쟁을 치르고 있을까요? 그런데 이 아이들이 마침내 태어나게 되었을 때 보니, 역시 예상대로 대단했습니다.

그 해산 기한이 찬즉 태에 쌍둥이가 있었는데 먼저 나온 자는 붉고 전신이 갖옷 같아서 이름을 에서라 하였고 후에 나온 아우는 손으로 에서의 발꿈치를 잡았으므로 그 이름을 야곱이라 하였으며 리브가가 그들을 낳을 때에 이삭이 육십세이었더라(25:24-26).

큰아들은 온몸에 붉은 털이 덮여 있었습니다. '갖옷'은 '털옷'입니다. 아기는 아기인데 마치 털옷을 입은 것처럼 온통 털복숭이였어요. 그것도 보통 털이 아니라 붉은 털이었습니다. 도대체 사람인지 짐승인지 구별이 안 될 정도였습니다. 아기 때의 모습이 이후의 삶에 얼마나 많은 영향을 미치는지는 모르겠지만, 여하튼 나중에 에서는 짐승처럼 전혀 통제되지 않는 기질을 가지고 욕심껏 살았습니다. 그는 말씀으로 길들일 수 없는 사람이었습니다.

그러면 아우는 어떠했습니까? 아우는 털이 없이 반질반질 했지만, 이 아이 역시 보통이 아니었습니다. 아니 오히려 한 술 더 떠서 형의 발꿈치를 잡고 나왔습니다. 갓 태어난 아기가 무슨 힘이 있길래 발꿈치를 잡느냐고 생각할 수도 있겠지만, 아기들이 얼마나 힘이 센지 모릅니다. 잘못하다 머리카락이라도 잡히면 한 움큼씩 빠지는 것이 예사입니다.

한번 생각해 보십시오. 하나는 짐승같이 막 덤벼드는 아이입니다. 아이인데도 우직하기 짝이 없습니다. 또 하나는 약삭빠르게 피하는 아이입니다. 꼭 사기꾼 같아요. 이 두 아이는 마치 곰과 사기꾼 같았습니다. 이런 아이들이 싸우니까 엄마의 배가 편할 리가 없지요.

고대인들은 씨름을 자주 했습니다. 그런데 씨름 기술 중에 자기가 쓰러지는 척하면서 상대방의 발꿈치를 잡아 쓰러뜨리는 기술이 있었습니다. 그래서 발꿈치를 잡는다는 것은 상대방을 속인다는 의미로 사용되었습니다. '야곱'이라는 이름은 이 발꿈치를 뜻하는 '야켑'에서 나왔습니다.

우리가 하나님이라면 곰을 택하겠습니까, 사기꾼을 택하겠습니까? 우리라면 미련해도 곰 쪽을 택할지 모르겠습니다. 그러나 하나님께서는 사기꾼 쪽을 택하셔서 한평생 연단한 끝에 구약에서 가장 성숙한 믿음의 조상을 만들어 놓으셨습니다. 창세기에서 야곱보다 더 은혜를 끼치는 사람이 없습니다. 야곱처럼 변화된 사람이 없어요. 그러나 이 간사한 사람이 진실한 하나님의 사람이 되기까지는 엄청난 시련과 연단이 있어야 했습니다.

오늘 본문이 우리에게 말씀하시려는 것이 무엇입니까? 우리가 하나님의 백성이 되는 것은 우리 안에 그럴 만한 가능성이 있어서가 절대로 아니라는 것입니다. 우리는 둘 중에 하나입니다. 미련한 곰이든지 속이는 사기꾼입니다. 어느 누구도 하나님의 백성이 되기에는 적합하지 않습니다. 그러나 하나님께서는 우리를 아주 오래전부터, 영원 전부터 그 백성으로 만들기로 작정하셨으며, 끊임없는 숨바꼭질 끝에 결국은 우리를 사로잡아 그 말씀에 무릎 꿇게 하심으로써 우리의 욕심과 계산을 버리고 온전히 하나님의 뜻을 따르는 신실한 하나님의 백성이 되게 하십니다.

오늘 우리가 그리스도인이 되고 하나님의 백성이 된 것은 절대로 우리의 공로 때문이 아니라는 것을 깨달아야 합니다. 우리는 선택의 교리를 들을 때 하나님이 불공평하시다고 불평할 것이 아니라, 그만큼 우리가 간악하며 하나님의 백성 될 자격이 없고, 하나님의 인자하심과 신실하심이 아니었다면 멸망받을 수밖에 없는 사람들이었다는 것을 생각해야 합니다. 아직도 숨바꼭질을 하고 있습니까? 아직도 도망치고 있습니까? 이제 하나님께 항복하십시오. 더 이상 숨바꼭질 하지 마십시오. 어느 한순간 하나님이 확 움켜쥐시면, 그때는 폐인이 되는 것입니다. 하나님께서 한번 정하신 사람은 어떻게 해서든지 자기 백성으로 만들어 놓으시기 때문입니다.

우리 자신의 변화된 모습을 보십시오. 하나님은 그 어떤 사람도 변화시키실 수 있다는 것을 인정하지 않을 수 없지 않습니까? 곰같이 미련한 사람이든지 사기꾼같이 약삭빠른 사람이든지 하나님께서 한번 마음만 먹으시면 어떻게 해서라도 변화시켜서 그 앞에 무릎 꿇게 하시며 천사보다 더 나은 모습으로 만들어 놓으십니다. 사람은 사람을 절대로 못 바꿉니다. 부모도 자식을 못 바꿉니다. 하나님의 인자하심과 신실하심 외에는 우리를 하나님의 백성으로 만들 것이 없습니다.

가장 가까운 이들 가운데 끝까지 하나님을 거부하고 죽는 사람이 있을 때, 왜 그를 구원해 주지 않으셨느냐고 하나님께 항의해서는 안 됩니다. 아무리 가족이고 부부라고 하더라도 그 사람의 불신앙의 책임을 하나님께 돌려서는 안 됩니다. 우리는 자신의 미련한 고집 때문에 멸망할 수밖에 없는 자들이 있다는 사실을 인정해야 합니다. 그러나 살아 있는 동안에는 어떤 사람에게도 가능성이 열려 있습니다. 그러므로 죽기 전까지는 누구에 대해서도 그 선택 여부를 놓고 단정을 내리지 마십시오. 하나님은 그렇게 하는 것을 가장 싫어하십니다. 우리가 다른 사람의 예정을 놓고 이러니저러니 하는 것은 하나님을 그 보좌에서 끌어내리는 것과 같습니다.

구원의 문은 모든 사람에게 열려 있습니다. 누구든지 예수 이름을 부르기만 하면 구원을 받을 수 있습니다. 그러나 똑같은 복음을 듣고서도 복음을 업신여기고 하나님을 욕되게 하며 자기 욕심대로 사는 사람은 자기의 미련함 때문에 결국 멸망당할 것입니다.

2

팥죽 한 그릇의 거래

어렸을 때 부모님이 용돈이나 과자를 주시면 그 돈으로 당장 무엇을 사먹거나 그 과자를 먹어치워야 직성이 풀리는 아이가 있는가 하면, 나중을 대비하여 착실하게 아껴두는 아이도 있습니다. 그래서 나중에 보면 당장 사먹는 아이가 늘 아껴두는 아이한테 돈을 빌려달라고 하든지 과자를 좀 나누어 먹자고 부탁하는 모습을 보게 됩니다.

사실 살아가면서 지금 가지고 있는 것을 다 써 버릴 것이냐 미래를 위해 아껴둘 것이냐 하는 것은 언제나 우리를 딜레마에 빠뜨리는 문제입니다. 미래는 불확실한 것입니다. 그래서 어떤 사람은 미래를 믿지 않고 현재를 위해서 삽니다. 당장 필요한 것이 있으면 일단 돈을 써 버리고, 돈이 없으면 카드를 쓰든지 옆집에서 돈을 빌려서라도 하고 싶은 것을 합니다. 또 어떤 사람은 지금 먹고 싶은 것이 있어도 사 먹지 않고 입고 싶은 옷이 있어도 사 입지 않으면서 미래를 대비합니다. 왜냐하면 지금 조금만 참으면 좀더 윤택한 미래가 오리라고 믿기 때문입니다.

개인이나 사회가 불안하면 불안할수록 현재지향적이 되는 것을 볼 수 있습니다. 성격이 불안한 개인은 무엇을 쌓아 놓지 못합니다. 돈이 있으면 들고 나가서 써 버려야 마음이 후련하고 편안합니다. 사회도 불안하면 미래를 생각하지 않고 소비지향적이 됩니다. 그에 비해 안정된 성격을 가진 개인은 미래를 위해 차곡차곡 쌓아두며, 사회도 안정될수록 미래를 대비해서 근검절약하는 것을 볼 수 있습니다.

오늘 본문이 말씀하려는 것이 바로 이것입니다. 하나님의 백성들에게는 반드시 미래의 약속이 있습니다. 이 세상 사람들에게는 미래가 불확실할지 모르지만 하나님의 백성들에게는 확실한 미래가 있습니다. 그래서 참으로 하나님의 약속을 믿는 사람은 오늘 모든 것을 다 누리거나 오늘 모든 것을 다 쓰지 않습니다. 오히려 현재에 많은 즐거움을 포기하면서 미래에 하나님께서 주실 축복을 기대합니다. 이것이 그리스도인의 삶입니다.

기도의 사람 이삭에게는 쌍둥이 아들이 있었습니다. 그런데 이 두 아들은 태어날 때부터 외모나 성격이 너무나도 달랐습니다. 그리고 이러한 차이는 자라가면서 더 심해졌습니다. 형 에서는 성격이 굉장히 남성적이었고 현재지향적이었습니다. 반면에 동생 야곱은 성격이 대단히 안정적이었고 미래지향적이었습니다. 물론 어떤 사람의 성격이나 직업만을 가지고 그 사람의 신앙에 대해 말할 수는 없습니다. 그런데 이 두 사람의 생각이나 인생관을 극명하게 보여 주는 사건이 하나 일어났습니다. 그것은 바로 팥죽 사건이었습니다. 물론 이 사건은 두 사람 모두에게 결코 아름다운 일이 아니었습니다.

사냥꾼이었던 에서가 하루는 완전히 지친 상태로 집에 들어오게 되었습니다. 야곱은 팥죽을 쑤고 있었습니다. 배가 너무 고팠던 에서는 팥죽을 좀 달라고 했습니다. 그러자 야곱은 늘 마음속으로 생각하고 있던 비장의 카드를 제시했습니다. 그것은 팥죽 대신 형의 장자권을 자기에게 넘기라는 것이었습니다. 다시 말해서 거래를 하자는 것입니다. 에서는 별 생각 없이 지금 당장 죽을 지경인데 장자권이 다 무슨 소용이냐면서 그것을 넘겨주겠다고 맹세하고 팥죽을 사 먹습니다.

장자권을 과연 이런 식으로 사고 팔 수 있느냐 하는 점은 둘째 문제로 치더라도, 이 에서라는 인물은 미래에 대한 생각이 전혀 없는 사람이었습니다. 그에게는 눈앞에 있는 현재가 모든 것이었습니다. 중요한 것은 지금 배고픈 것이고, 장자권이 어떻게 되든지 그건 그때 가서 보자는 것이 에서의 사고방식이었습니다. 당장 눈앞에 보이는 어려운 현실 때문에 하나님께서 주고자 하시는 엄청난 축복에 무관심했던 에서는 나중에 하나님의 축복에서 영원히 제외되고 맙니다. 25장 34절을 보십시오.

야곱이 떡과 팥죽을 에서에게 주매 에서가 먹으며 마시고 일어나서 갔으니 에서가 장자의 명분을 경홀히 여김이었더라

이것이 에서에 대한 성경의 평가입니다. 이것은 단지 에서와 야곱에게 국한되는 문제가 아니라 오늘 우리 모두의 문제이기도 합니다. 우리에 대한 하나님의 약속은 모두 미래형으로 되어 있습니다. 지금 우리가 맛보고 있는 것은 하나님이 앞으로 주실 축복의 지극히 작은 부분에 불과합니다. 어떤 사람은 하나님께서 앞으로 주실 그 모든 축복을 온전히 누리기 위해, 오늘 먹어야 할 것을 먹지 않고 누려야 할 것을 누리지 않습니다. 이렇게 모든 욕망을 억제하면서 말씀대로 살려고 애를 씁니다. 그러나 어떤 사람들은 미래가 불확실하다는 생각 때문에 일단은 먹고 입고 차 굴리고, 장래 일은 그때 가서 보자는 식으로 삽니다.

예수님의 제자 가룟 유다가 바로 그런 사람이었습니다. 가룟 유다는 눈앞의 이익 때문에 주님과 함께 고난받기를 거부했습니다. 은 삼십에 하나님이 주시는 말씀의 종의 축복을 포기한 것입니다. 그 결과 그는 영원한 반역자의 대열에 서게 되었습니다. 미래를

위해 오늘 절제하지 못하는 사람, 미래의 문제는 그때 가서 보고 오늘 당장 모든 것을 쓰고 즐기고 끝장내자는 사람은 분명히 하나님의 축복을 누리지 못한다고 오늘 성경은 말씀하고 있습니다.

두 쌍둥이 아들의 차이

이삭의 두 쌍둥이 아들은 서로 상반되는 기질을 가지고 자라났습니다. 성인이 된 그들은 성향도 완전히 달랐고 직업도 완전히 달랐습니다.

그 아이들이 장성하매 에서는 익숙한 사냥꾼인 고로 들사람이 되고 야곱은 종용한 사람인 고로 장막에 거하니(25:27).

어떤 사람의 기질이나 직업을 가지고 그 사람의 구원 여부를 말할 수는 없습니다. 예를 들어서 에서는 상당히 남성적인 기질을 가진 사람으로서, 사냥꾼이 직업이었습니다. 그렇다고 해서 에서처럼 남성적인 사람이나 사냥꾼은 하나님의 백성이 될 수 없으며, 야곱처럼 늘 조용하고 집에 붙어 있는 사람이어야 백성이 될 수 있다고 말할 수는 없습니다.

오늘 본문이 말씀하고자 하는 것은 야곱에 비하여 에서가 훨씬 더 잘나가는 사람이었다는 것입니다. 고대 사람들의 직업 중에서 가장 인기 있는 직업이 바로 사냥꾼이었습니다. 얼핏 생각하기에는 그게 무슨 인기 있는 직업인가 싶을 수도 있지만, 그 당시에는 남성다움이 가장 큰 매력으로 꼽혔고, 가장 남성다운 사람은 역시 사냥꾼이었습니다. 사냥꾼은 몇 주에 걸쳐서 짐승을 추격합니다. 그리고 단 한 방에 끝장을 내 버립니다. 그렇게 잡은 짐승을 목에 척 걸고 돌아오는 남자야말로 온 동네 여자들의 선망의 대상이

지요.

반면에 야곱이 장막에 거했다고 해서 늘 장막 안에서 잠만 자는 게으른 사람이었다고 생각해서는 안 됩니다. 그는 목축을 하는 사람이었습니다. 그런데 그 당시에는 남자가 목축한다는 것을 높이 평가하지 않았습니다. 그래서 그냥 '장막에 거했다'고 표현한 것입니다. 나중에 야곱의 생애를 보면 알겠지만, 그는 대단히 치밀하며 과학적인 사고방식을 가진 사람이었습니다. 아마 그가 요즘 세상에 살았더라면 유전과학자 같은 사람이 되었을 것입니다. 그는 목축을 해도 그냥 무식하게 양도 패고 소도 때려 가면서 한 것이 아니라 대단히 과학적이고 합리적으로 여러 가지 경험을 정리해 가면서 했습니다. 요즘 세상이었다면 에서보다는 야곱 같은 기질이 더 인정받았을지 모릅니다. 그러나 그 당시의 기준으로 보면 에서에 비해 전혀 주목이나 인정을 받지 못하는 보잘것없는 사람에 불과했습니다.

그 당시 사람들에게 매력 포인트가 무엇이었을 것 같습니까? 털입니다. 온몸에 털이 나 있는 남자야말로 진짜 남자지요. 그런데 에서는 태어날 때부터 털옷을 입고 있었습니다. 또 고대의 영웅은 전부 사냥꾼들이었습니다. 사냥꾼들은 대개 판단력과 순발력을 갖추고 있었고, 사람들은 그런 이들을 지도자로 추앙했습니다.

이 두 형제를 현대판으로 옮겨 놓는다면, 에서는 우리 사회에서 아주 인정받고 각광받는 인물 유형입니다. 예를 들어 국제 변호사 자격을 가지고 오늘은 이 나라 내일은 저 나라, 비행기를 타고 날아다니면서 바쁘게 일하고 돈 많이 버는 사람들이 요즘 얼마나 인기 있습니까? 우리나라 사람들은 바쁘게 돌아다니는 것을 굉장히 좋아합니다. 인정받는 사람들은 여기저기 많이 불려 다닙니다. 그래서 "요즘 많이 바쁘신 것 같네요. 바쁜 게 좋은 거지요"라는 인사들을 많이 합니다.

그런데 야곱은 에서에 비하면 평범한 하급 공무원이나 샐러

리맨, 또는 만년 과장 같은 사람이라고 할 수 있습니다. 책상에 앉아서 치밀하게 줄도 긋고 사무도 보지만 외국에 나갈 일은 한 번도 없습니다. 그나마 제주도 한번 가 보려고 곗돈을 붓고 있는 것이 고작입니다. 거의 대부분의 사람들은 이런 평범한 삶을 원치 않습니다. 기왕 세상에 태어난 이상, 비행기 타고 이 나라 저 나라 다니면서 세상을 한번 주물러 보고 싶지요.

그런데 우리가 성경에서 보는 것은 그런 사회적인 인정이나 사람들의 인정이 하나님 앞에서는 전혀 고려의 대상이 되지 못한다는 사실입니다. 하나님께서 사랑하신 사람은 그 사회에서 주목받았던 에서가 아니라 장막에 있던 야곱이었습니다. 우리 사회에는 확실히 다른 사람들보다 머리나 능력이 뛰어난 사람들이 있습니다. 그러나 그들의 뛰어난 머리나 능력은 그 사람 자신이 특별해서 얻은 것이라기보다는, 이 사회가 효과적으로 돌아가려면 어차피 그런 사람이 있어야 하기 때문에 하나님이 주신 것입니다.

그러나 대개의 사람들은 자기가 무언가 특별해서 그런 머리나 능력을 가지고 있는 것처럼 생각하기 쉽습니다. 그런 사람들은 자기가 가지고 있는 것이 하나님으로부터 왔다고 생각하지 않습니다. 그들의 불행은 하나님 앞에서 조용히 자기 자신에 대해 생각할 시간이 없다는 것입니다. 한 가지 일이 끝나면 또 바쁘게 그다음 일을 시작해야 합니다. 혼자 가만히 있기에는 너무나도 유명하고 재주가 많습니다. 다른 사람들이 조용히 있을 시간을 주질 않아요. 그래서 결국 하나님 앞에서 자기의 모습을 생각할 기회를 한 번도 얻지 못하게 되는 것입니다.

예수님께서 처음 사역을 시작하셨을 때 병을 고치고 귀신을 쫓으셨습니다. 그때 사람들이 얼마나 많이 몰려왔던지 조용히 기도하실 시간이 없었습니다. 새벽에 한적한 곳에 나가서 기도하실 때에도 제자들이 막 찾으러 오니까 예수님은 “나는 복음을 전하러 온 것이니 다른 곳으로 가자”고 하셨습니다. 인간 세상은 어쩔 수가 없습니다. 자꾸 사람들 사이에 소문이 나고 여러 사람들의 지지를 받아야 무슨 일을 할 수가 있습니다. 대표적인 것이 민주정치입니다. 아무리 똑똑한 사람이라도 다른 사람들이 지지해 주지 않으면 힘을 쓸 수가 없습니다.

그러나 하나님께서 축복을 주시는 데에는, 얼마나 많은 사람들이 인정해 주며 얼마나 사회에서 성공했는가가 전혀 고려의 대상이 되지 않는다고 분명히 말씀하고 있습니다. 하나님께서는 평범하게 집에서 목축업을 하고 있는 야곱을 사랑하셨습니다. 세상에서 지위가 높아지고 많은 사람들의 지지와 인정을 받는 것은 하나님의 사랑을 받는 일과 전혀 관계가 없습니다. 이 세상에 성공하는 사람들이 있는 것은 어차피 이 사회를 위해 하나님께서 몇 명에게는 성공할 만한 능력과 두뇌를 주시기 때문입니다. 꼭 그 사람이기 때문에 주시는 게 아니에요. 어차피 누군가에게 주시는 것입니다. 그런데도 사람들이 그의 능력을 추켜세우고 그를 중심으로 모여서 그를 높일 때, 하나님께서는 하늘에서 인간의 어리석음을 조용히 비웃으실 것입니다.

부모의 왜곡된 사랑

하나님께서 부모를 주신 것은 자녀들이 부모를 통해 하나님을 좀더 더 잘 알게 하시기 위해서입니다. 하나님께서는 부모들의 무조건적인 사랑이나 권위를 통해 사람들이 그분을 더 잘 알게 하셨습니다. 왜냐하면 부모의 사랑이나 권위는 바로 하나님 자신의 것을 나누어 주신 것이기 때문입니다. 그러나 부모가 하나님의 말씀에 따라 자녀를 키우지 않고 자신의 기질이나 성향에 따라 키울 때, 그 자녀들이 하나님의 뜻을 대단히 왜곡되게 깨닫는 것을 보게 됩니다. 28절을 보십시오.

이삭은 에서의 사냥한 고기를 좋아하므로 그를 사랑하고 리브가는 야곱을 사랑하였더라

이 쌍둥이들이 태어나기 전에 하나님께서 이삭 부부에게 주신 말씀이 무엇이었습니까?

여호와께서 그에게 이르시되 두 국민이 네 태중에 있구나 두 민족이 네 복중에서부터 나누이리라 이 족속이 저 족속보다 강하겠고 큰 자는 어린 자를 섬기리라 하셨더라(25:23).

하나님께서는 이 두 쌍둥이가 태어나기 전부터 각각에 대해 서로 다른 계획을 가지고 계시며, 하나님께서 은혜를 주기로 작정하신 아들은 작은아들임을 분명히 밝히셨습니다. 만일 이것이 사실이라면 이 부모는 아들들을 어떻게 키웠어야 마땅합니까?

무엇보다 먼저 그들은 인간적인 능력이 하나님의 사랑을 받는 조건이 아니라는 것을 가르쳐 주었어야 합니다. 에서는 자기의 남성다운 기질과 많은 사람들의 인정을 근거로 스스로 우월하다고 생각하고 있습니다. 그럴 때 부모는 "네가 우월한 능력을 가지고는 있지만 하나님이 은혜 주시기로 작정한 사람은 네가 아니라 동생 야곱이다. 그러니까 너는 야곱을 통해 은혜를 받아야 한다"고 가르쳐 주었어야 합니다. 또 야곱에 대해서는 "비록 다른 사람들에게는 인정받지 못하는 보잘것없는 사람 같지만, 너는 하나님의 은총이 약속된 사람이다. 그러니 더 겸손하게 다른 사람들을 포용해야 한다"고 가르쳐 주었어야 합니다. 다시 말해서 야곱이 하나님의 은혜와 축복을 받게 되는 것은 그럴 만한 자격이 있어서가 아니라 하나님께서 순전히 은혜와 사랑으로 주신 것이므로 감사할 수밖에 없다는 것을 가르쳐 주었어야 합니다.

그러나 이삭과 리브가는 하나님의 말씀에 따라 자식을 키

우는 대신, 자신들의 기준에 따라 편애했습니다. 이삭은 큰 자가 작은 자를 섬겨야 한다는 말씀을 분명히 들었으면서도 에서가 잡아오는 짐승들의 고기가 좋아서 그를 사랑하고 인정했습니다. 여기에서 이삭이 에서를 사랑했다는 것은 단순히 자식으로 사랑했다는 것이 아닙니다. 여전히 그를 자기의 장자로 생각해서 우대하며 특별하게 대했다는 것입니다. 그가 에서를 사랑한 것은 하나님의 말씀 때문이 아니었습니다. 순전히 자신의 취향과 맞았기 때문이었습니다. 이삭은 '남자는 자고로 남자다워야 한다. 털도 좀 있고 밖에서 며칠씩 뛰어다니며 살아야 한다'고 생각한 것 같습니다. 그는 야곱을 인정할 수가 없었습니다. 야곱은 너무나도 조용하고 계산적이고 이기적이었습니다.

반면에 리브가는 야곱을 사랑했습니다. 이것은 어떻게 보면 하나님의 말씀에 일치하는 것 같습니다. 그러나 실제로는 리브가도 말씀 때문에 야곱을 사랑한 것이 아닙니다. 남편이 큰아들을 편애하니까 그에 대한 반발로, 혹은 작은아들이 늘 집에 있으면서 크고 작은 일을 도와주었기 때문에 좋아한 것입니다.

신앙의 부모들은 자신의 취향에 따라 자식들을 편애해서는 안 됩니다. 또 세상적인 기준에 따라 사랑해서도 안 됩니다. 공부 잘한다고 특별히 인정하고 사랑하면 안 돼요. 왜 그렇습니까? 하나님께서 부모를 주신 것은 부모를 통해 그분 자신을 나타내기 위해서이기 때문입니다. 자식들이 부모를 보면서 '하나님은 이런 분이시구나. 하나님은 나에 대해 이런 계획을 가지고 계시구나' 하고 깨달을 수 있도록 부모를 주신 것입니다. 그런데 부모가 자기 욕심에 따라 어떤 아이는 사랑하고 어떤 아이는 미워하며, 어떤 아이는 우대하고 어떤 아이는 멸시한다면 그 아이가 하나님의 뜻을 깨닫는 데 얼마나 큰 어려움을 겪겠습니까?

이삭이 할 일은 큰아들이 잡아다 주는 귀한 사슴고기나 들짐승들의 고기를 먹으면서 축복하는 것이 아닙니다. 에서가 아무리 남성적인 기질을 가지고 있고 그 사회에서 인정을 받는 자라 하더라도 그런 것을 가지고는 하나님 앞에 나아갈 수 없으며, 그가 참으로 하나님의 은혜를 받으려면 겸손하게 동생 밑으로 들어가서 볼품없는 그를 상전처럼 인정해야 한다는 것을 가르쳤어야 합니다. "이 사슴고기 같은 것은 필요 없다. 이런 건 가져다 주지 않아도 돼. 단, 네가 정말 은혜를 받으려면 동생 밑으로 들어가야 한다. 이것이 하나님의 뜻이다" 하고 가르쳤어야만 합니다. 그런데 이삭은 낮추어야 할 에서를 오히려 높였기 때문에 에서는 야곱 앞에서 낮아질 수가 없었을 뿐 아니라 오히려 더 미워하고 증오했습니다. 그래서 결국은 하나님께 돌아오지 못하고 야곱을 박해하고 핍박하는 원수로 남게 되었습니다.

하나님께서 리브가의 배 속에서부터 야곱과 에서를 갈라놓으셨다고 해서 그들이 반드시 원수가 되어야 하는 것은 아니었습니다. 하나님의 백성이 되고 안 되는 것은 이미 배 속에서 하나님의 계획에 따라 정해진 것이지만, 그래도 에서는 야곱을 통해 얼마든지 하나님의 은혜를 받을 수 있었습니다. 야곱을 인정하기만 했다면, 야곱을 장자로 생각하기만 했다면 에서도 은혜를 받을 수 있었습니다. 그런데 이삭이 에서를 추켜세워 주고 우월감을 심어 주었기 때문에 에서는 결국 하나님의 말씀으로 돌아올 수 없었습니다.

리브가도 마찬가지입니다. 리브가가 참으로 말씀에 따라 자녀를 키웠다면 자기 아들이면서도 집에 붙어 있지 않고 늘 사냥만 다니는 에서를 미워할 것이 아니라, 어떻게 해서든지 에서와 야곱이 화해할 수 있도록 중간에서 조정했어야만 합니다. 그러나 리브가가 야곱을 사랑한 것은 자기 마음에 들었기 때문이고, 자기 성향이나 취향에 맞았기 때문입니다. 그래서 결국은 야곱도 하나님 앞에서 자신의 존귀함을 깨닫지 못하고 하나님의 은혜를 믿지 못하게 되었습니다.

부모의 잘못된 사랑이 자식들을 아주 잘못된 자기도취에 빠지게 할 때가 많습니다. 부모가 자식들에게 가르쳐 주어야 할 것이 무엇입니까? "사람은 누구나 하나님 앞에서 똑같은 피조물이다. 우리 모두 죄인이고 티끌이다. 그러니 너는 이 세상에서 다른 사람들과 함께 어울려 사는 법을 배워야 한다"는 것입니다. 그런데 "넌 특별해. 그러니 맞지 말고 때리고 들어와. 그리고 커닝을 해서라도 1등 해야지" 하니까 그 아이가 하나님 앞에 돌아오는 데 부모가 장애물이 되는 것입니다.

자기 자식이 특별한 두뇌나 능력을 가지고 있다면 "하나님께서 다른 사람을 섬기게 하시려고 너에게 이런 걸 주신 거야. 그러니 이걸로 너 자신을 성취하려 들거나 자기 신화를 창조하려 해서는 안 돼. 그러면 하나님께 버림받는다. 너는 이런 걸로 남을 섬기는 것을 배워야 해. 굳이 네가 아니라도 하나님은 누구한테나 이런 머리나 재능을 주실 수 있어"라고 말해 주어야 합니다. 그런데 부모들이 "1등이라구? 아이고, 내 새끼가 1등이란다, 1등!" 하면서 맛있는 것 사 주고 선물 사 주니까 자식들이 자기도취에 빠져서 남에게 상처를 주고 나서도 그게 얼마나 큰 죄인지를 모르는 것입니다.

이삭과 리브가가 에서에게 "너 인기 따라가지 마. 사람들에게 인정 좀 받는다고 해서 하나님께 사랑받는 것이 아니야. 넌 집에 좀 있어야 해"라고 했다면, 혹시 당장은 에서가 "난 그렇게 하기 싫어요" 하면서 집을 뛰쳐나갔다고 해도 나중에 그 말을 기억하고 돌아올 수 있었을 것입니다. 그런데 "더 인기 끌어라, 더 사냥해 가지고 와라, 더 사람들한테 칭찬받아라" 하니까 돌아올 기회가 아예 없어지고 만 것입니다. 이삭이 짐승의 고기 때문에 에서의 기질을 지지하고 인정하는 바람에 에서는 정말 하나님 앞에서 겸손해질 기회를 놓치고 말았습니다.

또한 그들이 야곱을 격려하고 하나님이 그를 사랑하신다는 것을 가르쳐 주었더라면 형을 속이고 아버지를 속여 가면서까지 축복을 받으려고 하지는 않았을 것입니다. 야곱은 아버지를 믿지 못했습니다. 그래서 하나님이 벧엘에서 나타나셨음에도 불구하고 하나님을 믿지 못했습니다. 결국 그는 밧단아람에 가서 자기 방식대로 결혼을 하고 무려 20년이 넘어서야 하나님께 돌아오게 됩니다. 야곱이 택함받은 자임에도 불구하고 이처럼 오랜 연단과 환난을 겪은 후에야 하나님께 돌아올 수 있었던 것은 자기 아버지에게서 온전한 하나님의 모습을 보지 못했기 때문입니다.

팥죽 한 그릇에 장자권을 팔다

이삭의 두 아들이 가지고 있는 사고방식은 우연한 한 사건을 통하여 표출되었습니다. 어느 날 야곱이 집에서 죽을 쑤고 있는데 에서가 대단히 지치고 피곤한 상태로 집에 돌아오게 되었습니다. 에서는 죽을 보자마자 당장 좀 달라고 요구했습니다.

> 야곱이 죽을 쑤었더니 에서가 들에서부터 돌아와서 심히 곤비하여 야곱에게 이르되 내가 곤비하니 그 붉은 것을 나로 먹게 하라 한지라 그러므로 에서의 별명은 에돔이더라(25:29, 30).

너무나도 배가 고픈 상태에서 돌아왔기 때문에 죽을 달라는 소리도 나오지 않았습니다. 에서는 "그 붉은 것을 나로 먹게 하라"고 말하고 있습니다. 사람이 배가 너무 고프면 밥 달라는 소리도 나오지 않는 법입니다. "제발 저 흰 것 좀 주세요" 하지요. 이 장면을 한번 생각해 보십시오. 한 사람은 배가 고파서 숨이 넘어갈 지경인데 또 한 사람은 눈 하나 깜짝하지 않고 계속 죽만 젓고 있습니다. 너무나도 대조적인 모습입니다.

야곱은 그토록 오래 기다렸던 순간이 마침내 왔다고 생각했습니다. 그는 장자권을 놓고 흥정을 벌였습니다. 31절을 보십시오.

야곱이 가로되 형의 장자의 명분을 오늘날 내게 팔라

다시 말해서 팥죽과 장자의 권리를 바꾸자는 것입니다. 그런데 이 말에 대한 에서의 대답은 전혀 뜻밖의 것이었습니다. 화를 내면서 당장 집어치우라고 소리를 버럭 지를 줄 알았는데, 오히려 자기가 지금 죽게 되었는데 그런 장자권 같은 것은 가지고 있어서 무엇을 하겠느냐면서 당장 팥죽이나 달라는 것입니다. 그래서 야곱이 맹세하라고 하니까 맹세까지 하면서 장자권을 팔았습니다.

야곱이 가로되 오늘 내게 맹세하라 에서가 맹세하고 장자의 명분을 야곱에게 판지라(25:33).

장자권이라는 것이 무엇입니까? 이것이 사고 팔 수 있는 성질의 것입니까? 이 장자권은 두 가지 방향에서 생각해야 합니다. 하나는 그 당시 사회적인 관행이고 다른 하나는 신앙적인 입장입니다. 사회적으로 장자는 부모의 재산을 다른 자식들의 배나 되게 상속받을 수 있는 권리가 있었습니다. 또 다른 아들들이 종의 아들이면 재산의 전부를 상속받을 수 있었습니다. 그런데 야곱은 종의 자식이 아니니까 에서는 아버지 재산의 삼분의 이를 상속받을 수 있었습니다.

그뿐만 아니라 장자는 집안 일에 대하여 재판을 할 수 있었습니다. 그는 중요한 결정을 내릴 수 있었으며 집안 사람이 음란한 죄나 부정한 일을 저질렀을 때 사형도 명할 수 있었습니다. 또한 장자는 가족들을 위하여 최후의 축복을 할 수 있는 권한을 가지고 있었습니다. 그 당시 사람들은 축복도 재산의 형태로 생각했습니다. 재물은 실현된 축복이요, 축복은 아직 실현되지는 않았지만 언젠가는 반드시 실현될 약속어음과 같은 것으로 생각했습니다. 그런데 이렇게 축복할 수 있는 권한이 장자에게만 있었습니다.

그러나 더 중요한 것은 장자권이 가지고 있는 영적인 의미였습니다. 하나님의 장자에게는 말씀이 임했습니다. 하나님은 그분이 정한 사람에게만 말씀을 주셨습니다. 그리고 그가 드리는 예배에 임재하셨습니다. 그가 드리는 예배에는 하나님과 함께하는 감동이 있었고 뜨거움이 있었으며 죄 용서가 있었고 새로워지는 힘이 있었습니다. 장자권이 무엇보다 중요한 것은 바로 하나님의 말씀이 임하고 죄 용서가 있는 이 영적인 이유 때문인 것입니다.

이 장자권은 돈을 주고 사거나 팔 수가 없습니다. 오로지 하나님이 원하시는 자에게만 주시는 것입니다. 물론 이 장자권을 원치 않는 사람은 받을 수 없었습니다. 장자권이란 자기가 원한다고 해서 받을 수 있는 것은 아니지만 원치 않고 포기하는 사람에게는 절대로 오지 않는 것입니다. 하나님께서는 이 영적인 장자의 축복을 야곱에게 주기로 오래전부터 작정해 놓으셨습니다. 그럼에도 불구하고 에서가 이 장자권을 업신여겨서 의도적으로 포기했을 때 그는 참으로 이 축복으로부터 멀어지게 되었습니다. 하나님께서는 장자권을 중요하게 생각하지 않는 자에게 절대로 그 축복을 주시지 않습니다.

에서가 이렇게 하나님의 축복을 소홀하게 생각한 이유는 무엇이겠습니까? 그에게는 미래가 없었기 때문입니다. 그는 많은 사람들에게 인정과 칭찬을 받는 것에 만족하고 있었으며 스스로를 대단하게 여기고 있었습니다. 그는 미래의 축복을 믿지 않았습니다. '지금 당장 배가 고픈데 장자권이 무슨 소용이 있는가, 지금 당장 죽게 생겼는데 미래가 무슨 소용이 있는가, 그때 일은 그때 가서 보는 거지' 하는 것이 에서의 사고방식이었습니다. 그는 사냥을 하면서 모든 것이 한순간에 결정된다는 것을 알았습니다. 숨을 멈추고 화살을 당겼다가 쏘면, 그 한 방으로 결정이 나는 것입니다. 재수가 좋으면 잡는 것이고 재수가 없으면 못 잡는 것이지 미래의 축복이라는 게 어디 있습니까? 에서는 모든 것이 찰나주의였습니다. 그는 철저하게 오늘 현재를 위해서 모든 것을 다 써버렸습니다. 그 결과 원래 자기 것이 아니긴 했지만, 자기 자신 역시 아무 미련 없이 하나님의 축복을 차 버리고 만 것입니다.

오늘 본문이 우리에게 말씀하려고 하는 것이 무엇입니까? 하나님의 백성들에게는 반드시 보장된 미래가 있다는 것입니다. 그런데 하나님의 백성이라고 하면서도 오늘 모든 힘을 다 탕진하고, 오늘 모든 돈을 다 써 버리고, 오늘 모든 음식을 다 먹어 버리고, 오늘 모든 것을 다 즐겨 버리는 사람은 내일 하나님 앞에서 얻을 것이 분명히 없다는 것입니다.

지금 이 세상에 있는 것은 하나님이 앞으로 우리에게 주실 것의 천분의 일, 만분의 일도 되지 않습니다. 중요한 것은 전부 다 미래에 대한 약속의 형태로 있습니다. 그래서 위대한 신앙의 인물들은 이 세상에서 모든 것을 다 가지거나 누리려고 하지 않았습니다. 그들은 억지로 집을 가지려고 하지 않았습니다. 억지로 좋은 차를 타려고 하지 않았습니다. 억지로 사람들의 명성과 칭찬을 구하려고 하지 않았습니다. 지금 모든 것을 다 가져 버리면 분명히 미래가 없다는 것을 알았기 때문입니다.

가룟 유다를 기억하십시오. 그는 말씀의 사역자로 부름을 받았습니다. 그보다 더 존귀한 일이 어디 있습니까? 그러나 유다는 미래의 축복을 믿지 않았습니다. 그는 현재에 모든 것을 끝장내는 사람이었습니다. 그래서 은 삼십 개에 말씀의 종이 되는 이 축복을 팔아 버림으로써, 영원히 구원받지 못했을 뿐만 아니라 배반자의 반열에 서게 되었습니다.

오늘 우리들은 어떻습니까? 하나님의 말씀을 들으면서 날마다 새로워지는 것과 이 세상에서 모든 부귀와 생활의 편의를 누리는 것 가운데 어느 것을 더 중요하게 생각하고 있습니까? 거의 대부분의 사람들은 야곱이 아니라 에서의 길을 가고 있습니다. 말로는 믿는다고들 하지만 미래를 생각하지 않습니다. 여기에서 모든 것을 끝장내려고 듭니다. 이 세상에서 좀더 나은 자리를 얻을 수 있다면 얼마든지 말씀을 포기할 수 있고, 이 세상에서 사람들에게 좀 더 인정받을 수 있다면 얼마든지 신앙을 포기할 수 있습니다. 그래서 신앙이 액세서리요 여가선용에 불과해졌습니다. 시간이 나면 좀 신앙생활하고 시간이 없으면 그만이라는 식으로 살고 있는 모습을 많이 볼 수 있습니다. 그러나 여러분, 이 땅에 있는 것은 팥죽입니다. 우리를 영원히 배부르게 하지 못합니다.

야곱이 이 장자권의 중요성을 깨달은 것은 자기 집에 있는 어떤 비밀을 알게 되었기 때문입니다. 야곱은 집에 있는 시간이 많았기 때문에 자기 집에 내려오고 있는 아브라함의 축복에 관해 알게 되었던 것 같습니다. 이삭의 집은 교회였습니다. 이 교회 안에는 구전의 형태로 내려오는 하나님의 말씀이 있었습니다. 그는 그 말씀을 통하여 장자권이야말로 이 세상에서 가장 중요한 것이라는 사실을 깨닫게 되었습니다. 야곱이 팥죽 한 그릇으로 장자권을 사려고 했던 것은 재산을 더 받기 위해서가 아니었습니다. 실제로 그는 재산을 하나도 물려받지 못했습니다. 그러나 그는 하나님의 말씀, 예언의 말씀, 하나님이 임재하시는 예배, 하늘이 갈라지고 천사가 오르락내리락하는 예배, 즉 성령의 축복을 물려받았습니다. 창세기 끝부분에 이르면 야곱이 지팡이에 의지해서 자손만대를 축복하는 장자권을 행사하는 모습을 볼 수 있습니다.

그러나 야곱은 하나님의 축복이 거저 주어지는 은혜라는 사실은 알지 못했습니다. 아무 자격이 없어도 사랑하시는 자에게 말씀의 종이 되는 축복을 주신다는 것을 몰랐어요. 그래서 자기 노력으로 이 장자권을 사려고 했습니다. 하나님이 먼저 그를 사랑하셨는데도 불구하고, 그는 자기 나름대로 하나님을 짝사랑했습니다. 이것은 종의 신앙이요 율법의 신앙입니다. 결국 그는 쓸데없이 많은 비용을 지불해야 했습니다. 그리고 얍복 강가에서 환도뼈가 위골되고 자기 힘으로 도저히 살 수 없게 되어 울면서 은혜를 간구하게 되었을 때에야 비로소 하나님이 거저 주시는 은혜를 진정으로 체험할 수 있게 되었습니다.

하나님께서 오늘 우리에게 질문하시는 것이 무엇입니까? 오늘 우리는 무엇을 위하여 살고 있느냐는 것입니다. 우리는 하나님 앞에서 누리게 될 축복에 소망을 가지고 있습니까? 지금 당장 누리기 위해 말씀과 성령의 감동을 놓치는 것은 하나님의 축복을 팥죽 한 그릇 먹고 팔아 버리는 것과 같습니다. 우리에게 중요한 것이 무엇입니까? 내 귀에 하나님의 말씀이 들리는 것입니다. 하나님의 말씀을 듣고 나의 삶이 새로워지는 것입니다. 이것이 없는 신앙은 에서의 신앙입니다. 그는 분명히 아무것도 얻지 못할 것입니다. 오늘 이 현실에 있는 것을 붙들기 위해 힘을 쓰는 사람은 하나님 앞에서는 분명히 빈손으로 서게 될 것입니다. 그래서 예수님은 천국은 침노하는 자가 빼앗는다고 하셨습니다.

현명한 사람은 이 세상에서 모든 것을 누리지 않는 사람입니다. 누가 엄청난 돈을 준다고 해도 안 받아요. 엄청난 재산을 관리하다가 말씀의 기쁨을 잃어버리면 어떡합니까? 하나님이 앞으로 주실 그 축복을 붙들고 이 세상의 것을 움켜쥐지 않는 사람이 현명한 사람입니다. 베드로 사도가 말한 것이 무엇입니까? 이 세상에 있는 영광은 들의 꽃과 같다는 것입니다. 꽃이 얼마나 아름답습니까? 그러나 그렇게 아름다운 꽃도 이틀만 지나면 시들어 버립니다. 이 세상의 영광이 그렇습니다. 젊음이 그렇습니다. 마치 우리를 영원히 행복하게 해 줄 것 같지만 조금만 지나면 아무것도 아닙니다. 직장에서 좀더 인정받기 위해서 신앙을 팥죽 한 그릇에 팔아 버리고, 자기가 추구하는 어떤 목표를 위해 말씀을 포기하는 사람들의 이름은 가장 어리석은 자의 명단에 남게 될 것입니다.

사랑하는 여러분, 하나님의 은혜는 전적으로 구하는 자에게 주어집니다. 돈을 벌고 싶지 않아서 못 버는 것이 아닙니다. 좋은 집에서 살기 싫어서 안 사는 것이 아닙니다. 영원한 축복을 움켜쥐기 위해서 할 수 있어도 안 하는 것입니다. 좀더 말씀을 읽고 말씀 가운데 변화되며 영혼이 새로워지고 하나님께 더 가까워지는 이 축복을 움켜쥐기 위해, 이 장자권의 축복을 놓치지 않기 위해 오늘 인내합시다.

3

동일한 어려움에 빠진 이삭

사람이 사람다울 수 있는 것은 이전 조상들의 경험을 축적해서 사용할 수 있는 능력이 있기 때문입니다. 우리는 전기를 발견하기 위해 벤자민 프랭클린처럼 폭풍 치는 날 하늘에 연을 날리지 않습니다. 또 증기기관을 발명하기 위해 불 위에 냄비나 주전자를 놓고 실험을 되풀이하지 않습니다. 우리는 우리 조상들이 발견한 것이나 발명한 것들을 그대로 사용하기만 하면 됩니다. 만약 이 모든 것을 매번 다시 실험해서 개발해야 한다면 인간의 삶은 원시인의 상태에서 조금도 벗어나지 못할 것입니다. 신앙도 마찬가지입니다. 우리는 신앙적으로 아주 미개한 상태에서 여러 가지 문제와 어려움들을 겪어 나가는 가운데 하나씩 하나씩 깨달아 갑니다. 그런데 만일 영적인 문제들을 전부 직접 경험해야만 성숙할 수 있다면 우리는 신앙적으로 늘 미개한 상태를 벗어나지 못할 것입니다.

우리 믿음의 형제들 중에는 어른이 된 후에 복음을 듣고 신앙을 가지게 된 분들이 많습니다. 이 일이 얼마나 귀한 축복인지는 더 이상 말할 필요가 없습니다. 그러나 우리가 인정해야 할 아주 중요한 사실이 하나 있습니다. 그것은 이렇게 어른이 되어 회심했을 경우에는 어려서부터 신앙으로 잔뼈가 굵어진 것이 아니기 때문에,

어떤 어려움에 부딪쳤을 때 비교해 볼 수 있는 경험이 없다는 것입니다. 그래서 모든 것을 백지 상태에서 시작해야 합니다.

예를 들어 어려서부터 신앙생활을 해온 사람들은 그동안 수없이 많은 것을 보고 들었기 때문에 자기도 모르는 새에 그 속에 많은 지혜가 들어와 있고, 따라서 모든 것을 새로 시작할 필요가 없습니다. 그러나 성인이 되어서 신앙생활을 시작한 사람들은 문제에 부딪칠 때마다 매번 새로운 어려움으로 와 닿으면서 어떻게 해결해야 좋을지 감이 잡히지가 않습니다. 특히 그렇게 나중에 믿게 된 사람이 교회 지도자의 위치에 서게 될 때에는 더욱 그렇습니다. 목사나 장로는 수많은 영적인 일들에 대하여 결단을 내려야 하거나 문제들을 해결해야 하는데, 과거에 경험한 것이 없는 탓에 늘 새로운 상태에서 시작해야 하기 때문입니다. 이것은 일종의 영적인 미개상태라고 할 수 있습니다. 그래서 사도 바울은 믿은 지 얼마 되지 않는 사람들을 장로로 세우지 말라고 했습니다.

그러나 우리가 이 세상에 살면서 서로 인생 경험들을 나눈다면 직접 모든 것을 경험하지 않더라도, 비슷한 경우에 처했을 때 도움을 받을 수 있습니다. 신앙도 마찬가지입니다. 만약 우리가 많은 어려움 가운데 살아남은 성숙한 믿음의 선배들과 함께 신앙생활할 수 있는 기회를 얻었다면 이보다 더 귀한 축복이 없습니다. 물론 위대한 신앙 인물들의 전기나 간증집 등을 통해서도 배울 수는 있습니다. 그러나 전기나 간증집들은 아주 세세한 경험까지는 다루지 못합니다. 실제로 가까이에서 보고 함께 경험하는 것과는 비교가 되지 않지요. 그야말로 백문이 불여일견입니다.

저는 아주 어려서부터 신앙생활을 했습니다. 네다섯살 때부터 교회에 다니기 시작했고, 대학생 때 한 2년 정도 신앙생활하지 않은 것을 빼면 그야말로 교회에서 잔뼈가 굵었다고 할 수 있습니다. 그러나 저에게 가장 어려웠던 점은 막상 어려움이나 시험에 빠졌을 때 거울로 삼을 만한 믿음의 인물들이 생각나지 않는다는 것이었습니다. 그렇게 오래 교회에 다녔는데도 어려움 속에서 말씀을 붙들고 승리한 사람을 보지 못했습니다. 그래서 전부 바닥에서부터 시작해야만 했고, 신앙의 기초부터 모든 것을 다시 경험해야만 했습니다.

오늘 본문은 흉년이 들었을 때 이삭이 가나안 땅을 떠나 그랄 땅에 가서 경험한 일을 보여 주고 있습니다. 성경이 말씀하고자 하는 것은 이것입니다. 이런 흉년은 이삭 때 처음 찾아온 일이 아닙니다. 아브라함 때에도 찾아왔고, 그때 아브라함은 바로 이 그랄 땅에서 한 번 실패한 적이 있었습니다. 이곳에서 자기 아내 사라를 누이라고 했다가 아비멜렉에게 빼앗긴 적이 있었던 것입니다. 그런데 우리는 놀랍게도 이삭이 아브라함의 실수를 그대로 반복하고 있는 것을 볼 수 있습니다.

그 이유가 무엇입니까? 이삭은 아브라함의 경험으로부터 배운 것이 별로 없었던 것 같습니다. 아버지의 실패에 별로 관심이 없었는지, 아니면 그때 너무 어려서 배울 기회가 없었는지 모르겠지만, 여하튼 이삭은 아브라함의 풍부한 경험으로부터 많은 유익을 얻을 수 있었음에도 불구하고 그렇게 하지 못한 채 똑같은 일을 반복하고 있습니다. 다시 말해서 이삭은 거듭난 하나님의 사람임에는 틀림이 없지만, 어려움을 극복할 만한 연단된 신앙은 없었다는 것을 알 수 있습니다. 그는 백지 상태에서 모든 것을 새로 경험하고 있습니다.

오늘 말씀이 우리에게 증거하고 있는 것이 무엇입니까? 왜 선배들의 그 풍성한 경험으로부터, 그 실패로부터 많은 것을 얻지 못하고, 날마다 백지 상태에서 또 시작하고 또 시작하느냐는 것입니다. 왜 선배들의 풍성한 자원은 생각지도 않고 모든 것을 새롭게 경험해야 한다고 고집을 부리고 있느냐는 것입니다. 이렇게 자신이 경험하는 것만이 신앙의 전부라고 생각하는 사람은 '신앙적인 원시인'이라고 말할 수밖에 없습니다.

시대는 변해도 사람은 그렇게 변하지 않습니다. 그리스도인이 경험하게 되는 문제들도 그렇게 변화되지 않습니다. 그럼에도 불구하고 우리는 자꾸 새것만 찾고 있습니다. 새로운 책, 새로운 영화, 새로운 잡지를 찾습니다. 그러나 신앙의 영역에서야말로 우리는 위대한 믿음의 사람들이 실패했던 경험으로부터 수많은 지혜를 얻어야 합니다.

가나안 땅에 찾아온 흉년

가나안 땅에 살고 있는 이삭에게 예기치 못한 어려움이 생겼습니다. 그 땅에 심한 흉년이 든 것입니다. 가나안 땅은 흉년이 들면 도저히 살 수 없는 곳입니다. 26장 1절과 2절을 보십시오.

> 아브라함 때에 첫 흉년이 들었더니 그 땅에 또 흉년이 들매 이삭이 그랄로 가서 블레셋 왕 아비멜렉에게 이르렀더니 여호와께서 이삭에게 나타나 가라사대 애굽으로 내려가지 말고 내가 네게 지시하는 땅에 거하라

우리가 알고 있듯이 팔레스타인 땅은 비가 1년 내내 오는 곳이 아닙니다. 1년에 두 번만 옵니다. 그런데 그나마 그 두 번의 비도 내리지 않은 채 몇 년이 지나면 흉년이 들게 되고, 그러면 사람만 먹을 것이 없는 것이 아니라 짐승들도 먹을 것이나 마실 것이 없어서 주위에 그 시체들이 즐비합니다. 그러나 가나안 땅에 이렇게 흉년이 드는 때에도 애굽에는 항상 양식이 있었습니다. 나일 강이 있었기 때문입니다. 그래서 가나안 땅에 흉년이 들 때면 피할 수 있는 곳이 바로 애굽이었습니다.

아마 이삭은 애굽을 목표로 길을 떠났던 것 같습니다. 아브

라함도 예전에 애굽으로 내려갔고, 지금 이삭도 애굽으로 내려가고 있습니다. 그런데 그가 그랄 땅에 이르렀을 때, 하나님께서 애굽으로 가지 말라고 하셨습니다. 그가 지시하신 가나안 땅을 떠나서는 안 된다는 것입니다.

우리 생각에 이러한 하나님의 지시는 모순인 것 같습니다. 가나안 땅에 살라고 하셨으면 거기서 살 수는 있게 해주셔야 하지 않습니까? 그런데 흉년이 들어서 도저히 먹고 살 수가 없게 되었는데도 떠나지 말라는 것입니다. 이 땅에 살게 하셨으면, 적어도 흉년이 들어 이곳을 떠나지 않으면 안 되는 상황은 막아 주셔야 하지 않습니까? 그런데 왜 하나님이 살라고 친히 지시하신 이 땅에도 이런 기근이 발생하는 것입니까?

우리가 먼저 생각해 볼 수 있는 것은 이 기근이 하나님의 징계의 수단이라는 것입니다. 지진이나 흉년이나 기근은 우연히 발생하는 것이 아닙니다. 이것은 하나님께서 이 세상 사람들의 죄악을 징계하시는 방식입니다. 가나안 사람들은 크게 두 가지 측면에서 하나님 앞에 죄인이었습니다. 그 하나는 지나친 미신 행위였고, 다른 하나는 성적인 죄악이었습니다. 가나안 사람들은 하나님을 인정하지 않았기 때문에 전혀 거리낌 없이 죄를 지었습니다. 하나님께서는 이렇게 죄악이 날뛸 때 지진이나 흉년을 주심으로써, 그나마 일시적으로라도 사람들의 마음에 두려움이 생겨서 죄짓는 일을 조금이나마 자제하고 이성을 되찾게 하셨습니다.

그뿐 아니라 하나님께서는 세상의 죄를 징계하실 때 자기 백성들도 이 환난에 밀어넣어서 함께 고생하게 하십니다. 하나님의 백성들도 이런 고난을 통해 좀더 순수해질 필요가 있으며, 다른 사람들의 어려움을 긍휼히 여기는 마음과 책임의식을 가질 수 있게 되기 때문입니다. 온실 안에서 키운 화초의 특징이 무엇입니까? 찬바람이나 서리에 전혀 준비되어 있지 않다는 것입니다. 어려움이 오면 그냥 쓰러져 버립니다. 찬바람만 불어도 그냥 얼어 죽어 버려요. 다른 사람의 처지를 이해할 줄 모릅니다. 어려움이 온다는 소리만 들어도 탁 넘어져 버립니다.

하나님께서는 자기 백성들이 다른 사람의 어려움에 깊은 관심을 가지기 원하십니다. 하나님께서는 자기 백성들 중 누군가가 이 세상에서 어려움을 당한 자들을 위하여 기도해 주기를 원하십니다. 그런데 하나님의 백성들 가운데 굶는 자는 다른 굶는 자들을 위해서도 기도하게 됩니다. 하나님의 백성들 가운데 병든 자는 다른 병든 자를 위해서도 기도하게 됩니다. 또 하나님의 백성들 가운데 포로 된 자는 다른 포로 된 자들을 위해서도 기도하게 됩니다. 하나님께서는 가난하고 병들고 포로 된 자들에게 은혜 주시기를 원하십니다. 그러나 그냥 은혜를 주시기보다는 우리가 그런 어려움의 일부를 경험하고 그들을 위해 기도하기를 원하십니다. 우리는 하나님 나라의 특파원들이기 때문입니다.

종군기자들이 하는 일이 무엇입니까? 세상에서 가장 위험한 곳에 직접 뛰어들어, 그 구석구석에서 일어나는 생생한 기사와 사진을 전 세계에 전하는 것입니다. 사람들은 구석진 곳에서 도대체 얼마나 끔찍한 일들이 일어나고 있는지 잘 모릅니다. 만약 목숨을 걸고 어려움 속에 뛰어들어서 취재하는 종군기자들이 없다면, 다른 이들이 겪고 있는 어려움과 굶주림을 전혀 알지 못할 것입니다. 하나님의 백성은 호화로운 궁궐에 앉아 있는 여왕이 아닙니다. 하나님의 백성은 특파원이고 종군기자입니다. 이 세상 구석구석을 뒤지면서, 그곳에서 일어나고 있는 말로 표현하기 어려운 비참한 사정을 하나님께 알려 드리는 것이 그 백성의 사명입니다.

우리가 생각하기에 이삭은 어렸을 때 모리아 산에서 하나님께 자신을 바쳤기 때문에 더 이상 성숙할 필요가 없는 완전한 신앙인이 된 것 같습니다. 그러나 그의 삶을 보면 아브라함의 신앙과 비교해 볼 때 아직도 아득한 거리가 있다는 것을 알게 됩니다. 아브라함에게는 하나님의 말씀이 전부였습니다. 그러나 이삭에게는 말씀이 전부가 아닙니다. 하나님께서 분명히 큰 자가 작은 자를 섬길 것이며 하나님의 축복을 이을 자는 맏아들 에서가 아니라 동생 야곱이라고 말씀하셨음에도 불구하고, 그는 에서를 포기하지 못하고 있습니다. 또 아브라함은 결혼 문제가 걸려 있을 때에도 이삭을 가나안 땅에서 떠나지 못하게 했는데, 이삭은 너무나 쉽게 야곱을 떠나보냅니다.

사람이라는 존재는 어쩔 수가 없습니다. 고난을 통해 그 눈에서 눈물이 흘러나오지 않으면 몸 안에 있는 불순한 기질이 절대로 빠지지 않습니다. 편한 상태에서는 절대로 순수해지지가 않아요. 어려운 환난 가운데 들어가 그 눈에서 피눈물이 흘러야 비로소 자기의 잘못을 조금 시인하게 됩니다. 고난을 통하지 않으면 말씀이 자기 것이 되지 않습니다. 어려움을 통해 직접 체험한 말씀만이 자신의 신앙이 됩니다.

하나님께서는 가나안 땅에 흉년이 들었음에도 불구하고 이삭을 가나안 땅에서 떠나지 못하게 하십니다. 이것은 "이 흉년은 너의 믿음을 시험하기 위해 내가 너에게 준 것인데, 왜 너는 시험을 치르지 않고 도망치려 하느냐"는 말씀과 같습니다. 물론 가나안 땅에 흉년이 든 책임이 전적으로 이삭에게 있는 것은 아닙니다. 그러나 이 흉년은 분명히 그가 경험해야만 하는 일이었습니다. 그러나 이삭은 거기에서 도망치려 했습니다.

우리 또한 하나님께서 시험을 주셨음에도 불구하고, 그 시험을 치지 않고 도망칠 때가 많이 있습니다. 하나님께서 나를 구석에 몰아넣으시고 '이것은 네가 치러야 할 어려움'이라고 말씀하시는데도 불구하고 그 책임을 남편이나 아내나 자식에게 돌린 채, 자신은 그 문제와 아무 상관 없는 듯 외면할 때가 많이 있습니다. 그래서 집에 해결해야 할 문제가 있는데도 실컷 돌아다니다가 밤늦게 들어가거나 아예 외박해 버립니다. 분명히 어려움이 있는데도 삼류소설이나 비디오테이프를 시리즈째 빌려다 놓고 시간을 보냄으로써 그 문제를 잊으려 합니다. 이것이 무엇입니까? 도망치는 것입니다. 이런 사람은 고생은 고생대로 하면서도 그 고생에서 어떤 유익도 얻지 못합니다.

오늘 말씀이 제시하고 있는 것이 무엇입니까? 이번 흉년은 처음이 아니라는 것입니다. 아브라함 때에도 이와 비슷한 흉년이 있었고, 그가 경험한 일이 있었습니다. 그러나 이삭은 아버지의 경험으로부터 아무것도 얻어내지 못한 채, 원시인의 상태에서 새로 시작하고 있습니다. 아브라함은 흉년에 애굽으로 내려갔다가 신앙적으로 대실패를 했습니다. 그렇다면 이삭은 애굽으로 가지 말아야 합니다. 그러나 그는 하나님의 말씀을 듣기 전까지 애굽으로 가려고 했습니다.

약속의 반복

하나님께서는 이삭에게, 이 어려움 속에서도 계속 가나안 땅에 산다는 것이 얼마나 중요한 그의 뜻이며 하나님의 축복을 받는 조건인지에 대해 말씀하십니다.

> 이 땅에 유하면 내가 너와 함께 있어 네게 복을 주고 내가 이 모든 땅을 너와 네 자손에게 주리라 내가 네 아비 아브라함에게 맹세한 것을 이루어 네 자손을 하늘의 별과 같이 번성케 하며 이 모든 땅을 네 자손에게 주리니 네 자손을 인하여 천하 만민이 복을 받으리라 이는 아브라함이 내 말을 순종하고 내 명령과 내 계명과 내 율례와 내 법도를 지켰음이니라 하시니라(26:3-5).

하나님께서는 흉년 때문에 가나안 땅을 버리고 애굽으로 가려고 하는 이삭에게, 흉년 속에서도 이 땅에서 계속 버티는 일이 얼마나 중요한 하나님의 계명이자 법도이며 율례인지 말씀하고 있습니다. 하나님께서 이삭에게 말씀하신 것이 무엇입니까? 이 땅에 계속 머물면 그와 계속 함께하시며 그에게 복을 주어 이 땅을 그와 그의 자손에게 주시겠다는 것입니다. 하나님께서는 이 축복이 그냥 주어지는 것이 아니라, 그의 아버지 아브라함에게 맹세의 형태로 주신 축복이 계승되는 것임을 밝히고 계십니다.

하나님께서 아브라함에게 약속하신 것은 별처럼 많은 자손과 가나안 땅이었습니다. 고대 시대에 많은 사람과 땅은 나라를 형성하는 아주 중요한 요건이었습니다. 결국 하나님께서 아브라함에게 약속하시고 이삭에게 계승해 주신 약속은 아주 강한 나라였습니다. 어떤 강한 나라입니까? 하나님께서 함께하시고 직접 다스리시며 모든 죄인을 용서하시고 치료하시는 은혜스러운 나라입니다.

우리는 최근에 끊임없이 북한을 탈출하여 남한으로 오고 있는 동포들의 행렬을 보고 있습니다. 그들이 왜 북한을 탈출했다고 합니까? 배고파서 탈출했다고 합니다. 그러나 그것은 정확한 답이 아니라고 생각합니다. 그들에게 필요한 것은 자유였습니다. 인간답게 살 수 있는 권리였습니다. 만일 이 세상 전체가 무서운 독재 아래 신음하고 있으며 사람이 사람다운 대접을 받지 못하고 짐승 취급을 받으면서 살고 있다면, 모든 이들은 참된 자유의 나라, 참으로 인간답게 살 수 있는 나라, 자기가 생각한 것을 마음대로 표현할 수 있는 나라가 오기를 갈망할 것입니다. 하나님께서 아브라함에게 약속하신 나라는 바로 그런 나라였습니다. 인간이 인간답게 살 수 있는 나라, 그러면서도 아주 강한 나라, 주위에 있는 죄악의 나라를 심판할 수 있는 나라를 아브라함에게 주겠다고 약속하셨습니다. 하나님은 그 약속이 이제 이삭에게 계승되고 있다고 말씀하십니다.

우리는 그 당시 가나안 사람들이 어떻게 살았는지 구체적으로 알지 못합니다. 그러나 그들의 삶은 비참한 죄와 억압에 사로잡힌 삶이었습니다. 아브라함과 이삭은 그들의 비참한 생활을 보면서도 도울 수가 없었습니다. 그들은 단지 나그네에 불과했기 때문입니다. 그런데 하나님께서 무엇을 약속하십니까? 이제 더 이상 나그네가 아니라 강한 나라가 되게 하셔서, 주위에 있는 모든 사람들을 억압과 죄에서 해방시켜 참으로 인간이 인간답게 살 수 있게 해주시겠다는 것입니다. 하나님은 이삭에게 "이 가나안 땅을 떠나지 말거라. 이 가나안 땅은 그 나라가 실현될 곳이다. 너는 이곳에서 지금 고생하고 있는 사람들의 비참한 현실을 똑똑히 보아야 한다"고 말씀하고 계십니다.

오늘 우리들은 놀라울 정도로 자유로운 세상에 살고 있습니다. 우리는 마음대로 자신의 의사를 표현할 수 있고 마음대로 이사할 수 있으며 마음대로 물건을 사고 팔 수 있는 자유를 가지고 있습니다. 그러나 사람들은 여전히 완전한 자유를 얻지 못하고 있습니다. 그들은 하나님께 나아갈 수 있는 자유를 알지 못합니다. 날마다 하나님의 은혜와 사랑으로 살고 있으면서도 하나님이 계신다는 사실조차 알지 못합니다. 몸은 자유롭지만 마음은 여전히 욕망에서 해방되지 못한 채, 열등감과 분노로 가득 차 있습니다. 만약 인간이 정욕과 열등감과 욕망에서부터 해방될 수만 있다면 천사들보다 더 아름답고 고상하게 나타날 것입니다. 천사가 옆에 서 있을 수 없을 정도로 아름다워지고 순결해질 것입니다.

원래 이 세상에는 하나님의 나라가 있었습니다. 처음에 하나님께서 사람들을 만드셨을 때, 그들은 하나님 앞에서 살았고 하나님과의 영광스러운 만남을 알았습니다. 그러나 죄가 들어오면서 하나님의 영광으로부터 축출되어 거짓과 억압과 욕망의 지배를 받게 된 것입니다. 하나님께서 아브라함에게 약속하신 것은 인간이 다시 하나님 앞에서 자유를 얻게 하시겠다는 것입니다. 몸만 자유로워지는 것이 아니라 그 중심이 모든 욕망과 죄에서 해방되는 참된 자유의 나라를 주시겠다는 것이었습니다. 가나안 땅은 바로 그 나라가 세워질 곳이기 때문에 설사 흉년이 들었다 하더라도 포기해서는 안 되는 것입니다.

자본주의 사회는 우리의 몸에 자유를 주었습니다. 우리는 모든 것을 다 할 수 있습니다. 우리는 거주 이전의 자유가 있고 직업 선택의 자유가 있습니다. 그러나 아직 얻지 못한 자유가 있습니다. 그것은 양심의 자유입니다. 정욕으로부터의 자유입니다. 분노로부터의 자유입니다. 미움과 열등감으로부터의 자유입니다. 우리는 자유롭지 못합니다. 만일 우리가 살고 있는 이 세상이 진정한 자유의 세계라면 교도소가 없어야 합니다. 그 안에 들어 있는 사람들은 자유롭지 못하기 때문입니다. 또한 이 땅에 죄가 완전히 없어져야 합니다. 가난하고 무지하다고 해서 업신여김 받는 일이 없어져야 합니다. 병원이 없어져야 합니다. 물론 공산주의 국가에 비한다면 말할 수 없이 자유로운 상태이지만 그럼에도 불구하고 완전한 자유는 요원합니다. 고속도로로 비유한다면 부산에서 출발해서 서울까지 와야 하는데, 자본주의 사회의 자유는 겨우 구미나 대구 정도 온 것에 불과한 것입니다.

하나님께서 아브라함과 이삭에게 요구하신 것이 무엇입니까? 그 나라를 세우기 위해 자금을 모으라는 것도 아니요 군사들을 훈련시키라는 것도 아닙니다. 오직 그 나라를 기다리라는 것입니다. 하나님 나라 백성의 특징은 하나님의 약속을 믿고 현재의 생활을 통제한다는 것입니다. 미래에 대한 기대와 소망이 현재의 생활을 지배한다는 것입니다. 하나님을 모르는 사람들은 현재지향적으로 삽니다. 내일 어떻게 될지 모르니 오늘 실컷 먹고 마시자는 것입니다. 세속주의는 불신앙의 대표적인 특징입니다. 그러나 하나님의 백성은 오늘 하고 싶은 일이 아무리 많아도 내일 이루어질 하나님의 약속에 비추어 모든 욕망을 통제하고 절제하면서 그 나라를 준비합니다.

예수님께서는 마태복음 25장에서 지혜로운 처녀와 어리석은 처녀의 비유를 통하여 이것을 보여 주셨습니다. 그 당시에는 신랑이 와야 결혼식 잔치를 시작할 수 있었습니다. 그러나 신랑은 대개 처리해야 할 일들이 많았기 때문에 잔치에 늦게 오곤 했습니다. 그래서 한밤중에 올 때도 있고 새벽에 올 때도 있었습니다. 지혜로운 처녀들은 신랑이 밤에 올지도 모른다고 생각해서 기름을 준비했습니다. 신랑에 대한 기대로 현재의 삶을 통제한 것입니다. 그러나 어리석은 처녀들은 "올 때 오더라도 지금은 일단 먹고 자고 보자" 하면서 기름을 미리 준비하지 않았습니다. 결국 어리석은 처녀들은 잔치에 들어가지 못했습니다.

모든 인류가 기다리고 있는 것이 무엇입니까? 큰 왕의 방문입니다. 그가 오시면 이 세상 모든 사람들의 활동은 '동작 그만' 상태에 들어가게 됩니다. 왕이 오시면 아무것도 할 수가 없습니다. 천사장의 나팔과 큰 호령 소리와 함께 왕이 오시면, 그때까지 하던 모든 일을 그대로 내려 놓고 그 왕 앞에서 심판을 받아야 합니다. 그때에는 지금의 태양보다 수십 배, 수백 배 더 밝은 빛이 우리의 모든 생활과 일과 생각들을 밝혀낼 것입니다.

물론 우리가 살아 있는 동안에 왕이 오시지 않을 수도 있습니다. 그러나 이 왕은 시간에 구애받지 않으십니다. 사람이 죽는다 해도 그의 삶은 그대로 살아 있습니다. 죽는 것으로 모든 것이 끝나는 것이 아닙니다. 이 왕 앞에서 모든 것이 다 벌거벗은 것처럼 드러날 것입니다.

하나님을 모르는 사람들에 대한 태도

아브라함이나 이삭이 가나안 땅에 살면서 똑같이 겪었던 어려움은, 자신들은 하나님을 믿지만 주위 사람들은 하나님을 전혀 인정치 않는다는 것이었습니다. 하나님의 백성들이 하나님을 모르는 사람들과 함께 살면서 겪는 어려움이라는 것은 말로 표현할 수 없을 정도입니다. 하나에서 열까지 일치하는 것이 없습니다. 요즘 예수 믿는 사람들이 믿지 않는 사람들 사이에서 겪는 어려움 가운데 하나는 주일 예배를 드리는 일입니다. 믿지 않는 사람들은 예배의 중요성을 알지 못합니다. 그래서 직장에서 야유회를 가도 꼭 주일에 가고, 가족 모임이나 결혼식을 해도 꼭 주일 예배 시간에 맞춰서 합니다. 그리고 예배 때문에 빠진다고 하면 도무지 이해를 못하고 "일요일마다 교회 가면서 한 번쯤 빠지면 안 돼?"라고 합니다.

이삭은 하나님의 말씀 때문에 애굽으로 내려가지 못하고 그랄 땅에 머물렀습니다. 그러나 그랄 사람들이 하나님을 모른다는 사실이 이삭을 몹시 불안하게 만들었습니다. 무엇보다 두려운 것은 바로 아내의 문제였습니다.

> 이삭이 그랄에 거하였더니 그곳 사람들이 그 아내를 물으매 그가 말하기를 그는 나의 누이라 하였으니 리브가는 보기에 아리따우므로 그곳 백성이 리브가로 인하여 자기를 죽일까 하여 그는 나의 아내라 하기를 두려워함이었더라(26:6, 7).

우리는 그 당시 풍속을 잘 알지 못하지만, 한 가지 분명한 것은 다른 사람의 아내를 빼앗기 위해 남편을 죽이는 풍습이 있었다는 것입니다. 고대에는 여자를 인격체로 생각하지 않고 물건 취급했습니다. 그래서 누구든지 힘센 사람이 먼저 차지하면 그만이라고 생각했습니다. 예를 들어 탐나는 여자가 누군가의 누이라면 일단 빼앗고 난 후에 그 오라비와 협상을 합니다. 그런데 유부녀인 경우에는 협상이 되지 않으니까 남편을 죽이고 빼앗아 가는 것입니다. 그래서 하나님을 모르는 곳에 갈 때 가장 두려운 것이 바로 이 여자 문제였습니다. 어떤 경우든지 여자는 어차피 빼앗기게 되어 있습니다. 다만 문제는 남자가 사느냐 죽느냐 하는 것입니다. 당시에는 새로운 곳에 이사 간 이들 가운데 아내를 빼앗기고도 말 한마디 못하는 사람들이 수두룩했던 것 같습니다. 가난과 흉년과 힘없는 것을 탓할 수밖에 없는 형편이었을 것입니다. 이삭은 이러한 가나안 땅의 풍조가 두려웠습니다.

우리 생각에는 이삭이 아버지의 경험을 통해 믿음을 얻을 수도 있었을 것 같습니다. 아버지 아브라함도 두 번씩이나 아내를 빼앗겼지만 하나님께서 도로 찾아 주셨으니 말입니다. 그런 경험을 믿는다면 한번쯤 믿음으로 밀어붙여서 "이 여자는 제 아내입니다. 절대로 제 누이가 아닙니다"라고 할 수도 있었을 것 같은데 이삭에게는 이 용기가 없었습니다.

우리는 사람들을 너무나도 두려워한 나머지 자신의 신앙에 대해 분명히 이야기하지 못할 때가 많습니다. "왜 어제 안 나왔어요?" 하면 "예배드리러 갔습니다. 예배는 저의 생명이거든요"라는 말을 못하고, "갑자기 설사가 나서요"라고 합니다. 공연히 긁어 부스럼 만들고 싶지도 않을 뿐 아니라 자신도 없기 때문입니다. 하나님의 백성이 자기 하나님을 섬기면서 사는 것은 이 세상의 어떤 법으로도 금지할 수 없는 최상위의 법입니다. 하나님의 백성이 자기 양심에 따라 예배드리고 그분의 뜻대로 사는 것이야말로 최고의 법입니다. 그런데도 우리는 너무나도 자주 사람들을 두려워합니다.

이삭과 리브가의 관계는 우연치 않은 사건을 통해 밝혀지게 되었습니다. 8절을 보십시오.

> 이삭이 거기 오래 거하였더니 이삭이 그 아내 리브가를 껴안은 것을 블레셋 왕 아비멜렉이 창으로 내다본지라

여기서 이삭이 리브가를 '껴안았다'는 것은 단순히 '안았다'는 뜻이 아니라 '애무했다'는 뜻입니다. 애무하는 관계는 부부 관계입니다. 아마 이곳은 더워서 창문이 제대로 달려 있지 않았던 것 같습니다. 아니면 아비멜렉이 리브가에게 관심이 있어서 한 번씩 이

들을 훔쳐보았는지도 모릅니다. 혹은 이들의 관계가 수상해서 파수꾼을 세워 두었는데, 이 파수꾼의 보고를 들은 일을 마치 아비멜렉이 직접 본 것처럼 표현하고 있는 것인지도 모르겠습니다. 여하튼 이삭과 리브가가 부부라는 사실이 그 나라 왕에게 알려졌습니다.

지난번에 교회 청년회 일일 수련회를 갔을 때 입맞춤과 포옹과 애무와 성관계에 대해 심도 있게 토론한 적이 있었습니다. 관심의 초점은 이성 간에 교제할 때 어느 선까지 접촉이 허용되느냐 하는 것이었습니다. 그때 내린 결론 가운데 하나가 '애무는 예비 성관계이기 때문에 부부에게만 허락되는 것'이라는 점이었습니다. 오늘날 우리는 성 문제에 대하여 그랄 왕 아비멜렉에게 자문을 좀 구해야 할 것 같습니다. 그는 하나님을 믿지 않는 사람이었음에도 불구하고 '애무하는 사이는 부부 사이'라는 놀라운 기준을 가지고 있었습니다. '남의 아내와 관계를 맺는 것은 곧 죽음'이라는 것이 그의 견해였습니다.

> 이에 아비멜렉이 이삭을 불러 이르되 그가 정녕 네 아내여늘 어찌 네 누이라 하였느냐 이삭이 그에게 대답하되 내 생각에 그를 인하여 내가 죽게 될까 두려워하였음이로라 아비멜렉이 가로되 네가 어찌 우리에게 이렇게 행하였느냐 백성 중 하나가 네 아내와 동침하기 쉬웠을 뻔하였은즉 네가 죄를 우리에게 입혔으리라(26:9, 10).

이처럼 아비멜렉은 남의 아내와 동침하는 것은 무서운 죄로서 곧 죽음을 의미한다는 생각을 가지고 있었습니다. 그는 리브가가 이삭의 아내라는 사실이 노출된 일을 아주 다행스럽게 생각하는 것처럼 보입니다. 자칫 잘못했으면 아주 무서운 죄가 자신들에게 입혔을지도 모른다는 것입니다. 이것은 이방 나라의 위선적인 모습입니다. 그들은 실제로는 남의 아내를 많이 도둑질하고 있었습니다. 그러나 정신적으로, 또 적어도 법적으로는 이것이 무서운 죄라는 점을 인정하고 있었습니다. 이것을 볼 때 하나님을 모르는 사람들이 죄를 지을 때에도 전혀 죄의식이 없는 것은 아니라는 것을 알 수 있습니다.

성은 감정이 아니요 책임입니다. 다른 것은 잘못되면 무를 수 있지만 성은 잘못되면 죽음으로 연결되게 되어 있습니다. 음식을 잘못 먹으면 토하면 됩니다. 그러나 성을 잘못 사용하면 아비멜렉의 말처럼 무서운 죄를 입게 됩니다. 청년기의 여자가 자살을 기도한 경우를 보면 십중팔구 성 문제가 관련되어 있습니다. 분노가 죽음을 부른 것입니다.

아비멜렉은 이삭의 말을 통해 그에게 그랄 사람들을 해칠 의사가 없는 것을 알고, 그를 보호하는 특별 명령을 내렸습니다.

> 아비멜렉이 이에 모든 백성에게 명하여 가로되 이 사람이나 그 아내에게 범하는 자는 죽이리라 하였더라(26:11).

오늘 이 말씀이 우리에게 보여 주는 것이 무엇입니까? 하나님께서 가나안 땅에 살게 하셨다면 이삭은 믿음으로 그 사실을 붙들 필요가 있었다는 것입니다. 하나님의 말씀이 있으면 죽지 않습니다. 하나님의 말씀이 지금 내 귀에 들리고 있다면 절대 죽을 수가 없습니다. 사사 시대 때 하나님의 천사를 만난 사람들은 죽을까 봐 두려워했습니다. 물론 죄인들에게 하나님의 천사가 나타났다면 그는 죽은 목숨입니다. 그러나 하나님의 말씀을 전하기 위해 천사가 나타났다면 절대 죽지 않습니다.

하나님께서 그랄 땅에서 살라고 하셨다면, 이삭은 하나님이 자신을 굶어 죽지 않게 해주신다는 것뿐 아니라 리브가도 지켜 주신다는 사실을 믿었어야 합니다. 그러나 이삭의 신앙은 어디까지나 이론적인 것으로서 실전에서는 힘을 발휘하지 못했습니다. 왜냐하면 그의 신앙은 아직도 완전히 그의 것으로 뿌리를 내리지 못했기 때문입니다.

설교에서 듣는 내용이 곧 자기 신앙이라고 생각하지 마십시오. 실제 문제에 부딪쳐 보아야 합니다. 하나님의 뜻대로 살려고 애쓰는데도 불구하고 먹을 것이 없고 직장에서도 쫓겨나 생계 대책이 없을 때, 결혼할 가능성이나 아이가 생길 가능성이 점점 희미해질 때, 그때에도 믿음을 주장할 수 있어야 설교 시간에 들었던 그 말씀이 자신의 신앙으로 뿌리내리는 것입니다. 내가 들은 말씀에 고난의 도장이 찍혀야 합니다. 고난의 도장이 찍히지 않은 설교는 어디까지나 가설이지 자기 신앙이 아닙니다. 오늘날 사람들은 훌륭한 목사님들의 설교를 듣고 즐기면서 마치 그것이 자기의 신앙이 된 것처럼 생각하지만, 고난이라는 도장이 찍히지 않은 신앙은 전부 가식입니다.

이삭은 아버지 아브라함으로부터 풍성한 경험을 얻어오지 못했기 때문에 백지 상태에서 신앙생활을 하고 있습니다. 우리가 만약 어느 곳에 선교사로 가게 되었다면, 가장 먼저 무엇부터 해야 합니까? 우리보다 먼저 와서 선교 활동을 한 사람들이 실패했던 경험과 그가 겪었던 어려움에 대해 들어야 합니다. 그렇게 하지 않으면 같은 실수를 반복할 수밖에 없습니다.

목사들이 교회사를 공부하는 일이 중요한 이유가 바로 여기에 있습니다. 교회사를 읽어 보면 해 아래 새 것이 없다는 말씀이 진리임을 알게 됩니다. 무언가가 새로이 시작됩니다. 처음에는 아주 굉장해 보입니다. 그런데 그러다가 어느 틈에 없어져 버립니다. 이단적인 움직임들은 처음에는 다 참신한 것 같아요. 그러나 시간이 지나면 결국 자기 모순에 빠져 스스로 무너지고 마는 것을 볼 수 있습니다. 이삭이 아버지 아브라함의 경험을 받아들였다면 이 그랄 땅에서 담대하게 자신의 신분이나 신앙을 주장할 수 있었을 것입니다.

우리가 생각해야 할 것은 아무리 이방 왕인 아비멜렉이라 하더라도 하나님께서 다스리고 계신다는 사실입니다. 하나님께서는 우연치 않은 일을 통해 아비멜렉에게 이삭의 정체를 알리심으로써 그를 보호하게 하셨습니다. 우리는 하나님을 모르는 사람들을 두려워할 때가 많습니다. 그러나 하나님을 모르는 사람도 하나님이 다스리십니다. 일반 상식을 통해, 사회 제도를 통해 다스리십니다. 믿지 않는 사람들도 최소한의 상식이 있고 대화가 통하는 부분이 있으며 때로는 믿는 사람보다 훨씬 더 합리적입니다. 물론 전혀 말이 통하지 않는 사람들도 없는 것은 아니지만, 그들은 자기 스스로 멸망을 재촉하는 것이나 다름없습니다.

여러분, 이 세상 전체를 하나님께서 다스리시며, 아무리 하나님을 모르는 사람이라고 하더라도, 아무리 무지하고 고집스러운 자라 하더라도 하나님께서 그들이 알아들을 수 있는 방식으로 설득하시고 깨닫게 하신다는 것을 알아야 합니다. 아직도 우리를 답답하게 하고 있는 일이 있습니까? 내 영혼이 해방되지 못한 것이 있습니까? 예배를 통해 주님 앞에 솔직히 고백함으로써 참으로 자유로워집시다. 이삭이 그랄 땅에서 새로 살아야 했을 때처럼 불안하고 두려울 수도 있습니다. 도대체 이 세상에서 어떻게 살아가야 할지 막막할 수도 있습니다. 그러나 하나님께서는 그랄 땅에서도 이삭과 함께하셨고 그를 보호하셨습니다. 그 하나님께서 오늘 우리도 지키시고 인도하실 것입니다.

4

더 넓은 곳을 찾아서

우리가 살고 있는 이 세상은 경쟁에서 이기는 자만이 살아남을 수 있는 곳입니다. 우리가 이 세상에 살면서 자기도 모르는 사이에 몸으로 체득하는 것이 있다면 바로 이것입니다. 즉 경쟁에서는 이겨야 하며 그래야만 살아남을 수 있다는 것입니다. 이러한 경쟁 관계는 우리 생활 전체를 지배하고 있습니다. 작게는 입시 경쟁에서부터 시작해서 크게는 대권 경쟁에 이르기까지 철저하게 게임에서 살아남아야 하며 2등은 존재할 수가 없는 분위기에서 살고 있습니다.

저희 아파트 상가에는 제법 큰 슈퍼마켓이 있었습니다. 그런데 어느 날 가보니 문이 닫혀 있었습니다. 대형 백화점이 버스를 돌린 후부터 손님이 끊어져서 결국은 문을 닫게 되었다는 것입니다. 지금은 모든 것이 무한 경쟁 관계입니다. 눈에 불을 켜고 끝없이 경쟁하는 자는 살아남지만, 조금이라도 경쟁에 느슨하게 대처하거나 정보에 어두운 사람은 살아남을 수가 없습니다.

우리 그리스도인들은 이런 경쟁의 세상에서 갈등을 겪습니다. 살아남으려면 눈에 불을 켜고 다른 사람들과 싸워야겠는데, 성경은 그렇게 하라고 말씀하지 않기 때문입니다. 성경은 원수를 위해 기도하라고 합니다. 오른빰을 때리면 왼빰을 돌려대라고 합니다. 내일 일을 염려하지 말라고 합니다. 그런데 이렇게 성경대로 살아도 경쟁적인 사회에서 과연 살아남을 수 있겠습니까? 사생결단을 하고 덤벼들어도 겨우 목구멍에 밥이 들어갈까 말까 한 이 세상에서, 있는 여유 없는 여유 다 부려 가며 다른 사람의 사정을 봐주면서도 과연 배겨 낼 수가 있겠습니까?

이런 점에서 볼 때, 오늘 본문에서 이삭이 보여 주는 믿음의 여유는 우리가 살아가야 할 방향을 제시해 주고 있다고 생각합니다. 이삭은 흉년 때문에 아주 어려운 처지에 빠지게 되었습니다. 그는 그랄 땅에 살려고 해서 살게 된 것이 아니었습니다. 원래는 애굽으로 가려고 했는데 하나님께서 가나안 땅을 떠나지 못하게 하셨기 때문에 어쩔 수 없이 주저앉은 것입니다.

그런데 하나님께서는 그랄에 주저앉은 이삭을 축복하셨습니다. 이삭은 이곳에서 지금까지 해 보지도 않은 농사를 지었는데 무려 100배나 소출을 거두었습니다. 그리고 원래 직업인 목축업도 잘되어서 많은 양 떼와 소 떼와 종을 거느리게 되었습니다. 그러나 그곳 사람들은 이삭이 이런 식으로 잘되는 것을 좋아하지 않았습니다. 그들의 마음에는 이삭에 대한 시기심이 일어났습니다. 이삭이 어려울 때에는 동정적이었던 사람들이, 그가 갑자기 잘되기 시작하자 경쟁 관계로 돌아서게 된 것입니다. 그들은 이삭이 견딜 수 없도록 숨통을 조여 오기 시작했습니다. 그들은 이삭이 농사를 짓지 못하게 하려고 토지에서 쫓아내 버렸습니다. 그리고 그의 아버지가 판 우물을 흙으로 메워 버렸습니다. 농사가 잘되니까 땅을 빼앗아 버리고 목축이 잘되니까 우물을 메워 버린 것입니다. 이삭은 도저히 그곳에서 버틸 수 없게 되었습니다.

이제 이삭이 선택할 수 있는 대안은 무엇입니까? 그들과 한판 싸우든지, 그곳을 완전히 떠나든지 둘 중에 하나입니다. 그러나 이 두 가지 다 불가능했습니다. 이삭에게는 그랄 사람과 싸울 힘도 없었고, 아직 흉년이 끝나지 않은 이때에 그랄을 떠날 수도 없었습니다. 그래서 그가 취한 방법이 무엇입니까? 믿음으로 견디는 것이었습니다. 그는 하나님이 주신 지혜에 따라 아버지 아브라함의 신앙적인 유산을 사용하기로 했습니다. 아브라함은 우물을 파는 전문가였습니다. 이삭에게는 어렸을 때 아버지를 따라 우물 파는 데를 여러 군데 따라다닌 기억이 있었습니다. 그래서 낙심하거나 분노하는 대신 그 옛날 아버지를 따라다니면서 팠던 그 우물 자리를 기억해 내서 다시 파보았더니, 물이 나왔습니다.

그런데 이렇게 새로운 우물을 판 것은 또 다른 문제의 시작이 되었습니다. 이삭이 새 우물을 팔 때마다 그랄 사람들이 제 것이라고 억지를 부리면서 빼앗아 버린 것입니다. 이삭은 그때마다 우물을 양보하고 새 우물을 팠습니다. 마침내 세 번째로 새로운 곳에 우물을 팠을 때, 이제는 그랄 사람들도 지쳤는지 더 이상 시비를 걸지 않았습니다. 그래서 이삭은 그곳을 '르호봇'이라고 불렀습니다. '르호봇'은 '공간'이라는 뜻입니다. 즉 공간이 넓어지니 이제는 더 이상 사람들이 싸울 필요가 없어졌다는 뜻입니다.

블레셋 사람들이 가졌던 생각은 경쟁적인 사고였습니다. 그들은 '이삭이 잘되면 우리는 못살게 된다'는 경쟁적인 원리로 이삭을 바라보았습니다. 그러나 이삭은 그들과 경쟁하려고 하지 않았습니다. 그들이 시비를 걸면 다른 곳으로 가고, 거기까지 쫓아와서 시비를 걸면 더 넓은 곳으로 걸음을 옮겼습니다. 그가 이렇게 믿음의 여유를 가질 수 있었던 이유가 어디에 있을까요?

그랄 땅에서 주신 축복

하나님께서는 전혀 생각지도 못하게 그랄 땅에 주저앉은 이삭을 참으로 많이 축복하셨습니다.

이삭이 그 땅에서 농사하여 그 해에 백배나 얻었고 여호와께서 복을 주시므로 그 사람이 창대하고 왕성하여 마침내 거부가 되어 양과 소가 떼를 이루고 노복이 심히 많으므로 블레셋 사람이 그를 시기하여 (26:12-14).

이삭이 그랄 땅에 머무르게 된 것은 전혀 생각 밖의 일이었습니다. 가나안 땅을 떠날 생각으로 경계선까지 왔는데 하나님이 못 떠나게 하시니까 주저앉았을 뿐입니다.

가나안 땅이 왜 중요합니까? 가나안은 죄악의 세상이었지만, 동시에 하나님의 말씀이 임하고 있는 계시의 무대였습니다. 하나님의 말씀이 임하고 있는 곳은 무대 위에서 가장 밝은 곳, 스포트라이트가 비치고 있는 곳과 같습니다. 신문이나 방송을 보면 역시 뉴스는 가장 중요한 곳에 초점을 맞춘다는 것을 알 수 있습니다. 뉴스가 생길 만한 곳이 따로 있어요. 전 세계의 이목이 집중되는 곳이 따로 있습니다.

그 당시 애굽은 가나안 땅에 비해 말할 수 없이 문명화된 곳이었고 학문적으로도 발전한 곳이었습니다. 그러나 하나님께서는 애굽을 계시의 무대로 사용하지 않으셨습니다. 하나님께서 중요하게 생각하신 곳은 몇 명 되지 않는 믿음의 사람들이 살고 있던 가나안 땅이었습니다. '촛대를 옮긴다'는 말이 있습니다. 무슨 뜻입니까? 하나님의 계시의 역사가 다른 곳으로 옮겨진다는 것입니다. 하나님께서는 아직 가나안 땅을 무대로 사용하여 계시의 말씀을 주고 계십니다. 그렇기 때문에 단지 흉년이 들었고 먹을 것이 없다는 이유로 이 중요한 곳을 떠날 수 없는 것입니다.

우리에게도 하나님의 계시가 임하는 곳이냐, 생활이 더 편한 곳이냐를 선택해야 하는 문제가 있습니다. 편한 생활을 위해 말씀을 버리는 것은 자기 스스로 무대 중앙에서 변두리 쪽으로 물러나는 것과 같습니다. 모든 스포트라이트는 하나님의 말씀의 역사가 일어나는 곳에 집중됩니다. 사람이 많든 적든, 학문이 뛰어나든 뒤처지든, 문명이 발전했든 퇴락했든 상관없습니다. 오직 하나님의 말씀의 역사가 일어나는 그곳에 모든 역사의 초점이 맞추어집니다.

하나님께서는 그랄 땅에 엉거주춤 주저앉은 이삭을 엄청나게 축복하셨습니다. 원래 이삭은 농사를 짓는 사람이 아닙니다. 이렇게 자기 전공도 아닌 농사에 손을 대게 된 것은 아마도 양식을 구하기가 대단히 어려웠기 때문인 것 같습니다. 그러나 하나님께서는 이삭에게 100배나 되는 결실을 거두게 하셨습니다. 그뿐만 아니라 목축도 잘되어서 양이나 소가 떼를 이루었고, 수많은 노복들도 생기게 되었습니다.

하나님께서 그랄 땅에 있는 이삭을 축복하신 이유가 무엇입니까? 하나님은 이런 식으로라도 하나님의 뜻에 순종하여 애굽으로 내려가지 않고 그랄 땅에 주저앉아 있는 이삭에 대한 사랑을 표시하고 계시는 것입니다. 하나님께서는 그분의 뜻에 순종하기 위해 자기의 욕망이나 고집을 꺾는 사람을 얼마나 사랑하시는지 모릅니다. 설사 온 마음으로 순종한 것이 아닐 때에도, 발이 벌써 몇 걸음 나가 버렸지만 그 상태에서라도 주저앉아 그 뜻에 순종할 때에도, 그렇게 불완전하게 순종할 때에도 기뻐하십니다. 그리고 그렇게 기뻐하시는 표시를 눈으로 보고 손으로 만질 수 있게 보여 주십니다.

물론 물질적인 축복을 전부 하나님의 사랑의 표시로 볼 수는 없습니다. 그런 논리로 보면 가난이나 고난은 하나님의 선물이 아니라 죄의 징계가 되고 맙니다. 그러나 하나님께서 물질을 통해 하나님의 뜻에 순종하는 자를 기쁘게 해주신다는 것은 어느 정도 사실입니다. 이 세상에서 신앙생활을 한다는 것은 모든 것을 다 버리고 포기한 채 수도원 생활을 하는 것이 아닙니다. 하나님께서는 우리의 부족한 순종이 하나님을 얼마나 기쁘시게 했는지를 보여 주시는 증표로 이 세상에 있는 것 가운데 일부를 주실 때가 있습니다.

자기 고집을 꺾지 않는 사람은 사랑을 받을 수 없습니다. 한

번 생각한 것은 끝까지 해야 직성이 풀리는 사람은 결코 풍성한 삶을 살 수 없습니다. 자식 중에서도 한번 생각한 것은 죽어도 해야 직성이 풀리는 아이가 있습니다. 그때는 부모도 포기하지요. "그래? 그러면 너 하고 싶은 대로 한번 실컷 해봐. 하지만 그래도 아니면 정신 차리고 돌아와야 한다." 고집스런 아들의 특징이 무엇입니까? 언젠가 돌아오기는 돌아오지만 풍성한 삶을 모른다는 것입니다. 늘 극에서 극을 달립니다.

그러나 이삭은 그렇지가 않았습니다. 이삭은 애굽으로 가려고 가나안 땅을 출발했습니다. 이제 조금만 더 가면 애굽 땅입니다. 그런데 하나님이 안 된다고 하시니까 그랄 땅에서 엉거주춤 주저앉아 버렸습니다. 자기 계획이 있었지만 하나님이 아니라고 하시니까 중간에 눌러 앉은 것입니다. 그런데 하나님께서 이 부족한 순종을 얼마나 기뻐하셨는지, 말할 수 없는 축복으로 그를 기쁘게 해주셨습니다. 그랄 땅에서 받은 축복은 보너스 축복입니다. 보너스는 기쁜 것입니다. 생각하지도 않았는데 봉투 하나 더 주면 굉장히 뿌듯하지 않습니까? 이삭이 받은 축복은 이처럼 전혀 기대하거나 생각하지 않았던 축복이었습니다.

그랄 사람들의 시기

그런데 이삭이 그랄 땅에서 잘살게 된 것은 새로운 어려움을 불러일으켰습니다. 그랄 사람들이 그를 더 이상 좋아하지 않게 된 것입니다. 그들은 이삭을 시기하고 미워하기 시작했습니다. 그 시기와 미움은 이삭이 그랄에서 누리고 있는 모든 혜택을 박탈하는 것으로 나타났습니다.

그 아비 아브라함 때에 그 아비의 종들이 판 모든 우물을 막고 흙으로 메웠더라 아비멜렉이 이삭에게 이르되 네가 우리보다 크게 강성한즉 우리를 떠나가라(26:15, 16).

나그네로 있는 사람에게 가장 두려운 일이 바로 이런 것입니다. 자기 나라가 아니고 자기 땅이 아니기 때문에 하루아침에 모든 권리를 박탈당한 채 쫓겨날 수 있습니다. 이삭의 입장에서 한번 생각해 보십시오. 그는 지금 전혀 생각지도 못한 축복을 누리고 있습니다. 농사도 잘되고 목축도 잘됩니다. 물론 이 모든 것은 그랄 사람들의 관용 아래 이루어진 것입니다. 그런데 그들의 마음이 하루아침에 변하더니, 아브라함의 우물을 메워 버리고 여기를 떠나라는 것입니다.

예를 들어 어떤 사람이 별로 좋지도 않고 누가 사용하지도 않는 건물을 싸게 빌려서 유치원을 시작했다고 합시다. 그런데 생각지도 않게 원아들이 많이 몰려와서 유치원이 아주 잘되었습니다. 그런데 이렇게 유치원이 잘되는 것을 본 건물 주인이 살살 배아파하기 시작합니다. 그러더니 어느 날 갑자기 와서 유치원을 떠나라고 하면서 전기와 수도를 끊어 버리면 어떻게 되겠습니까? 졸지에 망하는 것이지요. 이삭의 경우가 바로 그러한 것이었습니다. 지금까지 그 땅은 농사도 안 되는 불모의 땅이었습니다. 쓰지도 않는 땅이었어요. 그 땅을 일구어서 100배의 소득을 얻었습니다. 그런데 이제 와서 갑자기 우물을 막아 버리고 떠나라는 것입니다.

이삭의 입장에서는 분명히 할 말이 있습니다. 농사는 그들이 지으라고 한 것이 아닙니까? 그리고 그 땅도 안 쓰는 땅 아닙니까? 그랄 땅은 농사가 잘 안 되는 곳입니다. 또 이삭은 사기를 치거나 도둑질을 해서 부자가 된 것이 아니라 하나님이 복을 주셔서 부자가 된 것입니다. 이삭은 그랄 사람들에게 피해를 준 것이 없었습니다. 또 우물은 이삭의 아버지가 판 것이었습니다. 그들은 그때부터 공짜로 그 물을 먹어 오지 않았습니까? 아비멜렉은 이 우물이 아브라함의 것이라는 맹세까지 했습니다. 그런데 하루아침에 우물을 메우고 "너는 우리보다 강하니까 떠나라"는 것입니다. 이삭은 하루아침에 알거지 신세가 되고 말았습니다.

하나님께서 이렇게 하시는 이유가 무엇입니까? 왜 한편으로는 축복하시면서 또 다른 한편으로는 그랄 사람들의 마음을 변하게 해서 이 모든 축복을 거두어 가시는 것입니까? 이것이 바로 하나님께서 우리들에게 늘 하시는 방법입니다. 하나님은 두 손을 가지고 계시다는 것을 기억하십시오. 하나님은 한 손으로는 우리를 축복하시면서도 다른 한 손으로는 축복을 거두셔서 이 세상의 축복을 움켜쥐거나 이 세상의 물질에 탐닉하지 못하게 하십니다.

그래서 하나님이 우리에게 물질적인 축복을 주실 때 '이것은 맛보기구나. 맛만 보고 끝을 내야지'라고 생각해야지, '아니야. 나는 끝장을 봐야 해' 하면서 더 부자가 되려 하고 더 높아지려고 하면 결국 넘어지게 되어 있습니다. 오른손에서 축복을 받다가 왼손에 걸려 넘어지는 것입니다. 하나님께서 생각지도 못한 물질적인 축복을 주시고 형통하게 하시거든 '와! 돈이다! 보너스다! 다음에는 또 얼마를 주실까?' 하지 말고 '이것은 하나님께서 나를 사랑하시는 증표구나. 이런 방식으로 나를 향한 사랑을 표시하시는구나'라고 생각하십시오.

그래서 믿음의 사람들은 일이 잘되더라도 거기 푹 빠지지 말고 긴장하고 있어야 합니다. 하나님께서는 일이 잘될 때 꼭 나를 겸손하게 만드심으로써 물질적인 문제나 돈의 문제나 차의 문제에 집착하지 못하게 하십니다. 하나님께서 좋은 차를 주셨습니다. 그래서 매일매일 닦고 광을 냈는데, 어느날 누가 싹 긁어 놓습니다. 그때 시험들지 않도록 '차는 어쨌든 차야. 언제든지 긁힐 수도 있어'라고 미리 마음먹고 있어야 합니다.

문제는 이것입니다. 축복을 거두어 가시는 것은 좋습니다. 그런데 이제는 거꾸로 도저히 살 수 없는 처지가 되고 말았습니다.

가나안 땅의 흉년은 아직 끝나지 않았고 애굽으로는 갈 수가 없습니다. 마지막 남은 보루가 그랄 땅이었는데, 이제는 그나마 그랄 땅에서도 쫓겨나게 되었습니다. 이럴 때 이삭은 무엇을 해야 합니까? 주시는 것도 좋고 거두시는 것도 좋은데, 도대체 어디서 무엇을 해서 먹고 살라는 것입니까? 문제는 있는데 답이 없습니다. 이 답을 어디에서 찾겠습니까? 이런 것이 바로 시험입니다. 하나님의 백성들이 치르는 시험 중에 사지선다형은 없습니다. 전부 다 논술형입니다. 그런데 문제는 있는데 풀이가 없는 것입니다.

이럴 때 우리는 두 가지를 생각해야 합니다. 하나는 이 시험은 분명히 하나님께서 허락하셨다는 것입니다. 그러므로 두려워해서는 안 됩니다. 우리는 이 어려움으로 멸망하지 않습니다. 시험은 사탄이 하는 것입니다. 하나님께서 사탄에게 기회를 주신 것입니다. 그러나 사탄이 우리 전부를 건드릴 수는 없습니다. 하나님께서 허락하지 않으시면 머리카락 하나도 건드릴 수 없습니다. 물론 그 시험이 우리에게 엄청난 두려움을 줄 수도 있고, 때로는 우리의 영혼을 사망의 음침한 골짜기에 빠뜨릴 정도로 위협적일 수도 있습니다. 그러나 결코 우리를 지배하지는 못합니다.

여러분, 이렇게 도저히 풀리지 않는 어려운 문제에 빠졌을 때 그것을 해결할 수 있는 방법은 오직 하나밖에 없습니다. 그것은 기도입니다. 사탄은 천재예요. 우리의 머리로는 도저히 그 궤계를 이길 수가 없습니다. 오직 하나님의 지혜로만 이 사탄의 문제를 풀 수 있습니다. 야고보 사도가 무엇이라고 말했습니까?

> 너희 중에 누구든지 지혜가 부족하거든 모든 사람에게 후히 주시고 꾸짖지 아니하시는 하나님께 구하라 그리하면 주시리라(약 1:5).

물론 처음부터 지혜가 생기는 것은 아닙니다. 처음에 이런 문제를 당하면 도무지 살길이 없는 것 같고 막막하기만 합니다. 나만 쳐다보고 있는 식구들이 부담스럽고, 도무지 이 세상에서 살아남을 길이 없는 것 같습니다. 농사짓던 땅에서는 나가라고 하고 우물은 메워 버렸으니, 이제 어디에서 무엇을 하면서 살 수 있겠습니까? 머릿속에는 자꾸만 최악의 시나리오가 떠오릅니다. 모든 것을 다 빼앗기고 아내까지 빼앗긴 채 비참하게 죽어 있는 자신의 모습이 보입니다.

그런데 그 가운데서도 하나님의 신실하심을 붙들고 자신을 설득해 나갑니다. '믿음의 끝이 이럴 리가 없다'는 것입니다. 하나님은 선을 베풀다가 졸지에 망하게 하시는 분이 아니라는 것입니다. 지금 겪고 있는 이 어려움의 이유는 알 수 없지만 하나님이 허용하신 것이니 분명히 합력해서 선을 이루리라는 것입니다. 그래서 하나님의 신실하심을 붙들고 매달리며 기도하고, 때로는 금식하며 기도합니다. "아버지, 저는 평소에 제 믿음이 좋은 줄 알았습니다. 그런데 이 작은 어려움에 제 믿음은 거의 바닥을 드러내고 있습니다. 하나님 앞에서 저는 죽은 개처럼 무능합니다. 주여, 도와주십시오, 긍휼을 베풀어 주십시오!" 그렇게 기도하고 매달리다 보면 갑자기 무슨 생각이 떠오릅니다. 아주 놀라운 생각입니다. 마치 어떤 계시가 마음속에 비치는 것 같습니다. 지금까지 붙들고 있던 문제를 아주 새로운 눈으로 볼 수 있는 새로운 지각이 생깁니다. 사고의 전도, 가치관의 변화가 일어납니다.

지금까지 이삭은 자기가 농사짓던 땅에 애착을 가지고 있었습니다. 몇 배나 결실하던 이 땅을 어떻게 포기합니까? 씨만 뿌리면 줄기가 휘어지도록 주렁주렁 이삭이 달리는 이런 땅을 어떻게 포기할 수 있습니까? 게다가 이 우물은 아버지 아브라함이 판 것입니다. 삼촌이 판 것이라면 그래도 좀 포기할 수 있겠지만, 바로 자기 아버지가 판 우물인데 어떻게 포기합니까?

그런데 그때 갑자기 새로운 생각이 떠오릅니다. '그래, 나는 원래 농사꾼이 아니었잖아. 나는 원래 목축업자였어. 그리고 아버지가 판 우물을 그들이 메워 버린 것은 아깝고 분하지만, 아버지가 판 우물이 이것이 전부는 아니잖아. 그걸 또 파면 되지.' 이렇게 자기가 붙들고 있던 것을 놓았을 때, 이삭의 마음은 아주 자유로워졌을 것입니다.

바로 이것입니다. 하나님께서 주신 지혜는 내가 붙들고 있는 것을 놓고, 나와 하나님의 관계를 바라보게 합니다. 아마 이삭의 종들 중에는 싸워서라도 끝까지 그 땅을 지키자는 사람들도 있었을 것입니다. 아예 이 기회에 그랄 사람들에게 본때를 보여 주어야 한다고 주장하는 과격파들도 있었을 것이고, 많은 권리금을 받기 전까지는 물러나지 말고 버텨 보자는 사람들도 있었을 것입니다. 그런데 하나님께서 이삭에게 깨닫게 하신 것이 무엇입니까? 이삭 자신이 하나님 앞에서 얼마나 아름답고 존귀한 사람이냐 하는 것입니다. 그동안 집착하던 땅이나 우물은 이삭과 하나님과의 관계에서 전혀 중요한 것이 아니었습니다. 이삭은 만약 그 땅과 우물을 지키기 위해 혈기를 부리고 싸운다면 자기 안에 있는 아름다운 하나님의 형상이 파괴될 수밖에 없다는 것을 알았습니다.

하나님의 지혜는 여기에서 끝나지 않았습니다. 아버지 아브라함이 팠던 다른 우물들이 생각난 것입니다. 물론 지금은 사용되지 않는 우물이고 물이 나오지 않는 우물입니다. 그러나 어렸을 때에는 거기에서 물이 나왔던 것 같습니다. 그것을 다시 파면 되지 않을까 하는 생각이 갑자기 머릿속에 떠오릅니다. 이삭은 자신이 여기에 살기 전에 이미 아버지가 믿음으로 여기에서 살았고, 그 아버지가 남겨 놓은 믿음의 유산이 있다는 것을 깨달았습니다. '나는 왜 아버지가 남긴 믿음의 흔적을 따라가지 않는가? 아버지는 여기에서 사셨고 이기셨다. 그 믿음의 유산을 사용하자'는 것이 그의 깨달음이었습니다.

우리가 성경에 나오는 믿음의 사람들로부터 얻는 유익이 무엇입니까? 그 인물들이 하나님을 찾았던 것처럼 우리도 하나님을 찾으면 그분을 만날 수 있고 동일한 은혜를 체험할 수 있다는 것입니다. 오늘 우리 시대는 항상 새로운 것을 찾습니다. 많은 사람들이 이야기하는 것이 무엇입니까? "새로운 방식으로 하나님께 예배하자"는 것입니다. 그러나 그렇게 한다고 해서 하나님을 만날 수 있는 것이 아닙니다. 믿음의 조상들이 하나님을 만났던 방법으로 나아가야 만날 수 있습니다. 아벨이 예배드렸던 것처럼 예배드려야 하나님을 만날 수 있고, 에녹이 살았던 것처럼 살아야 죽음을 통과할 수 있으며, 노아가 살았던 것처럼 살아야 멸망에서 구원받을 수 있습니다. 예수님께서 말씀하신 것이 무엇입니까? 마지막 심판이 임할 때 사람들의 모습이 노아 때와 같고 소돔과 고모라가 멸망할 때와 같으리라는 것입니다. 나타나는 양상은 다를지 몰라도 사람의 본성 자체는 바뀌지 않습니다.

어려움 가운데 기도하고 있던 이삭의 마음속을 찾아온 것은 사고의 전환이었습니다. 지금까지 한 번도 생각하지 못했던 새로운 생각이 섬광처럼 떠올랐습니다. '내가 지금까지 집착하고 있던 것이 중요한 게 아닐 수도 있다'는 이 한 번의 생각이 교착된 국면을 완전히 돌파할 수 있게 해주었습니다. 우리를 미련하게 만드는 것은 어느새 우리 마음을 차지하고 있는 수많은 전제들입니다. '나는 이 정도는 살아야 해. 우리 집은 저 정도는 갖추어야 해. 우리 애는 이러이러한 모습으로 자라야 해. 하나님은 이러이러한 분이야. 하나님이 이렇게 하지 않고 저렇게 하신다면 난 절대로 못 참아.' 이런 전제들이 생각을 경직시켜서 다른 수많은 가능성을 보지 못하게 하고, 끝까지 한 가지만 고집하게 만드는 것입니다.

우리는 다르게 생각해야 합니다. 즉 내가 집착하고 있던 그것을 내려놓고 하나님과 나의 관계를 생각해야 합니다. '하나님이 나를 얼마나 사랑하고 계시는가. 내게 주신 물질적인 축복의 의미는 무엇인가. 이것은 하나님이 날 사랑하신다는 증표일 뿐이다. 그런데 내가 이것을 지키기 위해서 싸운다면 내 속에서 얼마나 큰 분노와 좌절이 일어날 것인가. 그리고 내 속에 있는 하나님의 형상이 얼마나 파괴될 것인가'를 생각해야 합니다.

이삭의 인내를 시험하는 것들

마침내 이삭은 결단을 내렸습니다. 그는 그 땅을 포기하고 그랄 골짜기에 장막을 쳤습니다. 그리고 아버지가 팠던 우물들을 다시 파서 물을 구했습니다.

> 이삭이 그 곳을 떠나 그랄 골짜기에 장막을 치고 거기 우거하며 그 아비 아브라함 때에 팠던 우물들을 다시 팠으니 이는 아브라함 죽은 후에 블레셋 사람이 그 우물들을 메웠음이라 이삭이 그 우물들의 이름을 그 아비의 부르던 이름으로 불렀더라(26:17, 18).

이삭은 기꺼이 농사일을 포기했습니다. 100배나 수확을 거두던 일을 포기한다는 것은 쉬운 일이 아닙니다. 그러나 그 일을 계속하려면 그랄 사람들과의 충돌을 피할 수가 없었습니다. 그래서 그는 땅과 우물을 포기하고, 그 대신 아버지가 팠던 다른 우물을 다시 판 후 아버지 때 부르던 이름으로 불렀습니다.

아브라함이 팠던 우물이 왜 다시 메워졌는지는 알 수가 없습니다. 단지 추측하기에 그랄 사람들은 대단히 자존심이 강한 사람들이었기 때문에 아브라함이 우물을 파서 기근의 문제를 해결해 주었을 때에는 기꺼이 그 도움을 받았지만, 그가 죽자 그 우물을 메움으로써 자신들은 다른 사람의 도움 같은 것을 받은 적이 없다는 식으로 행세한 것이 아닌가 합니다. 그래서 이삭이 아버지의 우물을 도로 파고 아버지가 불렀던 이름을 다시 사용한 데에는 '아버지 때 너희들이 우리 아버지의 도움을 받았던 것은 사실이 아니냐? 이제 제발 그런 엉뚱한 생각들을 다 버리고 옛날의 좋았던 관계를 회복해 보자'는 의미가 들어 있었던 것 같습니다. 그러나 그의 기대는 무참하게 깨지고 말았습니다. 그랄 사람들이 그 우물을 자기들 것이라고 우기고 나선 것입니다.

> 이삭의 종들이 골짜기에 파서 샘 근원을 얻었더니 그랄 목자들이 이삭의 목자와 다투어 가로되 이 물은 우리의 것이라 하매 이삭이 그 다툼을 인하여 그 우물을 에섹이라 하였으며(26:19, 20).

'에섹'이라는 말의 뜻은 '분쟁'입니다. 관계를 좀 회복하려고 했더니, 결과가 오히려 더 악화되어 분쟁이 일어나고 더 속상하게 되었다는 것입니다. 차라리 옛날 이름을 들먹이지 않으면 좋을 뻔했는데 관계를 회복하기 위한 제스처를 취하다가 망신만 당하고 말았습니다. 이삭은 참으로 어려운 지경에 빠졌습니다. '나는 양보했다. 그리고 관계를 좀 회복해 볼 생각으로 옛날에 아버지가 썼던 이름을 썼다. 그런데 그 결과는 참담하구나. 이제 어떻게 해야 할까? 지금이라도 싸워야 할까? 아니면 또 한 번 양보해야 할까?' 이것이 이삭의 갈등이었습니다.

그러나 그의 마음속에는 이미 하나의 원칙이 있었습니다. 그것은 절대로 땅과 우물 때문에 그랄 사람들과 싸워서는 안 된다는 것이었습니다. 그는 '나는 싸우지 않는다. 만약 내가 싸운다면 분노로 마음이 폭발하게 되고, 그러면 내 안에 있는 귀한 하나님의 형상이 너무나도 엉망으로 파괴될 것이다. 우물이야 다시 파면 되지만 하나님과 나의 관계가 깨진다면, 분노로 내 속에 있는 인격이 깨진다면, 이것은 회복되기가 너무나도 힘들다'는 것을 알았습니다. 우물도 귀하고 땅도 귀하지만 자기 속에 있는 하나님의 형상이 더 귀했습니다. 그래서 이삭은 이번에도 그랄 사람들과 경쟁하는 대신에 또 다른 우물을 새로 파기로 했습니다.

그는 어떻게 하든지 그랄 사람들을 이해해 보려고 했습니다. '그랄 사람들이 이 우물을 자기 것이라고 주장하는 데에는 그럴 만한 이유가 있겠지. 그 이유가 뭔지는 모르겠지만 어쨌든 자기 것이니까 자기 것이라고 하겠지'라고 억지로 단정했습니다. 이렇게라도 하지 않으면 마음속에 분노가 일어나서 자기 스스로 견딜 수 없었기 때문입니다. 그리스도인들은 이처럼 억지로라도 다른 사람들을 이해하려고 애써야 합니다. 그렇게 하지 않으면 자기가 시험에 듭니다. '저 사람이 저렇게 떼를 쓰는 데에는 이유가 있겠지. 저렇게 악을 쓸 만한 이유가 충분히 있겠지' 하고 이해하지 않으면 자기가 분통이 터져서 견디지 못합니다.

이삭은 이번 우물도 포기하고 또 새로운 우물을 팠습니다. 그랬더니 전과 똑같은 일이 또 벌어졌습니다.

> 또 다른 우물을 팠더니 그들이 또 다투는 고로 그 이름을 싯나라 하였으며(26:21).

'싯나'는 '반대'라는 뜻입니다. 이삭은 그랄 사람들이 자기를 무조건 반대하고 있다는 것을 알았습니다. 그러나 그는 끝까지 그들과 다투지 않았습니다. 22절을 보십시오.

> 이삭이 거기서 옮겨 다른 우물을 팠더니 그들이 다투지 아니하였으므로 그 이름을 르호봇이라 하여 가로되 이제는 여호와께서 우리의 장소를 넓게 하셨으니 이 땅에서 우리가 번성하리로다 하였더라

우물이 넉넉해지니까 그랄 사람들도 더 이상 이삭을 괴롭히지 않았습니다. 이삭은 '그랄 사람들이 나쁘다기보다는 장소가 좁고 우물이 적은 것이 문제이다. 이제 하나님께서 우리에게 넓은 장소를 주셨으니 더 이상 다투지 않고 편하게 지낼 수 있을 것이다'라

고 생각했습니다.

그의 믿음은 결국 어떤 것이었습니까? 이 세상에 있는 것을 가지고 그랄 사람과 다투거나 경쟁함으로써 자기 마음에 분노를 채우지 않겠다는 것이었습니다. 그래서 그는 계속 우물을 팠고 판 우물을 빼았겼습니다. 그는 계속 기다리고 양보했습니다. 그리고 이렇게 양보한 결과, 그랄에는 우물이 많아지게 되었습니다. 이삭은 손해를 보았지만 세상 사람들에게는 더 좋은 결과를 낳게 되었습니다.

우리가 이 세상에서 모든 것을 경쟁적으로 하는 이유는 선택의 여지가 너무나도 좁기 때문입니다. 대학 갈 사람은 많은데 대학이 적으면 결국 경쟁할 수밖에 없습니다. 특히 우리 사회에서 경쟁이 치열한 이유는 똑같은 스타일의 사람들만 양산해 낸다는 데 있습니다. 꼭 붕어빵 찍어 내는 것 같아요. 원래 우리나라는 선비 사상이 지배적이었습니다. 그래서 지금도 교수나 관료가 우대받는 분위기이고, 사람들이 다 그쪽으로만 가려고 합니다. 교수나 관료가 나쁘다는 말이 아닙니다. 전부 다 그쪽으로만 가려고 하는 것이 문제라는 것이지요. 다른 쪽에 관심을 가진 '엉뚱한' 사람들은 천대를 받거나 이상한 사람 취급을 받습니다. 요즘에 와서야 기발한 생각을 가지고 있는 사람들이 조금씩 빛을 보고 있는데, 우리나라에서 이런 사람들이 빛을 보게 된 것은 불과 몇 년 안 됩니다.

우리 사회는 창의성을 길러 주지 않습니다. 말 잘 듣고 공부 잘하는 아이가 '좋은' 아이로 인정 받습니다. 아이들이 가야 할 길을 "넌 교수", "넌 판사" 하면서 어른들이 미리 다 정해 놓습니다. 그 결과가 무엇입니까? 생각도 똑같아지고 할 수 있는 일도 똑같아지는 것입니다. 이 여자를 봐도 저 여자를 봐도 얼굴 생김새나 립스틱 색깔이나 생각하고 있는 것이 똑같습니다. 이 남자를 만나도 저 남자를 만나도 하는 얘기가 다 똑같습니다. 결국은 똑같은 사람들끼리 싸우고 똑같은 사람들끼리 경쟁하는 것입니다.

오늘 우리 그리스도인들에게는 사고의 전환이 필요합니다. 우리에게는 엄청난 믿음의 유산이 있습니다. 성경에 기록된 수많은 믿음의 사람들, 우리보다 더 좋지 못한 상황에서 믿음으로 살아남았던 사람들의 기록이 있습니다. 우리는 세상 사람들이 하는 짓을 똑같이 따라 하지 않아도 얼마든지 풍성하게 잘 살 수 있는 길이 있다는 것을 알고 있습니다. 그들이 했던 방식으로 우물을 파면 우리도 우물을 얻을 수 있다는 것을 알고 있습니다.

《공부가 가장 쉬웠어요》라는 책이 있습니다. 그 사람한테는 정말 공부가 가장 쉬운 일입니다. 또 골프 선수인 어떤 여학생은 훈련할 때가 오히려 어렵고 시합 때가 가장 좋다고 했습니다. 결국 사람들은 저마다 자기한테 쉬운 길을 택해서 걷게 되고, 그러다 보면 좁은 곳에 몰려서 결국 자기들끼리 경쟁하고 싸우게 됩니다. 식구들끼리 어울려서 합작투자 하는 것은 현명한 일이 아닙니다. 한번 망하면 전부 깡통 차게 되지 않습니까? 주식 투자도 한 회사에만 집중시키지 말고 나누어서 분산 투자하는 것이 기본입니다. 한 사람은 농사짓고 한 사람은 장사를 해야 농사가 안 되도 장사하는 집에서 좀 얻어먹고, 장사가 망해도 쌀은 얻어먹을 수 있지 않겠습니까?

그리스도인들은 더 넓은 곳을 찾아야 하고 더 멀리 바라보아야 합니다. 우리는 경쟁하지 않아도 충분히 살 수 있습니다. 성경이 있는데 왜 못 삽니까? 성경에 나오는 사람들은 우리보다 훨씬 더 어려운 상황을 믿음으로 이겨냈습니다. 그들이 남긴 유산이 있는데, 우리가 왜 굶어 죽습니까? 어디를 파도 물이 나오는 사람이 있지 않습니까? 노예로 잡혀가도 총리가 되는 사람이 있지 않습니까? 바벨론의 포로로 잡혀가도 거기 왕이 바뀌고 나라가 바뀌도록 재상의 자리를 지키는 사람이 있지 않습니까?

어렸을 때에는 자기 것을 포기하지 못합니다. 청소년 때 이성교제를 하면 '이 오빠' 아니면 다시는 이런 사람 못 만날 것 같아요. 커서 보면 아무것도 아닌데 그 당시에는 절대로 포기하지 못합니다. '이 사람이 아닐 수도 있다, 또 기회가 있을지도 모른다'는 생각이 안 떠오르는 것입니다. 이것은 무조건 다음 기회를 찾으라는 말이 아닙니다. 늘 "다음 기회에"라고 말하는 사람은 굉장히 게으르고 무책임한 사람입니다. 절대로 포기할 수 없는 기회이고 정말 나한테 필요하며 하고 싶은 일인데도 불구하고, 이 일에 몰두하려면 과도한 경쟁을 치를 수밖에 없고, 내 마음이 분노로 가득 차야 하며, 그래서 내 안에 있는 하나님의 형상이 파괴될 것 같을 때, '이것이 아닐 수도 있다, 이 사람이 아닐 수도 있다'라고 생각하라는 것입니다. 이것이 사고의 전환입니다.

이 세상 사람들은 경쟁하며 살아야 합니다. 저는 이 세상 사람들에게 경쟁력을 주신 하나님을 찬양합니다. 사람들은 경쟁이 없으면 죄만 지을 것이기 때문입니다. 사람들의 마음에는 죄성이 있어서, 오히려 경쟁할 게 있어야 의욕이 생기고 그 일에 몰두함으로써 무언가를 해 낼 수 있으며 죄를 좀 덜 짓습니다. 어떤 사람은 연구할 때만 죄를 안 짓습니다. 연구만 끝나면 술 마시고 부인을 때려요. 그런 사람은 새로운 연구거리를 자꾸 주어서 영원히 연구하게 해야 합니다. 또 스트레스가 꼭 나쁜 것은 아닙니다. 오히려 스트레스가 없으면 의욕을 잃고 방황하거나 영화나 비디오만 줄창 보면서 죄의 유혹에 쉽게 빠져드는 사람이 있습니다. 그러나 하나님의 백성들은 세상 사람들과 똑같은 원리로 살 수 없습니다.

우리가 먼저 알아야 할 것은 건전한 경쟁은 죄가 아니라는 것입니다. 공정하게 규칙에 따라서 경쟁하는 것은 죄가 아닙니다. 자기가 좋은 대학에 들어가면 다른 한 사람이 낙방의 눈물을 흘려야 할 것이 마음 아파서 일부러 떨어져 주는 학생은 없습니다. "또 다른 한 명이 울면서 재수를 하겠구나. 차라리 내가 하고 말지" 하는 사람은 바보예요. 선의의 경쟁은 발전을 위해 필요한 것입니다. 그러나 지금 블레셋 사람들이 한 짓은 '더티 플레이'입니다. 남의 우물을 흙으로 메우고 갑자기 떠나라고 하는 것은 공정한 경쟁이 아닙니다. 기업들도 뒤로 사람을 빼가고 정보를 빼돌리면서 경쟁하면 안 됩니다. 그러나 공정한 게임을 하는 것은 죄가 아닙니다. 열심히 공부한 학생이 대학에 합격하고 장학금을 받는 것은 좋은 일입니다.

하지만 우리 안에 있는 하나님의 선한 형상이 파괴될 정도까지 경쟁을 해서는 안 됩니다. 그까짓 우물이야 다시 파면 됩니다. 그러나 한 번 파괴된 하나님의 형상을 다시 회복시키는 것은 너무나 어려울 뿐 아니라 시간도 오래 걸리는 일입니다. 하나님 앞에서 한번 분노하면 내 안에 있는 그릇이 깨져 버립니다. 그 그릇이 다시 붙는 데 시간이 얼마나 많이 걸리고 은혜가 얼마나 많이 필요한지 모릅니다. 그런데도 우리는 너무나도 쉽게 분노를 터뜨립니다. 내 안에 얼마나 귀한 하나님의 형상이 있는지 생각하지 않습니다. 분노와 잘못된 성욕과 거짓말은 모두 우리 안에 있는 귀한 형상을 파괴시킵니다. 이삭은 몇 번씩이나 양보해 가면서까지 분노로 그 귀한 형상을 파괴시키지 않았습니다.

하나님의 백성들에게 필요한 것은 사고의 전환입니다. 남들이 다 하는 것에 머리 터지게 뛰어들 이유가 뭐가 있습니까? 기도하는 가운데 생각을 한번 바꾸어 보십시오. 내가 죽도록 붙들고 있는 이것이 '아닐 수도 있다'고 생각해 보십시오. '이 길이 아닐 수도 있다, 이런 방식으로 안 살 수도 있다'고 생각해 보십시오.

그래서 때로는 우리 삶에 실패가 필요합니다. 만일 이삭이 늘 잘되기만 했다면 계속 곡식 가마니나 세면서, 양이나 소 숫자나 세면서 시간을 보냈을 것입니다. 그런데 갑자기 위기에 처하고 거리에 나앉게 되니 사고의 전환이 일어났습니다. 바닥까지 내려가 보니 오히려 마음속에 더 큰 여유가 생겼습니다. 이 모든 것의 주인은 하나님이시며 자신은 종에 불과하다는 것을 알게 되었습니다.

음악에는 쉼표가 필요합니다. 쉬지 않고 계속 고음으로만 노래를 부르면 부르는 사람도 쓰러지고 듣는 사람도 쓰러집니다.

우리의 삶에도 쉼표가 필요합니다. 한번 재수해 보는 것도 괜찮아요. 재수 한 번 안 해 보고 줄기차게 1등만 하던 사람이 어쩌다 2등을 하면 그냥 죽어 버립니다. 한번 실업자가 되어 보는 것도 좋습니다. 그러면 나중에 직장에서 승진에 미끄러져도 끄떡없어요. "다음에 승진하면 되지, 뭘 이런 걸 가지고 속을 끓이냐?" 하면서 넘어갈 수 있습니다. 한번씩 아파서 입원해 보는 것도 필요합니다. 새벽 3시까지 막 일하다가 입원해 보면 나 없이도 회사가 잘 돌아갑니다. 그때 '내가 속고 있었구나! 내가 없어도 이 세상은 잘 돌아가는데 내가 일에 집착하느라 내 가치를 잃고 말았구나. 이런 걸 가지고 괜히 분노하고 이 새끼 저 새끼 하면서 멱살을 잡았구나' 하는 것을 깨닫게 됩니다.

여러분, 사고의 전환이 일어나야 합니다. 우리 눈이 열려야 합니다. 우리 주위에 하나님이 주신 귀한 것들이 얼마나 많습니까? 조금만 생각을 바꿔도 온 세계가 펼쳐지는데, 자기 생각에 빠져서 집착하기 때문에 욕심의 노예가 되는 것입니다.

오늘 본문이 우리에게 하시는 말씀이 무엇입니까? 하나님은 두 손을 가지고 계시다는 것입니다. 한 손으로는 나에게 은혜를 주셔서 형통하게 하시면서도, 다른 한 손으로는 축복을 억제하시고 슬픔을 주셔서 우리를 교만하지 못하게 하시고 그 축복에 집착하지 못하게 하십니다. 그런데 우리는 하나님이 한 손으로 축복을 주시면서 다른 한 손으로는 힘들게 하실 때 얼마나 좌절하며 분노합니까? 하나님께서 주신 아흔아홉 가지 은혜는 다 잊어버리고 그 한 가지 안 되는 일에 집착해서 하나님을 원망하고 신앙의 길을 버리려고 하지 않습니까?

그리스도인은 이 세상의 것을 놓고 목숨 걸어가며 경쟁하지 않습니다. 그리스도인들 중에 그렇게 해서 성공한 사람은 아무도 없습니다. 이 세상에 있는 것들은 하늘에 있는 신령한 은혜의 맛보기에 불과합니다. 더 넓은 곳을 찾으십시오. 생각을 바꾸십시오.

하나님께서 이삭으로 하여금 억지로 우물을 파게 한 일을 기억하시기 바랍니다. 이삭은 자기가 원해서 우물을 판 것이 아닙니다. 블레셋 사람들에게 주기 위해서 우물을 판 것이 아니에요. 자기가 물을 먹으려고 팠다가 빼앗기고 빼앗기고 또 빼앗긴 것입니다. 그러나 결과적으로는 우물이 많아짐으로써, 더 많은 사람들이 우물의 혜택을 입게 되었습니다. 블레셋 사람들은 우물 파는 방법을 모릅니다. 우물 파는 방법을 아는 사람은 이삭밖에 없습니다. 유대인들은 철저하게 자기 아들에게만 방법을 알려 줍니다. "세 번째 바위 지나서 노란 풀이 난 곳이 바로 우물이야." 이것은 그 아들이 아니면 절대 알 수가 없습니다. 이삭이 그냥 잘 지냈다면 우물을 또 팔 리가 없습니다. 그런데 자기가 먹고 살려고 우물을 파고 또 파다 보니 더 많은 사람들이 우물물을 먹게 되었고, 마침내 싸우지 않고 잘 살게 되었습니다.

때로 우리는 억지로 강요당해서라도 선한 일을 해야 합니다. 우리는 자진해서 선한 일을 할 인간들이 아니에요. 강요당해서라도 모임에 나가야 하고 강요당해서라도 남을 대접해 보아야 합니다. 그렇지 않으면 우리는 자기 몸이나 챙기고 자기 손톱이나 칠하고 자기 자식밖에 모르면서 살 아주 이기적인 사람들입니다. 나를 나의 토굴에서 억지로 끌어내서 우물을 파게 하고 다른 사람들을 먹이게 하시는 하나님을 찬양하십시오. 나는 시집 식구들을 만나고 싶지가 않지만, 그래도 억지로 만나서 뭐라도 해 줄 때 하나님의 축복이 전달되는 것입니다. 성경이 무엇이라고 말씀합니까?

> 우리가 선을 행하되 낙심하지 말지니 피곤하지 아니하면 때가 이르매 거두리라(갈 6:9).

자의로 하든 억지로 강요받아서 하든 하나님의 백성의 수고에는 반드시 열매가 있고 상급이 있습니다. 선을 행하다 낙심하여 중간에 포기하지 마십시오. 끝까지 참으십시오. 그러면 반드시 밝은 날을 보게 될 것입니다.

5

브엘세바의 이삭

겨울 산에 별 생각 없이 올라갔다가 조난을 당하는 바람에 목숨을 잃는 분들이 많이 있습니다. 주로 겨울 산행에서 이런 사고가 생기는 이유는 겨울 산의 특징을 잘 모르고 올라가기 때문입니다. 겨울 산에서는 해가 빨리 떨어집니다. 우물쭈물하다가는 금방 해가 져서 사방이 캄캄해집니다. 더욱이 바위 위에 눈이 얼어 있을 때에는 길을 찾을 수가 없습니다. 눈이 얼어 있는 바위에 올라갈 수는 있어도 내려오는 것은 불가능합니다. 그래서 바위를 타고 올라가다 보면 길이 없어지고 양쪽에 절벽이 나타나 오도가도 못한 채 갇히는 신세가 되는데, 그렇게 우물쭈물하는 사이에 해가 떨어져서 캄캄해지면 조난을 당하는 것입니다.

대학생 때 친구와 함께 겨울 오후에 산에 오른 적이 있었습니다. 날씨가 아주 좋았기 때문에 금방 다녀올 생각으로 눈 신을 신거나 두꺼운 파카도 입지 않은 채 가벼운 복장으로 길을 나섰습니다. 그런데 앞서 말한 바로 그런 지점에 걸려 들었습니다. 바위 위에 눈이 얼어 있었는데 어느 정도 올라가다 보니 길이 사라져 버린 것입니다. 그리고 양쪽은 모두 절벽이었습니다. 더 이상 올라갈 수도 없었고, 그렇다고 무작정 내려간다는 것은 곧 죽음을 의미했습니다. 그런데 설상가상으로 해까지 지고 있었습니다. 그때의 난감함이란 이루 말로 표현할 수가 없는 것입니다. 올라갈 수도 없었고 내려갈 수도 없었고 머물러 있을 수도 없었습니다. 그때, 갑자기 아주 작은 짐승의 발자국이 보였습니다. 짐승이 지나간 것을 보면 적어도 그쪽에는 절벽이 아니라 길이 있으리라는 생각이 들었습니다. 그래서 그 길을 따라가 보니, 거기야말로 그곳에서 빠져 나갈 수 있는 유일한 길이었습니다.

겨울 산에서만 이런 일이 생기는 것은 아닙니다. 다른 경우에도 마찬가지입니다. 한번 길을 잃어버리면 그 어려운 지경에서 빠져 나갈 수가 없습니다. 이리 뛰고 저리 뛰다가 시간만 낭비한 채 결국은 그 자리에서 목숨을 잃고 맙니다. 우리의 인생에서도 어느 한순간 '내가 지금 길을 잘못 들었다'는 생각이 들 때가 있습니다. 그러나 그런 생각이 들 때는 이미 늦은 때입니다. 결혼해서 아이도 있고 나이도 많아서 새로운 전공을 택하거나 새로운 직장을 구할 수가 없습니다. 그럴 때 길을 발견하지 못해서 이리 뛰고 저리 뛰다가 폐인이 되어 버리는 경우가 많습니다.

얼마 전에 신문에서 '고개 숙인 남자'라는 제목 아래 명예퇴직 당한 남자들의 이야기가 연재되는 것을 보았습니다. 그들은 자기가 속한 그 직장이 자기의 길이라고 생각했습니다. 그래서 그 직장밖에 모르고 살다가, 어느 한순간 자기의 의사와는 전혀 상관없이 퇴직을 당하고 나니 도무지 길이 보이지 않는 것입니다. 그래서 어떤 남자는 가족들이 충격을 받을까 봐 퇴직한 사실을 숨기고 매일 똑같은 시간에 집을 나서서 도서관에 가기도 하고 공원에서 어슬렁거리기도 하고 극장에서 영화를 보고 또 보기도 하면서 시간을 때웁니다. 하지만 그것도 한두 번이지 얼마나 괴롭겠습니까? 이처럼 한번 길을 잃어버리면 다시 길을 찾기가 쉽지 않습니다. 죽지는 않는다 하더라도 자기 자신의 가치를 잃어버리고 폐인이 될 가능성이 아주 많습니다.

그런데 우리 그리스도인들은 신앙을 가지지 않은 사람보다 더 길을 잃기가 쉽습니다. 신앙이 없는 사람들은 주로 직장을 잃거나 건강을 심하게 다치거나 다른 무슨 심각한 일이 터졌을 때 자신이 길을 잃었다는 것을 깨닫습니다. 그러나 그리스도인들은 일이 잘되고 있을 때에도 얼마든지 길을 잃을 수 있습니다. 그리스도인들에게는 하나님과의 생명력 있는 교제가 끊어지는 것이 곧 길을 잃는 것이기 때문입니다.

오늘 본문을 보면 한때 길을 잃은 이삭의 모습을 볼 수 있습니다. 그러나 그는 다시 길을 되찾았고 하나님과의 살아 있는 관계를 되찾았으며 잃어버린 자존감을 되찾았습니다. 이것은 오늘 불확실한 시대를 살아가고 있는 우리들에게 아주 중요한 교훈이 될 것입니다.

가나안 땅에 흉년이 들었을 때 이삭은 애굽을 목표로 삼아 길을 떠났습니다. 그러나 하나님께서 막으시는 바람에 어쩔 수 없이 그랄 땅에 주저앉았습니다. 처음에는 너무나도 형통했기 때문에 이곳에서 오래 지낼 수 있을 것 같았습니다. 농사를 지었는데 엄청나게 잘되어서 100배나 결실을 거두었습니다. 양과 소도 아주 많아졌습니다. 그런데 시간이 지날수록 이삭은 블레셋은 자기가 있을 곳이 아니라는 것, 자기는 길을 잃어 버렸다는 것을 깨닫게 되었습니다. 그랄 사람들의 마음이 변해서 그를 몰아내고 있었습니다. 아버지가 판 우물도 메워 버렸습니다. 아비멜렉은 그에게 떠나라고 합니다. 그가 우물을 팔 때마다 그랄 사람들이 몰려와 빼앗아 버립니다. 세 번째 우물을 파고서야 겨우 싸움은 그쳤지만, 그렇다고 모든 문제가 끝난 것은 아니었습니다. 언제 이 우물이 말라 버릴지, 또 언제 빼앗기게 될지 알 수 없는 일이었습니다.

이삭은 여기에서 살 자신이 없었습니다. 이제 어디로 가야 할지 모르겠습니다. 흉년이 끝나지 않은 가나안 땅으로 갈 수도 없고, 하나님이 막으시는 애굽으로 갈 수도 없습니다. 그렇다고 이대로 그랄 땅에 머물러 있을 수도 없습니다. 가족도 많아졌고 양과 소도 많아졌는데 졸지에 인생의 길을 잃어버리고 만 것입니다. 이삭은 마치 잘나가다가 하루아침에 명예퇴직을 당한 부장처럼 되고 말았습니다.

그때 이삭의 마음에 든 생각이 무엇이었습니까? 하나님의 말씀을 한번 시험해 보자는 것이었습니다. 하나님께서는 이삭에게 분명히 가나안 땅에서 살라고 하셨습니다. 그러면 가나안 땅에 무슨 살 길이 있을 것 아닙니까? 그러니 아비멜렉에게 사정해서 여기에 주저앉으려고 하거나 애굽에 내려가려고 할 것이 아니라, 가나안 땅 안에서 발걸음을 옮겨 보자는 것입니다. 그래서 첫걸음을 옮긴 곳이 브엘세바였습니다.

그런데 이삭이 걸음을 옮기자마자 놀라운 응답이 나타났습니다. 하나님께서 그에게 나타나셔서 다시 말씀하시기 시작한 것입니다. 그는 예배의 기쁨을 회복했습니다. 그리고 그랄 왕 아비멜렉과 화해함으로써 마음의 깨진 상처를 치유받았습니다. 그리고 거기에서 다시 우물을 파서 물을 발견했습니다. 하나님의 말씀을 붙들고 걸음을 옮겼을 때, 그 첫걸음에서 모든 것이 한꺼번에 해결되는 것을 이삭은 경험했습니다.

브엘세바로 올라간 이삭

이삭은 자기가 길을 잃었다는 것을 알았습니다. 처음에는 그랄 땅에서 발을 붙이고 살게 될 줄 알았더니 블레셋 사람들이 자기를 좋아하지 않았습니다. 그들의 반대와 핍박이 너무 심해서 도저히 견딜 수가 없었습니다. 애굽에는 양식이 있었지만 하나님이 막고 계셨고, 가나안 땅에는 아직 흉년이 끝나지 않았습니다. 르호봇이라는 작은 우물이 하나 있긴 했지만, 이 우물도 그렇게 안전한 것은 못 되었습니다. 그랄 사람들의 마음이 변하기만 하면 얼마든지 빼앗길 수 있었고, 또 물도 언제 마를지 몰랐습니다.

그렇다면 이미 엄청난 식솔을 거느리고 있는 이삭의 처지에서 할 수 있는 일이 무엇이겠습니까? 여기에서 한 번만 결정을 잘못 내리면 영원한 나락으로, 영원한 멸망으로 떨어질 수밖에 없습니다. 여기에서 한 번만 걸음을 잘못 옮기면 이삭의 집안은 전멸하고 말 것입니다. 그렇다면 애굽으로 내려가는 일을 한 번 더 시도해 보아야 할까요? 그랄 왕 아비멜렉을 찾아가서 흉년 동안만이라도 잘 봐 달라고 애원해야 할까요? 아니면 겨우 확보하고 있는 이 르호봇이라는 우물만이라도 잘 지켜야 할까요? 이삭은 지금 이러지도 못하고 저러지도 못하는 지경에 처해 있습니다.

그때 이삭은 어떤 결정을 내렸습니까? 그는 미련하게 애굽으로 내려갈 것을 고집하지 않았습니다. 아무리 물이 있고 양식이 있다 해도 하나님의 말씀이 금한다면 가지 않기로 했습니다. 그리고 자기를 싫어하는 아비멜렉에게 굳이 사정하고 애원해 가면서까지 그랄 땅에 머물지도 않기로 했습니다. 이삭은 하나님의 말씀을 붙들기로 했습니다. 하나님의 말씀을 시험해 보기로 했습니다. 폭풍이 밀려오고 있을 때, 정말 이 폭풍이 와야만 하는 것이라면 한번 더 깊이 들어가 보기로 했습니다. 이삭은 마지막으로 붙들고 있던 르호봇도 포기한 채, 물도 없고 아는 사람도 없는 브엘세바로 가기로 했습니다.

브엘세바는 '맹세의 우물'이라는 뜻으로서, 옛날에는 우물이 있던 곳이었습니다. 또 아버지 아브라함이 아비멜렉과 상호 불가침 조약을 맺은 곳이기도 했습니다. 그러나 이삭이 브엘세바로 갈 무렵에는 흉년이 너무 심해서 그 우물들조차 다 말라 버렸던 것 같습니다. 만약 이것이 잘못된 결정이라면 그는 모든 것을 잃을 것이고 그와 가족들은 죽게 될 것입니다. 게다가 브엘세바에는 그를 도와줄 수 있는 사람도 없고 거기에 가려면 그나마 가지고 있던 우물도 포기해야 합니다. 마침내 이삭은 어떻게 했습니까? 브엘세바로 떠났습니다. 하나님의 말씀을 붙들고 가나안 땅 더 안쪽으로, 흉년이 더 심한 곳으로 깊이 들어갔습니다. 이것은 완전한 모험이었습니다.

물론 이삭이 처음부터 이렇게 할 수 있었던 것은 아닙니다. 이삭은 그랄에서 하나님의 능력을 체험했습니다. 하는 일마다 하나님이 함께하셔서 농사를 지으면 100배나 수확을 거두었고 우물을 팔 때마다 물이 나왔습니다. 이것은 기적이었습니다. 이런 작은 체험들을 통해서 그가 발견한 것은 '하나님께서 나와 함께하시는구나. 안전주의가 최고가 아니구나' 하는 것이었습니다. 그래서 그는 '우물을 붙들고 주저앉아 있을 것이 아니다. 하나님께서 나와 함께하신다면 한번 가보자. 사람이 한 번 죽지 두 번 죽나' 하면서 가나안 땅으로 들어간 것입니다.

만약 우리가 이삭처럼 이러지도 저러지도 못하는 곤경에 빠지게 되었다면 어떻게 반응하겠습니까? 아마도 몇 가지 유형이 있을 것입니다. 첫 번째는 컴퓨터형입니다. 즉 현재의 자기 처지에서 가능한 모든 방법을 다 생각해 보고, 거기에서 예상되는 결과들을 다 검토한 후, 최적이라고 생각되는 방법으로 결정하는 유형입니다. 이삭의 경우를 컴퓨터에 넣으면 어떤 답이 나오겠습니까? 애굽으로 가는 것이지요. 컴퓨터에서는 애굽이 답으로 나오게 되어 있습니다.

두 번째는 비굴형입니다. 비굴한 사람은 전에 모시던 상관이나 가까운 친척 중에 유력한 사람을 찾아가서 도움을 청합니다. 아마 이삭이 이런 모델을 선택했다면 틀림없이 아비멜렉을 찾아가서 흉년이 끝날 때까지만 봐 달라고 애원했을 것입니다.

세 번째는 고지 고수형입니다. 내가 가지고 있는 것만큼은 절대로 다른 사람에게 빼앗길 수 없다는 주의입니다. 지금 가지고 있는 퇴직금만큼은, 하나 남은 집만큼은 어떤 일이 있어도 지켜야 한다는 것이지요. 이삭이 이런 입장이었다면 아마 르호봇 우물에 방어진을 구축하고 포대를 만들어서 블레셋 사람들의 공격에 대비했을 것입니다.

네 번째는 요행형입니다. 어려운 일이 닥쳤을 때 자기 스스로 무슨 결정을 내리지 않은 채 무언가 요행이 생기기를 바라는 유형입니다. 그래서 매주 복권을 사서 숫자를 맞춰 봅니다. 이 유형은 자포자기형이기도 합니다. 이런 사람은 복권에 혹시 당첨된다 해도 재기하지 못합니다. 그 의식 자체가 굉장히 의타적이기 때문에 복권에 당첨되어도 일어나지 못합니다. 오히려 복권 당첨되었다고 이 사람 저 사람 다 몰려와서 돈을 뜯으려고 들면 더 손해지요. 사행주의는 자기 스스로 일어설 능력을 포기하는 것입니다. 제가 본 신문에는 갑자기 직장을 잃게 되었을 때, 평소에 할 수 없었던 공부를 실컷 하고 용돈을 함부로 지출하지 말라는 충고가 있었습니다. 다시 말해서 자포자기하지 말고 기회를 다시 노리라는 것입니다.

그러나 이삭은 그 어떤 것보다 하나님의 말씀을 붙들었습니다. 그 말씀을 붙들고 환난 속으로 더 깊숙히 들어갔습니다. 그나마 아직은 애굽이 가깝습니다. 아직은 아비멜렉에게 사정해 볼 기회도 있습니다. 또 르호봇이라는 우물도 하나 있습니다. 그러나 그는 하나님의 말씀을 시험해 보기 위해 가나안 땅 안으로 더 깊이 들어가기로 했습니다.

말씀의 회복

이삭이 하나님의 말씀을 붙들고 가나안 땅 더 깊숙한 곳으로 첫걸음을 옮겼을 때 어떤 일이 일어났습니까? 하나님께서 그에게 나타나셔서 다시 말씀하시기 시작했습니다.

그 밤에 여호와께서 그에게 나타나 가라사대 나는 네 아비 아브라함의 하나님이니 두려워 말라 내 종 아브라함을 위하여 내가 너와 함께 있어 네게 복을 주어 네 자손으로 번성케 하리라 하신지라 이삭이 그곳에 단을 쌓아 여호와의 이름을 부르고 거기 장막을 쳤더니 그 종들이 거기서도 우물을 팠더라(26:24, 25).

이삭이 흉년에서 살아남기 위하여 블레셋 사람들과 신경전을 벌일 때 하나님은 그에게 아무 말씀도 하지 않으셨습니다. 그런데 하나님의 말씀을 붙들고 가나안 땅으로 더 깊숙히 들어가자 비로소 말씀이 회복되기 시작했습니다. 자신에게 적용되는 말씀, 생생한 말씀, 감동이 있는 하나님의 말씀이 임하기 시작한 것입니다.

하나님께서 이삭에게 말씀하신 것은 세 가지입니다. 첫째는 두려워 말라는 것입니다. "나는 네 아비 아브라함의 하나님이니 두려워 말라." 지금 이삭에게 가장 문제가 되는 것은 무엇입니까? 두려움입니다. 특히 어떤 두려움입니까? 미래에 대한 두려움입니다. 지금까지는 어찌어찌 살아왔습니다. 그런데 앞으로는 대책이 없습니다. 물도 떨어지고 있고, 양식도 없어지고 있습니다. 이삭의 마음속에는 '내가 말씀을 붙들고 결정을 내리긴 했지만 과연 이것이 하나님의 뜻일까? 과연 이렇게 결정해도 살 수 있을까?' 하는 두려움이 있었습니다. 그런데 하나님은 두려워 말라고 하십니다. 왜냐하면 하나님이 흉년보다 더 크시기 때문입니다.

미래를 생각하면 자꾸 두려움이 생깁니다. 오늘까지는 괜찮아요. 그러나 내년 일을 생각하면, 10년 후를 생각하면, 마음이 갑자기 답답해지면서 눈앞이 깜깜해집니다. 그때 생각나는 말씀이 무엇입니까? 두려워 말라는 것입니다. 하나님은 흉년보다 더 크십니다. 우리 생각에는 흉년에 꼭 굶어 죽을 것 같습니다. 광대뼈는 툭 튀어나오고 눈은 쑥 들어가고 배는 불룩하게 나와 있는 자신의 모습이 그려집니다. 미래에 집세가 올라서 결국은 그 집에서 쫓겨나 여기저기 전전하다가 달동네에 올라가서 달을 바라보며 개 짖는 소리를 듣고 서 있는 자신의 모습을 떠올리면서 '결국 나는 그렇게 끝장나고 마는 것 아닌가' 하는 악몽과 공상에 시달립니다. 그런데 하나님께서 무엇이라고 말씀하십니까? 흉년은 하나님이 쓰시는 종이라는 것입니다. 전쟁이나 질병이나 천재지변도 하나님이 부리시는 하인이라는 것입니다. 그러므로 두려워 말라는 것입니다.

그렇다면 길을 잃었다고 생각될 때 우리가 취할 수 있는 최상의 선택은 무엇일까요? 나의 신앙이 회복될 수 있는 방향으로 결정하는 것입니다. 말씀이 있는 곳으로 방향을 돌리는 것입니다. "이 세상은 나를 환영하지 않는구나. 그렇다면 어디로 갈까? 내가 그동안 하나님의 말씀을 가까이하지 못했지. 성경도 등한시하고 기도도 등한시했어. 좋아. 그렇다면 그동안에 기도나 실컷 하고 성경이나 실컷 보자." 먹고사는 문제야 하나님이 어떻게든 책임을 지실 것입니다.

많은 사람들은 어려움이 생길 때 염려하기 시작하고 생각하기 시작합니다. 왜 나한테 이런 일이 일어났는지, 왜 하나님께서 신앙인인 나에게 이런 일이 일어나도록 허용하시는지를 생각하면 막 화가 납니다. 그렇게 화를 낸 결과가 무엇입니까? 고생은 고생대로 실컷 하고 아무 유익도 얻지 못하는 것입니다. 야고보 사도는 "사람의 성내는 것이 하나님의 의를 이루지 못함이니라"(약 1:20)고 말씀했습니다. 우리가 성내는 동안에는 하나님께서 아무 일도 하지 않으십니다. 우리가 침체되어 있는 동안에는 손가락 하나 움직이지 않으십니다. 그러니까 고생만 실컷 하고 원점에 그대로 있는 것이나 다름없습니다.

이삭이 말씀에 따라 첫걸음을 옮겼을 때 하나님께서는 무엇보다 두려워 말라는 말씀을 주셨습니다. 이삭이 멀리까지 간 것도 아닙니다. 아주 조금 발걸음을 옮겼을 뿐입니다. 그랄과 브엘세바는 가까운 곳이에요. 그런데도 하나님께서는 이삭의 중심을 보시고 침묵을 깨셨습니다. 곧바로 그를 찾아와 "두려워 말거라. 나는 흉년보다 크다. 흉년은 우리 집에서 부리는 종 가운데 하나인데 성질이 나쁜 것이 탈이야. 이제부터는 모든 일을 내가 알아서 할 테니까 너는 아무 걱정 하지 말고 나만 의지하거라"고 말씀하셨습니다.

두 번째로 주신 말씀은 하나님께서 이삭과 함께하셔서 아브라함과 같은 믿음의 삶을 이루게 하시겠다는 약속입니다. 훌륭한 신앙의 아버지를 둔 자식들이 느끼는 것이 무엇입니까? 아버지는 훌륭하지만 자기는 그렇지 못하다는 것입니다. 훌륭한 아버지를 둔 자식들 중에는 아버지처럼 뛰어난 사람이 있는가 하면 아버지에 대한 부담 때문에 영 맥을 추지 못하는 사람도 있습니다. 그가 하는 일마다 주변 사람들이 아버지와 비교하면서 "너희 아버지는 이러이러했는데, 너는 왜 이런 것도 못하느냐?"고 책망하면, 속에서부터 '내가 아버지인가?' 하는 반발감이 들면서 주눅이 들고 자신감이 사라집니다. 그런데 하나님께서 하시는 말씀이 무엇입니까? 아브라함이 아브라함 될 수 있었던 것은 하나님께서 함께하셨기 때문이라는 것입니다. 그런데 이제 그 하나님이 이삭과도 함께해서 아버지 같은 믿음의 삶을 살 수 있게 해주시겠다는 것입니다.

우리는 위대한 신앙의 인물들을 대할 때 격려나 힘을 얻기보다는 더 절망하고 좌절할 때가 많습니다. "아, 저 사람은 정말 훌륭하구나. 하나님께서 특별히 선택하신 사람이 틀림없어. 나는 도저히 저렇게 될 수 없어." 그러나 하나님은 무엇이라고 하십니까? "네가 작은 믿음으로 순종한다면 너 또한 그런 믿음의 사람이 되게 하겠다. 위대한 사람이 따로 있는 게 아니다. 내가 함께하기만 하면 어떤 사람도 다 위대한 믿음의 사람이 될 수 있다."

세 번째로 주신 말씀은 이삭에게 복을 주어 그 자손을 번성케 하시겠다는 약속입니다. 하나님의 백성들이 이 세상에서 사는 이유가 무엇입니까? 내일이 있기 때문입니다. 미래의 비전이 있기 때문입니다. 오늘은 여기서 고생하면서 살지만 먼 미래에는 이 모든 것이 놀라운 열매로 나타날 줄 믿기 때문에 견디는 것입니다. 만일 하나님의 백성들에게 미래에 대한 꿈이나 소망이 없다면 이곳에서 살 이유가 없어집니다. 하나님께서 이삭에게 약속하신 것은 여기서 굶고 방황하고 힘들어하는 것으로 끝나는 것이 아니라 후손들에 대한 큰 축복으로 열매 맺게 되리라는 것입니다.

이처럼 하나님의 말씀에 따라 결정을 내린 이삭에게는 풍성한 하나님의 말씀이 주어졌을 뿐 아니라 예배의 기쁨이 회복되었습니다. 본문은 이삭이 그곳에 단을 쌓고 여호와의 이름을 불렀다고 말씀하고 있습니다. 이것은 그가 거기서 공식적인 예배를 하나님께 드렸다는 뜻입니다. 예배의 기쁨이 회복되었습니다. 예배의 감동이 되살아났습니다. 예배 가운데 기쁨과 감동을 체험하는 것은 성령의 역사입니다. 성령이 내 속에서 역사하실 때 새로운 삶이 열립니다. 왜냐하면 성령은 창조자이시기 때문입니다. 어려움 가운데 예배의 기쁨이 회복되었습니까? 말씀이 능력 있게 내 가슴에 와닿습니까? 그렇다면 여러분은 살아난 것입니다. 분명히 거기에 길이 있습니다.

그럴 때 주의해야 할 것이 무엇입니까? 갑자기 안심이 되고 마음이 평안해지면서 수그러져 있던 욕망이 다시 솟아오를 수 있습니다. '이제는 살았다'는 안도감이 들면서 말씀은 제쳐둔 채 새로운 욕망을 향하여 달려가게 될 수 있습니다. 그러나 그때 내 욕망대로 그동안 못 했던 것들을 다 하려 들면 안 됩니다. 무엇이든지 시도할 수 있지만, 말씀을 멀리하는 무언가를 하려는 것은 곧 유혹에 빠지는 것입니다. 말씀과 멀어지는 축복, 말씀과 멀어지는 장사, 말씀과 멀어지는 공부는 다 유혹입니다. 얼마나 어렵게 말씀이 회복되고 예배의 기쁨이 회복되었는데, 회복되자마자 욕심을 향해 달려가겠습니까? 그러나 말씀과 멀어지는 것이 아니라면 무엇이든지 해 보십시오. 왜냐하면 하나님이 함께하신다고 약속하셨기 때문입니다.

아비멜렉의 사죄

이렇게 하나님의 말씀이 있고 난 후, 더 놀라운 일이 일어났습니다. 이삭을 미워하여 고통 가운데 내쫓았던 그랄 왕이 신하와 군대장관을 대동하고 찾아와서 사죄하며 화해를 청한 것입니다.

> 아비멜렉이 그 친구 아훗삿과 군대장관 비골로 더불어 그랄에서부터 이삭에게로 온지라 이삭이 그들에게 이르되 너희가 나를 미워하여 나로 너희를 떠나가게 하였거늘 어찌하여 내게 왔느냐 그들이 가로되 여호와께서 너와 함께 계심을 우리가 분명히 보았으므로 우리의 사이, 곧 우리와 너의 사이에 맹세를 세워 너와 계약을 맺으리라 말하였노라(26:26-28).

아비멜렉은 하나님께서 이삭과 함께하시는 것을 보았기 때문에 그를 찾아왔다고 말하고 있습니다. 29절 말씀을 계속 보십시오.

> 너는 우리를 해하지 말라 이는 우리가 너를 범하지 아니하고 선한 일만 네게 행하며 너로 평안히 가게 하였음이니라 이제 너는 여호와께 복을 받은 자니라

여기에서 우리가 알 수 있는 것은 아비멜렉이 상당한 두려움을 가지고 이삭을 찾아왔다는 사실입니다. 아비멜렉은 아브라함 때에도 이런 식으로 찾아와서 화해를 청한 적이 있었습니다. 그러나 아브라함과 이삭의 경우는 다릅니다. 이삭은 그가 쫓아낸 사람이고 이미 그랄 땅을 떠난 사람입니다. 떠난 사람을 굳이 다시 찾아와서 화해를 청하고 용서를 빌며 사죄할 이유가 뭐가 있습니까? 쫓아낼 때는 언제고 이제 와서 이렇게 다시 찾아와 화해하자고 하는

이유는 또 무엇입니까?

우리는 여기에서 몇 가지 가정을 해 볼 수 있습니다. 첫째로, 이 그랄 왕에게는 하나님의 사람을 해치면 큰 벌을 받는다는 인식이 있었습니다. 이것은 아브라함 때에 이미 경험한 것이었습니다. 그는 아브라함의 아내를 멋모르고 차지했다가 온 가족이 죽임을 당할 뻔했습니다. 아비멜렉은 하나님은 잘 몰랐지만 그래도 하나님의 사람을 건드리면 굉장한 재앙이 임한다는 아주 희미한 의식은 가지고 있었습니다. 그는 처음에 이삭은 하나님의 사람으로 생각하지 않았던 것 같습니다. 그런데 알고 보니 이 아들도 아버지와 똑같은 하나님의 선지자였습니다. 하나님이 이 아들과 함께하고 계셨어요. 그러니까 그는 선지자를 박대하고 선지자의 우물을 메워 버리고 선지자를 쫓아낸 것입니다. 그래서 이 선지자와 화해하지 않는 이상 자신은 평안할 수 없다는 생각을 하게 되었습니다.

둘째로, 이삭이 아무리 선지자라 하더라도 이미 그랄을 떠나고 없는 상태인데 왜 굳이 떠난 사람을 찾아왔을까요? 이 문제의 실마리는 아비멜렉의 친구이자 카운슬러였던 아훗삿이라는 사람에게 있습니다. 군대장관뿐 아니라 상담자인 아훗삿까지 대동하고 여기까지 온 것을 보면, 아비멜렉이 이삭을 박대해서 내쫓은 후 그랄 땅에 계속적인 어려움이 있었던 것 같습니다. 그래서 아비멜렉은 친구인 아훗삿에게 그 원인을 물었고, 아훗삿은 그가 하나님의 선지자 이삭을 내쫓았기 때문이라고 설명을 해 준 것 같습니다.

사실 지금 아비멜렉이 "이는 우리가 너를 범치 아니하고 선한 일만 네게 행하여 너로 평안히 가게 하였음이라"라고 하는 말은 거짓말입니다. 그랄 사람들은 이삭에게 선한 일만 하지 않았습니다. 우물도 메워 버렸고 고통 중에 내쫓았습니다. 그런데 자기들이 선한 일만 한 것처럼 억지로라도 인정해 달라는 것입니다. 그렇게 인정해 주지 않으면 자기들은 망한다는 것입니다.

중요한 점이 바로 여기에 있습니다. 이삭이 하나님의 말씀에 순종했을 때, 하나님께서는 그 주위에 있는 자들에게 두려움을 주셔서 그를 해치지 못하게 하셨고 오히려 그를 찾아와서 화해를 청하게 하셨습니다. 보통 사람들은 고난 중에 있는 하나님의 백성을 업신여깁니다. 왜 그렇습니까? 마음속에 교만이 있기 때문입니다. 사람들은 최고의 권위를 가지고 있는 자들을 꺾으면 자신이 최고가 된다는 생각을 가지고 있습니다. 그래서 고난중에 있는 하나님의 사람을 업신여기고 고통을 줌으로써 하나님보다 더 높아지려고 하는 것입니다. 믿지 않는 사람이 고난 중에 있는 성도를 보면 속에서 경멸하는 마음이 올라옵니다. '평소에 하나님 믿는다고 하더니 잘됐다!' 하는 마음으로 찾아와서 말로 학대하고 마음에 상처를 주고 업신여깁니다. 그럴 때 그는 '내가 하나님을 이기고야 말았다'는 생각을 가지고 있는 것이나 마찬가지입니다. 그 결과는 무엇입니까? 멸망입니다.

우리가 믿음으로 살려고 하는데도 불구하고 하나님이 나를 어렵게 하셔서 옆에 있는 사람들로부터 무시와 조롱을 받게 될 때, 하나님께서 그들을 징계해서 나의 구겨진 자존심을 세워 주시기를 바랄 때가 있습니다. 그러나 절대로 그것을 원해서는 안 됩니다. 왜냐하면 지금은 은혜의 시대이기 때문입니다. 하나님께서는 한 사람이라도 멸망치 않고 구원받기를 원하십니다. 따라서 아무리 나를 업신여기고 내 마음에 아픔을 준 사람이라도 하나님이 징계하시고 멸망시키시기를 원해서는 안 됩니다.

그러나 하나님의 백성을 업신여긴 그 사람의 마음은 절대로 평안하지 않을 것입니다. 그가 마음의 평안을 회복할 수 있는 유일한 길은 자기가 무시하고 업신여겼던 성도들을 찾아가서 어떻게 해서든지 사죄하는 것입니다. 그러면 그의 눈을 가리고 있던 아주 두터운 천이 벗겨지면서 광명한 마음의 기쁨이 회복될 것입니다.

교만한 마음에는 절대로 평안이 없습니다. 고난당하는 성도들을 우습게 보고 업신여기는 생각을 가지고 있는 사람의 마음속에는 절대로 평안이 있을 수가 없습니다. '고난당하는 성도들이 참 소중하구나. 어려움 가운데 있는 성도들이야말로 참 귀한 사람들이다. 저 사람은 나보다 수백 배 더 거룩함에도 불구하고 하나님께서 저렇게 힘들게 하시는데, 나는 도대체 얼마나 낮아져야 하나님의 은혜를 감당할 수 있을까' 하는 생각이 드는 사람이 복받은 사람입니다.

이삭을 박대하고 난 후 아비멜렉의 마음에 평강이 없어졌고 그 나라 안에도 크고 작은 언짢은 일들이 계속 터졌던 것이 분명합니다. 그래서 그는 이미 쫓아낸 선지자를 찾아와서 화해를 청하고 있습니다. 아비멜렉은 이삭을 하나님께 돌아오게 만드는 안내인이었습니다. 이삭은 자기 나름대로 신앙생활을 한다고 했지만 멋모르고 애굽으로 내려가려 했고, 그랄 땅에 주저앉으려고 했습니다. 그러자 하나님께서는 그랄 사람들의 마음을 강퍅하게 함으로써 이삭이 믿음의 결단을 내리게 하셨습니다.

누군가 나를 힘들게 합니까? 그 사람을 미워하지 마십시오. 아직 내가 하나님이 원하시는 위치에 있지 않기 때문에, 나는 신앙생활 한다고 하지만 하나님이 기뻐하시는 자리로부터는 엄청나게 멀리 떨어져 있기 때문에, 하나님께서 그런 악역들을 통하여 나를 정신차리게 하시고 높아져 있는 교만한 마음을 낮추어 새로운 결단을 내리게 하시는 것입니다.

그러므로 나에게 악역을 하는 사람들을 싫어해서는 안 됩니다. 그런 사람들을 싫어하고 그런 사람들에게 재앙이 임하기를 원하면, 오히려 그 재앙이 나한테 돌아올 가능성이 많습니다. 나를 괴롭히던 사람에게 좋지 않은 일이 생겼을 때 기뻐하지 마십시오. 무슨 일이 있어도 기뻐하지 마십시오. 그것을 기뻐하면 그 어려움이 당장 우리 집으로 옮겨질 것입니다. 물론 하나님께서는 그가 행한 대로 다 갚으실 것입니다. 그러나 그분은 우리가 그들이 잘못되지 않도록 기도하기를 바라십니다. 왜냐하면 모든 원수 갚는 것은 하나님께 있기 때문입니다. 하나님의 백성들은 주위에 있는 사람들과 관계가 좋지 않을 때 그들과의 관계를 회복하기 위하여 뛰어다니지 않습니다. 오직 하나님의 말씀을 붙들면 하나님께서 직접 관계를 회복시켜 주십니다.

하나님께서 아비멜렉을 통하여 이삭에게 하신 일이 무엇입니까? 그의 마음에 있는 상처를 치료해 주셨습니다. 이삭의 마음 속에는 그랄에서 거부당했다는 악몽이 있었습니다. '나는 환영받지 못하는 보잘것없는 사람이다. 나는 이 세상에서 거부당한 사람이다. 그랄 땅에서 적응하지 못하고 쫓겨난 사람이다'라는 마음의 아픔이 있었습니다. 그러나 하나님께서는 아비멜렉의 입을 통하여 "너는 그런 사람이 아니다"라는 말을 듣게 하심으로써 그의 마음의 상처를 치료해 주셨습니다.

우물에서 물이 나오다

우리가 가장 두려워하는 것은 신앙은 어디까지나 이론이지 현실이 아니지 않느냐 하는 의문입니다. 우리는 삶의 방향을 돌이켜 말씀을 붙듦으로써 예배의 기쁨이 회복되었을 때, 그것으로 만족하지 못합니다. 왜 그렇습니까? 아직 현실적인 문제들이 해결되지 않았기 때문입니다. 예배에는 기쁨이 있습니다. 말씀은 좋아요. 그러나 직장 문제는 아직 해결되지 않았고 집안 문제도 해결되지 않았으며 아픈 아이는 여전히 앓고 있습니다. 이삭에게 현실적인 문제는 물이었습니다. 아무리 말씀이 임하고 예배의 기쁨이 회복되고 묵은 감정이 청산되었다 하더라도 물이 없으면 아무 소용 없는 것 아닙니까? 그러나 절대로 그렇지 않습니다. 32절을 보십시오.

그 날에 이삭의 종들이 자기들의 판 우물에 대하여 이삭에게 와서 고

하여 가로되 우리가 물을 얻었나이다 하매

이 물은 그냥 물이 아닙니다. 기도의 응답입니다. '내가 내린 신앙의 결단이 옳구나. 하나님의 말씀만 붙들고도 살 수가 있구나. 하나님이 나와 함께하시는구나'라는 최종적인 확인 표시였습니다.

신앙은 절대로 이론이 아닙니다. 현실입니다. 우리는 마음의 위로나 얻으려고 하나님을 찾는 것이 아닙니다. 이삭은 가나안 땅으로 들어와서 예배의 기쁨을 되찾았습니다. 그리고 아비멜렉이 찾아옴으로써 마음에 남아 있던 마음의 상처도 치료가 되었습니다. 남은 문제는 물이었습니다. 물이 없다면 이 모든 것이 수포로 돌아갈 것입니다. 그러나 하나님은 신실한 분이십니다. 하나님은 자기를 의뢰하는 자들을 절대 빈손으로 돌려보내지 않으십니다.

이삭이 판 우물에서는 그렇게 기다리던 물이 나왔습니다. 신앙은 마음의 상처만 치료하고 끝나는 것이 아닙니다. 물도 나오는 것입니다. 이 우물은 아버지가 팠던 우물이 아니었습니다. 이삭이 독자적으로 판 우물이었습니다. 지금까지는 아버지의 신앙을 흉내냈습니다. 자기 것으로 소화된 신앙이 아니었습니다. 그런데 브엘세바에서 자기 혼자 힘으로 우물을 팠는데 물이 나왔습니다. 이제부터는 홀로 서는 신앙생활이 시작된 것입니다.

우리는 여기에서 그 순서에 대해 생각해 볼 수 있습니다. 하나님께서는 절대 물부터 먼저 주시지 않았습니다. 현실적으로 이삭에게 가장 필요한 것은 물이었지만, 하나님이 보시기에는 말씀과 예배의 기쁨을 회복하는 것이 가장 중요했습니다. 그래서 그것부터 회복시켜 주신 후에, 적과의 화해를 통해서 이삭의 자존감을 높여 주시고 그 마음의 상처를 치료해 주셨습니다. 먹는 것보다 더 중요한 것은 자신이 하나님과 다른 사람 앞에서 얼마나 존귀한 존재인가를 깨닫는 것입니다. 우리는 자꾸 먹고사는 문제에 매이게 되지만, 이것은 맨 나중에 오는 것입니다. 가장 중요한 것은 하나님의 말씀을 듣는 것이며, 하나님과의 바른 관계가 회복되는 것이고, 내 속에 깨진 자아상이 치료되는 것입니다. 만약 이것이 치료되지 않고 회복되지 않는다면 항상 똑같은 문제에 걸려 넘어질 것입니다.

하나님께서는 내 속 깊은 곳에 있는 패배감과 분노를 생각지도 못한 방법을 통해서 치료해 주십니다. 다른 사람은 그냥 한마디 했을 뿐인데, 내 속에는 백 가지 천 가지 분노가 일어나는 이유가 무엇입니까? 아픈 부분이 건드려졌기 때문입니다. 결국은 내 문제입니다. 이 상처가 치료되지 않으면 앞으로도 몇 번씩 넘어지게 되어 있습니다. 학벌에 대한 열등감이 치료되지 않은 사람은 학벌 좋은 사람을 만날 때마다 백 번 천 번 좌절하고 절망할 것입니다. 돈에 마음이 매여 있는 사람은 부자를 만날 때마다 수없이 넘어지고 또 넘어질 것입니다.

우리가 알아야 할 것은 이삭은 하나님을 만나기 위하여 아무 일도 하지 않은 것이 아니라는 사실입니다. 그는 예배드리면서도, 그랄 왕과 화해하면서도 계속 우물을 팠습니다. 그는 자기가 할 수 있는 일을 다 했습니다. 애굽으로 가지 않는 이상, 그랄로 돌아가지 않는 이상, 가나안 땅에서 자기가 해야 할 일, 할 수 있는 일은 전부 했습니다. 우리는 하나님의 뜻이 무엇인지 모르고 어느 길로 가야 할지 모를 때, 아무 일도 하지 않고 드러누워 있는 것이 좋은 신앙인 것처럼 생각하기 쉽습니다. 그러나 그것은 신앙이 아니라 패배주의입니다.

여러분, 신앙은 패배주의가 아닙니다. 하나님의 말씀에서 멀어지는 것이 아닌 이상, 할 수 있는 것은 무엇이든지 하십시오. 하나님의 은혜에서 떠나는 것만 아니라면 공부도 하고 아르바이트도 하고 여기저기 이력서도 내고 선도 보십시오. 그러는 가운데 샘이 터질 것입니다.

우리가 걸어가는 이 길 주위에는 엄청난 사망의 구렁텅이들이 몰려 있습니다. 자칫 잘못하면 이 구렁텅이에 빠져서 살아남지 못하게 됩니다. 길을 잃은 것 같습니까? 어느 쪽으로 가야 할지 모를 갈림길이 눈앞에 있습니까? 신앙이 더 좋아지는 길을 선택하십시오. 흉년 한가운데로 더 깊이 들어가십시오. 폭풍우 속으로 들어가십시오. 말씀을 붙들고 그 세계 안으로 들어가십시오. 그러면 그 폭풍과 전쟁과 지진이 하나님께서 부리는 여러 종들 중에 하나라는 것을 알게 될 것입니다.

사랑하는 여러분, 말씀의 능력을 믿으십시오. 여러분이 젊기 때문에 많은 가능성이 있는 것 같습니까? 그렇게 컴퓨터형으로 추론하면 반드시 애굽으로 가게 되어 있습니다. 그 컴퓨터의 상표를 보십시오. 전부 '메이드 인 이집트'입니다. 애굽에서 나온 것은 애굽으로 가게 되어 있고 그랄에서 나온 것은 그랄로 가게 되어 있습니다. 말씀을 듣는 가운데 할 수 있는 일들을 하십시오. 그러면 어느 날 갑자기 샘물이 터지는 것을 경험하게 될 것입니다.

6

이삭의 축복

요즘 대학을 졸업하고 사회에 진출하는 젊은이들의 취업 관문은 그 어느 때보다 좁고 경쟁이 치열합니다. 예를 들어서 어떤 한 청년이 회사의 구인 광고를 보고 채용 시험에 응시했다고 합시다. 그 회사가 발표한 채용 인원을 그때 함께 시험 본 사람들 중에서만 뽑는다고 생각해서는 안 됩니다. 전체 채용 인원을 발표는 했지만, 그 회사가 필요로 하는 사람 중의 일부는 이미 뽑아 놓은 상태에서 시험을 치르는 경우가 많기 때문입니다. 그럴 경우, 아무리 시험을 잘 친다 해도 결과는 낙방입니다. 채용될 사람이 이미 다 뽑혀 있기 때문에 그가 비집고 들어갈 여지가 없는 것입니다. 우리는 이런 기업의 관행에 대하여 불공평하다거나 횡포라고 비난할 수 없습니다. 어차피 기업은 자기들에게 필요한 사람들을 그 나름대로 뽑을 권리가 있기 때문입니다.

우리는 오늘 본문을 통해서 우리의 상식으로는 도무지 이해가 되지 않는 여러 가지 행동들을 보게 됩니다. 그것은 이삭의 축복을 둘러싼 두 쌍둥이 아들 사이의 암투입니다. 사실 암투라기보다는 형 에서가 어머니와 동생의 일방적인 농간에 속아서 아버지의 축복을 빼앗기는 내용입니다.

오늘 우리가 생각해 보아야 할 것은 이삭의 축복이라는 것이 도대체 무엇이길래 아내가 남편을 속이고 동생이 형을 속여 가면서까지 얻으려 했느냐 하는 점입니다. 에서가 야곱에게 팥죽 한 그릇을 받고 팔아 버린 장자권과 이삭의 축복 사이에 어떤 관계가 있느냐 하는 점도 문제입니다. 장자권과 축복권은 별개의 것입니까, 같은 것입니까? 또 이런 식으로 속여서 받는 축복도 유효한 것입니까?

그리고 무엇보다 중요한 것은 성경이 이 사건을 왜 이토록 자세히 기록해서 이스라엘 자손들에게 남기고 있는가 하는 점입니다. 하나님의 축복은 귀중한 것이니까 수단과 방법을 가리지 않고 쟁취해야 한다고 말하려는 것입니까? 아니면 원래 이 축복은 에서나 그의 후손에게 가야 하는 것인데 어떻게 하다가 이스라엘에게 오게 되었으니 에돔 자손들에게 미안한 마음을 가져야 한다는 것입니까?

이삭의 축복권

아브라함의 가정은 보통 집안이 아니라 어떤 약속을 가지고 있는 집안이었습니다. 그 약속은 하나님께서 그들의 후손을 축복해서 아주 큰 민족이 되게 하시며 가나안 땅을 주어서 하나님의 나라를 세우게 하신다는 것입니다. 하나님께서는 이 약속을 가지고 아브라함을 먼 하란 땅에서부터 불러내셨습니다. 그러나 이 약속은 아브라함 때에 성취되지 않았습니다. 따라서 그 아들 이삭에게 상속될 수밖에 없었습니다.

아브라함에게는 첩이 낳은 이스마엘이라는 아들과 본부인이 낳은 이삭이라는 아들이 있었습니다. 그런데 원래 본부인이 아들을 낳으면 첩의 아들에게는 아무런 상속권이 없었습니다. 아브라함의 상속권 문제는 이스마엘을 내보냄으로써 끝이 났습니다. 물론 이스마엘은 아버지 집에서 쫓겨나기 전에 이삭을 많이 괴롭혔습니다. 또 나중에 그두라라고 하는 첩이 또 아들들을 낳았지만 그들 역시 첩의 자식들이었기 때문에 상속권 문제는 생기지 않았습니다.

그러나 야곱과 에서의 문제는 그렇게 간단한 것이 아니었습니다. 이들은 둘 다 본부인의 아들이요 쌍둥이였기 때문입니다. 물론 법적으로 보면 아무리 쌍둥이라 하더라도 먼저 태어난 에서에게 우선권이 있었습니다. 그러나 에서는 하나님의 약속에 관심이 없었습니다. 앞으로 자기 후손이 많아지고 가나안 땅을 차지하며 하나님의 나라를 세우리라는 약속에는 아예 관심이 없었어요. 그의 관심은 오직 지금 당장 먹고사는 일에 있었습니다. 그래서 사냥에서 돌아와 몹시 배가 고프자 야곱에게 팥죽 한 그릇을 받고 이 장자권을 팔아 버렸습니다. 에서는 원래 생각이 깊은 사람이 아니었습니다. 무엇이든지 즉흥적으로 생각나는 대로 말하고 행동하는 사람이었습니다. 그는 이미 이 장자권을 포기했습니다. 그리고 이런 자신의 행동을 별로 중요하게 생각하지 않았습니다.

이삭의 축복이 문제를 어렵게 만드는 이유는 하나님의 약속과 세상 풍습과의 혼동 때문입니다. 이삭이 살던 그 시대에도 사회적인 풍속이 있었고 사회법, 즉 고대 근동 아시아 민법이 있었습니다. 이 법은 자식들이 어떤 방식으로 부모의 재산을 상속받는지에 대해 규정하고 있었습니다. 이삭이 아버지의 재산과 축복을 상속받았을 때에는 사회법과 하나님의 원리가 일치했습니다. 이스마엘은 첩의 자식이었고 이삭은 본부인의 아들이었기 때문에 별 문제 없이 아버지의 재산과 축복을 물려받을 수 있었던 것입니다.

그러나 야곱과 에서의 경우는 달랐습니다. 그 당시 사회법에 의하면 에서가 상속자가 되어야 했습니다. 그러나 하나님께서는 동생이 상속자가 되어야 한다고 말씀하셨습니다. 즉 사회법과 하나님의 말씀 사이에, 그리고 재산의 상속과 하나님의 말씀의 상속 사이에 갈등과 혼동이 생긴 것입니다.

이번에 이삭이 행하려고 하는 축복은 장자권을 아들에게 실제적으로 넘겨주는 의식입니다. 마치 대통령으로 선출된 사람이 취임식을 하는 것과 같습니다. 이삭이 아들을 축복하면 그 순간부터 그 아들은 아버지의 모든 권한을 행사하게 됩니다. 그렇다면 에서가 야곱에게 팔아 버린 장자권은 어떻게 되는 것입니까? 그 장자권과 이 축복은 같은 것입니다. 그런데 이 축복은 그 장자권을 확인하고 인쳐 주며 장자로서 취임시키는 것과 같습니다. 이삭은 이 두 사람 사이에 있었던 거래를 인정하지 않았던 것 같습니다. 그는 자기 생각대로 큰아들을 장자로 지명하고자 했습니다.

사실 에서는 아주 나쁜 사람입니다. 그는 이미 상속권을 포기했습니다. 평소에 관심도 별로 없었던 데다가 동생한테 '너 좋을 대로 하라'고 포기하는 각서까지 쓴 것이나 마찬가지였습니다. 그런데 막상 아버지가 굉장히 중요한 것이니 받으라고 하니까 은근히 욕심이 생겨서 다시 장자권을 챙기려고 하고 있습니다. 에서는 몸에만 털이 많은 사람이 아니라, 생각이나 행동도 아주 짐승 같은 사람이었습니다. 말로 할 때에는 별로 관심이 없다가 막상 그 일이 눈앞에 닥쳤을 때에는 내가 언제 그런 말을 했느냐는 식으로 우격다짐을 해서 남의 것까지 빼앗는 기질을 가지고 있었습니다.

이삭이 에서를 축복하려고 하다

오늘 본문을 보면 이삭이 에서를 자기 상속인으로 세우는 문제에서 대단히 완고하고 고집스러운 것을 볼 수 있습니다. 원래 이 쌍둥이가 태어났을 때 하나님께서는 리브가에게 두 민족이 배 속에서부터 나뉠 것이며 큰 자가 작은 자를 섬길 것이라고 말씀하셨습니다. 두 아들은 한 민족이 될 수 없습니다. 핏줄이 같은데 왜

한 민족이 될 수 없습니까?

우리는 여기서 핏줄 외에 다른 조건으로 민족이 나뉘는 것을 볼 수 있습니다. 그 조건은 바로 신앙입니다. 같은 형제나 친구라 하더라도 신앙의 이유로 물과 기름처럼 완전히 나뉘는 것을 볼 수 있습니다. 이것이 바로 민족이 달라지는 것입니다. 저희 어머니는 일곱 남매를 낳으셨습니다. 우리 형제들은 얼굴은 조금씩 다르지만 기질이나 혈액형은 비슷합니다. 그러나 신앙적으로는 완전한 하나의 민족이 되지 못하고 있습니다. 하나님께서는 이 두 쌍둥이가 신앙적으로 도저히 하나가 될 수 없다는 것과, 하나님이 복 주기로 택하신 자는 동생이라는 점을 분명히 말씀하셨습니다.

이삭은 이 사실을 알았습니다. 그러나 그는 이 하나님의 말씀을 무시하려고 하고 있습니다. 또 그가 두 아들 사이에 장자권에 대한 은밀한 거래가 있었다는 것을 과연 몰랐겠습니까? 아마도 알았을 가능성이 큽니다. 식구들이 몇 명이나 된다고 그것을 모르겠습니까? 그는 이 일을 통해 다시 한 번 하나님의 뜻을 상기해 볼 필요가 있었습니다.

그러나 이삭은 에서를 장자로 삼는 것에 확고한 고집을 갖고 있었습니다. 그 이유가 무엇입니까? 에서에 대한 편애와 인간적인 호의 때문입니다. 특히 에서가 사냥해서 만들어 주는 요리는 이삭을 아주 기쁘게 했습니다. 나이가 늙으면 다른 가능은 퇴화해도 혀는 더 예민해지고 발달하는 것 같습니다. 저는 젊었을 때 소시지에 계란을 씌워서 부친 것을 최고의 음식으로 알았습니다. 그리고 불고기를 능가하는 요리는 없는 줄 알았습니다. 그런데 나이가 드니까 입맛이 달라졌습니다. 회맛을 알게 되고, 생선 요리가 얼마나 맛있는지도 점점 알아가고 있습니다. 앞으로 더 늙으면 또 입맛이 어떻게 변할지 장담할 수가 없습니다. 문제는 이것입니다. 이삭은 하나님의 말씀을 알면서도, 두 아들 사이에 장자권에 대한 어떤 거래가 있었다는 것을 알고 있었으면서도, 그것을 무시한 채 큰아들에서의 장자 취임식을 거행하려고 했습니다. 27장 1절부터 4절까지 보십시오.

> 이삭이 나이 많아 눈이 어두워 잘 보지 못하더니 맏아들 에서를 불러 가로되 내 아들아 하매 그가 가로되 내가 여기 있나이다 하니 이삭이 가로되 내가 이제 늙어 어느 날 죽을는지 알지 못하노니, 그런즉 네 기구, 곧 전통과 활을 가지고 들에 가서 나를 위하여 사냥하여 나의 즐기는 별미를 만들어 내게로 가져다가 먹게 하여 나로 죽기 전에 내 마음껏 네게 축복하게 하라

우리는 여기에서 이삭이 세 가지 부분에서 잘못하고 있는 것을 알 수 있습니다. 첫째로 축복의 시기가 잘못되었습니다. 이삭이 에서를 축복해야겠다고 생각한 이유가 무엇입니까? 갑자기 시력이 약해졌다는 것입니다. 1절에는 "이삭이 나이 많아 눈이 어두워 보지 못하더니"라고 되어 있고, 2절에는 이삭 자신도 "내가 이제 늙어 어느 날 죽을는지 알지 못하노니"라고 말하고 있습니다. 그러나 실제로 이삭은 이 축복이 있고 난 후에도 40년 이상을 더 살았습니다.

하나님의 선지자가 축복을 할 때는 정말 자신의 사역을 마칠 때입니다. 인생의 무대에서 내려와야 할 때, 자신이 싸워야 할 싸움을 다 싸우고 은퇴해야 할 그때, 그동안 가지고 있던 모든 능력과 영광과 축복을 하나님께서 정하신 후계자에게 넘겨주면서 무대에서 내려와야 하는 것입니다. 그런데 이삭은 자기 시력이 약해진 것을 보고 이제는 죽을 때가 되었다고 생각하면서 축복하려고 했습니다.

그러나 사실 시력은 약해지고 있었지만 식욕은 더 왕성해지고 있었습니다. 이것은 그가 아직 죽을 때가 아니며 무대에서 더 활동해야 한다는 뜻입니다. 정말 죽을 때가 되면 먹을 의욕도 없어

지며 기력이 없어서 움직일 수도 없고 정상적인 사고도 할 수 없습니다. 따라서 이삭이 시력이 약해진 것만으로 죽을 때가 되었다고 판단한 것은 너무 엄살이 심했던 것이 아닌가 하는 생각이 듭니다. "노인이 '어서 죽어야지' 하는 말은 믿으면 안 된다"는 말이 있습니다. 이삭은 노년에 믿음으로 굳게 서지 못하고, 자신이 노쇠해지는 것에 대해 대단히 큰 자기 연민에 빠져 있었던 것 같습니다. 이것이 정상적인 판단을 흐리게 만들었습니다.

하나님의 백성은 자기 연민에 빠지거나 엄살을 부리면 안 됩니다. 그것은 자신한테만 좋지 않은 것이 아니라 다른 사람들도 죄짓게 만들며 하나님도 아주 이상한 분으로 보이게 만드는 일입니다. 이삭이 이렇게 자기 중심적으로 행동하니 하나님 또한 아주 이상하고 혼란스러운 분으로 비추어지지 않습니까?

둘째로 이삭은 축복의 대상을 잘못 선택했습니다. 이 부분에 대해서는 이미 우리가 살펴본 바와 같습니다. 하나님께서 축복의 대상으로 정한 사람은 야곱이었고, 그 점을 분명히 밝히셨습니다. 두 민족이 배 속에서 나뉠 것이라는 말은 이 두 형제가 한 성도로서 하나님의 축복을 공유할 수 없다는 말입니다. 그러나 이삭은 에서를 고집하고 있습니다. 아마도 그가 하나님의 말씀을 분명히 깨닫지 못하고 자기 생각에만 빠져 있었기 때문인 것 같습니다.

셋째로 축복의 방식이 잘못되었습니다. 이삭은 에서가 나가서 자기가 좋아하는 사냥물을 잡아서 요리해 바치면 그것을 실컷 먹고 기분이 아주 좋은 상태에서 마음껏 축복하겠다고 말했습니다. 그러나 축복이란 자신의 모든 영감과 영적인 능력을 다음 주자에게 넘겨주는 것입니다. 내가 가지고 있던 영감과 지혜와 능력의 갑절을 이 다음 사람에게 주시기를 하나님 앞에 간구하며 기도하는 것입니다. 모세는 여호수아에게 그런 축복을 했습니다. 엘리야는 엘리사에게 그런 축복을 했습니다. 그러나 어느 누구도 실컷 요리를 먹고 기분이 좋은 상태에서 축복하지는 않았습니다. 그들은 이 일이 얼마나 엄숙하며 중요한 일인지 알았기 때문에 마치 사령관의 이취임식을 하듯이 하나님 앞에서 가장 엄숙하고 진지하게 이 일을 했습니다. 그런데 이삭은 완전히 세상적인 방식으로 축복을 하려 들고 있습니다.

그 이유가 무엇입니까? 이삭의 신앙 안에 이미 세상적인 요소가 많이 들어와 있었기 때문입니다. 이삭은 자기도 모르는 사이에 가나안의 축복의 원리가 자기 신앙 속에 파고 들어왔다는 것을 몰랐습니다. 그래서 가장 중요한 일을 자기 멋대로 하려고 했습니다. 이삭은 육체의 눈만 어두워진 것이 아니라 영적인 눈도 어두워져 있습니다. 그는 이 축복을 마치 자식에게 재산이나 물려주는 세상적인 성인식(成人式) 정도로 생각하고 있었던 것 같습니다.

하나님의 축복이란, 지금까지 믿음의 선한 싸움을 싸운 사람이 그 후계자에게 깃발을 물려주면서 선전(善戰)을 당부하는 것과 같습니다. "나는 나의 달려갈 길을 다 달려왔다. 이제는 나를 위해 의의 면류관이 준비되어 있다. 나는 천국에 가서 너를 위하여 기도하겠으며 너의 영적인 싸움을 지지하며 응원하겠다. 하늘에 있는 모든 천사와 함께 너를 위해 기도하겠다. 그러니 끝까지 싸워라" 하고 당부하는 것입니다. 그런데 이삭은 세상 사람들이 하는 방식대로 그냥 실컷 먹고 기분 좋은 상태에서 마음껏 축복하겠다는 것입니다.

이 거룩한 사람도 잠시 정신을 못 차리니까 세상의 누룩이 얼마나 무섭게 그 사고방식에 파고 들어와 있는지 모릅니다. 한순간 잘못 생각하면 세상의 가치관이 머릿속으로 흘러들어와 신앙이 불투명해지고 혼탁해집니다. 이삭은 에서의 잘못된 신앙을 바로잡아야 할 선지자였습니다. 그러나 그는 에서와 의기투합했고, 에서와 다른 점이 무엇인지 전혀 구별할 수 없게 되었습니다. 같이 웃고 같이 음식을 먹으면서 기분 좋아하는 것을 보면, 도대체 이삭이 무엇 때문에 믿음의 사람인지, 무엇 때문에 선지자로 부름을 받았는지 알 길이 없습니다.

리브가의 반발

이삭은 모든 일이 자기 뜻대로 잘될 줄 알았습니다. 그 점에서는 에서도 마찬가지였습니다. 에서는 '야곱이라는 놈이 정말 똑똑한 것 같지만 사실은 어리석다'고 생각했습니다. 팥죽으로 장자권을 사면 뭐합니까? 지금 아버지는 자기한테 장자권을 주려 하고 있는데 말입니다. 이삭은 에서가 사냥을 해 와서 맛있게 요리할 음식을 생각하며 기분 좋게 기다리고 있습니다. 눈이 어두우니까 생각이 더 먹는 데에만 집중되고 있습니다. 그리고 에서는 너무나도 신이 나서 활과 전통을 메고 들판을 뛰어다니고 있습니다.

그러나 이 세상 일은 사람의 마음대로 되는 것이 아닙니다. 문제는 가장 가까운 곳에서 터지고 있었습니다. 5절부터 10절까지 보십시오.

> 이삭이 그 아들 에서에게 말할 때에 리브가가 들었더니 에서가 사냥하여 오려고 들로 나가매 리브가가 그 아들 야곱에게 일러 가로되 네 부친이 네 형 에서에게 말씀하시는 것을 내가 들으니 이르시기를 나를 위하여 사냥하여 가져다가 별미를 만들어 나로 먹게 하여 죽기 전에 여호와 앞에서 네게 축복하게 하라 하셨으니, 그런즉 내 아들아, 내 말을 좇아 내가 네게 명하는 대로 염소 떼에 가서 거기서 염소의 좋은 새끼를 내게로 가져오면 내가 그것으로 네 부친을 위하여 그 즐기시는 별미를 만들리니 네가 그것을 가져 네 부친께 드려서 그로 죽으시기 전에 네게 축복하기 위하여 잡수시게 하라

지금 리브가가 하고 있는 일이 무엇입니까? 남편 이삭에 대

한 완전한 반역입니다. 지금 리브가의 행동에서는 이삭에 대한 존경심이라고는 조금도 찾아볼 수가 없습니다. 그는 철저하게 이삭을 무시하고 있으며 업신여기고 있습니다. 리브가가 이처럼 이삭을 속이기로 결정한 이유가 어디에 있겠습니까?

우리는 그 이유를 몇 가지로 생각해 볼 수 있습니다. 첫째는 리브가가 믿음으로 이렇게 했다는 것입니다. 리브가는 두 쌍둥이를 낳기 전부터 하나님께서 동생을 축복하시기로 했다는 것을 알았습니다. 그런데 이 남편이라는 사람은 하나님의 말씀을 어기고 억지로 형을 축복하려고 하고 있습니다. 그래서 하나님의 예언을 성취시키기 위해 비록 좋지 않은 방법이지만 믿음으로 음모를 꾸몄다고 생각할 수 있습니다.

그러나 저는 이 해석이 틀렸다고 생각합니다. 믿음으로 일을 시작하면 끝까지 믿음으로 해야 하기 때문입니다. 목적이 선하면 방법도 선해야 합니다. 만일 리브가가 하나님의 말씀을 붙들고 이 일을 시작했다면 굳이 이런 속임수를 쓰지 않아도 하나님께서 이삭의 마음을 바꾸시리라는 것을 믿었어야 합니다. 리브가는 믿음으로 이 일을 한 것이 아닙니다.

둘째로 리브가가 인간적인 편애 때문에 이 일을 했다고 생각할 수 있습니다. 우리는 이 믿음의 부부가 두 자식만큼은 믿음으로 대하지 못하고 개인적인 편견이나 기질에 따라 사랑한 것을 볼 수 있습니다. 성경은 이삭이 사냥한 고기 때문에 에서를 사랑했으며, 리브가는 야곱을 사랑했다고 말씀하고 있습니다. 그러니까 사냥한 고기에 대한 이삭의 집착은 단순한 기호나 취미 정도가 아니었던 것입니다. 그는 거의 신앙에 가까울 정도로 사냥한 고기를 좋아하고 집착했습니다. 아마 그는 야곱을 볼 때마다 '사냥 하나도 제대로 못하는 멍청한 자식 같으니라구'라고 생각했을 것입니다.

그에 비해 리브가는 사냥한 고기 같은 데는 전혀 관심이 없었습니다. 오직 자기 가까이 있으면서 늘 함께 일하는 야곱을 사랑하지 않을 수 없었습니다. 특히나 야곱은 머리가 보통 좋은 아들이 아닙니다. 에서는 열을 이야기해도 하나를 못 알아듣는데, 야곱은 하나를 말하면 열을 알아듣습니다. 어머니가 나이가 들면 같은 자식이라도 마음 편한 자식이 있는가 하면 '어쩌면 저렇게 저밖에 모를까' 싶은 자식도 있습니다. 그러니 이왕이면 사랑하는 자식이 더 잘되기를 바라게 되고 사랑하는 자식과 함께 살고 싶어지지요.

성경은 특히 에서의 가나안 아내들이 얼마나 형편없이 굴었던지 리브가와 이삭의 큰 근심거리였다고 말하고 있습니다. 게다가 남편이 한 아들만 좋아하고 다른 아들을 구박하면 어머니는 약한 아들을 더 감싸 주고 그 아들한테 더 애정을 쏟게 되어 있습니다. 리브가는 모든 축복이 인정머리 없는 에서에게 다 돌아가 버릴 경우 자신의 노후가 걱정되기도 했을 것입니다. 그래서 야곱에 대한 사랑과 자신의 이익을 위해 남편을 속이기로 했다고 생각할 수 있습니다.

이것도 가능성이 있는 이유이지만, 그렇게 유력한 해석은 아닙니다. 이런 식으로 축복을 빼앗았을 때 그 후유증이 얼마나 클텐데, 그런 고려도 없이 축복을 빼앗을 수 있었겠습니까? 성경을 보면 리브가가 일사각오의 정신으로 이 일을 하고 있는 것을 볼 수 있습니다. 13절을 보십시오.

> 어미가 그에게 이르되 내 아들아, 너의 저주는 내게로 돌리리니 내 말만 좇고 가서 가져오라

이 말은 리브가가 얼마나 비장한 각오로 이 일을 하고 있는지를 잘 보여 주고 있습니다. 그는 정말 죽음을 각오하고 이 일을 하고 있는 것입니다. 그래서 저는 리브가가 이런 일을 꾸민 것은 제정신이 아니었기 때문이라고 생각합니다. 약간 이성을 잃었기 때문에 이런 일을 꾸몄다고 생각하는 것입니다.

이삭의 집에서 이런 반발이 일어난 것은 정상적인 일이 아닙니다. 아브라함의 집과 이삭의 집은 하나님의 교회입니다. 교회에는 성령의 역사가 있습니다. 아브라함과 이삭의 집에는 성령의 역사가 있고 성령의 감동이 있습니다. 어떤 권위로 억누르지 않아도 스스로 피차 복종하는 것이 교회의 특징입니다. 아버지는 아들을 사랑하고 아들은 아버지를 존경하며, 남편은 아내를 아끼고 아내는 남편에게 자발적으로 순종하는 이 모든 것이 성령이 충만한 곳의 특징입니다. 그러나 하나님의 종이 전적으로 하나님의 말씀에 헌신하지 않을 때, 하나님의 말씀을 믿는다고 하면서 사실은 말씀을 능멸할 때, 하나님께서는 일시적으로 그들에게서 성령을 거두어 가십니다. 그러면 갑자기 무지와 혼란이 그 집을 뒤덮으면서, 평소에 정상적인 사고방식으로는 도저히 일어날 수 없는 일들이 일어나는 것입니다. 그 일들이 무엇입니까? 바른 권위의 상실과 바른 질서의 파괴입니다.

우리가 살고 있는 이 세상이 그나마 평온할 수 있는 것은 하나님께서 그 신을 항상 보내 주셔서 사람들의 마음을 지켜 주시기 때문입니다. 만일 하나님께서 그 신을 거두시면 이 사회는 한순간에 혼란과 파괴의 도가니에 빠지고 말 것이며, 사람들은 한순간에 짐승으로 변하고 말 것입니다. 얼마 전 미국에서 흑인들이 폭동을 일으킨 일이 있었습니다. 그때 느낀 것이 무엇입니까? 모두 제정신이 아니라는 것입니다. 모두 무엇에 홀린 것처럼 미쳐서 소리지르고 날뛰는데, 사람의 눈빛이 아닙니다. 이런 일이 일어나는 이유가 무엇입니까? 하나님께서 그들로부터 성신을 거두셨기 때문입니다.

하나님의 집에서 말씀을 섬기는 종이 그 말씀에 헌신하지 않을 때, 자기 이익 때문에 그 말씀을 무시할 때 하나님께서는 그 집에서 거룩한 영을 일시적으로 거두어 가십니다. 그러면 어떤 일이 일어납니까? 거기에 있는 사람들의 눈에 보이는 것이 없어집니다. 자기가 무슨 짓을 하는지도 모르고 무슨 말을 하는지도 모릅니다. 그냥 미쳐서 날뛰는 것입니다.

이런 일은 아브라함 때에도 있었습니다. 하나님께서는 아브라함에게 분명히 아들을 주겠다고 말씀하셨습니다. 그런데 아브라함이 그 말씀을 능멸하고 아내 사라의 말대로 첩을 취하자, 하나님께서는 그 집에서 일시적으로 성신을 거두셨고 그의 집에는 혼란이 찾아왔습니다. 하갈은 신분으로나 인격으로나 나이로나 비교가 안 되는 사라를 업신여겼고, 사라는 아브람에게 대들었습니다. 결국 하갈은 임신한 채 집에서 뛰쳐 나갔습니다.

어떻게 아브라함의 집에 이런 무질서와 혼돈이 일어날 수 있습니까? 이것은 아브라함에 대한 하나님의 징계입니다. 하나님께서 분명히 아들을 준다고 하셨으면 말씀의 종으로서 끝까지 그 말씀을 붙들어야 했습니다. 사라가 뭐라 하든 중심을 지켜야 했습니다. 그런데 그렇게 하지 못하고 그 말을 들었기 때문에 사라한테 욕을 얻어먹고 하갈한테 업신여김을 받는 일이 일어난 것입니다.

이번에도 마찬가지입니다. 하나님께서는 두 민족이 나뉠 것이며 큰 자가 작은 자를 섬길 것이라고 분명히 말씀하셨습니다. 이 축복은 둘이 공유할 수 없다는 것입니다. 야곱의 열두 아들처럼 축복을 공유할 수 없습니다. 이들은 물과 기름입니다. 하나가 복을 받으면 하나는 저주를 받아야 합니다. 그런데 누가 복을 받습니까? 동생 야곱입니다. 큰 자가 작은 자를 섬겨야 합니다. 이것을 분명히 밝히셨음에도 불구하고 이삭이 자기의 개인적인 취향과 편견 때문에 억지로 에서를 장자로 세우려고 하자, 하나님께서는 그 집안의 평화를 거두어 가셨습니다. 그래서 그의 집에서는 평소에는 상상도 할 수 없는 일이 일어나게 되었습니다. 그들은 서로를 멸시하고 우습게 알고 있습니다. 리브가가 이삭을 얼마나 우습게 알았으면 이런 일을 했겠습니까?

하나님의 교회나 믿는 사람의 가정에 이런 혼란과 무질서가 일어날 때 그 일차적인 책임은 목회자와 가장에게 있습니다. 물론 악한 방향으로 사용된 개인에게 책임이 없는 것은 아닙니다. 실제로 하나님께서는 리브가를 벌주셨습니다. 그 벌이 무엇입니까? 살아 있는 동안 다시는 야곱을 보지 못하게 된 것입니다. "너의 저주는 내게로 돌리리니" 같은 말은 함부로 하는 것이 아닙니다. 비록 정신을 차리지 못하고 한 일이긴 했지만, 리브가는 굉장히 가슴아픈 대가를 치러야 했습니다. 그럼에도 불구하고 이 일의 일차적인 책임은 리브가가 아니라 이삭에게 있습니다.

교회 안에서 교인들이 서로 존경하지 않고 우습게 알며 자기 기질대로 행한다면 그 일차적인 책임은 목회자에게 있습니다. 그러므로 교인들이 목회자를 존경하지 않고 업신여기고 함부로 대들 때, '저 사람이 나를 얼마나 우습게 알길래 이러는 거야'라고 생각해서는 안 됩니다. 분명히 자기 안에 하나님의 말씀에 끝까지 헌신하지 못한 죄가 있기 때문에 하나님이 나를 낮추시는 것입니다.

가정에도 마찬가지입니다. 아내가 남편에게 삿대질을 하면서 덤벼들 때, "이 여자 뭘 잘못 먹고 미친 거 아냐?" 하면서 몰아세울 필요가 없습니다. 사람들의 눈에는 남편의 잘못이 없는 것 같아도 하나님의 눈앞에서는 분명히 말씀에 헌신하지 않았고 죄를 지었으며 의도적으로 말씀을 능멸했기 때문에, 아내에게 업신여김 받게 하시는 것입니다. 아내가 "여보" 라고 부르는 대신 "이 인간아!" 하고 부르면 '하나님이 지금 나를 밟고 계시는구나'라고 생각하십시오. 아내가 그런다고 복수의 칼을 가는 것은 한 번 더 잘못을 저지르는 것입니다. 세상 사람들은 모를 수도 있어요. 사회적으로는 아무 문제가 없을 수도 있습니다. 그러나 하나님이 보시기에는 남편이 분명히 어떤 부분에서 말씀에 끝까지 헌신하지 못한 것입니다.

다윗은 자기 아들 압살롬에게 쫓겨나서 도망쳤습니다. 압살롬은 사람들이 보는 앞에서 아버지의 후궁들을 겁탈했습니다. 이것이 제 정신으로 하는 짓입니까? 어떻게 거룩한 나라, 거룩한 도성에서 이런 일이 일어날 수 있습니까? 그러나 주의 종이 말씀을 어기고 남의 아내를 빼앗았을 때, 하나님께서는 그 나라에서 성신을 거두셨고, 다윗을 그 아들에게 능멸당하게 하셨습니다. 다윗이 쫓겨갈 때 시므이라는 사람이 뒤따라 오면서 돌을 던지고 흙을 날리면서 다윗을 욕하고 저주했습니다. 그때 군사들이 "저놈을 죽일까요?" 하고 묻자 다윗은 그러지 말라고 합니다. '지금 하나님께서 나를 밟고 계시며 능멸하고 계신다. 시므이는 자기 죄를 스스로 감당하게 되겠지만, 지금 저 사람을 날뛰게 만드는 분은 여호와 하나님이시다'는 것을 알고 있었기 때문입니다.

이방 선지자 발람이 하나님의 말씀을 능멸하고 돈을 받기 위해 모압 땅에 갈 때 나귀가 말을 했습니다. 발람은 너무나 화가 난 나머지 나귀를 죽이려고 했습니다. 그러나 그것은 하나님께서 시키신 일이었습니다. 아마 나귀에게 손이 있었다면 발람의 따귀라도 한 대 때렸을지 모릅니다.

갑자기 교회가 혼란스러워지며 사람들이 자신의 위치를 지키지 않고 서로 욕하고 흥분하며 날뛴다면, 분명히 그 안에 하나님의 말씀에 불순종한 일이 있는 것입니다. 특히 그 책임은 지도자에게 있습니다. '내가 하나님 앞에 책망받을 것이 있구나' 하면서 그 욕을 감수해야 문제가 끝나지, "감히 날 뭘로 보고 이러는 거야?" 하면서 자기도 덤벼들면 상황은 2회전으로 넘어가게 되어 있습니다. 아내가 나를 존경하지 않을 때, 회사에서 돌아왔는데 왔느냐는 인사도 안 하고 물 달라고 해도 "당신이 떠 먹어" 할 때, '사실 나는 물그릇으로 맞아야 할 사람'이라는 것을 인정해야 문제가 해결됩니다. 갑자기 자식들이 말을 안 듣고 대들 때, 심지어는 집에서 키우는 바둑이마저 통제되지 않고 짖으면서 덤벼들 때, '하나님께서 이런 일들을 통해 나의 불순종을 지적하시는구나' 생각하면서 스스로를 낮추어야 해결이 됩니다. 물론 대든 사람이나 욕한 사람에게 책임이 없다는 말이 아닙니다. 그들도 자기 죄에 책임을 져야 합니다. 그래서 지도자가 끝까지 말씀에 헌신하지 않으면 피차가 불행합니다.

전부 상처를 받습니다.

오늘 우리가 평안할 수 있는 이유가 어디에 있습니까? 하나님께서 은혜로 우리를 지켜 주시며, 성령으로 우리의 감정과 생각을 붙들어 주시기 때문입니다. 그가 성령을 거두시면 이 세상은 0.1초만에 지옥으로 변할 수 있습니다. 교회도 금방 사탄의 소굴로 변할 수 있고, 저마다 질투와 원한으로 서로 상처를 주고 물어뜯게 될 수 있습니다.

악을 이용하시는 하나님

결국 하나님께서 리브가를 통하여 하신 일이 무엇입니까? 하나님 자신의 계획을 이루신 것입니다. 이삭이 고집스럽게 에서를 축복하려고 하는 것을 막으시고 결국 야곱을 축복하게 하셨습니다. 하나님께서는 리브가의 악을 이용하셔서 자신의 선한 뜻을 이루셨습니다.

우리에게 참으로 이해되지 않는 것은 하나님께서 이처럼 악도 사용하신다는 사실입니다. 이 세상에는 악한 자들이 있습니다. 그들은 자기 머리를 굴려서 여러 가지 악한 계획을 세우고 실천합니다. 그런데 일이 끝난 후에 보면 하나님의 뜻만 성취되어 있습니다. 그 이유가 무엇입니까? 하나님께서 이 모든 것을 창조하셨고 이 모든 것을 주장하고 계시기 때문입니다.

마니교의 특징은, 하나님과 악의 세력을 대등하게 놓고 이 두 세력이 갈등하며 싸우는 가운데 역사가 진행된다고 보는 것입니다. 즉 이 세상을 빛과 어두움의 파워 게임으로 보는 것입니다. 물론 그런 식으로 봄으로써 이해되는 부분도 많이 있을 것입니다. 그러나 하나님과 악은 결코 동일 선상에 놓고 볼 수 없습니다. 왜냐하면 하나님은 악을 이용하셔서 자신의 선한 뜻을 이루시는 분이기 때문입니다. 악한 자는 자기 나름대로 계획을 세우고 나서, 돈도 모으고 사람도 모아 가며 열심히 그 계획을 추진하여 자기 욕심을 채웁니다. 그러나 끝에 가서 보면 하나님의 뜻만 성취되어 있습니다.

하나님께서는 아담과 하와의 타락을 허용하셨습니다. 물론 하나님은 아담과 하와가 죄짓도록 충동질하거나 자극하시지 않았습니다. 아담과 하와는 자기들의 욕심과 교만 때문에 죄를 지은 것입니다. 그러나 나타난 결과는 무엇입니까? 하나님의 엄청난 구원 계획과 놀라운 성품이 드러나게 되었습니다. 만약 인간이 범죄하지 않았더라면 이 놀라운 구원 계획과 성품들은 태반이나 드러나지 않았을 것입니다. 물론 그렇다고 해서 범죄한 아담과 하와에게 상을 줄 수는 없습니다.

바로가 그렇게 악을 쓰면서 모세와 하나님을 대항했지만, 결국은 하나님의 능력만 나타났습니다. 바로가 그런 독종이 아니었더라면 열 가지 재앙이 나타날 수가 없었을 것입니다. 웬만한 사람 같았으면 두 번째 재앙이나 세 번째 재앙에서 항복했을 거예요. 그런데 바로가 그렇게 악하게 구니까 열 가지 재앙이 다 나타났을 뿐 아니라, 끝에 가서는 장렬하게 죽음을 맞이함으로써 하나님께 영광을 돌리게 된 것입니다. 이것은 바로 아니면 할 수 없는 일입니다. 평범한 죄인들은 흉내도 못 내요. 선택받은 독종만 할 수 있는 일입니다.

하나님께서는 가룟 유다가 예수님을 배신하도록 내버려두셨습니다. 그는 자기 욕심 때문에 은 삼십을 받고 예수님을 팔아 먹었습니다. 그러나 나타난 결과는 십자가 위에서 놀라운 구원이 이루어진 것이었습니다. 그렇다고 해서 예수님이 십자가에 달리는 데 큰 공헌을 했다고 유다에게 상을 줄 수는 없습니다. 이 모든 것이 말하는 것이 무엇입니까? 인간이 아무리 몸부림을 쳐도 하나님께서는 자기가 원하는 자들에게 축복을 주신다는 것입니다.

오늘 본문에 나타나는 악이 무엇입니까? 이삭이 에서를 좋아하는 것입니다. 리브가가 속임수로 이삭의 축복을 빼앗으려는 것입니다. 오늘 본문을 보면 대단한 혼란과 어지러움이 있습니다. 그러나 모든 것이 끝난 후에 확인되는 것은 하나님께서 원하신 자에게 제대로 축복이 돌아갔다는 것입니다. 그렇다고 해서 리브가를 축복해야 합니까? 아닙니다. 리브가는 자기 죄에 책임을 져야 합니다.

그렇다면 하나님은 악과 한편이십니까? 하나님은 악과 한편이 아닙니다. 하나님은 악을 반드시 심판하십니다. 그러나 악한 자의 욕심과 교만과 기질을 사용하셔서 자신의 선한 뜻을 이루어 나가는 것이 하나님의 경륜 속에 포함되어 있는 또 하나의 놀라운 사실입니다. 우리는 파리를 이용할 수 없습니다. 우리에게 파리는 전혀 쓸모없는 곤충입니다. 그러나 하나님이 사용하시니까 하나님의 공군이 되어 바로를 폭격했습니다. 또 이는 우리한테 정말 백해무익한 해충입니다. 그러나 하나님께서 돌격명령을 내리시니까 정확히 바로를 향해 돌격했습니다.

그런데 하나님의 집에서 이런 악한 방법 외에 하나님의 뜻을 이룰 길은 없었을까요? 분명히 있었습니다. 하나님의 말씀이 더 분명히 밝혀졌더라면, 더 명확히 해석되었더라면, 더 구체적으로 적용되었더라면 이런 갈등과 혼란과 미움 없이 모든 것이 아름답게 끝날 수 있었을 것입니다. 만약 이삭이 하나님의 말씀만 더 분명히 깨닫고 그 말씀을 붙들었더라면 이런 혼란은 일어나지 않았을 것입니다. 물론 이삭의 불순종 가운데서도 하나님의 뜻은 이루어졌습니다. 그러나 전부 다 상처를 입었습니다. 모두가 기쁨 가운데 축복을 누릴 수 있었는데, 그렇게 못하고 서로 미워하며 물고 뜯는 가운데 모두가 상처 받은 채로 하나님의 뜻만 이루어졌습니다.

이런 것을 볼 때 하나님의 말씀이 우리 가운데 밝혀지는 것이 얼마나 큰 축복이며 혼란과 미움과 갈등 없이 축복 받을 수 있는 길인가를 생각하지 않을 수 없습니다. 빛이 있는 곳에는 어두움이 파고 들어올 수가 없습니다. 사랑하는 여러분, 환한 말씀의 빛이 있는데 왜 또 시행착오를 거듭하려 합니까? 말씀이 없을 때와 똑같이 욕심대로 방황하면서 왜 또 뻔한 일을 반복하며 지내려 합니까? 말씀은 우리의 세월을 20년, 30년씩 단축시켜 줍니다. 주님 앞에 나아와서 듣는 이 말씀이 헛된 돈과 헛된 노력을 쓰지 않도록 지켜 주는데, 왜 아직도 자기 욕심대로 시행착오를 하려 듭니까? 왜 또 미신과 환멸 가운데 빠져서 어두움 속에서 헤매려 합니까? 환한 아침이 오는데 왜 또 방황하면서 어둡고 미련한 짓을 하려 합니까?

오늘 이 세상 사람들이 사는 모습을 보면 마치 자기가 이긴 것처럼 사냥감을 찾기 위해 뛰어다니는 에서 같습니다. 그러나 아무리 뛰어 봐야 하나님의 뜻은 이미 정해져 있습니다. 하나님이 원하는 사람에게 모든 축복이 돌아가게 되어 있습니다. 대세는 기울어져 있고, 하나님께서 복 주시기 원하는 자들은 이미 결정되어 있습니다.

오늘 본문을 통해 봅시다. 거룩한 이삭도 어느 한순간 마음을 놓자 이 세상의 가치관이 그의 마음속에 파고 들어옴으로써 얼마나 망령되고 어지러운 방법으로 축복을 사용하려고 했습니까? 금식하고 무릎 꿇고 축복해야 하는 엄숙한 순간이 마치 이방인들의 망년회 파티처럼 변해 버렸습니다. 우리는 이 모습을 보면서, 우리 안에 어떤 세상적인 가치관이 들어와 있는지 주의해 보고 깨끗함을 받아야 합니다. 나도 모르는 사이에 드라마에 빠져 있고, 나도 모르는 사이에 소설책에 빠져 있고, 나도 모르는 사이에 세상적인 교제와 취미에 빠져 있지 않습니까? 나 자신은 하나님의 뜻대로 살고 있다고 생각하지만, 내 안에 얼마나 세상적인 요소가 들어와 있으며 얼마나 더럽고 추한 방법으로 하나님의 축복을 남용하고 있는지 깨달아야 합니다. 거룩한 사람 이삭의 망령된 행동, 이것은 노망이 아닙니다. 정신을 차리고 하나님의 말씀에 주의하지 않았기 때문에 세상이 그의 마음속에 밀고 들어온 것입니다.

말씀에 순종하지 않으면 혼동이 옵니다. 교회에 혼동이 오고 집안이 무질서해집니다. 실컷 노력한 후에 정신을 차리고 보면 단 한 걸음도 나가지 못한 것을 보게 됩니다. 이렇게 한 번 방황하면 10년이 지나가 버립니다. 두 번 방황하면 20년이 지나가요. 그 다음에는 죽을 준비를 해야 합니다. 지금은 오래 살 것 같아도 인생이 굉장히 짧습니다. 두 번만 방황하고 나면 석양을 맞이해야 합니다.

사랑하는 여러분, 가정에 혼동이 있는 이유가 무엇입니까? 다른 사람 때문이 아닙니다. 나 때문입니다. 교회 안에 무질서와 혼동이 있고 서로 존중하지 않으며 피차 복종하지 않는 이유가 어디에 있습니까? 목회자가 말씀에 헌신하지 않기 때문입니다. 그럴 때는 욕을 얻어먹어야 합니다. 나귀한테 채여야 정신을 차립니다. 가정 안에 순종이 없고 혼동과 무질서가 생기는 것은 말씀을 맡은 자가 하나님의 말씀을 뻔히 알면서도 순종하지 않기 때문입니다. 그러니까 업신여김을 당하고 능멸을 당하고 심지어는 아이들이나 개한테까지 우습게 여겨지는 것입니다. 다시 말씀으로 돌아와야 합니다. 그렇지 않으면 고생만 실컷 하고 상처만 실컷 받고 결과는 아무것도 남지 않습니다.

하나님께서는 악 가운데서도 자신의 선한 뜻을 이루십니다. 그러므로 세상을 보면서 두려워하지 마십시오. 세상 사람들이 그렇게 뛰어다녀도 결국은 하나님이 복 주기 기뻐하시는 자에게 모든 축복이 돌아가게 되어 있습니다. 시행착오와 혼란을 겪고 나타나는 결과는 하나님의 말씀대로 모든 것이 이루어지는 것입니다.

사랑하는 성도 여러분, 하나님께서 분명히 말씀하셨는데도 불구하고, 그 말씀을 분명히 들었는데도 불구하고 이삭처럼 사냥한 고기 맛을 잊지 못해서 말씀에 불순종할 때 얼마나 많은 무리와 부작용이 일어나는지 기억하시기 바랍니다. 말씀을 붙드십시오. 이것만이 모든 것이 아름답게, 하나님의 뜻대로 이루어지는 길입니다.

7

야곱이 아버지 이삭을 속이다

어떤 일로든지 간에 자식이 부모를 속여야 한다는 것은 대단히 가슴 아픈 일이 아닐 수 없습니다. 자식이 부모를 속여야만 하는 경우, 둘 중 하나는 크게 잘못하고 있는 것이 분명합니다. 예를 들어 어떤 자매는 자기가 교회에 다닌다는 사실을 오랫동안 부모님께 감추었습니다. 자기가 기독교를 믿게 되었으며 교회에 나가게 되었다고 말씀드리면 다시는 교회에 나갈 수 없을 것 같았기 때문입니다. 아무리 생각해도 교회는 나가야 했습니다. 그래서 부모님께는 학교 도서관에 간다고 하면서 실제로는 교회에 가는 길을 택했습니다. 하지만 부모님을 속였다는 것 때문에 몸은 교회에 와 있어도 마음은 편치 않을 때가 많았습니다. 이것은 우리가 얼마든지 이해할 수 있는 일로서, 어떤 의미에서는 지혜로운 행동이라고도 말할 수 있습니다.

그런데 또 다른 경우가 있습니다. 어떤 여학생이 남자 친구와 여행을 가려고 합니다. 그러나 그런 여행을 부모님이 허락해 주실 리가 없습니다. 그래서 학교에서 여자 친구들과 함께 여행을 간다고 거짓말을 했습니다. 또 혹시라도 들통나면 안 되니까 친구들과 입을 맞추어서 집에 전화까지 하게 했습니다. 이것은 자기 욕심을 위해 부모님을 속이는 경우입니다.

오늘 본문에서 우리는 야곱이 아버지 이삭을 완전하게 속임으로써 축복을 가로채는 모습을 볼 수 있습니다. 물론 나쁜 의도로 속인 것은 아닙니다. 그럼에도 불구하고 우리가 본문에서 보듯이, 그는 자신의 연약함 때문에 어쩔 수 없이 엉겁결에 거짓말을 한 것이 아니었습니다. 여러 가지 소품을 준비하고 변장까지 해서 아주 적극적으로 속였습니다. 그럴 때 우리는 아무리 축복이 중요하다지만 앞 못 보는 아버지를 이런 식으로 완전히 속여 가면서까지 차지해야 하는가 하는 생각이 듭니다.

오늘 본문은 일단 이야기로서는 아주 재미가 있습니다. 아슬아슬한 스릴을 느낄 수 있는 말씀입니다. 그러나 이것을 신앙적으로 이해하고자 할 경우, 우리는 해석하기 어려운 많은 문제에 부딪치게 됩니다. 첫째로, 이삭은 분명히 야곱의 속임수에서 어떤 수상한 느낌을 받았습니다. 이것은 그가 곧바로 축복하지 않고 자기 앞에 있는 아들이 진짜 에서인지 몇 번씩이나 확인하는 과정에서 드러나고 있습니다. 그러나 그는 끝내 야곱의 속임수를 확인해 내지 못했습니다. 어떻게 이럴 수가 있습니까? 이삭은 선지자인데 선지자가 에서와 야곱도 구별하지 못할 수 있습니까? 아무리 앞을 보지 못한다고 하더라도 분명히 이상한 낌새를 느꼈으면서 왜 이 속임수를 밝혀내지 못했을까요?

또 다른 하나는 야곱이 믿음으로 하나님의 때를 기다렸다면 어떻게 되었을까 하는 점입니다. 자신은 아버지의 축복을 너무나 받고 싶은데 아버지는 억지로 형에게 축복을 주려고 하고 있습니다. 만약 이럴 때 야곱이 인간적인 방법을 쓰지 않고 하나님의 때를 기다렸다면 어떻게 되었겠습니까?

셋째로 우리가 생각하게 되는 것은, 성경이 야곱의 속임수에 대해 이렇게 자세히 설명하고 있는 이유가 무엇인가 하는 점입니다. 재미있으라고 이렇게 했겠습니까? 아니면 좋은 신앙이란 거짓말을 하고 사기를 쳐서라도 하나님의 축복을 받아내는 것임을 말하고 싶은 것일까요? 그것도 아니면 야곱의 이런 모습이 믿음에서 얼마나 멀리 떨어져 있는 것인지 보여 주고자 하는 것일까요?

오늘 설교를 통해 이 문제들을 해결해 나가는 가운데, 우리 마음속에 새로운 각오와 결단이 생기리라 믿습니다.

야곱이 이삭을 속이다

오늘 본문에서 우리는 야곱이 정말 대담하게 아버지를 속이는 모습을 볼 수 있습니다. 먼저 어머니 리브가가 에서의 사냥물 대신 염소 새끼 한 마리를 요리해서 야곱에게 줍니다. 그리고 에서의 옷을 꺼내 야곱에게 입히고, 털이 없이 매끈매끈한 피부를 가리기 위해 목과 손에 염소 털을 붙여 위장을 시킵니다. 27장 14절부터 17절까지 보십시오.

> 그가 가서 취하여 어미에게로 가져왔더니 그 어미가 그 아비의 즐기는 별미를 만들었더라 리브가가 집안 자기 처소에 있는 맏아들 에서의 좋은 의복을 취하여 작은아들 야곱에게 입히고 또 염소 새끼의 가죽으로 그 손과 목의 매끈매끈한 곳에 꾸미고 그 만든 별미와 떡을 자기 아들 야곱의 손에 주매

오늘 본문을 한 편의 드라마로 표현한다면 연출은 리브가, 주연은 야곱, 제목은 '눈 먼 아버지를 속이다'가 될 것입니다. 처음에 이 모든 일을 연출한 사람은 리브가였습니다. 그런데 이제부터는 놀랍게도 야곱이 주연의 역할을 감당하기 시작합니다. 연출자가 드라마를 만들기 위해 배역을 정하다 보면 '정말 저 친구가 이 역을 잘 소화해 낼 수 있을까' 걱정되던 배우가, 막상 뚜껑을 열었을 때

그런 걱정과는 딴판으로 거의 천부적인 재능을 발휘하는 경우가 있습니다.

리브가는 처음에 야곱이 과연 자기 의사대로 이 연기를 잘 해낼 수 있을지 걱정이 되었습니다. 그래서 야곱에게 믿음과 확신을 주려고 애를 씁니다. "너는 잘할 수 있을 거야. 네가 누구니? 이 엄마의 아들 아니니? 만일 아버지한테 들통나서 저주를 받게 된다면 내가 전부 뒤집어쓸 테니 너는 염려 말고 내가 시키는 대로만 해. 넌 잘할 수 있어." 그런데 막상 뚜껑을 열고 보니 엄마가 깜짝 놀랄 정도로 잘하는 것입니다. 야곱은 천부적인 기질을 발휘해서 완벽하게 아버지를 속이고 있습니다.

문제는 어디에 있습니까? 이삭이 이 사건에서 무언가 수상한 기미를 눈치챘음에도 불구하고 그것을 확인하지 못했다는 데 있습니다.

> 야곱이 아버지에게 나아가서 내 아버지여 하고 부른대 가로되 내가 여기 있노라 내 아들아, 네가 누구냐 야곱이 아비에게 대답하되 나는 아버지의 맏아들 에서로소이다 아버지께서 내게 명하신 대로 내가 하였사오니 청컨대 일어나 앉아서 내 사냥한 고기를 잡수시고 아버지의 마음껏 내게 축복하소서 이삭이 그 아들에게 이르되 내 아들아, 네가 어떻게 이같이 속히 잡았느냐 그가 가로되 아버지의 하나님 여호와께서 나로 순적히 만나게 하셨음이니이다(27:18-20).

야곱이 음식을 가지고 아버지 방에 들어왔을 때 이삭은 무언가 이상하다는 생각이 들었습니다. 우선 음성이 이상했습니다. 아무리 옷을 바꿔 입고 손에 염소 털을 붙였어도 음성만은 바꿀 수가 없었습니다. 그뿐 아니라 짐승 한 마리를 잡으려면 며칠씩 쫓아다녀야 하는데 이번에는 너무나 빨리 잡아 왔습니다. 무언가 이상합니다. 그래서 이삭은 "네가 누구냐?"고 물었습니다. 그러자 야곱은 자기가 에서라고 대답했고, 아무래도 이상한 생각이 든 이삭은 그를 가까이 오게 해서 한번 만져 봅니다.

> 이삭이 야곱에게 이르되 내 아들아, 가까이 오라 네가 과연 내 아들 에서인지 아닌지 내가 너를 만지려 하노라 야곱이 그 아비 이삭에게 가까이 가니 이삭이 만지며 가로되 음성은 야곱의 음성이나 손은 에서의 손이로다 하며 그 손이 에서의 손과 같이 털이 있으므로 능히 분별치 못하고 축복하였더라(27:21-23).

이삭은 무언가 이상하다는 생각 때문에 이 아들을 직접 만져 보았습니다. 그러나 이 정도는 리브가와 야곱이 이미 충분히 예측하고 대비한 바였습니다. 이삭이 아들을 만져 보니 분명히 털이 있었습니다. 그래서 이삭은 여기에서 아주 유명한 말을 남기게 됩니다. "음성은 야곱의 음성이나 손은 에서의 손이로다." 어떻게 음성은 야곱의 음성인데 손은 에서의 손이 될 수 있습니까? 이삭은 지금 큰 혼동을 일으키고 있습니다. 그는 자기 앞에 있는 이 아들이 야곱인지 에서인지 몇 번씩 확인해 보았습니다. 그런데도 그때마다 야곱이 워낙 대담하게 거짓말을 하니까 분별하지 못하고 축복을 해 버렸습니다.

이삭은 하나님의 선지자입니다. 선지자는 하나님의 영이 있는 사람으로서, 그 영이 모든 것을 말씀해 주시기 때문에 사람에게 속지 않습니다. 이것은 여러 선지자들의 예를 보면 알 수 있습니다. 사무엘은 사울이라는 청년이 자기를 찾아올 것을 알고 있었을 뿐 아니라 하나님께서 왕으로 기름 부으실 것도 알고 있었으며, 그 집에서 잃어버렸던 나귀가 이미 집으로 돌아갔다는 사실도 알고 있었습니다. 이렇게 사무엘이 보지 않아도 알 수 있었던 것은 하나님의 영이 그에게 말씀해 주셨기 때문입니다. 또 선지자 아히야는 여로보암의 아내가 변장하고 찾아왔을 때, 그 여자를 보지도 않은 채

"여로보암의 처여, 들어오라. 네가 어찌하여 다른 사람인 체하느뇨?"(왕상 14:6)라고 말합니다. 어떻게 보지도 않고 알 수 있습니까? 하나님의 영이 그 선지자 안에서 말씀해 주셨기 때문입니다.

물론 지금은 하나님께서 그리스도인들에게 직접 말씀하시지 않습니다. 오늘날 하나님께서는 우리가 스스로 그 말씀을 듣고 깨달아 분별력 있게 행동하게 하십니다. 이것은 구약 시대에 하나님의 영이 직접 말씀하셨던 것보다 더 나은 방법입니다. 일일이 물어 보지 않고서도 스스로 지각을 사용하여 하나님의 뜻을 훨씬 더 구체적이고 풍성하게 알아 갈 수 있기 때문입니다. 구약 시대에는 사람들이 하나님의 뜻을 아는 데 한계가 있었습니다. 그래서 선지자 안에 있는 하나님의 영이 어떤 구렁텅이가 있는지, 그 구렁텅이를 피하려면 어떻게 해야 하는지 직접 말씀해 주셨습니다. 이 세상에는 수많은 구렁텅이와 사망의 음침한 골짜기가 있습니다. 발을 한 번만 잘못 디뎌도 끝없는 낭떠러지로 떨어집니다. 그런데 하나님의 말씀이 우리의 걸음을 인도하며 하나님의 말씀이 우리로 하여금 생각하게 하시기 때문에 안전할 수 있는 것입니다.

그런데 이삭은 지금 바로 자기 눈앞에 있는 구렁텅이를 보지 못하고 있습니다. 그 이유가 무엇입니까? 하나님의 영이 이삭 안에서 말씀하시지 않았기 때문입니다. 사람이 어떻게 감히 하나님의 선지자를 속일 수 있겠습니까? 그러나 리브가와 야곱은 이삭을 속일 수 있다고 생각했습니다. 그들은 최근에 이삭의 삶에서 하나님의 말씀이 중단되었다는 것을 알고 있었기 때문입니다. 최근에 이삭의 입에서는 하나님의 말씀을 들을 수가 없었습니다. 그들이 보기에 이삭은 단지 눈먼 노인에 불과했습니다.

왜 이렇게 되었습니까? 하나님께서 이삭의 고집을 기뻐하지 않으셨기 때문입니다. 이삭은 하나님께서 분명히 큰 자가 작은 자를 섬기리라고 말씀하셨음에도 불구하고 고집스럽게 큰아들에게 축복을 주겠다고 우기고 있습니다. 그래서 하나님께서는 일시적으로 그에게서 성령의 감동을 거두어 가셨습니다. 이삭이 하나님의 말씀에 유의하고 늘 하나님의 뜻을 밝히 깨달아 사람들을 가르쳤더라면 식구들이 감히 이삭을 속일 생각을 하지 못했을 것입니다. 눈을 감는다고 안 보이는 것이 아닙니다. 어떤 때는 눈을 감았을 때 훨씬 더 잘 보입니다. 앞이 안 보인다고 해서 분별력까지 흐려지는 것은 아닙니다.

하나님의 백성들에게 가장 중요한 것은 성령께서 그 안에서 깨닫게 하시며 감정과 의지를 늘 새롭게 하시는 것입니다. 그러나 오늘날 사람들은 예수를 믿는다고 하면서도 이 감동을 중요하게 생각하지 않습니다. 이 감동이 없다고 당장 지옥 가는 것도 아니고, 이 감동이 없어도 먹고사는 데에는 지장이 없기 때문입니다. 그러나 성령의 감동이 없으면 혼동이 오기 시작하며 힘을 쓰지 못하게 됩니다. 부인들이 집안에서 날이면 날마다 일을 잘하는 것이 아닙니다. 부인들이 무엇인가를 하려면 감동이 있어야 합니다. 무언가 마음에 기쁨이 있어야 일을 하는 것입니다. 이 기쁨과 감동이 어디에서 옵니까? '내가 하는 일은 소중한 것이다. 누군가 이것을 알아주고 있다. 누군가 나를 사랑하고 있다'는 생각이 마음속에 감동을 불러일으키고 열심히 일하게 하는 것입니다. 이삭에게서 하나님의 감동이 떠났을 때 그는 앞을 보지 못하는 평범한 노인에 불과해졌고 아내와 아들의 발에 짓밟히는 처지가 되었습니다. 감동이 없는 그리스도인은 이방인들의 발에 밟히게 되어 있습니다. 감동이 없는 목회자는 교인들에게 밟히게 되어 있습니다.

오늘날 신약 시대에는 선지자가 따로 없습니다. 모든 그리스도인들 안에 하나님의 영이 계시기 때문입니다. 물론 설교자는 말씀을 통해 사람들의 마음속에 있는 깨달음에 자극을 주어서 그 깨달음이 더 분명해지고 풍성해지게 만드는 역할을 합니다. 그러나 그렇다고 해서 설교자만 선지자인 것은 아닙니다. 중요한 사실은 모든 그리스도인들에게 하나님의 영이 계시며 그 깨달음이 있다는 것입니다.

그리스도인들은 모든 일이 다 끝나고 나서야 결과를 아는 사람들이 아닙니다. 그리스도인들은 어떤 일을 시작할 때부터 이미 그 결과를 내다봅니다. 설교자는 설교가 다 끝나고 사람들이 다 흩어지고 난 후 누군가의 이야기를 들어 봐야만 설교의 결과를 아는 것이 아닙니다. 설교를 시작할 때 이미 '하나님이 이들을 긍휼히 여기시는구나. 하나님께서 이들을 축복하시는구나' 하는 것을 느낍니다. 또 그리스도인들은 기도를 시작할 때 이미 '내 기도가 응답되었구나. 이것은 끝난 문제구나. 이젠 눈물을 씻고 기쁨으로 돌아가야겠구나' 하는 것을 압니다. 설교를 수천 번 해도 하나님이 과연 축복하실 것인가 축복하지 않으실 것인가를 계속 의심하는 것은 미련한 짓입니다. 기도를 수천 번 해도 마음에 아무 깨달음 없이 끝장을 봐야 직성이 풀리는 사람은 미련한 사람입니다. 그 안에 성령의 감동이 없는 사람입니다.

물론 하나님의 백성도 실수할 수 있습니다. 그러나 한 번 했던 실수는 다시 반복하지 않습니다. 그런데 하나님의 백성이 몇 번씩이나 같은 문제에 빠진다면, 끝장이 나도 깨닫지 못한다면, 그것은 하나님께서 이미 그를 낮추시기로 결정하셨기 때문입니다. 그의 불순종을 기뻐하지 않으셔서 그를 비참하게 하기로 결정하셨기 때문입니다.

어떻게 하는 것이 하나님을 업신여기는 것입니까? 그분의 말씀을 존중하지 않는 것입니다. 큰 자가 작은 자를 섬기리라고 말씀하셨는데도 불구하고 고집스럽게 에서를 축복하려 들 때, 이삭은 하나님을 업신여기고 있는 것이며 능멸하고 있는 것입니다. 그러니까 하나님께서도 성령의 감동을 거두어 가셔서 아내와 자식에게서 짓밟히게 하셨습니다. 물론 이삭은 지금도 족장입니다. 그러나 실질적으로는 아내가 그를 존경하지 않고, 아들이 아버지를 속일 수 있다고 생각합니다.

오늘 우리는 성령의 감동을 중요하게 생각하지 않습니다. 성령의 감동이 없다고 해서 밥 먹고 사는 데 지장이 있는 것이 아니니까요. 그러나 성령의 감동이 없으면 분별력이 없어집니다. 혼동이 옵니다. 뭐가 뭔지 모릅니다. 망했는데도 망했는 줄 모릅니다. 무언가 문제가 있는 것 같긴 한데, 모든 것이 끝장날 때까지도 그 문제가 도대체 무엇인지 깨닫지 못합니다. 왜냐하면 하나님께서 그를 낮추시고 짓밟히게 하려고 작정하셨기 때문입니다. 그리스도인들에게 성령의 감동이 없으면 하나님을 모르는 사람들보다 훨씬 더 미련해지고 훨씬 더 강퍅해집니다. 그러면서도 자기 자신은 잘하고 있는 줄 압니다.

하나님의 백성 앞에 무언가 정직하지 못한 것이 나타나면 그 안에 계신 성령께서 먼저 긴장하십니다. 겉으로 보기에는 아무 문제 없이 평온한 것 같아요. 그런데 속에 계신 하나님의 성령이 굉장히 긴장하면서 적신호를 보내십니다. "무언가 이상해. 목소리는 야곱의 목소리인데 손은 에서의 손이라니." 또 나는 어떤 여자를 사랑한다고 생각해서 그 여자를 찾아가 "사랑합니다" 하고 말했는데, 내 안에 계신 성령이 굉장히 긴장하십니다. 마음이 불편해요. 그럴 때 어떻게 해야 합니까? 하나님께 여쭈어 보아야 합니다.

이삭이 하나님께 질문만 했어도 이렇게 비참하게 속지는 않았을 것입니다. "하나님, 지금 내 아들이라고 하면서 한 명이 들어왔습니다. 그런데 저는 눈이 어두워서 도저히 분별을 못하겠습니다. 음성은 야곱의 음성인데 손은 에서의 손이네요. 둘 중에 누구입니까? 하나님께서 분별해 주십시오." 이렇게만 하면 성령이 안에서 뛰기 시작하시며 감동하기 시작하십니다. 이 한마디 질문으로 상황이 뒤집혀 버립니다. 이삭이 이 질문만 했더라면 안에 계신 성령이 기뻐하시면서 "지금 네 앞에 있는 아들은 에서가 아니라 야곱이다. 그러나 잘못은 야곱에게 있는 것이 아니라 너에게 있으니, 너는 야곱을 저주해서는 안 된다. 오히려 그를 축복하라"고 분명히 말씀하셨을 것입니다.

그런데 사람들이 왜 질문하지 않습니까? 자기의 판단이 옳다고 확신하기 때문입니다. 자기 감정이 옳다고 생각하기 때문입니다. 그러니까 당하는 것입니다. 끝장을 봐도 정신을 못 차립니다. 하나님은 지금 이삭을 완전히 떠나신 것이 아닙니다. 만일 그가 이 혼란 가운데서 하나님께 "하나님, 누굽니까? 저는 모르겠습니다. 저의 길을 인도해 주십시오"라고 한 번만 질문했더라면 얼마나 존귀해졌겠습니까?

우리 신앙에 항상 문제가 되는 것은 큰 것이 아닙니다. 야곱이 이삭 앞에 섰을 때 음성이 조금 이상했을 뿐입니다. 그러나 이 이상한 음성 뒤에는 굉장한 음모와 모략이 있었습니다. 아버지의 말을 엿듣고 축복을 가로채기 위해서 요리를 하고 위장을 하는 굉장한 음모가 있었어요. 모든 문제가 다 드러난 후에는 이미 늦습니다. 아주 작지만 명쾌하지 않은 혼동이 있을 때, 바로 그 부분을 가지고 하나님께 나아가야 합니다. 무언가 굉장히 미묘한 부분이 분명치 않을 때, "오, 주여, 이것이 무엇입니까? 주님의 뜻이 어디에 있습니까? 왜 이렇게 명쾌하지 않습니까?" 하고 질문해야 합니다.

하나님은 빛이시며 어두움이 조금도 없으십니다. 그분은 회전하는 그림자도 없으십니다. 왜 이런 하나님께 질문하지 않습니까? 질문하지 않고 자기 생각으로 끝까지 밀어붙이니까 짓밟히는 것입니다.

아버지를 속이는 야곱의 태도

그러면 이렇게 속여서라도 아버지의 축복을 받으려고 하는 야곱의 태도는 옳은 것입니까? 그렇게 생각하는 사람들이 많지만, 사실은 그렇지 않습니다. 이삭이나 야곱은 분명히 하나님의 뜻을 알고 있었습니다. 하나님께서 큰 자가 작은 자를 섬기리라고 하셨기 때문에 하나님의 축복은 분명히 야곱에게 와야 합니다. 그런데 아버지는 지금 형을 축복하려고 하고 있습니다. 결국 아버지는 지금 하나님의 말씀을 거역하려고 하고 있는 것인데, 그렇다면 아버지를 속여도 좋습니까?

바로 이것이 문제입니다. 지금 야곱과 하나님 중간에 이삭이 있는데 이삭은 하나님의 말씀을 거역하고 있습니다. 그럴 때 이삭을 완전히 무시하고 하나님께로 직행해야 합니까? 아니면 아버지를 바꾸려고 노력해야 합니까? 그것도 아니면 하나님의 때를 기다려야 합니까?

이것은 문제의 중요성에 따라 차이가 있습니다. 만일 아버지가 이방 신앙을 강요하거나 살인할 것을 요구한다면 절대로 용납해서는 안 됩니다. 하나님 앞에서 범죄 행위를 요구한다면 그는 하나님의 영광을 나누어 가지고 있는 아버지가 아니라 범죄자이기 때문에, 그럴 때는 아버지의 뜻에 순종하면 안 됩니다. 그러나 그런 범죄를 요구하는 것이 아니라 아직 하나님의 뜻을 깨닫지 못하고 있고 자기 고집을 포기하지 못하고 있는 것이라면, 아버지를 이런 식으로 속이는 것은 죄가 됩니다.

예를 들어 이삭이 완전히 하나님을 떠나서 범죄하자고 한다면 그때는 반드시 불순종해야 합니다. 그때는 아버지를 가두어 놓아야 해요. 남편과 아내 사이에서도 마찬가지입니다. 남편이 아내에게 불법을 요구한다면, 그때 그는 남편이 아니라 범죄자입니다. 군대에서도 상관이 부하에게 불법을 요구할 경우 불복종할 의무와 권리와 책임이 있습니다. 그러나 지금 이삭은 범죄 행위를 하려는 것이 아닙니다. 단지 두 자식 중 어느 자식을 축복하느냐 하는 문제에서 아직 자기 고집을 포기하지 못하고 있을 뿐입니다. 따라서 이럴 때 아버지를 속이는 것은 정당화될 수가 없습니다.

만일 야곱이 하나님을 믿고 그냥 기다렸다면 어떻게 되었을까요? 에서가 축복을 받았을지도 모릅니다. 그러나 에서가 축복을 받았다고 해서, 그 축복에 따라야 할 절대적인 의무가 하나님께 있는 것은 아닙니다. 인간의 행위가 하나님의 뜻에 일치해야 하나님께 책임이 돌아가는 것이지, 자기 마음대로 한 행위까지 다 책임을 지시는 것이 아닙니다. 예를 들어 목사가 세례를 주었다고 해서 세례받은 모든 사람을 하나님이 꼭 구원하셔야 하는 것은 아닙니다. 목사는 분명한 신앙을 확인하고 세례를 주어야 하지만, 때로는 앞으로 그런 신앙이 생겨날 것을 기대하고 세례를 주는 경우도 있습니다. 그런데 그렇게 세례받은 사람이 말씀을 떠나 타락해 버릴 때, 하나님은 그 세례에 대해 책임을 지시지 않습니다. 그러나 참된 믿음으로 세례받은 사람이 나중에 연약해져서 넘어지려고 할 때에는 책임을 지시게 되어 있습니다.

만약 야곱이 하나님을 믿고 가만히 기다렸다면, 둘 중에 하나의 결과가 나타났을 것입니다. 에서가 사냥을 하다가 부상을 입든지 어떻게 되든지 간에 어쨌든 축복을 받지 못하도록 하나님께서 막으셨거나, 그가 축복을 받기는 하지만 결국 적임자가 아니라는 것이 드러나서 다시 야곱에게 축복하게 만들거나 하셨을 것입니다.

우리는 이런 경우를 사울 왕과 다윗의 관계에서 찾아볼 수 있습니다. 하나님께서는 사울에게 기름을 부어서 이스라엘의 왕으로 삼으셨습니다. 그러나 그는 적임자가 아니었습니다. 그는 다윗이 장차 왕으로 기름 부음 받았다는 것을 알고 그를 죽이기 위해 집요하게 추격했습니다. 결국 사울 왕은 기브아 산에서 전사했고, 다윗이 이스라엘의 왕이 되었습니다.

우리는 다윗의 태도와 야곱의 태도가 너무나도 다르다는 것을 알 수 있습니다. 다윗이 사울에 대해 일관되게 가졌던 태도가 무엇입니까? 그는 하나님의 기름 부음을 받은 사람이므로 자기가 감히 해칠 수 없다는 것입니다. 그래서 그는 사울을 죽일 기회가 여러 번 있었음에도 불구하고 직접 공격하지 않고 선대했습니다. 왜 그렇게 했습니까? 하나님을 믿었기 때문입니다.

그러나 야곱에게는 그런 믿음이 보이지 않습니다. 지금 야곱에게 보이는 것이 믿음 같지만, 사실 이것은 믿음이 아니라 에서에게 질 수 없다는 강한 기질이며, 한번 마음먹은 것은 무슨 일이 있어도 해내고야 말겠다는 집념입니다. 이런 기질은 외삼촌 집에 가서 아내를 구할 때에도 나타났습니다. 그는 라헬을 사랑했습니다. 그런데 혹시라도 삼촌이 라헬을 다른 사람에게 줄까 봐 그 집에서 죽치고 종 노릇 하면서 라헬을 붙들었습니다. 이것이 야곱의 기질이었습니다. 야곱은 하나님을 믿고 그분의 때를 기다리는 것이 아니라 한번 마음먹은 일은 반드시 해내고야 마는 강한 집착을 가진 사람이었습니다.

사실 오늘 본문이 야곱의 속임수를 이토록 자세하게 기록하고 있는 것은 그를 칭찬하기 위해서가 아닙니다. '야곱이 얼마나 집요하게 하나님의 축복을 받고야 말았는가, 우리도 이런 식으로 끈질기게 물고 늘어져서 복을 받고야 말자'가 아니에요. 오히려 그가 얼마나 믿음이 없었으며 믿음의 조상이 되기에 부적합한 인물인가를 보여 주려는 것이 이 말씀의 목적입니다.

우리가 야곱의 생애를 읽으면서 공감을 느끼는 것은 그가 우리와 비슷하기 때문입니다. 아브라함의 생애에 대해 설교를 들을 때에는 '나하고는 거리가 너무 멀다'는 생각이 듭니다. 이삭이 모리아 산에서 죽으려고 누워 있는 걸 보면 '나는 절대로 저럴 수 없다' 싶지요. 그런데 야곱을 보면 '아멘'이 절로 나옵니다. 나와 너무나 비슷하기 때문입니다. 나는 하나님의 말씀을 믿습니다. 그러나 상황은 말씀과 정반대로 흘러가고 있습니다. 하나님의 말씀으로는 나에게 복이 오게 되어 있는데 실제로는 형에게로 복이 가고 있어요. 그럴 때 위장을 하고 거짓말을 하고 속임수를 써서라도 하나님의 축복을 나에게로 돌려놓으려 드는 것이 야곱의 태도이며 우리의 태도입니다.

야곱이 보기에 하나님은 너무나도 늦게 일하시는 것 같습니다. 답답해 죽을 지경입니다. 도대체 이렇게 급한 상황에서 하나님은 뭘 하고 계시는 것입니까? 그래서 하나님의 영광을 위해 거짓말을 합니다. 하나님의 놀라운 뜻을 성취해 드리기 위해 사기를 칩니다. 그러나 여러분, 이것은 믿음이 아니라 기질입니다. 집요한 본성입니다. 이 기질과 본성은 이제부터 갈고 닦여서 없어져야 합니다. 눈에서 피눈물이 흐를 때까지, 이 못된 기질이 완전히 없어질 때까지 야곱은 시련을 받을 것입니다.

저는 야곱의 생애를 묵상할 때마다 '나는 야곱 그 자체구나' 하는 생각이 들 때가 많았습니다. 저는 하나님의 말씀을 들었고 믿었습니다. 그러나 구체적인 상황이 하나님의 말씀과 정반대 되는 쪽으로 흘러갈 때 너무나도 인간적인 생각과 인간적인 방법을 붙들려고 할 때가 많았습니다. 그런데 그나마 믿음으로 살 수 있었던 것은 제가 원했기 때문이 아니라 하나님께서 강권적인 손으로 붙들어 주셨기 때문입니다. 따라서 제 믿음은 사실 제 속에서 우러나온 믿음이 아니라 엎드려 절 받기 식의 믿음입니다. 하나님께서 억지로 믿음으로 살게 하셨으면서도 제게 무슨 믿음이 있는 것처럼 상을 주신 것입니다.

야곱의 이 완벽한 속임수와 환상적인 연극은 앞으로 수없는 환난을 통해 갈고 닦여서 없어져야 할 부분입니다. 자기 자신을 철저하게 혐오해 보지 않은 사람은 절대로 믿음대로 살지 못합니다. 자기 안에 있는 거짓말하는 기질, 진실하지 못한 기질을 철저하게 혐오해 보지 못한 사람은 진실해질 수가 없습니다. 자기 안에 있는 음란한 요소에 철저하게 질려 보지 않은 사람, '나야말로 정말 썩어 문드러진 죄인이구나' 하는 것을 철저하게 깨닫지 못한 사람은 거룩한 삶을 시작조차 할 수 없습니다.

이삭의 잘못된 축복

오늘 본문에서 이삭이 축복하는 모습을 볼 때 무언가 이상하다는 느낌이 들지 않습니까? 축복하는 과정이 무언가 복잡합니다. 만약 여기에서 이상한 느낌을 받지 못했다면 아직 핵심을 잘 파악하지 못한 것입니다.

이삭은 아들을 축복하기 위해 먼저 음식을 먹고 포도주를 마십니다. 그는 대단히 기분이 좋습니다. 그러나 아직 축복을 할 만한 기분은 아닙니다. 그래서 아들을 가까이 오게 해서 자신에게 입맞추게 했더니 조금 축복할 마음이 생겼습니다. 그 다음으로 그는 아들의 옷 냄새를 맡습니다. 그러자 감동이 일어나면서 비로소 아들을 축복하기 시작합니다. 26절과 27절을 보십시오.

> 그 아비 이삭이 그에게 이르되 내 아들아, 가까이 와서 내게 입맞추라 그가 가까이 가서 그에게 입맞추니 아비가 그 옷의 향취를 맡고 그에게 축복하여 가로되 내 아들의 향취는 여호와의 복 주신 밭의 향취로다

축복은 그냥 대화와는 다른 것입니다. 대화는 그냥 평범한 마음으로 주고받는 것이지만, 축복 안에는 반드시 기쁨과 감사가 있어야 합니다. 이것은 저주 안에 분노와 미움이 있는 것과 똑같습니다. 축복이나 저주는 마침표로 끝나지 않습니다. 전부 느낌표로 끝나게 되어 있습니다. 즉 축복이나 저주의 말 속에는 감정적인 흥분이 들어 있다는 말입니다. 감정적인 흥분이 없으면 축복도 나오지 않고 저주도 나오지 않습니다. 화가 나지 않았는데 다른 사람을 저주할 수 없습니다. 미움이 없는데 다른 사람한테 욕이 나올 수가 없어요. 축복의 말도 마찬가지입니다. 자다가 일어나서 멍한 상태에서는 제대로 된 축복이 나올 수 없습니다. 그냥 횡설수설하는 것

이지요. 진짜 축복을 하려면 마음이 흥분되어야 합니다. 감사의 조건들이 생각나면서 영혼이 흥분되고 마음속에 기쁨이 가득 차야 축복의 말이 나오는 것입니다.

그런데 오늘 야곱을 축복하는 이삭에게 나타나는 모습은 어떤 것입니까? 그는 축복을 짜내고 있습니다. 감사의 마음을 불러일으키려고 안간힘을 쓰고 있습니다. 마음속에 감동을 일으켜서 축복의 말을 하려고 몸부림을 치고 있습니다. 처음에 야곱이 가져다 주는 음식을 먹었는데 감동이 생기지 않았습니다. 포도주를 마셨는데도 감동이 안 생겼습니다. 그래서 아들에게 입맞추어 달라고 했습니다. 그래도 감동이 안 올라오니까 옷에 얼굴을 파묻고 냄새를 맡았습니다. 그랬더니 그제서야 감정이 올라오기 시작했습니다. 에서의 옷에서 나는 냄새라고 해 봐야 땀 냄새였을 것입니다. 에서가 향수를 뿌리고 다닐 리가 없지요. 이삭이 에서의 옷에서 맡은 냄새는 매캐한 땀 냄새입니다. 그러나 그 땀 냄새를 맡는 순간 '내 아들이 나에게 사냥 요리를 가져다주기 위해서 이렇게 많은 땀을 흘렸구나. 고맙다, 아들아!' 하는 생각에 눈물이 핑 돌면서 축복하고 싶은 생각이 올라오기 시작합니다. 무슨 뜻입니까? 이삭은 지금 억지로 감동을 짜내려고 몸부림을 치고 있는 것입니다. 왜 이렇게 합니까? 그의 마음속에 하나님의 감동이 사라졌기 때문입니다.

우리가 하나님께 찬송을 드리는 것은 하나님을 축복하는 것입니다. 그러나 아무 감동 없이 노래만 부르는 것이지 진심으로 하나님의 은혜에 감사해서 그분을 높여 드리는 축복이 되지 못하는 경우가 많습니다. 그때 우리는 찬송을 부르면서도 '이것은 축복이 아니야. 그냥 노래만 부르는 거야'라는 것을 느낍니다. 왜 그렇습니까? 마음속에 감동이 없기 때문입니다. 반면에 찬송의 내용을 가만히 생각해 보면 정말 그 가사의 내용이 나의 심정과 같다는 생각이 들 때가 있습니다. '하나님은 정말 살아 계시구나. 그분이 이 놀라운 구원을 이루셨고 지금도 나를 축복하고 계시는구나' 하는 생각과 함께 마음이 흐뭇해지기 시작하면서 그분을 높여 드리고 싶어집니다. 그러면 진심으로 하나님을 축복하는 노래를 부르게 되지요. 이것이 하나님을 송축하는 것입니다.

설교도 마찬가지입니다. 설교는 양면성을 가지고 있습니다. 한편으로는 말씀을 가지고 하나님을 높여 드리고, 다른 한편으로는 성도들에게 은혜를 끼칩니다. 그래서 설교에는 두 배의 감동이 필요합니다. 설교자는 설교하기 전에 하나님의 신이 감동하시지 않을까 봐 굉장히 긴장합니다. 그래서 아주 사소한 일에도 민감해집니다. 사람이 들락거린다든지 된장찌개 냄새가 난다든지 에어컨이 꺼진다든지 누군가 코를 자주 푼다든지 하는 모든 것이 신경에 거슬립니다. 혹시 성령이 감동하지 않으시면 어떻게 하나 하는 두려움 때문에 신경이 아주 예민해져 있기 때문입니다. 겉으로는 근엄하게 앉아 있는 것 같지만 속은 그렇지 않습니다.

그럴 때 설교자에게 필요한 것은 좋은 음식이 아닙니다. 향수를 뿌린 손수건이 아닙니다. 이삭처럼 향수 냄새를 맡고 감동해서 설교한다면 그야말로 재앙이지요. 설교하기 전에 맛있는 음식을 배터지게 먹고 누군가 향수를 쏟아부은 손수건으로 입을 닦은 후에 감동을 받고 설교한다면 그것은 설교가 아니라 횡설수설입니다.

그렇다면 설교자의 영은 무엇으로 감동합니까? 설교를 듣는 교인들의 준비된 마음으로 감동합니다. '아, 이들의 마음이 정말 준비되었구나. 정말 말씀 듣기를 갈망하고 있구나' 하는 생각이 들 때, 그리고 그들이 부르는 찬양 속에 하나님을 향한 감사와 기쁨이 나타날 때, 대표기도하는 사람이 아주 정직하고 겸손하게 하나님의 은혜를 간구할 때, 하나님의 영이 설교자 안에서 흥분하기 시작합니다. 특히 그 날 준비한 말씀이 정말 지금 앉아 있는 이들에게 주시는 새로운 말씀이며 하나님께서 오늘 이 말씀을 통해 이들을 축복하려 하신다는 뜨거운 확신이 들 때, 그의 영혼은 감동되기 시작합니다. 그래서 축복의 말씀이 나오는 것입니다. 교인들은 그냥 앉아서 설교를 듣는 게 아닙니다. 설교자를 돕고 있는 것입니다. 좋은 음식이나 향수로 돕는 것이 아니라, 하나님께서 사람을 통해 말씀하시도록 겸손한 자세를 가짐으로써 설교자의 영을 흥분시키는 것입니다.

지금 이삭은 아들에게 많은 요구를 하고 있습니다. 음식을 가져오라, 포도주를 달라, 키스를 해 달라, 냄새 한번 맡아 보자, 이렇게 요구가 많아진 이유가 무엇입니까? 하나님의 감동이 그를 떠났기 때문입니다. 감동이 안 되는데 억지로 감동하려고 하니까 별별 수단을 다 쓸 수밖에 없는 것이고, 인간적인 방법으로 자기를 흥분시키려고 안타까울 정도로 애를 쓸 수밖에 없는 것입니다. 하나님의 성령이 충만하셨다면 아들이 들어오는 소리만 들어도 그의 영혼이 흥분했을 것입니다. 세례 요한의 어머니 엘리사벳의 경우, 마리아가 들어오는 조그마한 문소리에도 흥분이 되어서 찬양과 축복이 터져 나왔습니다. 태중에 있는 아기까지 뛰었어요. 그런데 지금 이삭은 아무리 해도 감동이 안 되어서 아주 몸부림을 치고 있습니다. 설교 준비가 전혀 안 된 상태에서 감동적인 설교를 하려고 애를 쓰는 것과 똑같습니다.

그래서 이삭이 야곱을 축복한 내용을 보면 표현은 아름답지만 핵심을 전혀 찌르지 못하고 있습니다. 하나님의 말씀은 이렇지 않습니다. 하나님의 말씀은 좌우에 날 선 검이에요. 머뭇거리지 않습니다. 가슴 한복판을 바로 파고 들어갑니다. 지금 야곱은 헛된 노력을 하고 있는 것입니다. 영감이 전혀 없는 축복을 받기 위해 형의 옷을 입고 손에 염소 털까지 붙여 가면서 헛된 수고를 하고 있는 것입니다.

하나님의 축복에는 반드시 두 가지 내용이 들어갑니다. 하나는 많은 자손이고, 하나는 가나안 땅입니다. 이 두 가지가 빠지면 하나님의 축복이 아닙니다. 이 두 가지는 하나님의 나라를 가리키는 구약식 표현입니다. 다시 말하면 '하나님의 나라가 너를 통하여 이루어질 것이며 너는 그 나라를 이루는 데 중요한 역할을 하리라'는 것입니다. 이것은 조상이 줄 수 있는 최고의 축복입니다. 어떤 목회자가 다음 목회자를 축복할 때 "하나님의 나라가 너를 통해 이루어질 것이며 너는 그 일에 중요한 역할을 할 것이다"라고 했다면 그 이상의 축복이 없습니다. 다시 말하면 그에게 하나님의 말씀이 임하며 성령의 감동이 떠나지 않으리라는 것이야말로 최고의 축복인 것입니다. 다른 엉뚱한 소리는 할 필요가 없습니다. 다른 축복은 저절로 따라오는 것입니다. 하나님의 성령이 임하면 이슬은 따라서 내리게 되어 있어요. 하나님의 말씀만 있으면 포도는 저절로 걷히게 되어 있습니다.

하나님 나라 주인공의 특징이 무엇입니까? 그에게 하나님의 말씀이 있고 성령의 감동과 역사가 있다는 것입니다. 그러면 이 세상의 모든 이목은 그 사람에게 집중되게 되어 있습니다. 소아시아를 보십시오. 누가 그런 곳에 관심을 두겠습니까? 그러나 그곳에 말씀의 역사가 있고 성령의 역사가 있었을 때 요한은 계시록을 거기에서 썼고, 그곳은 세계에서 가장 주목받는 곳이 되었습니다. 그러나 말씀과 성령의 역사가 떠나고 말씀의 촛대가 옮겨진 지금, 누가 그 회교 국가들을 찾아가고 있습니까? 터키에 서머나나 에베소, 사데 같은 교회가 있었다고 누가 생각이나 하겠습니까? 단지 옛 교회의 흔적을 찾아서 오는 관광객들만 있을 뿐입니다.

말씀이 있고 성령의 감동이 있는 곳이 역사의 중심지입니다. 지난번에 농촌에 갔을 때 저는 이렇게 설교했습니다. "여러분, 젊은이들이 농촌을 떠났다고 해서 실망하거나 낙심하지 마십시오. 만일 여러분 가운데 진정한 말씀의 역사가 있고 성령의 감동이 있으면 젊은이들이 다시 농촌으로 돌아올 것입니다. 이곳이 바로 역사의 무대가 될 것입니다." 그러자 노인분들이 울면서 "아멘!" 했습니다. 여기저기 쫓아다닐 필요가 없습니다. 말씀과 성령의 역사가 있는 바로 그곳이 역사의 중심지입니다.

이런 축복이 제대로 된 축복입니다. 이 축복을 요즘 말로 표현하면 "너에게서 하나님의 풍성한 예언의 말씀이 그치지 아니하며 성령의 역사가 중단되지 않기를 축원한다"가 됩니다. 이 소리 저 소리 할 필요가 없습니다. "들어가도 복을 받고 나가도 복을 받고 압력밥솥도 복을 받고 냄비도 복을 받고……." 이런 소리 할 필요가 없어요. 그런데 이삭은 지금 무엇이라고 축복하고 있습니까?

> 하나님은 하늘의 이슬과 땅의 기름짐이며 풍성한 곡식과 포도주로 네게 주시기를 원하노라 만민이 너를 섬기고 열국이 네게 굴복하리니 네가 형제들의 주가 되고 네 어미의 아들들이 네게 굴복하며 네게 저주하는 자는 저주를 받고 네게 축복하는 자는 복을 받기를 원하노라 (27:28, 29).

앞뒤가 완전히 다릅니다. 그가 진정으로 축복하려고 했던 내용은 앞에 나오는 것들입니다. 그런데 뒤로 가면서 자기도 모를 소리를 하고 있습니다. 이삭이 처음에 아들에게 주려고 한 것은 하늘의 이슬과 땅의 기름짐과 풍성한 곡식과 포도주였습니다. 왜 그는 이렇게 먹는 것이나 마시는 것으로 자식들을 축복하고 있습니까? 지금 이삭의 배 속에 들어간 것들이 이런 것들이기 때문입니다. 축복이 별게 아니에요. 자기 배 속에 들어간 것이 나오는 것입니다. 하나님의 은혜가 들어가면 은혜가 나오게 되어 있고, 포도주가 들어가면 포도주가 나오게 되어 있고, 욕이 들어가면 욕이 나오게 되어 있고, 텔레비전을 많이 보면 설교에서 드라마 이야기가 나오게 되어 있습니다. 지금 야곱의 배 속에 들어간 것이 무엇입니까? 포도주와 요리입니다. 그러니까 그것이 나오는 겁니다.

그러나 뒤에 나오는 축복은 정말 하나님의 축복입니다. 이때부터 하나님께서 이삭의 입을 주장하셔서 비록 잘못된 의도로 시작한 축복이기는 했지만, 강권적으로 악을 선으로 바꾸어 진짜 중요한 축복을 하게 하셨습니다. 그래서 처음에는 억지로 감동해서 축복했던 이삭이 나중에는 진짜 성령의 감동으로 자기도 알지 못하는 예언을 쏟아놓게 된 것입니다.

오늘 말씀이 우리들에게 깨우치는 일관된 교훈이 무엇입니까? 하나님의 감동이 우리를 떠나면 혼동이 온다는 것입니다. 눈뜬 장님처럼 다른 사람에게 속게 되고, 다른 사람의 발에 밟히게 된다는 것입니다. 그리스도인들은 끝장을 봐야만 그만두는 사람들이 아닙니다. 시작만 보아도 끝을 아는 사람들입니다. 그러나 하나님의 감동이 떠나면 끝장을 볼 때까지 깨닫지 못하고 엄청난 시행착오를 거듭할 것이며, 마침내 하나님의 은혜가 자기를 떠났다는 것을 깨달았을 때에는 감당할 수 없는 두려움과 공허함을 맛보게 될 것입니다.

또한 하나님의 말씀을 듣고 아는 것과 실제로 어려움 가운데서 하나님의 말씀을 믿는 것은 완전히 다른 것입니다. 야곱처럼 하나님의 말씀을 알기는 하지만 실제 상황에서 그 말씀을 주장하지 못하고 인간적인 방법과 속임수를 통해서 성취하려고 하면, 그때부터 연단이 시작됩니다.

사랑하는 성도 여러분, 하나님의 영이 언제나 우리 안에서 충만하여 늘 진심으로 하나님의 은혜를 송축하도록 합시다. 메마른 심령으로 물건을 사고 팔면서 다른 사람과 싸우는 심정으로 찬송하지 말고, 정말 내 영혼이 흥분되어서 하나님을 찬양하도록 합시다. 억지로 감동을 짜내서 은혜를 끼치려 들면 입에서 세상적인 이야기만 나올 수밖에 없습니다.

야곱처럼 의미 없는 축복을 받기 위하여 온갖 속임수와 노력을 다하지 맙시다. 그것은 참으로 허탈한 짓에 불과한 것입니다. 우리 자신을 다시 한 번 하나님 앞에 낮추어 하나님께서 우리의 영혼을 흥분시키시도록, 말씀과 성령의 역사가 우리 삶에 충분히 나타나서 우리의 삶이 역사의 주무대가 되며 하나님의 나라를 온전히 성취하는 수단이 되도록, 우리의 마음을 열어 이 축복을 받아들입시다.

8

거절당한 에서

입시철만 되면 나라 전체가 진동을 하는 것 같습니다. 대학입학시험은 어느 정도 자격이 되기만 하면 누구나 다 치를 수 있는 것입니다. 그러나 정작 합격자 발표가 난 후에 대학에 입학할 수 있는 사람은 그렇게 많지 못합니다. 대학시험에서 떨어진 학생들의 가슴을 아프게 하는 것은 한 해를 기다려서 다시 시험을 쳐야 한다는 사실 그 자체보다, 이 세상에 태어나서 처음으로 다른 사람으로부터 거절당했다는 느낌일 것입니다. 지금까지는 자기가 하고 싶으면 하고 하기 싫으면 그만이었습니다. 모든 것을 내가 결정했습니다. 그러나 이제는 다른 사람이 나의 문제를 결정하기 시작합니다. 특히 내가 원하는 학과에 들어가기 위해 1년 내내 모든 것을 포기하고 오직 입시 하나에만 매달렸는데 결국 거절당했을 때, 그 마음이 얼마나 허망하고 고통스러운지 모릅니다.

이러한 거절은 하나님 앞에서도 일어나고 있습니다. 우리가 예배드리러 올 때 우리의 앞길을 막고서 "당신은 예배드릴 수 없습니다"라고 막는 사람은 아무도 없습니다. 누구든지 다 와서 예배드릴 수 있습니다. 그러나 교회에 와서 예배드린다고 해서 그 예배가 하나님 앞에서도 그대로 받아들여지는 것은 아닙니다. 자기 나름대로 이 정도 봉사하고 이 정도 예배를 드렸으면 충분히 하나님 앞에서 인정받을 수 있을 것이라고 생각했는데, 막상 심판대 앞에 섰을 때 "너는 아니야" 하면서 거절하신다면, 그때의 허망함이란 말로 다 표현할 수가 없을 것입니다. 나보다 신앙이 훨씬 못한 사람이나 나보다 봉사를 훨씬 안 한 사람도 하나님 앞에서 믿음을 인정받고 영생을 얻는데, 그보다 훨씬 더 뛰어나다고 생각해 온 내가 하나님 앞에서 거절당한다면 얼마나 놀라고 분이 나겠습니까?

오늘 말씀에는 에서가 하나님의 축복으로부터 거절당하는 모습이 나오고 있습니다. 그가 이렇게 거절당한 것은 단순히 동생 야곱이 사기를 쳐서 축복을 빼앗았기 때문이 아닙니다. 우리 앞에는 언제든지 하나님의 축복이 열려 있습니다. 그러나 누구나 그 축복을 받을 수 있는 것은 아닙니다. 오늘 본문은 축복을 받으리라고 생각했던 수많은 사람들이 하나님의 심판대 앞에서 거부당하여 에서처럼 울며 이를 갈면서 돌아가게 될 것을 보여 주고 있습니다.

이것은 에서뿐 아니라 유대인들에게도 성취된 말씀입니다. 유대인들은 자신들이 당연히 하나님의 나라에 들어갈 수 있으며 아브라함의 품에 안길 수 있다고 믿었습니다. 그러나 예수님은 그들이 거절당할 것이고, 오히려 수많은 이방인들이 그 나라를 차지하는 것을 보면서 슬피 울며 이를 갈리라고 말씀하셨습니다. 오늘 우리들도 마찬가지입니다. 교회 안에서 신앙이 좋다고 생각하던 수많은 사람들이 하나님의 심판대 앞에서 거절당한 채 지옥에 빠질 것입니다. 그리고 자기보다 훨씬 신앙이 못하다고 생각했던 사람들이 하나님께 영접받고 영생을 얻는 것을 보면서, 오늘 에서처럼 울면서 몸부림치며 고통받을 것입니다.

이삭에게 임한 두려움

이삭은 지금까지 모든 일이 잘 진행되는 줄 알고 기분좋아했습니다. 그런데 어느 한순간, 그의 마음속에 엄청난 두려움이 엄습해 오기 시작했습니다. 자기는 분명히 에서를 축복하고 돌려보냈는데 또 다른 에서가 아버지의 축복을 받겠다고 들어온 것입니다. 이삭은 분명히 몇 번씩 확인을 했습니다. 손도 만져 보았고 옷 냄새도 맡아 보았고 누구냐고 물어도 보았습니다. 그리고 나서 축복을 했는데, 또 다른 에서가 들어와서 음식을 먹고 축복해 달라는 것입니다.

아마도 야곱이 복을 받고 나간 시간과 에서가 사냥물을 잡아 가지고 돌아온 시간이 거의 일치했던 것 같습니다. 27장 30절을 보십시오.

> 이삭이 야곱에게 축복하기를 마치매 야곱이 그 아비 이삭 앞에서 나가자 곧 그 형 에서가 사냥하여 돌아온지라

에서가 집에 돌아온 시간은 야곱이 복을 가로채고 나간 지 오랜 시간이 지난 후가 아니었습니다. 야곱이 복을 받고 나가자마자 돌아왔습니다. 이것을 보면 에서가 아버지의 축복을 받기 위해 얼마나 최선을 다했는지 알 수 있습니다. 그는 지금까지 사냥하던 것과는 달리 사력을 다하여 사냥을 했고 그 잡은 것을 가지고 급히 집으로 돌아왔습니다. 어쩌면 뛰어왔을지도 모르겠습니다. 그가 조금만 더 빨리 왔더라면 자기 옷을 입고 아버지 방에 있는 야곱을 볼 수도 있었을 것입니다. 그러나 아주 짧은 한순간의 차이로 그의 모든 축복은 날아가 버리고 말았습니다.

또 다른 에서가 복을 받겠다고 들어왔을 때 이삭이 그토록 심하게 떨면서 놀란 이유는 어디에 있습니까?

이삭이 심히 크게 떨며 가로되 그런즉 사냥한 고기를 내게 가져온 자가 누구냐 너 오기 전에 내가 다 먹고 그를 위하여 축복하였은즉 그가 정녕 복을 받을 것이니라(27:33).

이삭은 그냥 보통으로 놀란 것이 아닙니다. "심히 크게 떨며"라는 것은 모든 정신이나 감정이 무너져 내릴 정도로 크게 놀라는 것을 가리킵니다. 그런 것을 '공황'이라고 합니다. 이삭은 너무 놀라서 감정과 의지가 완전히 무너져 내렸습니다.

그는 왜 이렇게 놀란 것입니까? 단지 야곱에게 속았기 때문이 아닙니다. 아들이 너무나 교묘하게 속이는 바람에 깜빡 속아넘어가 축복했다는 것 때문에 이렇게 놀라는 것이 아니에요. 아들을 축복하는 것은 이삭의 마지막 중요한 사명이었고, 하나님 앞에서 그가 할 수 있는 최고의 일이었습니다. 그런데 바로 이 일에 속임수가 끼어들었고, 하나님 앞에서 아들이 자기를 버젓이 속일 수 있었으며, 그런데도 하나님께서 아무 말씀도 하지 않으신 것입니다. 이삭은 지금까지 하나님께서 자기와 함께하시는 줄 알았습니다. 그런데 정신을 차리고 보니 그렇지가 않았습니다. 그는 하나님께서 자기를 버리고 떠나셨다는 것을 깨달았습니다. 그러자 엄청난 두려움이 몰려오기 시작했습니다.

예를 들어 봅시다. 어떤 여자가 처음으로 자전거 타는 것을 배우고 있습니다. 뒤에서 친구가 "꽉 잡아 줄 테니 걱정하지 말고 가" 해서 열심히 페달을 밟다가 뒤를 돌아보니 친구가 없습니다. 자전거는 내리막길로 내려가고 있는데 뒤에서 잡고 있을 줄 알았던 친구가 없는 것입니다. 그럴 때 심정이 "심히 크게 떨며"입니다. 또 아빠가 옆에 있는 줄 알고 버스에서 잠이 든 아이가 잠을 깨 보니 아빠가 없습니다. 밖은 깜깜하고 여기가 어디인지 알 수가 없습니다. 그럴 때 아이들은 "심히 크게 떨며" 두려워합니다.

이삭은 지금까지 하나님이 자신과 함께하신다고 생각했습

니다. 모든 일이 하나님의 뜻대로 잘되고 있다고 생각했어요. 그런데 갑자기 하나님이 자신과 함께하시지 않으며 자신을 버리고 떠나셨다는 깨달음이 오면서, 엄청난 두려움이 마음을 엄습해 왔습니다. 신앙이 있는 사람들은 모든 것을 신앙적으로 해결하려고 합니다. 그리고 자기 나름대로는 하나님의 축복으로 일이 잘되고 있다고 생각합니다. 그래서 누가 "요즘 어떻게 지내십니까?" 하고 물어보면, "주님의 축복으로 잘 지내고 있습니다"라고 대답합니다. 그런데 어느 한순간 이것이 주님의 축복이 아니라는 것, 지금 자기는 브레이크가 고장난 차를 타고 있다는 것을 알게 된다면, 그 순간 얼마나 큰 두려움이 찾아오겠습니까?

그리스도인들이 이 세상에서 두려움을 느끼는 경우가 여러 가지 있습니다. 그중에 하나는 자신의 힘으로 도저히 감당할 수 없는 어려움에 부딪쳤을 때입니다. 예를 들어 아브라함이 아내 사라를 바로에게 빼앗겼던 경우가 여기에 해당합니다. 자신이 가지고 있는 믿음이 이 세상의 악한 자들과 힘을 가진 권력자들 앞에서 철저하게 무력해 보일 때, 그리스도인들은 두려워하고 절망하지 않을 수 없습니다. 그럴 때 우리가 할 수 있는 일은 기도밖에 없습니다. 특히 금식기도는 굉장한 힘을 발휘합니다. 악의 세력이 너무나도 강해서 나의 작은 믿음으로 도저히 감당할 수 없을 때, 우리는 금식하면서 주님의 이름을 부릅니다. 그러면 주님께서 반드시 함께해 주십니다.

그런데 이보다 더 두려운 경우가 바로 이삭의 경우입니다. 이제 모든 영적 싸움은 끝났다고 생각했습니다. 모든 일이 하나님의 뜻대로 다 잘 진행되고 있다고 믿었습니다. 그런데 실제로는 하나님이 함께하시지 않으며 자기를 떠나셨다는 것을 알게 될 때, 엄청난 두려움이 몰려오게 되어 있습니다. 이삭은 분명히 에서를 축복했는데 또 에서가 들어왔습니다. 이것이 어떻게 된 일입니까? 무엇이 잘못되어도 아주 크게 잘못된 것입니다. 하나님께서는 분명히 보고 계셨고 알고 계셨습니다. 그런데도 한마디도 하지 않으셨다는 것은 무엇을 의미합니까? 한번 당해 보라는 것입니다. 한번 짓밟혀 보라는 것입니다. 이삭은 그것을 알았습니다. '하나님께서 나를 짓밟고 계시는구나. 하나님께서 나를 버리셨구나. 그래서 내가 이토록 조롱당하고 있는 것을 알고 계시면서도 아무 말씀 하지 않으셨구나' 하는 것을 알았습니다. 그 순간 이삭에게는 굉장한 두려움이 몰려왔습니다. 아주 넓은 광야에 혼자 버림받은 것 같았습니다.

그러나 이삭은 역시 이삭입니다. 다른 사람들 같았으면 즉시 야곱을 불러서 야단을 치면서 그에게 주었던 축복을 취소하고 에서를 축복하려 들었을지도 모릅니다. 또 야곱이 호락호락 잡히지 않고 어딘가 숨어 있다면 그를 저주하면서 모든 책임을 뒤집어씌우려 들었을지도 모릅니다. 그러나 이삭은 그렇게 하는 대신 하나님의 말씀을 붙들었습니다. 이 곤경에서 빠져 나갈 수 있는 유일한 길은 하나님의 말씀을 붙잡는 것밖에 없었습니다.

이삭은 야곱의 축복을 무효화하지 않고 하나님의 뜻대로 야곱을 축복하고 에서를 저주함으로써 마지막 순간에 말씀을 붙들었습니다. 그는 에서에게 "너 오기 전에 내가 다 먹고 그를 위하여 축복하였은즉 그가 정녕 복을 받을 것이니라!"고 말했습니다. 자기가 비록 속아서 축복했다 하더라도 하나님의 축복은 취소될 수 없으며 야곱은 복을 받을 수밖에 없다고 선언한 것입니다. 이것이 이삭의 믿음입니다.

때로 우리의 삶에 무언가 크게 잘못되었다고 생각될 때가 있습니다. 그때 어떻게 해야 합니까? 마치 브레이크가 고장난 차처럼 돌진하고 있을 때 어떻게 해야 합니까? 다른 방법이 없습니다. 지금까지 알면서 순종하지 않고 있던 그 말씀에 빨리 순종하는 수밖에 없습니다. 다른 사람은 몰라도 자기는 압니다. 내가 버려야 하는데 버리지 않고 아직까지 움켜쥐고 있는 것이 무엇인지 알아요. 그것을 빨리 포기하고 저주하고 물리쳐야 합니다. 이삭의 경우에는 에서에 대한 애착을 포기하고 그를 저주하며 야곱을 축복함으로써 하나님의 말씀이 성취되게 하는 것만이 이 위기에서 벗어날 수 있는 유일한 길이었습니다.

하나님께서 모세를 불러서 다시 애굽으로 가게 하셨을 때, 중간에 있는 숙소에서 그를 죽이려고 하셨습니다. 아마도 갑자기 고열이 났거나 심장마비 증세가 나타난 것 같습니다. 그때 모세의 부인 십보라가 어떻게 했습니까? 그때까지 미루고 있던 할례를 자식들에게 행한 다음, 할례한 것을 남편에게 던지면서 "당신은 참으로 내게 피 남편이로다!"(출 4:25)라고 소리를 질렀습니다. 그리고 모세는 살아났습니다. 무슨 뜻입니까? 십보라는 모세가 자식에게 할례 행하는 것을 반대했습니다. 십보라는 목청이 큰 여자입니다. "당신이 우리 집에 와서 한 것이 뭐가 있다고 애한테 피를 흘리게 해요? 절대 안 돼요"라고 반대했습니다. 그런데 남편이 갑자기 죽게 되자 '내가 할례를 반대했기 때문에 남편이 죽어가고 있구나' 하는 생각이 든 것입니다. 그래서 재빨리 차돌을 취해서 아들에게 할례를 행하고 그 할례 행한 것을 남편에게 집어던졌습니다. 십보라는 피를 보기 싫어했습니다. 그런데 이 남편은 결국은 피를 보게 하는 남편이라는 뜻에서 '피 남편'이라고 부른 것입니다.

하나님을 믿는다고 하면서도 실제로는 자신의 꾀를 믿고 자기 계산을 가지고 살아갈 때, 하나님이 갑자기 찾아오시는 순간이 있습니다. 집에 도둑이 들 수도 있고 아이가 갑자기 고열이 날 수도 있습니다. 물론 사람이 살다 보면 도둑이 들 수도 있지요. 그런데 그때 정도 이상으로 두려움이 몰려온다면, 그 도둑은 그냥 도둑이 아니라 하나님의 중요한 사인(sign)입니다. 또 아이를 키우다 보면 열이 날 수도 있습니다. 그런데 아이가 열이 나는 걸 볼 때 갑자기 어떤 죄가 생각나면서 굉장히 두려워지고 마치 하나님이 치시는 것처럼 느껴진다면, 그 고열은 하나님의 사인입니다. 또한 갑자기 위통이 일어나 땅바닥에 마구 뒹굴게 되거나 큰 착오가 생겨서 지금까지 세워 놓은 모든 계획이 수포로 돌아갈 때, 하나님이 나를 짓밟고 계시다는 것을 알아야 합니다. "네가 어디 감히 나를 함부로 이용하고 있느냐? 정신 차려!" 하시는 그 소리를 들어야 합니다. 그럴 때 우리가 할 수 있는 일은 빨리 결단을 내리고 하나님의 말씀으로 돌아오는 것입니다.

이삭은 자기에게서 복을 받고 간 아들 야곱이 그냥 야곱이 아니라는 것을 알았습니다. 그는 하나님의 사자였습니다. 물론 조금 전에 축복을 받고 간 사람은 분명히 작은아들입니다. 그런데 이삭에게는 그렇게 느껴지지 않았습니다. 야곱이 들어왔다가 나간 그 순간, 그는 완전히 무방비 상태에 있었습니다. 누군가 자기를 해치려면 얼마든지 해칠 수 있는 위기의 순간이었습니다. '이건 야곱이 아니다. 죽음의 사자가 들어왔다가 나간 것이다!' 이삭은 두려워 떨며 빨리 결단을 내립니다. 즉 자기가 여태껏 고집스럽게 붙들고 있던 에서를 저주하고 야곱의 축복을 인정함으로써 이 위기에서 벗어나고 있는 것입니다.

사울 왕에게도 그런 때가 있었습니다. 사울 왕은 다윗을 죽여야 자기의 왕위가 안전하다는 생각에 계속 다윗을 추격했습니다. 그런데 그 와중에 완전히 무방비 상태에 있었던 순간이 있었습니다. 주위에 있는 용사들이 전부 다 잠에 곯아떨어진 사이에 다윗이 들어와 아무도 모르게 물병과 창을 가져갔던 것입니다. 경호에 구멍이 뚫린 순간이었습니다. 이것이 무엇입니까? 하나님께서 "사울, 너 까불면 죽는다. 네가 아무리 다윗을 죽이려고 쫓아다녀도 이렇게 경호가 뚫리는 순간이 있잖아" 하시는 것입니다. 그러나 사울은 그것을 깨닫지 못했습니다. "재수가 좋구나. 다행이다. 식은땀이 다 나네" 하면서 또 추격을 했어요. 그 결과가 무엇입니까? 하나님의 은혜가 그를 완전히 떠나서 정신병자가 된 것입니다.

우리 자신의 삶을 살펴봅시다. 사실 우리는 하나님을 의지하기보다는 자신의 계산을 가지고 살아갑니다. 그런데 어느 한순간 갑자기 예기치 못한 돌발 사태가 일어납니다. 그것은 내가 지금 잘못된 길을 가고 있으며 전적으로 무방비 상태에 있다는 것을 깨닫게 하시는 사인입니다. 그럴 때는 자존심이나 돈 계산 같은 것이 필요 없습니다. 곧바로 기도해야 합니다. "내가 이걸 포기하면 얼마나 손해를 보는데……" 하면서 미적거리면 죽는 것입니다. 포기하지 않고 계속 다윗을 쫓아가다가 미쳐 버린 사울을 기억하십시오.

인생의 계획이 내 뜻대로 되지 않습니까? '내가 하나님과 동행하는 줄 알았더니, 사실은 나와 함께하지 않으시는구나. 내가 이대로 계속 가면 죽겠구나' 하고 생각하십시오. 그리고 빨리 정신을 차려서 돈 손해 보는 것이나 자존심을 다 버리고 말씀으로 돌아와야 합니다. 내가 붙들고 있던 것을 저주하고 하나님의 말씀으로 돌아와야 합니다.

에서의 태도

아버지 이삭은 야곱이 축복을 받고 나간 후에 그 축복은 돌이킬 수 없는 것이라고 단정지어서 말했습니다. 그러자 에서는 어린아이처럼 방성대곡하면서 자기도 축복해 달라고 떼를 썼습니다. 34절을 보십시오.

> 에서가 그 아비의 말을 듣고 방성대곡하며 아비에게 이르되 내 아버지여, 내게 축복하소서, 내게도 그리하소서

인간적으로 생각하면 에서가 참 이해가 됩니다. '야곱 나쁜 놈, 에서가 한때는 장자권의 소중함을 몰랐지만 이제는 은혜를 받으려고 이렇게 애를 쓰는데 속임수로 빼앗다니!' 하는 생각이 들지도 모르겠습니다. 그러나 좀더 깊이 들어가 보면 에서가 얼마나 교

만한 자인지가 드러납니다.

이삭은 야곱에 대해 이렇게 말하고 있습니다.

이삭이 가로되 네 아우가 간교하게 와서 네 복을 빼앗았도다(27:35).

이 말 속에는 두 가지 의미가 있습니다. 첫째는 야곱이 정말 기가 막힐 정도로 머리가 좋다는 뜻입니다. 그리고 다른 한편으로는 '그래도 그 축복은 원래는 너의 것이었다'는 위로의 뜻이 들어 있습니다. 우리는 이 말을 들을 때 이삭이 하나님의 말씀으로 돌아오기는 했지만 하나님의 진리를 아직 완전히 깨닫지 못하고 있으며 여전히 모호한 가운데 순종하고 있다는 것을 알게 됩니다. 이런 모호한 태도가 에서가 회개할 수 있는 마지막 기회를 놓치게 만들고 있습니다.

그렇다면 이삭은 어떻게 말했어야 합니까? "참으로 모든 것이 묘하구나. 나는 하나님의 말씀에 불순종하고 억지로 너에게 축복을 주려고 했는데, 일이 어찌 되었는지 모르겠지만 그 축복은 마땅히 가야 할 자에게 가고 말았다. 아들아, 원래 그 축복은 너의 것이 아니었다. 너와 나는 잘못 생각하고 있었어. 이제 모든 것이 제대로 되었으니, 더 이상 울고불고하지 말고 동생을 축복해 주자. 그리고 우리가 그 마음에 고통을 준 것을 사과하자." 이렇게 말했다면 두 아들을 다 살렸을 것입니다.

그러나 이삭은 여전히 야곱에 대하여 서운한 감정이 있었습니다. "그놈 참 교활한 놈이야. 하나님의 축복을 바꿀 수는 없지만 그건 원래 에서 네 것이다. 나쁜 놈 같으니라구." 이 말을 들은 에서는 더 기고만장해서 매달렸습니다. 36절을 보십시오.

에서가 가로되 그의 이름을 야곱이라 함이 합당치 아니하니이까 그가 나를 속임이 이것이 두 번째니이다 전에는 나의 장자의 명분을 빼앗고

이제는 내 복을 빼앗았나이다 또 가로되 아버지께서 나를 위하여 빌 복을 남기지 아니하셨나이까

성경에서 야곱에 대한 부분을 다루기가 어려운 이유는 이렇게 인간적인 요소와 하나님의 뜻이 섞여 있기 때문에 도대체 어디까지가 하나님의 뜻이고 어디까지가 인간의 계략인지 구분하기가 굉장히 어렵다는 데 있습니다. 지금 이삭과 에서가 다 함께 잘못하고 있는 것이 무엇입니까?

사람은 외모를 보지만 하나님은 중심을 보십니다. 이삭이 에서와 야곱의 외모를 볼 때에는 에서가 야곱보다 훨씬 더 뛰어났습니다. 털만 많은 게 아닙니다. 좀 미련해서 그렇지, 야곱보다 인간성이 좋습니다. 이삭이 보기에는 에서가 당연히 하나님의 복을 받아야 합니다. 그러나 하나님 앞에서는 그렇지가 않았습니다. 하나님 앞에서는 둘 다 복을 받기에 합당치 않았습니다. 그럼에도 불구하고 하나님은 야곱을 택하셨습니다.

야곱이 하나님을 노래하고 기뻐하는 이유가 무엇입니까? 전혀 하나님의 축복을 받을 자격이 없는 자기에게 그 복이 돌아왔기 때문입니다. 하나님 앞에서 스스로 복을 받기에 합당하다고 여기는 사람은 복을 받을 자격이 전혀 없는 사람입니다. 하나님께서는 그런 식으로 축복을 주시지 않습니다. 하나님은 똑똑한 사람을 더 똑똑하게 만드시는 분이 아닙니다. 정말 이 세상에서 버림받은 자를 변화시켜서 하나님 자신을 나타내시는 분입니다.

이삭은 사람을 보는 데에서 실수하고 있습니다. 사무엘도 그런 적이 있었습니다. 기름을 붓기 위해 이새의 집을 방문했을 때, 그는 다윗의 형들을 보고 완전히 반해 버렸습니다. 그래서 기름병을 꺼내려고 만지작거리는데 하나님께서 뭐라고 하셨습니까? "너는 사람의 겉모습을 보지만 나는 그들의 중심을 본다. 나는 이미 그들을 버렸다"는 것입니다. 그리고 들에서 양을 치고 있는 막내에게

기름을 부어 이스라엘의 왕을 삼게 하셨습니다.

우리가 아마 오늘 이 시대에 교회에서 에서와 야곱이 함께 예배드리는 모습을 보게 되었다면 당연히 에서가 하나님의 택함받은 자라고 생각했을 것입니다. 그러나 하나님의 뜻은 다른 데 있었습니다. 사람들은 에서의 남성다움에 점수를 주고 있었지만 하나님께서는 이미 에서를 버리셨습니다. 에서는 자기 열심으로 축복을 받을 수 있다고 생각했습니다. 자기가 이렇게 뛰어다니며 사냥을 했고 이렇게 아버지에게 복을 간구하고 있으니 복을 받는 게 당연하다는 것입니다. 그러나 하나님의 축복은 노력으로 얻는 것이 아닙니다. 오직 은혜로 얻는 것입니다.

우리는 에서에게서 유대인들의 모습을 볼 수 있습니다. 그들은 자기들이 가지고 있는 율법의 열심으로 당연히 구원받을 수 있다고 생각했습니다. 그들은 열심히 금식을 하고 열심히 헌금을 바치면서 아침부터 저녁까지 종교적인 분위기에서 살았습니다. 그들은 스스로 '하나님께서 나를 구원하시지 않으면 도대체 누구를 구원하시겠는가? 이렇게 열심도 많고 재주도 많고 똑똑하고 열심히 봉사하는 나를 구원하시는 게 당연하지'라고 생각했습니다. 그러나 하나님께서는 유대인들을 버리셨습니다. 그리고 그들보다 재주도 없고 성경적인 지식도 없고 금식도 하지 않았지만 하나님의 은혜에 감격해하며 기쁨으로 나오는 이방인들을 축복하기를 기뻐하셨습니다.

이것은 오늘 우리들에게도 그대로 적용됩니다. 하나님께서 우리에게 원하시는 것은 종교적인 열심이 아닙니다. 하나님은 집에 모셔 놓은 채 혼자 오만 군데 다 쫓아다니면서 봉사하는 것이 아닙니다. 하나님께서는 나의 삶 속에 들어오셔서 일하기 원하십니다. 하나님께서는 자기 멋대로 뛰어다니는 똑똑한 에서를 버리셨습니다. 이삭은 이 아들을 그토록 훌륭하게 생각했지만 하나님은 전혀 쓸모없는 자로 생각하셨습니다. 그의 마음에는 하나님이 들어갈 여지가 없었기 때문입니다.

우리는 하나님 앞에서 믿음이 거절당할 수 있다는 것을 생각해야 합니다. 하나님 앞에서 거절당하지 않는 사람은 어떤 사람입니까? 자기에게는 자랑할 것이 하나도 없다는 것을 깨닫는 사람입니다. 자기가 잘나서 하는 것은 하나도 없으며 모든 것이 하나님께로부터 왔다는 것을 인정하면서 전적으로 감사하는 마음으로 나오는 그 사람을 하나님은 받아 주십니다. 그렇지 않고 자기는 당연히 축복을 받을 자격이 있으며 자기가 하는 일은 무조건 잘되어야 한다고 생각하는 사람은 심한 자기도취에 빠져 있는 것입니다.

오늘날 사람들은 머리만 좀 좋으면 그렇게 다른 사람들을 업신여길 수가 없어요. 수학 문제 하나 풀어 놓고 자기도 깜짝 놀라면서 '어떻게 이런 머리가 다 있을까?' 하고 감탄합니다. 또 어떤 사람들은 자기에게 예술적인 재능이 있는 것을 보면서 '어떻게 이렇게 재주 좋은 사람이 다 있을까? 하나님은 정말 행복하시겠네' 하고 놀랍니다. 에서는 지금 아버지에게 축복해 달라고 조르면서 자기 자신에게 놀라고 있습니다. '나도 이럴 때가 다 있네. 울고 데굴데굴 뒹굴면서 이렇게 복을 구하다니 나도 굉장해. 정말 굉장한 열정이야.' 그러나 하나님은 비웃으십니다.

하나님은 눈에 보이지 않기 때문에 사람들은 종교를 통해 자기도취에 빠질 가능성이 가장 큽니다. 기도를 하다가 세 시간째가 되면서부터는 자기도 놀라기 시작합니다. '드디어 세 시간을 넘겼어! 정말이지 대단한 열정이야. 이렇게 기도하는 사람을 두고 계시다니, 하나님은 복도 많으셔.' 그러나 하나님은 비웃으십니다. 기독교에서 가장 못된 사람은 자기는 다른 사람들과 질이 다른데 '어울려 준다'고 생각하는 사람입니다. 예배를 드리고 나오면서 자기가 놀라요. '내가 지금 몇 주째 안 빠지고 나와 주고 있잖아. 아무래도 나는 신앙이 너무 좋은 것 같아. 하나님도 나한테 고맙다고 해야 해.' 그러나 하나님은 비웃으십니다.

에서의 특징이 무엇입니까? 철저한 자기도취입니다. 에서가 보기에는 모든 것이 자기 것입니다. 야곱의 축복도 원래 자기 것입니다. 반면에 하나님의 은혜를 받는 사람의 특징은 이런 자기도취의 영역이 철저하게 깨졌다는 데 있습니다. 가장 구역질나는 것이 신앙 안에서 자기 자신이 도취해 버리는 것입니다. 왕자병이니 공주병이니 하는 것이 다 이 에서에게서 나온 것입니다. 이렇게 자기도취에 빠진 사람들은 다른 사람들이 잘되는 것이 이해가 안 됩니다. 자기가 잘못되는 것도 이해가 안 됩니다. 다른 사람들은 얼마든지 잘못되어도 되고 자기는 무조건 잘되어야 한다고 생각하는 것이 인간의 교만이요 에서의 본성입니다. 자기는 잘못되고 남은 복 받을 때 방성대곡하면서 자기도 거기에 끼워달라고 떼를 쓰는 것, 이것이 에서의 기질입니다.

하나님의 은혜를 받을 수 있는 유일한 조건은 열심이 아니라 겸손입니다. 야곱이 축복을 받았다고 해도 앞으로 겸손하게 만들어지기까지는 단지 약속으로 남아 있을 뿐입니다. 기독교는 굉장히 위험한 요소를 가지고 있습니다. 공산주의자들이 "종교는 마약"이라고 한 것은 바로 이 부분을 보았기 때문입니다. 오늘날 얼마나 많은 사람들이 신앙 안에서 자기 기분을 내고 자기도취에 빠져 있습니까? 얼마나 많은 사람들이 하나님의 사랑을 도용하여 자기 자신을 축복받기에 합당한 사람으로 여기고 있습니까? 그러나 하나님 앞에 자신을 겸손히 낮추지 않는 자는 교회에서는 용납될지 몰라도 하나님의 존전에서는 거절당할 것입니다.

저도 한동안 그런 도취에 빠진 적이 있었습니다. 특히 현실과 이상이 잘 일치되지 않을 때 자기도취에 빠지기 쉽습니다. 그런데 하나님께서 저의 눈을 밝혀 주셨을 때 정말 이 세상에서 가장 형편없는 사람이 바로 나 자신이라는 것을 알게 되었습니다. 하나님께서 우리를 더 낮추어 주시기를 바랍니다. 그래서 우리 모두가 교회 안에서 다른 사람들에게 인정받는 것이 하나님 앞에서 인정받는 것과 다를 수 있다는 것, 사람은 외모를 보지만 하나님은 중심을 보신다는 것을 깨닫게 되기를 바랍니다. 나의 삶이 정말 하나님의 것이라는 사실을 인정하며 어떤 처지에 처해 있든지 하나님을 높이고 싶은 것, 그것이 하나님의 은혜 안에 있다는 증거입니다.

교회는 이삭과 같습니다. 얼마든지 사람을 잘못 볼 수 있습니다. 마치 이삭이 에서를 위로하려고 애쓴 것처럼, 교회도 하나님께서 축복하기 기뻐하시지 않는 사람을 붙들고 위로함으로써 마지막으로 회개할 기회를 놓치게 할 때가 있습니다. 그러나 하나님은 그렇게 하시지 않습니다. 하나님은 실수하시는 법이 없습니다. 나중에 가장 정확하게 사람들을 나누실 것입니다.

여러분, 하나님이 우리를 더 낮추시게 합시다. 내 안에 선한 것이 하나도 없으며 지금 내가 즐기고 있는 종교적인 자기도취, 내가 다른 사람보다 낫다고 생각하는 이 교만이 하나님 앞에서 얼마나 역겨운 것인지, 하나님이 나를 구원으로 부르셨음에도 불구하고 아직도 머뭇거리면서 욕심을 내고 있는 이것이 얼마나 추악한 함정인지 깨닫기를 바랍니다.

하나밖에 없는 축복

오늘 성경을 보면 이삭이 하나님의 모든 뜻을 명확하게 깨닫고 있었던 것은 아니지만, 그래도 한번 축복한 것은 어떤 일이 있어도 취소될 수 없다는 것만큼은 믿고 있었던 것을 알 수 있습니다. 이삭은 37절에서 에서에게 이렇게 말하고 있습니다.

> 이삭이 에서에게 대답하여 가로되 내가 그를 너의 주로 세우고 그 모든 형제를 내가 그에게 종으로 주었으며 곡식과 포도주를 그에게 공급하였으니, 내 아들아, 내게 네게 무엇을 할 수 있으랴

이삭은 야곱에게 모든 축복을 다 주었기 때문에 더 이상 에서에게 줄 축복이 없다고 대답하고 있습니다. 그 자신도 어떻게 해서든지 에서를 축복하고 싶지만 주인이 되는 축복과 곡식과 포도주의 축복까지 이삭에게 이미 다 주었으니 무엇을 줄 수 있겠느냐고 반문합니다. 우리는 축복이 꼭 이런 것밖에 없겠느냐는 생각을 할 수 있습니다. 에서도 바로 그 점을 지적하고 있습니다.

> 에서가 아비에게 이르되 내 아버지여, 아버지의 빌 복이 이 하나뿐이리이까 내 아버지여, 내게 축복하소서, 내게도 그리하소서 하고 소리를 높여 우니(27:38).

그러나 이삭은 에서의 요구를 완강하게 거부합니다. 비록 그 표현 방식은 이 세상의 복의 형식을 취했다 해도, 실상은 하나님 앞에서 머리가 되는 축복이었기 때문입니다. 머리는 여러 개가 될 수 없습니다. 이삭의 축복은 수많은 축복 중에 몇 가지를 주는 것이 아니라 누구를 통하여 하나님의 구원이 이루어지고 누구를 통하여 성령의 역사가 이루어지며 누구를 통하여 하나님의 나라가 임하느냐 하는 것이었습니다. 머리가 되는 이 축복은 나누어 줄 수가 없는 것입니다.

이 축복의 내용을 보면 하늘에서 내리는 이슬과 땅의 풍성한 곡식과 포도주의 축복에 대한 이야기가 나옵니다. 이것은 하나님께서 우리에게 구원을 주실 때 단지 영혼만 구원해 주시는 것이 아니라 그 뒤에 반드시 풍성한 삶을 주신다는 것을 보여 줍니다. 구원이라는 것은 예수를 믿은 후에 모든 것을 버리고 고행하는 삶을 사는 것이 아닙니다. 그 뒤에 반드시 풍성한 삶이 오게 되어 있습니다. 주님을 붙들면 새로운 가정을 주십니다. 주님을 붙들면 새로운 직업을 주십니다. 주님을 붙들면 새로운 관계를 형성해 주십니다. 이것이 하늘에서 내리는 이슬과 땅의 풍성한 곡식과 포도주로 표현되고 있는 것입니다.

39절과 40절에서 이삭은 에서를 저주하고 있습니다.

그 아비 이삭이 그에게 대답하여 가로되 너의 주소는 땅의 기름짐에서 뜨고 내리는 하늘 이슬에서 뜰 것이며 너는 칼을 믿고 생활하겠고 네 아우를 섬길 것이며 네가 매임을 벗을 때에는 네 목에서 그 멍에를 떨쳐 버리리라 하였더라

이삭은 에서를 무섭게 저주하고 있습니다. 그는 기름진 땅에서 살지 못할 것이며 그가 있는 곳에는 이슬도 내리지 않을 것입니다. 따라서 농사가 잘되지 않기 때문에 결국에는 칼을 믿고 남의 것을 강탈하면서 살게 될 것입니다. 더욱이 에서는 야곱의 종이 되어 그를 섬길 것이며, 그 끈이 약간 느슨해지면 멍에를 목에서 떨쳐 내고 도망칠 것이라고 말합니다.

결국 에서의 삶의 특징은 무엇입니까? 불안정의 연속입니다. 억지로 신앙생활하는 것입니다. 억지로 교회에 붙잡혀 와 있다가 돈 벌 기회가 생기거나 세상에 나갈 기회가 생기거나 약속이 생기면, 기쁨으로 멍에를 떨쳐 버리고 교회에 오지 않는 것입니다. 어떤 사람은 주일에 약속이 없는 것을 굉장히 애석하게 생각합니다. "왜 오늘은 결혼식도 없고 계도 없는 거야? 할 수 없이 교회나 가야겠네." 이러면서 억지로 와요. 물론 에서에 대한 예언은 문자적으로도 성취되어서 그 자손들은 건조하고 메마른 돌산에서 살게 되었고, 칼로 남의 것을 노략하며 살게 되었습니다. 그리고 한때 이스라엘의 속박을 받았지만 결국은 그 멍에를 떨쳐 버리고 독립했습니다.

그러나 이삭의 이 예언은 단지 에서만 가리키는 것이 아닙니다. 하나님의 은혜에 가장 가까이 있으면서도 변화되지 않는 사람, 누구보다 말씀에 가까이 있으면서도 하나님의 은혜에 매이지 않고 자기 욕심대로 사는 사람을 가리킵니다. 이런 사람들은 억지

로 신앙생활하는 척하다가 재미가 없어지면 자기 칼을 믿고 떠나 버립니다.

그러나 이삭의 저주 안에는 축복도 들어 있습니다. 에서가 잘 살 수 있는 길이 무엇입니까? 에서가 하나님의 이슬을 촉촉히 받을 수 있는 길이 무엇입니까? 야곱의 멍에를 메고 야곱의 종살이를 하는 것입니다. 구약 성경을 볼 때 이스라엘 안에서 가장 존귀한 자는 하나님의 은혜를 받기 위해 종으로 온 사람입니다. 하나님의 은혜를 맛보기 위해 종으로 온 사람한테는 아무 일이나 시키지 않습니다. 화장실을 청소하거나 구정물을 버리는 일 같은 것을 시키지 않아요. 그런 종들은 성전에서 나무를 패고 물을 길으면서 하나님과 가장 가까운 곳에서 종살이를 했습니다. 종은 종이지만 가장 존귀한 종이었던 것입니다.

여호수아 때 기브온 족속들을 한번 생각해 보십시오. 그들은 살기 위해서 여호수아의 종이 되었고, 여호수아는 성전에서 종살이를 하게 했습니다. 그런데 시간이 조금 지나자 그들은 이스라엘 백성이 되어 버렸습니다. 이삭은 에서가 살 수 있는 유일한 길은 야곱의 멍에를 메는 것이라고 말해 주었습니다. 그러면 가장 존귀한 종이 될 것이고 진짜 이스라엘 백성이 됨으로써 복을 누리게 되리라는 것입니다.

성경에서 저주를 할 때는 사실 그 안에 생명이 들어 있습니다. 마귀의 저주와 하나님의 저주는 다릅니다. 마귀의 저주는 어떻게 해서든지 우리를 망하게 하려는 것이지만, 하나님은 실컷 책망하시는 것 같아도 그 안에 생명의 길이 있습니다. 그런데 에서는 조금 은혜를 받으려고 하다가 결국은 멍에를 떨쳐 버리고 자기의 길로 가 버림으로써 더 큰 복을 놓치고 말았습니다.

신앙생활은 내가 원한다고 할 수 있는 것이 아닙니다. 하나님께서 은혜를 주셔야 감당할 수 있습니다. 그 은혜가 무엇입니까? 낮아질 대로 낮아져서 "나는 기꺼이 종의 멍에를 메겠다. 나한테는 자존심이 하나도 없다. 하나님 앞에서 나는 무엇이든지 할 수 있다. 성전 문지기도 좋다. 청소부도 좋다"고 할 때, 그 사람은 그냥 문지기나 청소부가 아니라 가장 존귀한 청소부, 가장 존귀한 문지기가 되는 것입니다. 그래서 봉사 위주로 신앙생활하는 것은 굉장히 위험합니다. 자기 능력을 믿고 사람들 앞에 나타나는 재미로 억지 겸손으로 신앙생활하다가 어느 순간 사람들이 자기를 알아주지 않으면, 기회를 봐서 멍에를 벗어 버리고 자기가 가고 싶은 길로 가 버리기 때문입니다.

신앙에는 눈에 보이는 것이 없기 때문에 자기 열심이나 기질을 신앙으로 착각할 가능성이 많습니다. 그래서 에서 같은 사람이 자기도취에 빠지기 쉽습니다. 그는 아버지에게 축복을 달라고 우는 자기의 모습을 보면서 '내가 이렇게 신앙이 좋았었나' 하고 스스로 놀랐을지도 모릅니다. 그러나 그것은 어디까지나 일시적인 흥분에 불과합니다. 참신앙의 표지는 자기 자신을 기꺼이 다른 사람의 통제 아래 둘 수 있는 겸손입니다. 부모를 인정하며 어른을 바로 알고 교회 안에서도 기꺼이 질서를 인정하고 자신을 다른 사람의 통제 아래 둘 때, 그의 신앙은 자기도취를 벗어나 제대로 자라가는 것입니다. 그렇게 되지 않는 사람은 자기 칼을 믿고 살 수밖에 없습니다. 그는 어느 곳을 가도 만족하지 못할 것입니다.

교회 안에서는 서로 복종해야 아름답습니다. 성령 충만하면 할수록 다른 사람을 나보다 낫게 여겨야 합니다. 이것이 중요한 척도입니다. 그래서 하나님께서는 "네 부모를 공경하라"는 것을 첫 번째 윤리 계명으로 주셨습니다. 내 기질을 얼마나 꺾을 수 있느냐 하는 것이 하나님의 축복을 얼마나 오래 누릴 수 있느냐를 보여 주는 척도인 것입니다. 모든 중요한 계명은 5계명에 다 들어 있습니다. 모든 신비가 여기에 다 걸려 있어요. 하나님께서는 이 계명에 황금으로 동그라미를 쳐서 강조를 하셨습니다. 즉 약속의 땅 가나안에서 오래 살려면 이 5계명을 지켜야 한다는 것입니다. 무슨 뜻입니까? 나 자신의 기질을 꺾고 잘난 척하고 싶은 마음을 누르며 기꺼이 다른 사람에게 복종할 수 있는 것이 진정한 신앙의 척도라는 것입니다. 사람들이 나를 인정해 주지 않는다고 훌쩍 떠나 버리는 것은 신앙이 아니라 자기도취입니다.

목회자가 설교를 잘 못한다 하더라도 그를 인정하며 그 밑에서 함께 일하는 사람이 있다면, 그것은 그 사람이 못나서가 아니라 참으로 은혜가 무엇인지 알고 있기 때문에 그렇게 하는 것입니다. 머릿속에만 있는 신앙은 아직 검증되지 않은 신앙입니다. 청년들이 성경에 대해서 아무리 많이 알고 있다고 해도, 그 자체만으로는 아무것도 아닙니다. 자기 집에 가서 부모님 밑에 겸손하게 무릎 꿇고 공경할 때에야 비로소 성경공부 한 내용이 제대로 신앙으로 소화가 되는 것입니다.

하나님께서 우리를 낮추셔야 합니다. 머리에만 들어 있는 이 신앙이 얼마나 하나님의 복을 받기에 부적합하며, 내가 얼마나 추악한 자존심과 교만으로 가득 차 있는 사람인지 보게 해주셔야 합니다. 그래서 저는 교회에서 신앙 좋아지려고 하지 말고 인간이 되라고 강조합니다. 기도하기 전에 인사하는 것부터 배우라고 합니다. 아무리 자기 안에서 복음이 불타올라도 인사를 할 줄 모른다면 그것은 제대로 된 복음이 아닙니다. 자기 자신을 기꺼이 다른 사람의 통제 아래 둘 수 있을 때, 비로소 그의 신앙은 하나님의 이슬을 맛볼 수 있는 은혜가 되는 것입니다.

하나님께서 우리를 연단하시고 낮추실 때, 마치 도저히 있을 수 없는 일이 일어나기라도 한 것처럼 "왜 저한테 이런 일이 일어나야 합니까?" 하는 소리가 우리 입에서 나와서는 안 됩니다. 어디 그런 소리가 나옵니까? "주여, 주야로 저를 낮추셔서 이 도취에서 깨워 주옵소서. 저는 다른 사람보다 나은 것이 하나도 없습니다. 그런데도 이렇게 신앙생활하게 해주시니 정말 감사합니다"라고 고백할 때, 비로소 참된 신앙이 되는 것입니다.

오늘 에서를 통해 우리의 신앙을 점검해 봅시다. 나의 신앙은 자기 열심에 도취되어 울고 떼를 쓰면서 복을 달라고 몸부림치는 신앙이 아닙니까? 야곱의 약점을 떠벌리면서 그가 머리가 된다는 사실을 절대 인정할 수 없다고 소리지르고 있지는 않습니까? 야곱의 신앙이 옳다는 것이 아닙니다. 그 속에 있는 거짓말하는 기질이 모두 빠져 나갈 때까지 말할 수 없는 연단을 받을 것입니다.

우리는 다 에서 같은 자들이고 야곱 같은 자들입니다. 교만하든지 아니면 거짓말하는 사람들입니다. 우리에게는 연단이 필요합니다. 우리는 더 많은 눈물을 흘려야 다른 사람의 축복을 인정할 수 있으며 진실해질 수 있습니다. 하나님이 원하시는 것은 삶 전체에서 하나님을 인정하고 감사하며 하나님께서 나의 삶에 오셔서 인도해 주시기를 초청하는 겸손한 믿음입니다. 내가 가지고 있는 칼을 믿지 마십시오. 하나님이 비웃으십니다. "내가 너에게 칼을 빌려주었는데 너는 그것이 마치 하나님이나 되는 것처럼 믿고 있구나. 너는 그렇게 네 머리와 네 재주를 믿고 살다가 이슬 없는 메마른 곳에서 죽게 될 것이다"라고 하실 것입니다.

매일 매일 하나님의 은혜를 간구하십시오. 그리고 다른 사람들을 함부로 판단하지 마십시오. 그 자체가 얼마나 큰 교만인지 모릅니다. 그것은 에서의 기질입니다. 다른 사람이 잘될 때 한없이 축복하십시오. 마음으로 기뻐하면서 기도해 주십시오. 그것이 하나님의 은혜가 내 마음속에 임한 증거입니다.

9

쫓겨나는 야곱

만일 어떤 사람이 자기 나름대로 노력한 끝에 이 세상의 모든 축복을 움켜쥐었다고 생각했는데 바로 눈앞에서 그 모든 축복이 사라져 버렸다면 어떤 생각이 들겠습니까? 이 자리를 차지하기 위해서, 또 이만큼 경제적으로 성공하기 위해서 피땀을 흘리면서 모든 노력을 다한 끝에 마침내 움켜쥐려는 그 순간 전부 다 사라져 버렸다면 어떻겠습니까? 아마 눈앞이 캄캄해지면서 세상 살 맛을 완전히 잃을 것입니다. 그리고 하나님이 자기를 버렸다는 생각에 원망이 절로 나올 것입니다. 그런데 이상하게도 오히려 그렇게 되었을 때 더 정신을 차리고 하나님께 감사하는 사람들이 있습니다.

지난번에 어떤 교인이 자신의 친척 이야기를 해주었습니다. 그 친척은 우리나라에서 제일 좋은 대학을 나왔습니다. 그리고 직장에서도 인정을 받아 외국 지사에서 근무했습니다. 그 회사 회장이 이 사람을 아주 신임해서 승진도 다른 사람보다 빨랐습니다. 그의 앞에는 모든 부귀와 영화가 있었습니다. 움켜쥐기만 하면 전부 자기 것이 될 수 있었습니다. 그런데 어느 순간부터 회사 사정이 좀 복잡해지기 시작하더니 언론에서 그 회사 문제를 떠들기 시작했습니다. 결국 이 사람은 외환관리법 위반 혐의로 경찰에 구속되었습니다. 회장이 이 사람을 너무나도 신임한 나머지 회사 돈을 빼돌리는 데 사용했던 것입니다.

모든 것이 눈앞에서 날아가 버렸습니다. 직책도 돈도 영광도 움켜쥐려고 하는 그 순간에 다 날아가 버렸습니다. 그런데 감옥에 들어가 보니 그렇게 편할 수가 없었다고 합니다. 그동안에는 목사님의 설교가 한 번도 귀에 들어온 적이 없었는데 감옥 안에서 들으니까 모든 설교가 다 '아멘 할렐루야'로 받아들여지고, 성경말씀이 구구절절 그렇게 옳을 수가 없었다는 것입니다. 어떻게 이렇게 될 수 있었을까요? 이것은 그가 하나님께서 택하신 백성이기에 가능한 일입니다.

하나님이 택하신 사람은 절대로 이 세상의 것을 움켜쥐고 살 수 없게 되어 있습니다. 그러나 하나님의 백성들도 눈에 보이는 부귀나 영화나 권세가 좋기 때문에 자기 꾀나 노력으로 그것을 움켜쥐려고 합니다. 이들을 위하여 하나님께서 준비하고 계신 것은 고난의 프로그램입니다. 이 세상의 좋은 것들을 움켜쥐었다고 생각한 순간 전부 다 날아가 버립니다. 하나님께서는 그 사람을 인생 맨 밑바닥으로 패대기쳐 버리십니다. 그리고 거기에서 믿음으로 살지 않고 자기 머리와 꾀와 기질로 살아 온 결과가 무엇인지 철저하게 체험하게 하십니다. 그러면 어떻게 됩니까? 붙잡을 것이 없기 때문에 할 수 없이 믿음을 붙들고 다시 재기합니다. 이것이 하나님이 택하신 백성들의 삶입니다.

우리는 오늘 본문에서 야곱을 통하여 바로 이 진리를 깨닫게 됩니다. 이 말씀을 듣는 시간은 길어 봐야 두 시간이지만, 오늘 이 진리를 중심으로 받아들이기만 한다면 수십 년의 시간 낭비를 줄일 수 있습니다. 야곱은 자기 꾀와 기질과 속임수로 아버지의 축복을 받아 냈습니다. 이제 그에게는 아버지 집에 있는 모든 재산과 권리를 차지할 수 있는 합법적인 자격이 생겼습니다. 그런데 이 모든 것을 움켜쥐려고 하는 찰나에 갑자기 일이 꼬이기 시작하더니 어느 한순간 광야에 패대기쳐지고 모든 것을 다 빼앗긴 채 20년, 30년에 걸친 노예생활이 시작되었습니다. 가장 높은 곳에 올라갔다고 생각한 순간, 자기의 노력과 머리로 가장 원하던 것을 움켜쥐었다고 생각한 그 순간, 바닥으로 떨어지면서 끝없는 방랑과 비참한 노예생활이 시작된 것입니다.

왜 이렇게 되었습니까? 하나님께서 그를 택하셨기 때문입니다. 하나님께서 그를 믿음만 붙들고 사는 사람으로 만들기로 작정하셨기 때문입니다. 야곱의 인간 승리는 승리가 아니었습니다. 자신의 기질과 속임수로 아버지의 축복을 받아 낸 것은 축복이 아니었습니다. 그것은 단지 앞으로 그가 얼마나 많은 연단을 받고 얼마나 많은 피눈물을 흘려야 하나님이 원하시는 사람으로 만들어지겠는가를 보여 주는 표지에 불과했습니다.

하나님께서 택하신 사람들은 절대로 자기 머리나 꾀로 이 세상에서 잘살 수 없습니다. 물론 처음에는 자기 머리나 노력으로 부귀나 영화를 움켜쥘 수 있을 것이라는 생각에 믿음은 뒤로 제쳐 둔 채 자기 기질과 꾀로 몸부림을 칩니다. 그런데 어느 한순간 이것이 아니라는 생각이 들면서, 그때부터 끝없는 하나님의 프로그램에 들어가게 됩니다. 그리고 자기 속에 있는 속이는 기질, 남을 올라타고 이기려는 기질이 완전히 빠져 나갈 때까지 거기에서 절대로 벗어나지 못합니다.

야곱에게 돌아온 것

야곱이 마침내 아버지 이삭의 축복을 받아 낸 과정을 보면 일종의 인간 승리 드라마 같습니다. 야곱은 약점을 가지고 있는 사람이었습니다. 그는 둘째 아들인데다가 형 에서에 비해 신체적으로도 열등했습니다. 형은 사냥하는 사람이었고 성격도 남자다웠으며 밤에 옷을 벗고 자면 짐승인지 사람인지 구별이 안 될 정도로 털도 많았습니다. 그 당시에 가장 인기 있는 사람은 짐승에 가까운 사람이었는데, 에서가 바로 그런 사람이었어요. 그럼에도 불구하고 야곱은 놀라운 집념으로 아버지와 형을 속임으로써 축복을 받아 냈고, 이 집안의 공식적인 후계자로 인정받게 되었습니다. 그야말로 감동적인 인간 승리 드라마 아닙니까? 오늘날 세상은 그런 사람들에게 아낌없는 박수와 갈채를 보냅니다. 그러나 하나님 앞에서는 결코 인간 승리가 아닙니다. 오히려 이것은 야곱이 얼마나 거짓되며 하나님의 축복을 받기에 부적합한 사람인가를 보여 주는 표지일 뿐이었습니다.

오늘 우리가 질문하게 되는 것은 야곱이 그토록 아버지의 축복을 받으려고 했던 이유가 어디에 있느냐 하는 것입니다. 이삭의 집이 작은 떠돌이 가정이 아니라 이미 하나의 나라에 가까울 정도로 큰 재물과 권력을 가지고 있었다는 사실을 모르면 그 이유를 결코 이해할 수 없습니다. 이삭의 집안은 작은 나라였습니다. 그리고 실제로 하나님께서 아브라함과 이삭에게 약속하신 것도 하나의 나라가 되리라는 것이었습니다. 야곱이 그토록 집요하게 소유하려고 했던 것은 아버지 집에 있는 부귀와 권세였습니다. 그 당시에 이삭보다 더 큰 부자는 없었습니다. 그리고 그는 막강한 권력을 소유한 족장이었습니다. 그에게 절대적인 권력이 다 있었습니다. 야곱이 원한 것은 바로 이 엄청난 부귀와 권세였습니다.

야곱은 아직 믿음으로 사는 것이 어떤 것인지 몰랐습니다. 그래서 이 작은 나라의 공식적 상속자로 임명받기 위해 모든 모략과 술수와 방법을 사용했습니다. 그런데 돌아온 것이 무엇입니까? 아무것도 없었습니다. 분명히 축복을 움켜쥐었다고 생각했는데 돌아온 것 하나 없이 오직 미친 짐승 하나만 자기 주변을 돌게 되었습니다. 이것이 유일한 결과였어요. 27장 41절을 보십시오.

그 아비가 야곱에게 축복한 그 축복을 인하여 에서가 야곱을 미워하여 심중에 이르기를 아버지를 곡할 때가 가까왔은즉 내가 내 아우 야곱을 죽이리라 하였더니

야곱은 수단과 방법을 가리지 않고 아버지 이삭의 축복을 받아 내기만 하면 모든 것을 다 움켜쥘 수 있으리라고 생각했습니다. 이미 에서는 장자권을 포기한다는 맹세까지 했습니다. 그리고 아버지는 한번 축복한 것을 번복할 사람이 아닙니다. 거짓말을 하고 사기를 쳐서라도 일단 축복을 받기만 하면 아버지 집에 있는 모든 재산과 권세는 자기의 것이 된다고 믿었습니다. 그래서 야곱은 지금 이 상황을 도무지 이해할 수가 없었습니다. 그가 세워 놓은 공식에 의하면 그는 지금 가장 높은 곳에 앉아 있어야 했습니다. 형은 자기 옆에서 굽실거리면서 무언가 더 얻어 내기 위해 타협을 시도해야 했습니다. 여러 사람들도 자기를 추켜세우며 자기에게 아부하려고 줄을 서야 했습니다. 그런데 그런 일은 일어나지 않았습니다. 오직 미친 짐승 한 마리를 건드린 결과밖에 되지 않았습니다. 에서는 일부러 화난 체하는 것이 아니었습니다. 그는 진짜 분노하고 있었습니다. 재산은 필요 없습니다. 그것은 이미 포기했습니다. 그가 원하는 것은 야곱을 죽이는 것뿐이었습니다.

이제 야곱은 모든 것을 포기하고 빈손으로 도망칠 수밖에 없게 되었습니까? 이렇게 된 이유가 어디에 있습니까? 하나님께 있습니다. 하나님께서는 택한 백성이 이런 식으로 복받고 살기를 원치 않으십니다. 하나님께서는 그 백성이 오직 하나님 한 분만을 의지하고 살기를 원하십니다. 그러나 야곱은 하나님 한 분만 바라보기에는 머리가 너무 좋았고 진실하기에는 거짓말이 너무 몸에 배어 있었습니다. 이제 남은 일은 무엇입니까? 하나님께서 야곱을 쥐어짜서 진짜 믿음의 사람을 만들어 내시는 것입니다. 거짓말하는 기질, 사기치는 기질이 전부 다 빠져나가서 철저하게 정직한 사람, 사

기와 거짓말이라면 구역질이 나올 정도로 진실한 사람으로 만들어 내는 길고 긴 연단이 야곱을 기다리고 있었습니다.

만일 아버지를 속여서 축복을 차지한 아들이 에서라면 그냥 내버려두셨을지도 모릅니다. 이 세상의 아들들은 그런 방식으로 살게 되어 있기 때문입니다. 약탈하고 빼앗다가 어느 한순간 멸망하고 마는 것이 그들의 정해진 운명입니다. 그러나 하나님의 백성은 절대로 자기 야망이나 욕심이나 기질에 따라 살지 못합니다. 집요하면 집요할수록, 야망이 강하면 강할수록 더 심하고 긴 하나님의 연단과 훈련을 거쳐야 할 뿐입니다.

하나님이 원하시는 것

하나님은 이 세상에 많은 것을 주셨습니다. 이 세상에는 지혜도 있고 부귀도 있고 권력도 있습니다. 그러나 이 모든 것은 하나님께서 기본으로 주신 것입니다. 기본은 장사 밑천과 같은 것입니다. 이 세상이 돌아가려면 어느 정도의 지혜나 물질이나 권력이 있어야 합니다. 만약 이런 기본적인 밑천마저 없다면 이 세상은 제대로 돌아갈 수가 없을 것입니다. 그래서 하나님께서는 자신이 정하신 그때까지 이 세상이 돌아갈 수 있도록 어느 정도의 지식과 권세와 부귀를 주셨습니다. 사람들은 그것을 움켜쥐기 위하여 한평생을 소비합니다. 한 사람이 그것을 움켜쥐면 또 다른 사람이 빼앗고 그 빼앗은 것을 또 다른 사람이 빼앗으면서 역사는 흘러갑니다. 그러나 하나님께서는 그 택하신 백성들만큼은 그런 식으로 살지 않게 하셨습니다.

하나님께서 그 백성들에게 원하시는 것은 그분이 주시는 것으로 사는 것입니다. '하나님께서는 나에게 필요한 모든 것을 다 주신다. 시간이 얼마나 흐를지 모르고 얼마나 오래 기다려야 할지는 모르겠지만, 여하튼 하나님께서는 자기 백성에게 필요한 것을 다 공급해 주신다'고 믿는 그것이 믿음입니다. 어느 누구도 이 세상에 있는 것들을 영구히 자기 것으로 만들 수는 없습니다. 서로 돌아가면서 쓸 뿐입니다. 예를 들어 돈은 돌고 도는 것입니다. 이 세상이 망할 때까지 어쨌든 몇 명은 거부가 되게 마련입니다. 그래야 그 밑에서 사람들이 직장생활을 하면서 먹고 살 것 아닙니까? 장사 밑천은 없어지지 않습니다. 이 세상이 끝날 때까지는 어차피 이 세상에 학자와 권력자와 부자가 있게 마련입니다. 그러나 적어도 하나님의 백성들은 그런 것들을 움켜잡으려고 달려가서는 안 됩니다. 어항에서 왔다갔다 하는 금붕어 보듯이 해야 해요. 어항의 금붕어는 보라고 있는 것이지 잡으라고 있는 것이 아닙니다.

하나님은 자기 백성들에게 필요한 것을 전부 다 공급해 주십니다. 집이 필요하면 집을 주시고, 직장이 필요하면 직장을 주시며, 건강이 필요하면 건강을 주시고, 결혼할 배필이 필요하면 배필을 주십니다. 남자와 여자를 만드신 이가 하나님입니다. 아담이 여자가 없어서 에덴동산에서 힘들어할 때 하와를 만들어서 데리고 오신 분이 하나님이에요. 그러므로 하나님은 그 백성들이 눈에 보이는 것을 움켜쥐지 않고 그분만 바라보며 그분이 주시는 은혜로 삶으로써, 이 세상에 하나님의 축복을 전달하며 이 세상을 새롭게 하는 하나님의 방편으로 사용되기를 원하십니다.

그런데 문제는 그런 말이 귀에 들어오지 않는다는 것입니다. 이런 것들을 움켜쥐지 않으면 바보가 되는 것 같아요. 이 자리에서 조금만 더 노력하면 높은 자리를 움켜쥘 수 있을 것 같습니다. 좀더 애를 쓰면 돈을 모을 수 있을 것 같습니다. 그런데 그것을 잡으려고 하는 순간 갑자기 누가 다리를 걸더니 바닥으로 패대기쳐 버립니다. 그래서 누구인가 봤더니 바로 하나님입니다. 하나님께서 아주 비참하게 넘어뜨리십니다. 평범하게 넘어지면 또 일어납니다. 아예 바닥에 패대기쳐져야 '나는 누구인가? 내 야망이란 어떤 것인가? 나의 기질은 무엇인가? 오늘까지 그렇게 거짓말하고 사기치면서 살아온 결과가 무엇인가?'를 철저하게 깨닫고, 다시는 자기 기질과 자기 머리를 믿지 않고 오직 하나님이 공급하시는 것만을 믿으며 정직하게 살게 되는 것입니다.

야곱을 보십시오. 야곱은 눈에 보이는 것을 움켜쥐기 위해 수단과 방법을 가리지 않았던 사람입니다. 얼핏 보았을 때는 그가 승리한 것 같았습니다. 그런데 한순간에 완전한 실패자의 모습으로 나타나게 되었습니다. 왜 그렇게 되었습니까? 하나님께서 야곱이 움켜쥐고 있던 것을 훅 불어 버리셨기 때문입니다. 야곱이 아버지 이삭의 축복을 속여서 차지하는 과정에서 나타난 특징은 두 가지입니다. 하나는 불순종이고 하나는 거짓말하는 기질입니다. 이 두 가지는 앞으로 하나님께서 준비하신 연단을 통해 철저하게 부서지고 깨어질 부분입니다.

우리는 말로는 믿음으로 산다고 하지만 사실은 믿음으로 살지 않습니다. 하나님의 때를 기다리질 않아요. 그 이유가 무엇입니까? 내 머리를 쓴 결과가 어떤 것인지 아직 보지 못했기 때문입니다. 그 꼴을 봐야 합니다. 내 꾀에 걸려서 넘어져 봐야 합니다. 패대기쳐진다는 것이 어떤 것인지, 인생 밑바닥으로 떨어진다는 것이 어떤 것인지 보기 전까지는 절대로 자기 꾀를 버리지 않습니다.

지금까지 야곱은 너무나도 교묘하게 살아왔기 때문에 연단을 받을 일이 없었습니다. 또 어머니 리브가가 철저하게 그를 보호해 주었습니다. 그러나 이제는 하나님의 때가 다 되었습니다. 하나님의 사람으로 본격적인 훈련을 받아야 할 때가 되었습니다. 그때는 리브가도 아무런 도움이 되지 않았습니다. 오히려 리브가가 자진해서 야곱을 종이 될 자리로 보내고 있습니다. 이제 야곱은 꾀를 부리면 부릴수록 하나님의 덫에 걸려들게 되어 있습니다. 그냥 가만히 있었으면 아버지의 것이 다 자기 것이 되었을 텐데, 괜히 꾀를 부리다가 미친 짐승 하나만 건드리는 꼴이 되었습니다. 또 가만히 있었으면 라헬과 결혼하게 되었을 텐데, 괜히 꾀를 부리다가 라반의 종이 되었습니다. 라반이라는 삼촌은 날고 기는 사람입니다. 야곱의 아이큐가 200이면 라반은 400입니다.

하나님께서 야곱에게 원하신 것이 무엇입니까? 눈에 보이는 아버지의 권력과 재산은 아무것도 아니니, 그것을 움켜쥐려고 하지 말라는 것입니다. 하나님께 무한한 권력과 무한한 부귀와 무한한 존귀가 있는데, 왜 눈에 보이는 그것을 거짓말과 자기 기질로 움켜쥐려고 하느냐는 것입니다. 가만히 있으면 하나님이 주실 텐데, 왜 그 여자를 움켜쥐기 위해 자기 스스로 종의 계약을 맺느냐는 것입니다.

그런데 우리는 그것을 못 믿습니다. 내 삶을 하나님께 맡기면 하나님이 다 망쳐 버릴 것이라고 생각합니다. 나는 여기에서 잘 먹고 잘살고 싶은데, 직장생활 잘 하면서 아들 딸 낳고 자가용 굴리면서 살고 싶은데, 혹시라도 신앙이 좋아지면 하나님께서 억지로 우간다에 선교사로 보낼까 봐 두려워서 신앙이 자라지 않게 하려고 몸부림을 칩니다. 조금만 신앙이 자라는 것 같으면 얼른 제동을 걸어요. '이대로 나가다가는 틀림없이 불려갈 거야.' 그래서 신앙이 자라는 쪽을 택하는 대신 집을 잡으려고 애를 쓰고 직책을 잡으려고 경쟁을 합니다.

무언가 움켜쥐려고 하는데 이상하게 갈등이 생기고 일이 복잡해지고 있습니까? 그렇다면 그것은 하나님이 주시는 것이 아닙니다. 누구와 결혼하려고 하는데 인간관계가 무언가 굉장히 복잡해지고 사돈의 팔촌까지 들고 일어나서 문제를 제기합니까? 그렇다면 그 사람은 나의 배우자가 아닙니다. 어떤 직책을 잡으려고 하는데 상사하고도 부딪치고 동료하고도 부딪칩니까? 그렇다면 굳이 그 자리를 차지하려고 애쓸 필요가 없습니다. 그냥 가만히 있으면 하나님이 다 주실 것입니다. 지금 잡으려고 무리하게 애쓸 필요가 없어요.

무언가 움켜쥐었는데 그것을 잡은 손이 구멍에서 빠져 나오지 않는다면 하나님의 훈련 프로그램이 시작된 것으로 아십시오. 절대로 못 빠져 나옵니다. 야곱이 그동안은 빤질빤질하게 피해 다녔습니다. 그러나 이제는 걸려들었습니다. 이제부터는 머리를 쓰면 쓸수록 걸려들게 되어 있습니다. 좀 머리를 굴리면 에서가 사자처럼 주변을 돌아다니기 시작합니다. 또 좀 머리를 굴리면 종이 되어 버립니다. 종으로 7년이 지난 후에 또 새로운 7년이 시작됩니다. 자기 속에 있는 기름이 전부 다 빠실 때까지, 자기 속에 있는 거짓말하는 기질, 사기치는 기질이 전부 다 빠져 나갈 때까지 하나님의 세탁기에서 벗어날 수가 없습니다.

지금까지의 연극은 리브가와 야곱이 제작하고 연출하고 주연한 것이었습니다. 모든 것을 마음 먹은 대로 끌고 갈 수가 있었습니다. 그런데 어느 날 갑자기 야곱의 드라마가 끝나더니 하나님의 드라마가 시작되었습니다. 한 번 재주를 부리니까 7년이 훽 지나가 버립니다. 한 번 더 재주를 부리니까 14년이 지나가 버립니다. 젊음도 청춘도 다 지나가 버렸습니다. 만일 하나님께서 도와주지 않으셨더라면 야곱은 한평생 종노릇이나 하면서 살았을 것입니다.

하나님께서 야곱의 생애를 통해서 우리에게 보여 주시는 것이 무엇입니까? 눈에 보이는 권력이나 부귀는 그냥 구경거리라는 것입니다. 그것을 잡으면 걸려들게 되어 있다는 것입니다. 하나님은 자기 백성들의 모든 필요를 직접 채워 주십니다. 그것으로 살아야 합니다. 내 여자가 많이 있는 것이 아닙니다. 내 여자는 조강지처 한 명뿐입니다. 또 그 한 명도 주시지 않는다면 그냥 없는 대로 살아야 합니다. 그런데 눈에 보이는 모든 여자들을 다 자기 여자처럼 생각해서 그 여자들이 결혼할 때마다 가슴아파하는 사람은 영락없이 걸려들게 되어 있습니다. 아파트가 보일 때마다 '저게 내 아파트가 되어야 하는데!' 하는 사람은 걸려들게 되어 있습니다. 기름이 쫙 빠질 때까지 절대 빠져 나오지 못할 것입니다.

여러분, 하나님은 필요한 모든 것을 다 주십니다. 그것을 믿는 것이 믿음입니다. 눈에 보이는 것을 움켜쥐면 위험합니다. 잡았다고 생각하는 순간 인생 밑바닥으로 떨어져서 내 머리를 믿고 산 결과가 어떤 것인지 철저히 보게 될 것입니다. 잘나가는 사람을 절대로 부러워하지 마십시오. 잘나가는 것은 결코 좋은 일이 아닙니다. 그 사람이 정말 택한 백성이라면 한순간에 바닥으로 넘어질 것입니다. 가장 현명한 사람은 하나님의 때를 기다리는 사람입니다.

리브가의 한계

지금까지 야곱이 붙들고 살았던 것은 어머니 리브가의 지혜와 눈먼 사랑이었습니다. 리브가는 야곱을 사랑했고, 이 집에서 리브가를 무시할 수 있는 사람은 아무도 없었습니다. 그러나 하나님의 때가 되자 리브가는 자기가 더 이상 야곱을 도울 수 없다는 사실을 깨닫게 되었습니다.

> 맏아들 에서의 이 말이 리브가에게 들리매 이에 보내어 작은아들 야곱을 불러 그에게 이르되 네 형 에서가 너를 죽여 그 한을 풀려 하나니, 내 아들아, 내 말을 좇아 일어나 하란으로 가서 내 오라버니 라반에게 피하여 네 형의 노가 풀리기까지 몇 날 동안 그와 함께 거하라 (27:42-44).

사람이 그렇게 자신있게 날뛸 수 있는 것은 무언가 붙들고 의지하는 것이 있기 때문입니다. 큰소리치는 사람 뒤에는 돈이 있든지 학벌이 있든지 건강이 있든지, 분명히 뭔가 믿을 만한 것이 있게 마련입니다. 지금까지 야곱이 그렇게 자신있게 살 수 있었던 이유가 무엇입니까? 어머니 리브가가 있었기 때문입니다. 야곱이 한 일 중에 리브가의 머리에서 나오지 않은 것이 없었습니다. 리브가는 야곱이 기댈 수 있는 보루였습니다.

그러나 하나님의 때가 이르자 리브가도 도움이 되지 못했습니다. 리브가가 무엇이라고 이야기합니까? "이제 나도 너를 지켜줄 수 없으니 먼 곳으로 도망치라"는 것입니다. 리브가 생각에 야곱이 가장 안전하게 있을 수 있는 곳은 오라비 라반의 집이었습니다. 그런데 거기가 바로 지옥이었습니다. 라반은 무려 14년 동안 야곱을 종처럼 부렸습니다. 리브가는 라반이 외삼촌이니 야곱을 잘 돌봐줄 테고, 또 조금만 시간이 지나면 에서의 분이 풀려서 집으로 돌아올 수 있을 것이라고 생각했습니다. 그러나 이것으로 리브가의 역할은 끝나고 맙니다. 그는 다시는 야곱의 생애에 간섭할 수가 없었습니다.

야곱은 무엇보다 어머니와 분리될 필요가 있었습니다. 어머니 때문에 하나님 앞에 홀로 설 수가 없었기 때문입니다. 믿음은 하나님 앞에 나 홀로 서는 것입니다. 그런데 누군가 책임져 주는 사람이 있으면 하나님 앞에 홀로 서려고 하지 않고 언제나 그 사람 뒤에 있으려고 합니다. 그럴 때 하나님은 그 사람에게 자랑거리가 되고 의지가 될 만한 것을 거두어 가심으로써, 자기 자신의 모습을 있는 그대로 보게 하십니다.

사람들 사이에 있으면 거짓된 칭찬에 속아서 자기가 대단한 사람이나 되는 것처럼 착각하기 쉽습니다. 그러나 한번 어려움에 처해 보면 나라는 존재가 얼마나 무력하며 보잘것없는 존재인지를 깨닫게 됩니다. 자기를 바로 보려면 인생 밑바닥까지 내려가야 합니다. 끼니를 해결할 수 없을 정도로 가난해져 보면 자기가 자랑하던 학벌이 오히려 더 부끄럽게 느껴지고, 불치의 병에 걸려서 엄청난 수술을 눈앞에 두고 있으면 그동안 자기가 직책을 믿고 날뛴 것이 얼마나 부끄러운 일이었는지 비로소 깨달아집니다.

오늘날 사람들은 별 것 아닌 것을 마치 대단한 것이나 되는 양 의지하면서 살아가고 있습니다. 그러나 사실 우리들은 비닐하우스 안에 있는 식물과 같습니다. 비닐하우스 안에 있을 때는 아무 문제 될 것이 없습니다. 공부만 잘하면 그만이지요. 그러나 만약 그 비닐하우스를 덮고 있는 비닐이 벗겨진다면 그 안에 있는 식물들은 그대로 다 죽고 말 것입니다.

우리는 인간 사회가 가지는 마력에 주의할 필요가 있습니다. 우리 사회는 비닐하우스와 같습니다. 그 안에서는 남들보다 조금 덜 자면서 조금 더 노력하면 인정을 받을 수 있습니다. 그러나 비닐하우스를 안전장치가 벗겨지듯이 그 사회 전체에 위기가 닥칠 때에는 학벌이나 재주가 아무 소용이 없습니다. 그래서 하나님의 학교에는 비닐이 없습니다. 거기에는 칭찬해 주는 사람이 없어요. 자기 자신의 모습을 있는 그대로 적나라하게 보게 하십니다.

야곱은 자기 머리를 굴리면 굴릴수록 점점 깊은 수렁에 빠져들게 된다는 것을 알았습니다. 나중에 애굽의 총리가 막내아들을 보내라고 했을 때 야곱이 어떻게 했습니까? 옛날의 야곱 같았으면 다른 종을 보내면서 아들이라고 속였을 것입니다. 그러나 야곱은 죽으면 죽으리라는 심정으로 베냐민을 보냈습니다. 하나님의 말씀 하나 붙들고 사는 것이 얼마나 복된 일인지 깨달았기 때문입니다.

하나님의 백성들이 기억해야 할 철칙은 머리를 복잡하게 굴리면 굴릴수록 남는 결과가 없다는 것입니다. 그것은 연단의 기간만 연장시킬 뿐입니다. 머리 한 번 굴리면 10년이 지나갑니다. 고민을 세 번만 하고 나면 30년이 그냥 흘러가 버려요. 어느새 갑자기 늙어 있는 자신을 발견하게 됩니다.

하나님은 우리가 이 세상에 있는 것들을 움켜쥐는 것을 절대로 허락하시지 않습니다. 그것은 이 세상이 돌아갈 수 있도록 해 주는 밑천에 불과한 것으로서, 하나님의 백성이 움켜쥘 수 있는 것이 아니기 때문입니다. 그저 바보처럼 하나님 앞에 엎드려 그분만 바라보고 있으면 필요한 모든 것을 다 채워 주십니다. 하나님께서는 야곱의 필요를 다 채워 주시는 분이었습니다. 야곱이 그렇게 거짓말하고 사기쳐서 얻은 것들을 보니 그것은 원래 하나님이 주시려고 했던 것이었습니다. 단지 고생만 실컷 하고 종살이만 엄청나게 하면서 그 많은 시간을 허비했을 뿐입니다.

야곱이 결국 깨달은 것이 무엇입니까? 하나님 앞에서 능력이 좀 부족한 것은 큰 문제가 아니라는 것입니다. 학벌이 좀 모자란 것은 큰 문제가 아니라는 것입니다. 하나님 앞에서 가장 큰 문제는 기질이라는 것입니다. 종살이 기간을 길게 만드는 것은 바로 이 기질입니다. 이 기질이 다 닳아 없어질 때까지 종살이를 해야 합니다. 눈에 보이는 것은 아무것도 아니라는 것을 깨달을 때까지 종살이를 해야 합니다.

우리는 예수를 믿는다고 하지만 사실은 믿지 않습니다. 우리가 진짜 믿는 것은 자기 능력과 학벌과 부모의 재산입니다. 겉으로는 정직한 것 같아도 실제로는 사기꾼들입니다. 하나님이 주시지 않은 것을 움켜쥐려고 하는 사람은 사기꾼입니다. 우리는 왜 정직해지지 못합니까? 자기 욕심을 포기하지 못하기 때문입니다. 하나님의 뜻이 아닌 줄 알면서도 하고 싶으니까 하는 것, 그것이 거짓말이고 사기입니다. 그것이 전부 없어질 때까지 야곱은 참된 자유를 얻지 못한 채 계속 노예생활을 해야 했습니다. 눈에서 피눈물이 흐릅니다. 잠을 제대로 자 본 적이 없습니다. 계속 쫓겨다닙니다. 한 번 욕심을 부릴 때마다 7년씩 종노릇을 합니다.

오늘 우리가 하나님 앞에서 깨달아야 할 것이 무엇입니까? 지금이라도 나의 야망과 계획을 내려놓고 하나님께서 나에게 필요한 것을 이미 다 주셨다고 생각하는 것입니다. 그래서 그 무엇보다 하나님 앞에 나아오는 것을 가장 중요하게 생각하면서 하나님의 은혜로 내 마음이 채워지기를 원하는 것, 그것이 20년, 30년의 방황을 단축하는 지혜입니다. 그렇게 할 때 하나님께서는 우리 안에 있는 거짓말하는 본성이나 추악한 자존심이 전부 빠져 나가게 하셔서 하나님 앞에서 참으로 천사 같은 모습으로 서게 하십니다.

나중에 야곱이 변화된 모습을 보십시오. 거짓이라고는 찾아볼 수가 없지 않습니까? 그는 참으로 진실을 사랑하게 되었습니다. 왜 그렇게 되었습니까? 자기 안에 있는 거짓에 철저하게 실망하고 환멸을 느꼈기 때문입니다. 그는 이 거짓말하는 본성이야말로 하나님의 은혜와 축복을 막는 것으로서, 자기가 그토록 오래 비참한 종노릇을 하게 된 원인이었다는 것을 잘 알고 있었습니다.

단지 거짓말을 하지 않는다고 해서 정직한 것이 아닙니다. 예를 들어 어떤 한 부분만 이야기하는 것은 진실이 아닙니다. 전체를 다 이야기해야 합니다. 자기한테 불리한 사실은 감추고 유리한 사실만 강조함으로써 다른 사람들을 바른 관계에 있지 못하게 하는 것은 거짓말입니다. 모든 것을 자기 기준에 따라 설명하고 해석하는 것은 정직하지 못한 것입니다. 이 모든 것은 하나님의 연단을 통해 걸러져야 할 것들입니다. 결국에는 이런 식으로 자신에게 유리하게 모든 것을 끼워 맞추는 것이 얼마나 혐오스럽고 거짓된 일인지 깨닫게 될 것입니다.

이제 리브가가 하는 말을 들어 보십시오.

> 리브가가 이삭에게 이르되 내가 헷 사람의 딸들을 인하여 나의 생명을 싫어하거늘 야곱이 만일 이 땅의 딸들, 곧 그들과 같은 헷 사람들의 딸들 중에서 아내를 취하면 나의 생명이 내게 무슨 재미가 있으리이까(27:46).

이것은 리브가가 야곱을 도망시키기 위해 남편의 허락을 구하는 말입니다. 야곱이 결혼을 해야 한다는 것이나 에서의 가나안 아내들이 리브가를 괴롭힌다는 것은 사실입니다. 그러나 이것은 부분적인 사실이었습니다. 실제로 야곱을 보내는 이유는 무엇입니까? 에서로부터 피신시키기 위해서입니다. 그런데 사실대로 이야기하면 이삭이 허락하지 않을 것 같으니까 여자를 구하는 문제를 핑계로 삼은 것입니다. 에서가 야곱을 죽이려고 하기 때문에 피신시켜야겠다고 하면 이삭이 믿겠습니까? 그러니까 엉뚱하게 다른 일을 핑계 삼음으로써 결국 야곱을 도망시키는 데 성공했습니다.

이것은 리브가가 야곱을 위하여 해줄 수 있는 마지막 거짓말이었습니다. 앞으로 야곱은 넌더리가 날 정도로 자기의 거짓말하는 기질을 원망하고 혐오하게 될 것입니다. 그렇게 되지 않으면 그 안에서 거짓말하는 본성이 빠져 나가지 않을 것이기 때문입니다. 야곱은 리브가와 단절되어야 했습니다. 그래야 자기 모습을 보고 그때부터 하나님 앞에서 새로워질 수 있기 때문입니다.

에서의 역할

사기꾼 야곱을 성도 야곱으로 만들기 위해서는 뛰어난 훈련 조교가 필요했습니다. 야곱에게는 아주 뛰어난 조교가 두 명 있었습니다. 만약 이 두 사람의 수고가 없었더라면 위대한 믿음의 사람 야곱은 만들어질 수 없었을 것입니다. 한 사람은 바로 야곱의 쌍둥이 형 에서입니다. 또 한 사람은 야곱이 하란에서 만나게 되는 외삼촌 라반입니다.

에서는 무엇보다 야곱을 이 집에서 쫓아내는 데 혁혁한 공을 세웁니다. 에서가 아니면 누가 감히 야곱을 이 집에서 쫓아낼 수 있겠습니까? 늑대를 길들일 수 있는 것은 곰밖에 없습니다. 이 곰이 집에 버티고 있는 한 야곱은 집으로 돌아갈 수가 없습니다. 야곱은 외삼촌 집에서 힘들 때마다 집으로 돌아가 엄마 품에서 울고 싶었을 것입니다. 그러나 아무리 집으로 돌아가고 싶어도 돌아갈 수가 없었습니다. 이렇게 무서운 곰이 버티고 있는데 어떻게 돌아갑니까? 하나님의 때가 다 차기까지 그는 돌아가지 못했습니다.

또 다른 조교인 외삼촌 라반은 처음에는 야곱에게 잘 해주는 것 같았습니다. 그러나 결국에는 야곱을 뛰어넘는 천재적인 머리로 그를 철저하게 이용해 먹었습니다. 리브가 집안 사람들이 머리가 굉장히 좋은 것 같아요. 라반과 리브가는 속이는 데 천재였습니다.

에서나 라반은 야곱에게 가장 가까운 사람들이었지만 실제로는 원수였습니다. 자기 집 안에 있는 원수였어요. 그들의 역할이 무엇이었습니까? 야곱으로 하여금 철저하게 자기 자신을 보게 한 것입니다. 야곱은 에서의 무서운 분노를 보면서 '아버지의 축복을 받아 낸 것은 복을 받는 길이 아니라 완전히 내 무덤을 파는 짓이었다'는 것을 깨달았습니다. 야곱은 그 뒤에도 두고두고 그때의 끔찍했던 순간을 기억했을 것입니다.

에서와 라반은 절대로 야곱을 추켜세워 주지 않았습니다. 어머니 리브가 앞에서는 그렇게도 당당했던 야곱이 이들 앞에만 서면 자꾸 작아졌습니다. 왜 그랬습니까? 이들은 철저한 현실주의자였기 때문입니다. 어떤 의미에서 하나님의 백성들은 환상을 먹고 사는 사람들이라고 할 수 있습니다. 하나님께서 은혜받을 자격이 없는 우리들을 무조건 사랑하시니까, 자신이 마치 대단한 사람인 것처럼, 그렇게 사랑받을 만한 자격이 있는 것처럼 착각하기 쉽습니다. 그때 우리를 이런 잘못된 환상에서 철저하게 깨어나게 하는 사람이 누구입니까? 우리 가까이에 있는 불신자들입니다.

그들은 놀라울 정도로 우리의 약점을 잘 파악하고 있습니다. 그래서 큰 은혜를 받고 집에 가면 가차없이 내 약점만 파고들어서 형편없는 내 모습을 보지 않을래야 보지 않을 수 없게 만듭니다. 예배를 드릴 때에는 그렇게도 엄청나게 보였던 자신이 회사에서 일을 처리하거나 학교에서 시험 문제를 받아 보고 나면 그렇게 작아질 수가 없어요. 저는 그런 사람들을 '가까운 원수'라고 부릅니다. 이들은 그리스도의 사랑이라고는 전혀 모르는 사람들입니다. 그들은 나의 약한 부분만 사정없이 파고들어서 늘 나를 비참하게 만드는 사람들입니다.

그러나 그들은 공연히 그렇게 하는 것이 아닙니다. 그들은 하나님의 훌륭한 훈련 조교입니다. 하나님의 특급명령을 받고 이 일을 하고 있는 거예요. 사실 이런 분들에게 월급을 주면서 훈련을 시켜 달라고 해야 하는데, 무보수로도 얼마든지 우리를 괴롭힐 마음의 각오가 되어 있으니 얼마나 좋습니까? 특히 에서는 더 귀한 사람입니다. 본인만 야곱을 괴롭힌 것이 아니라 그 자손들까지 두고두고 이스라엘 백성들의 교관 노릇을 톡톡히 했으니 말입니다.

그런데 우리가 기억해야 할 것은 그 교관들에게는 아무 상이 없다는 것입니다. 그들은 자기 기질에 따라 그렇게 한 것일 뿐입니다. 그런데 나타난 결과는 무엇입니까? 하나님의 백성들이 더 순결해지고 더 정직해지고 더 믿음 위에서 성장한 것입니다. 만일 에서가 없었더라면 믿음의 조상 야곱은 절대로 만들어질 수 없었을 것입니다. 다른 사람 같았으면 그렇게까지 오래 야곱을 기억하면서 괴롭힐 필요가 없었을 거예요. 남이라면 무슨 상관이 있겠습니까? 그러나 쌍둥이이기 때문에 잊을래야 잊을 수가 없고 만나지 않을래야 만나지 않을 수가 없는 것입니다. 그래서 그는 야곱의 몸속에 남아 있는 정직하지 못한 기질이 다 빠져 나갈 때까지 두고두고 괴롭히고 두렵게 만들면서 끝까지 수고했습니다.

오늘 본문이 우리에게 말씀하는 것이 무엇입니까? 하나님의 백성들이 이 세상의 부귀나 영화를 움켜쥐는 것은 성공이 아니라는 것입니다. 그것은 단지 그들이 얼마나 하나님의 말씀을 믿지 못하며 얼마나 좋지 못한 기질을 가지고 있는지, 따라서 얼마나 많은 연단이 필요한지를 보여 주는 표지일 뿐입니다. 그래서 어떤 하나님의 백성이 세상적인 방법으로 엄청나게 출세를 하고 돈을 벌었다면, 그는 성공한 만큼 낮아져야 하고 멀리 간 만큼 되돌아와야 합니다. 성공한 만큼 눈물과 피땀을 쏟아야 하나님의 은혜를 받을 수 있습니다.

하나님의 백성들은 이 세상의 것을 움켜쥐려고 해서는 안 됩니다. 그냥 보기만 해야 합니다. 때가 되면 하나님께서 나에게 필요한 모든 것을 다 채워 주실 것이기 때문입니다. 만약 하나님이 주시지 않은 것을 많이 가지고 있다면 그것은 전부 부담으로 나타나게 될 것입니다. 많이 가진 만큼 특별 훈련을 받아야 합니다.

야곱이 거짓으로 차지한 아버지의 축복은 복이 아니었습니다. 그가 얼마나 간교하며 믿음이 없는가를 보여 주는 표지일 뿐이었습니다. 하나님의 백성들은 미리 자기 속에 있는 모든 거짓을 버려야 합니다. 자기에게 유리한 것만 이야기하는 진실은 진실이 아닙니다. 참으로 다른 사람들과 바른 관계에 있게 되기를 사모하기까지, 그는 많은 눈물을 흘려야 하며 조교들의 길고 긴 훈련을 받아야 합니다.

우리를 훈련시켜 줄 조교들은 주변에 얼마든지 많습니다. 직장에도 많고 형제들 중에도 많습니다. 시집 식구들도 전부 다 훌륭한 훈련조교로 사용될 수 있습니다. 에서를 미워하지 마십시오. 에서가 없다면 우리는 참된 하나님의 백성으로 만들어지지 않을 것입니다. 에서는 나를 위해 월급도 받지 않고 수고하고 있습니다.

내 안에 있는 강한 기질들을 생각할 때 많은 연단과 훈련이 필요하다는 것을 고백하십시오. 내가 사기꾼이며 거짓말쟁이라는 것, 말로는 믿는다고 하지만 실제로는 내 기질과 속임수대로 모든 것을 다 움켜쥐는 간악한 야곱이라는 것을 하나님 앞에 고백하십시오. 그러면 20년, 30년의 방황이 단축될 것입니다.

아무리 말로는 하나님의 자녀라고 해도 끝까지 연단받지 않는 사람은 하나님의 자녀가 아닙니다. 만일 여러분이 하나님의 택한 자녀라면 절대로 여러분의 뜻대로 되지 않을 것입니다. 부귀와 영광을 손에 움켜쥐었다고 생각하는 그 순간, 하나님의 연단이 시작될 것입니다.

어떻게 하든 다른 사람과 정직한 관계에 있도록 노력하십시오. 다른 사람에게 알릴 것은 충분하게 알림으로써 바른 관계에 서십시오. 나에게 유익한 것은 과대평가하고 불리한 것은 전부 감추어서 자기에게 유리한 쪽으로 모든 것을 몰아가는 것은 야곱의 기질이고 거짓말이며 사기꾼의 본성입니다.

하나님께서 나의 필요를 채워 주시기를 기다리는 사람은 수십 년을 단축할 수 있습니다. 다른 사람과 바른 관계에 있기 위해서 애를 쓰는 사람은 이 무서운 종살이를 피할 수 있으며 풍성한 삶을 누릴 수 있다는 것을 잊지 마십시오.

10

신앙과 결혼

지금 미국에는 제 처형들이 살고 있고, 미국에서 태어나서 자란 조카들이 있습니다. 그 아이들이 방학이 되어서 한국을 찾아왔을 때 제가 한번 물어 보았습니다. "너희는 스스로 미국 사람이라고 생각하니? 한국 사람이라고 생각하니?" 그랬더니 그 아이들이 한참 생각하다가 "둘 다"라고 대답했습니다. 그래서 다시 "그러면 앞으로 미국 사람과 결혼할 거니? 한국 사람과 결혼할 거니?" 하고 물어 보았더니, 그중에 한 아이가 주저하지 않고 "미국 사람"이라고 대답했습니다. 그래서 또 다시 물어 보았습니다. "부모님은 너희가 미국 사람과 결혼하는 것을 좋아하시니?" 그들의 대답은 "절대로 노우!" 라는 것이었습니다. 그러나 이렇게 부모님이 반대하는데도 불구하고 결혼은 자기 문제이니만큼 자기가 잘 아는 사람, 사랑하는 사람과 하겠다는 것입니다.

왜 한국 부모들이 미국 사위나 미국 며느리를 좋아하지 않습니까? 그들의 머릿속에 들어 있는 것이 한국 사위나 한국 며느리상이기 때문입니다. 그들에게는 미국 사위나 미국 며느리들에 대한 상이 없습니다. 미국에 가서 산 지는 오래되었지만 그래도 여전히 한국 사람입니다. 그래서 자녀들이 한국에 가서 한국 사람과 결혼해 오기를 바랍니다. 그러나 아이들로서는 단지 주변에 한국 사람이 많지 않기 때문만이 아니라, 오히려 한국 사람보다는 미국 사람이 더 가까이 있고 언어와 사상이 더 잘 통하며 그 문화가 더 체질에 잘 맞기 때문에 미국인과 결혼해도 상관이 없다고 생각하는 것입니다.

미국에 사는 부모들이 자기 자녀가 한국 사람과 결혼하기를 바라는 것은 문화적인 이유 때문입니다. 그런데 우리는 오늘 본문에서 문화적인 이유와는 또 다른 이유로 가까운 곳에서 결혼 상대를 구하지 못하는 사람을 보게 됩니다. 그 사람은 바로 신앙적인 이유 때문에 가까운 곳에서 결혼 상대를 구하지 못하고 먼 곳에 있는 어머니의 고향까지 가야 하는 야곱입니다. 야곱은 축복 사건 때문에 형 에서의 미움을 받아 어쩔 수 없이 집에서 도망쳐야 할 형편이 되었습니다. 어머니 리브가는 이것이야말로 야곱이 결혼할 기회라고 생각하고, 남편 이삭을 열심히 설득해서 야곱을 자신의 친정에 보내 아내를 구하게 하는 일을 허락받습니다.

오늘 본문에는 일관되게 흐르고 있는 사상이 하나 있습니다. 그것은 가나안 여자는 결코 야곱의 아내가 되어서는 안 된다는 것입니다. 도대체 가나안 여자들이 어떻길래 성경이 이렇게 일관되게 거부하는 것일까요?

야곱이 지금까지 결혼을 못하고 있었던 것은 아마도 어머니 리브가의 반대가 너무나도 심했기 때문이었던 것 같습니다. 리브가는 가나안으로 시집와 가나안 땅에서 오래 살았지만 결코 가나안 여자가 될 수 없었습니다. 마치 한국 여자가 미국으로 시집가 오래 살았다고 해서 미국 여자가 될 수 없는 것처럼 리브가는 가나안 여자가 될 수 없었습니다. 남편과 아들들은 모두 가나안에서 태어났고 가나안에서 자랐기 때문에 그 사고방식에 익숙했고, 따라서 가나안 여자들의 문제를 잘 알지 못했습니다. 그러나 밧단아람에서 살다가 성인이 되어 시집온 리브가는 가나안 여자들의 사고방식과 생활방식을 누구보다도 정확하게 비판할 수 있었습니다. 그래서 리브가는 가나안 여자는 절대로 야곱의 결혼 상대가 될 수 없다고 일관되게 주장했습니다.

오늘 본문은 믿음의 사람 야곱은 절대로 가나안 여자와 결혼해서는 안 된다고 분명히 말씀하고 있습니다. 성경이 왜 그토록 가나안 여자를 거부하고 있으며 이 진리가 오늘 우리들에게 말씀하려고 하는 것은 무엇인지를 살펴보는 것이 이 설교의 목적입니다.

가나안 여자의 문제

이삭이 야곱을 불러 그에게 축복하고 또 부탁하여 가로되 너는 가나안 사람의 딸들 중에서 아내를 취하지 말고 일어나 밧단아람으로 가서 너의 외조부 브두엘 집에 이르러 거기서 너의 외삼촌 라반의 딸 중에서 아내를 취하라(28:1, 2).

성경은 워낙 많은 사실을 생략하고 있기 때문에, 성경이 왜 이렇게까지 가나안 여자들을 싫어하고 거부하는지 그 이유를 알 수가 없습니다. 가나안 여자들의 문제를 아브라함이나 이삭의 시대에서 찾으려고 들면 완벽한 해답을 찾을 수가 없습니다. 이 문제를 제대로 보려면 노아 시대로 거슬러 올라가야 합니다. 그렇지 않으면 성경이 일관되게 가나안 여자를 거부하고 있는 이유를 찾을 수가 없습니다.

우리는 무엇보다 먼저 노아 홍수가 일어나게 된 원인을 생각해 보아야 합니다. 창세기 6장 1절과 2절을 보십시오.

사람이 땅 위에 번성하기 시작할 때에 그들에게서 딸들이 나니 하나님의 아들들이 사람의 딸들의 아름다움을 보고 자기들의 좋아하는 모

든 자로 아내를 삼는지라

이 말씀은 노아 홍수가 일어나게 된 배경에 대해, 하나님의 아들들이 사람의 딸들을 좋아해서 그들의 육체적인 미모를 보고 결혼했기 때문이라고 말씀하고 있습니다. 그래서 어떤 사람은 여기에 나오는 "하나님의 아들들"이 '천사'를 의미한다고 말하면서, 타락한 천사와 사람이 결혼한 것이 노아 홍수 심판의 시작이라고 말하기도 합니다. 그러나 여기에서 하나님의 아들들은 천사가 아닙니다. 이것은 경건한 '신앙의 아들들'을 가리키는 말입니다. 하나님께서 인간의 구원을 위해 보존해 놓으신 경건한 후손들을 "하나님의 아들들"이라고 표현하고 있는 것입니다.

그런데 이 경건한 후손들이 신앙 없는 가인의 딸들의 미모에 반해서 그들과 결혼하게 되었습니다. 그래서 셋의 후손들이 그대로 보존되지 못하고 가인의 후손들과 섞이면서 경건한 사람들이 없어지게 된 것이 노아 홍수의 원인 가운데 하나가 되었습니다. 다시 말해서 하나님을 믿는 신앙을 지켜야 할 사람들이 정욕적인 결혼을 함으로써 신앙에서 떠나게 된 것이야말로 무서운 심판을 불러오는 결과를 가져오게 되었다는 것입니다. 이런 결혼은 진정한 교회의 모습을 완전히 파괴시킬 것이며 결국에는 하나님의 구원을 망칠 것입니다. 그래서 하나님은 그들을 홍수로 심판하셔서 노아의 여덟 식구만 남겨 놓으셨습니다.

그런데 문제는 여기에서 끝나지 않았습니다. 홍수가 다 끝난 후에 노아는 포도 농사를 짓고 그 열매로 술을 만들어 마셨습니다. 그런데 얼마나 마셨던지 완전히 취해서 옷을 전부 벗은 채 장막 안에서 잠이 들었습니다. 그때 노아의 아들 함이 아버지의 벌거벗은 모습을 보고 두 형제 앞에서 아버지를 비난했습니다. 그런데 나중에 술이 깨서 이 사실을 알게 된 노아는 함이 아니라 그 아들 가나안을 저주했습니다. 문제는 바로 이것입니다. 아버지를 욕한 것은 함인데 왜 노아는 함의 작은아들 가나안을 저주했을까요?

성경이 문제 삼고 있는 것은 사람 안에 있는 부패한 본성의 확산입니다. 노아 홍수는 하나님께서 만연되어 있는 부패한 본성을 청소함으로써 경건한 씨를 남겨 놓으신 일종의 개혁 운동이었습니다. 사람 안에는 타락하고 부패한 본성이 있습니다. 그런데 이 부패한 본성이 어떻게 확산됩니까? 모방에 의해서 확산됩니다. 누군가 나쁜 짓을 하는 것을 보면 다른 사람들도 따라 하게 되어 있습니다. 또 때로는 보지도 않았는데 창조적으로 악한 짓을 하는 사람들도 있습니다. 그것은 유전에 의한 죄의 확산입니다. 그런데 이러한 모방과 유전을 합작해서 돌이킬 수 없을 정도로 죄의 성향을 굳혀 버리는 일이 바로 악한 성향을 가진 자와 결혼하는 것입니다. 악한 성향을 가진 자와 결혼으로 연합될 때 그 사이에서 태어나는 자식은 어떤 부분은 모방을 통해서, 어떤 부분은 스스로 창조해 냄으로써 확실한 방법으로 악을 배우게 되어 있습니다.

하나님께서는 그리스도가 오실 때까지 경건한 후손이 남기를 원하셨습니다. 그러나 경건한 후손들이 가인의 후손들을 보고 그들의 육체적인 아름다움에 매료되면서, 하나님의 구원 계획은 큰 위기를 맞이하게 되었습니다. 물론 노아 홍수는 인간들의 죄에 대한 하나님의 심판이기도 하지만 다른 한편으로는 경건한 씨를 보존하기 위한 하나님의 어쩔 수 없는 결단이기도 했습니다. 그러나 이런 심판이 끝난 후에도 노아 자신과 그 아들들 안에 이 부패한 바이러스는 여전히 살아 있었습니다.

홍수가 끝난 후 포도주에 취해서 벌거벗고 쓰러졌을 때, 노아는 분명히 어떤 성적 충동에 사로잡혔습니다. 그냥 더워서 옷을 벗은 게 아니에요. 더워서 벗었다면 윗옷만 벗으면 되는데 아래까지 다 벗지 않았습니까? 그는 아주 좋지 않은 성적 충동에 사로잡혔던 것이 분명합니다. 그리고 함이 그 아버지의 벗은 모습을 보았다는 것도 그냥 단순히 본 것이 아닙니다. 동성애적인 마음을 가지고 굉장히 자세하게 살펴보면서 아주 좋지 않은 상상을 한 것입니다.

노아는 이 모든 사건이 터지고 난 뒤에 자기 안에 있는 죄의 본성과 자기 아들 안에 있는 죄의 본성을 놓고 깊이 근심했습니다. 함도 문제였지만 함의 작은아들 가나안은 특히나 성적으로 예민하고 부패한 성향을 가지고 있었습니다. 그러므로 노아의 저주는 단순히 아들의 버릇 없는 비난에 대한 보복이 아니었습니다. 전에 살펴보았듯이 '가나안은 종이 되어야 한다'는 말 때문에 흑인들을 노예로 팔아먹어도 된다고 생각한 것은 성경을 너무나도 잘못 해석한 것입니다. 노아는 자기 자신도 문제이고 함도 문제지만, 특히 가나안이라는 함의 아들에게 지나치게 나타나고 있는 추악한 성적 경향을 경고하는 예언을 한 것입니다.

그런데 가나안 여자들은 바로 이 가나안의 후손들입니다. 이것을 보면 가나안 여자들의 성향을 능히 짐작할 수 있지 않습니까? 가나안 여자들은 단순한 불신자가 아니었습니다. 그들은 마치 섹스 종교의 전도사나 되는 것처럼 육체의 쾌락에 헌신한 자들이었습니다. 마치 나실인이 하나님께 헌신되듯이 가나안 여자들은 섹스에 헌신된 자들이었습니다.

우리는 음식이 부패하는 것을 자주 봅니다. 아무리 맛있는 음식이라도 시간이 지나면 맛이 변하고 곰팡이가 피면서 썩기 시작합니다. 이것을 부패한다고 합니다. 이처럼 사람의 정신도 부패합니다. 항상 새로운 도전과 건전한 생각이 없으면 갑자기 허망해지면서 말도 안 되는 더러운 생각에 빠지게 됩니다. 그것이 바로 생각이 부패하는 것입니다. 보통 그런 사람들을 '맛이 갔다'고 하지요. 그런데 가나안 여자들은 맛이 간 정도가 아니라 회복이 도저히 불가능할 정도로 부패한 가치관과 성 문화를 가지고 있었습니다. 하나님께서는 그들의 성적인 타락이나 정신적인 부패를 억제하지 않고 내버려 두심으로써 그들을 영원히 버리기로 작정하셨습니다. 로마서 1장에 나오는 말씀 그대로입니다.

또한 저희가 마음에 하나님 두기를 싫어하매 하나님께서 저희를 그 상실한 마음대로 내어버려 두사 합당치 못한 일을 하게 하셨으니(롬 1:28).

단지 하나님을 모르고 우상을 섬기는 것만이 가나안의 문제가 아니었습니다. 단순히 하나님을 믿지 않는 것이 아니라, 정상적인 이성으로 보아도 무언가 너무 지나친 면이 있는 사람들이었어요. 그들은 사람들의 기준에서 보아도 '맛이 간' 여자들이었습니다. 아직 지옥에는 가지 않았지만 이 세상에서 사는 것만 보아도 그 궁극적인 결과를 능히 짐작할 수 있는 삶을 살고 있었습니다. 가나안 여자들의 이런 모습을 본 리브가는, 야곱은 절대로 가나안 여자들과 결혼해서는 안 된다고 주장했습니다.

결국 성경이 말씀하고 있는 것이 무엇입니까? 우리의 마음속에는 부패한 죄의 바이러스가 있다는 것입니다. 감기 바이러스와 비슷하게 생각하면 좋겠습니다. 감기약을 먹는다고 해서 바이러스가 죽는 게 아니에요. 늘 잠복해 있다가 여건만 나빠지면 활동을 재개해서 사람을 자리에 눕게 만듭니다. 요새는 감기가 중병입니다. 옛날에는 누워서 땀만 흘리면 나았는데, 요즘은 한번 걸리면 두세 달 고생하는 것은 예사입니다. 초가을에 감기 걸린 사람이 눈 내릴 때까지 회복이 안 되어서 영육간에 침체되어 있는 모습을 자주 볼 수 있지 않습니까?

우리 안에 있는 죄의 바이러스도 마찬가지입니다. 늘 잠복하고 있다가 기회만 주어지면 다시 활동하기 시작합니다. 죄의 바이러스가 가장 활발하게 활동하는 때가 언제입니까? 혼자 있을 때입니다. 식구들이 다 나가고 집에 혼자 있거나 화장실에 혼자 앉아 있을 때, 이 바이러스는 활발하게 활동합니다. 공중화장실에 가 보면 낙서가 없는 곳이 없어요. 또 다른 사람이 음란한 짓을 하는 것을 보거나 그런 종류의 책이나 영화를 볼 때 이 죄의 바이러스는 급격하게 증폭되어 버립니다. 그러나 이렇게 혼자 있을 때 짓는 죄는 하나님의 은혜로 진압될 수 있습니다. 하나님의 말씀을 듣거나, 시간이 지나면서 정신이 들면 불길이 잡히게 되어 있습니다.

그런데 악한 성향을 가진 자들과 친구 관계를 맺게 되면, 이 악한 성향이 지속적으로 그 사람을 지배하게 됩니다. 성경에서 이런 사상을 정확하게 말씀하고 있는 구절이 고린도전서 15장 33절입니다.

속지 말라 악한 동무들은 선한 행실을 더럽히나니

여기에서 "악한 동무들"이란 '나쁜 교제'를 의미합니다. 부패한 성향을 가진 자들과 지속적인 친구 관계를 맺는 것보다 그리스도인들에게 더 위험하고 치명적인 일이 없다는 것입니다. 하물며 그런 성향을 가진 사람과 결혼한다는 것은 생각과 마음을 죄에 내주는 것이나 다름없는 일입니다.

성경에서 남자는 머리요 여자는 몸이라고 했으니 머리가 몸을 잘 지배하면 되지 않겠느냐고 할 사람도 있겠지만, 그렇게는 안 됩니다. 머리를 움직이는 것은 몸입니다. 우리는 보통 남자를 바꾸기 어렵다고 하지만 실제로 더 바꾸기 어려운 것이 여자의 가치관이요 생활방식입니다. 여자가 이불에서 속삭이는 소리에 넘어가지 않는 남자가 없다는 말들도 하지 않습니까? 그 속삭임이 "내일 우리 새벽기도 함께 갑시다" 같은 것이라면 좋겠지만, "내일 우리 죄 지읍시다. 사람이 얼마나 음란해질 수 있는지 한번 해봅시다" 같은 것이라면 정말 큰일나는 것이지요.

어떤 이들은 예수님도 죄인들과 교제하시지 않았느냐고 반문할지 모릅니다. 그러나 예수님께서 죄인들을 만나신 것은 그들과 어울려 교제하기 위해서가 아니라 치료하기 위해서였습니다. 그리고 그 죄인이라고 하는 자들도 타락한 죄인들이 아니라 유대인들로부터 죄인 취급을 당하던 율법적인 죄인이었다는 점을 기억해야 합니다. 예수님은 그 당시 제자들과 함께 신앙적인 공동체를 이루고 있었고, 그 죄인들을 그 사귐 안으로 초청해 들임으로써 그들을 전도하신 것이지, 세상 맛을 보기 위해 사귀신 것이 아닙니다.

내 안에 있는 이 부패한 바이러스를 무시한 채 자기 하고 싶은 대로 하거나 악한 친구를 사귀는 것보다 더 영혼을 병들게 하는 것이 없다는 것을 기억하십시오. 세상적인 사람들을 사귀더라도 신앙의 공동체 안으로 초청해서 그 안에서 신앙적으로 만나는 것이 가장 안전한 방법입니다.

하나님의 나라와 여성

이삭은 야곱을 밧단아람으로 보내면서 다시 한 번 축복을 합니다. 우리는 이것이 진짜 축복이라는 것을 알 수 있습니다. 3절과 4절을 보십시오.

> 전능하신 하나님이 네게 복을 주어 너로 생육하고 번성케 하사 너로 여러 족속을 이루게 하시고 아브라함에게 허락하신 복을 네게 주시되 너와 너와 함께 네 자손에게 주사 너로 하나님이 아브라함에게 주신 땅, 곧 너의 우거하는 땅을 유업으로 받게 하시기를 원하노라

이 축복은 진짜 축복입니다. 하나님 나라의 가장 중요한 두 가지 요소, 즉 많은 후손과 땅을 다 포함하고 있기 때문입니다. 이것이 포함되어 있지 않은 축복은 진짜 축복이 아닙니다. 물론 땅은 여자와 상관이 없습니다. 땅은 하나님께서 선물로 거저 주시는 것입니다. 그러나 많은 후손은 여자와 직접적인 관계가 있습니다. 하나님께서는 장차 이 세상을 구원할 자가 여자의 후손으로 와서 사탄의 머리를 깨고 인류를 구원하리라고 약속하셨습니다. 이 여자는

반드시 믿음의 사람이어야 합니다. 세상적인 여자는 하나님의 나라를 세우는 것이 아니라 오히려 아들들을 참된 믿음에서 떠나게 하기 때문입니다.

성경에는 그 속으로 흐르는 강한 흐름이 하나 있습니다. 그것은 아들을 낳지 못했으면서도 끝까지 믿음으로 하나님을 바라보고 기다린 믿음의 어머니들이 형성하고 있는 흐름입니다. 사라가 그러했고 삼손의 어머니가 그러했으며, 사무엘의 어머니 한나가 그러했고 세례 요한의 어머니 엘리사벳이 그러했습니다. 그리고 더 가깝게는 예수의 모친 마리아가 그런 여자였습니다. 이 믿음의 여인들은 오랜 기다림을 통하여 그리스도를 바라보는 믿음이 어떤 것인지 보여 주었습니다. 그런 징검다리들이 있었기 때문에 사람들은 그리스도를 알게 되었습니다. 또한 이 여자들은 실제로 믿음으로 아들을 낳음으로써, 하나님의 백성은 혈통으로 만들어지는 것이 아니라 믿음을 통해 초자연적으로 태어난다는 것을 보여 주었습니다.

믿음이 좋은 부모에게서 태어난다고 해서 자동적으로 하나님의 백성이 되는 것이 아닙니다. 말씀으로 다시 태어나야 합니다. 믿음의 어머니들이 보여 준 것이 무엇입니까? 아이들을 믿음으로 낳아야 하고 믿음으로 키워야 한다는 것입니다. 이스마엘은 아브라함의 아들이었지만 불신자였고 개망나니였습니다. 에서는 이삭의 아들이었지만 짐승 같은 자였습니다. 하나님의 백성은 혈통으로 나는 것이 아닙니다. 하나님의 말씀으로 만들어지는 것입니다.

그런 의미에서 볼 때, 하나님 나라의 머리는 남자였지만 실제로 그 나라를 오게 한 징검다리는 전부 믿음의 어머니들이었습니다. 아들을 낳을 수 없었지만 끝까지 인간적인 방법을 의지하지 않고 믿음으로 하나님을 기다린 어머니들이 하나님의 나라를 도래하게 만든 것입니다. 그런데 믿음으로 하나님을 기다리는 것은 고사하고 누구의 아들인지조차 모르는 사생아들을 낳기 일쑤인 이 가나안 여자들이 어떻게 하나님 나라의 어머니가 될 수 있겠습니까?

많은 후손과 땅의 축복을 신약 시대에 맞게 표현한다면 말씀과 성령이라고 할 수 있습니다. 오늘날 하나님의 나라를 임하게 하는 가장 중요한 요소는 말씀과 성령입니다. 교회는 성령의 공동체요 하나님의 말씀을 선포하고 밝히는 그릇입니다. 말씀을 선포하고 그 가운데 성령이 역사할 때 수많은 하나님의 백성들이 태어나게 되는 것입니다.

교회는 성경에서 여성적으로 표현될 때가 많습니다. 교회는 '그리스도의 신부'입니다. 또 바울은 자신을 그리스도인들을 키우는 '유모'로 표현하기도 했습니다. 이것은 교회의 머리는 그리스도시지만, 교회는 어머니로서 사람들의 신앙을 낳고 하나님의 백성을 만들며 그들을 양육하는 여성적인 역할을 한다는 것을 보여 줍니다. 어머니 교회가 변질되고 타락할 때, 그 안에 있는 교인 한 사람 한 사람이 제대로 된 신앙을 지킨다는 것은 너무나도 어려운 일입니다. 어머니가 병든 집안을 보십시오. 제대로 돌아가는 일이 하나도 없습니다.

오늘날 교회의 문제는 교회 전체가 가나안화되었다는 것입니다. 교인 한 명 한 명이 세속화된 것은 물론이고 교회도 집단적으로 가나안화되어 버렸습니다. 어머니가 가나안 여자인 것입니다. 그러니까 아이들도 당연히 가나안 아이들입니다. 오늘날 교회의 모습을 보면 호세아서가 저절로 생각납니다. 호세아서를 통해 하나님이 말씀하시는 것이 무엇입니까? 그 어미와 자식을 함께 버리시겠다는 것입니다. 이스라엘의 문제는 한 명 한 명의 타락이 아니었습니다. 한 명이 술을 끊지 못하거나 한 명이 죄스러운 생활을 하거나 한 명이 음란한 생활을 하는 것이 문제가 아니었습니다. 이스라엘 교회 전체가 가나안화된 것이 문제였습니다.

자식이 타락하면 그 한 사람만 하나님의 나라를 떠나게 되지만, 어머니가 타락하면 자식들을 몽땅 데리고 떠나게 되어 있습니다. 한 사람이 타락하면 그 한 사람의 타락으로 그치고 말지만, 설교가 타락하고 교회가 타락하면 그 안에 있는 거의 대부분의 사람들의 신앙이 타락하게 되어 있습니다. 제아무리 똑똑한 사람이라도 어머니가 병들어서 썩은 젖을 먹고 자란다면 병들지 않을래야 병들지 않을 수 없는 것입니다.

구약에서 신앙 교육은 거의 여성의 손으로 이루어졌습니다. 그 대표적인 예가 모세입니다. 모세는 젖을 뗄 때까지 어머니의 신앙 교육을 받았습니다. 젖을 뗀 후에 바로의 궁전에서 애굽식 교육을 받긴 했지만, 결국 모세의 삶에 결정적인 영향을 준 것은 어렸을 때 받은 신앙 교육이었습니다. 나중에 모세가 성경을 기록할 때 하나님이 영감도 주셨지만, 어머니로부터 들은 수많은 이야기들이 속에 새겨져 있다가 중요한 기초가 되었으리라는 것을 우리는 짐작할 수 있습니다.

이것은 신약도 마찬가지입니다. 사도 바울은 디모데에게 편지를 쓰면서 "네 눈물을 생각하여 너 보기를 원함은 내 기쁨이 가득하게 하려 함이니 이는 네 속에 거짓이 없는 믿음을 생각함이라. 이 믿음은 먼저 네 외조모 로이스와 네 어머니 유니게 속에 있더니 네 속에도 있는 줄을 확신하노라"(딤후 1:4, 5)고 했습니다. 외할머니에게 있던 신앙이 어머니에게도 내려오고 디모데에게도 내려옵니다. 신앙은 모계입니다.

사람이 성장할 때 기본적인 인격이 언제 형성됩니까? 유치원에 들어가기 전까지입니다. 나중에는 그때 뿌린 씨가 꽃 피고 열매 맺고 자라는 것입니다. 유치원 들어가기 전에 다 결정되어 버려요. 신앙의 어머니들은 자식들에게 무엇을 가르쳐 주어야 합니까? 하나님이 존재하신다는 것을 가르쳐야 하고 무엇이 옳고 그른가를 가르쳐야 합니다. 이 기준이 한평생 자식의 인격 속에 남습니다.

성인이 되어 새로 그리스도인이 된 사람의 경우에는 그에게 하나님의 말씀을 처음으로 가르쳐 준 사람이 신앙의 어머니가 됩니다. 그를 처음으로 신앙의 세계로 이끌어 주고 성경을 가르쳐 준 사람이 결정적인 영향을 끼치게 되어 있어요. 몇십 년이 지나도 처음에 가졌던 그 신앙을 바꾸기가 어렵습니다. 그래서 처음 믿을 때 잘 믿어야 합니다. 다른 사람들을 전도하고 말씀으로 가르치는 자는 영적인 자녀를 많이 낳고 키우는 사람입니다. 사도 바울은 갈라디아 교인들을 향하여 "다시 너희를 위하여 해산하는 수고를 하노니"(갈 4:19하)라고 말씀하고 있습니다. 다시 그들을 낳아서 새로 시작하겠다는 것입니다.

우리는 육신의 자녀를 많이 낳을 것인지 영적인 자녀를 많이 낳을 것인지 생각해 보아야 합니다. 믿는 집에서 태어났다고 해서 다 하나님의 백성이 아닙니다. 나의 자녀를 영적으로 키울 것인지 육신적으로 키울 것인지 생각하십시오. 우리 아이에게 영적인 교육이 어느 정도의 비중을 차지하고 있는지를 놓고 부부가 의논하십시오. 이런 점들을 생각하면, 왜 가나안 여자들이 야곱의 아내가 될 수 없는지 이해할 수 있습니다.

혈통의 문제가 아니다

에서는 이미 가나안 여자와 결혼해서 살고 있었습니다. 그것도 한 명이 아니라 두 명이었습니다. 이 가나안 여자들의 존재는 이삭과 리브가에게 큰 근심거리가 되고 있었습니다. 에서는 이 여자들이 부모님을 기쁘게 하지 못하는 것을 보고 새로이 결혼을 합니다.

> 이에 에서가 또 본즉 가나안 사람의 딸들이 그 아비 이삭을 기쁘게 못하는지라 이에 에서가 이스마엘에게 가서 그 본처들 외에 아브라함의 아들 이스마엘의 딸이요 느바욧의 누이인 마할랏을 아내로 취하였더라(28:8, 9).

가나안 여자들이 에서에게 한 일이 무엇입니까? 에서는 하나님을 믿지는 않았지만 기독교 공동체 안에 들어와 있었습니다. 거듭나지는 못했지만 그래도 하나님의 백성 가운데서 예배드리고 신앙생활 함으로써 하나님의 은혜로 보호되고 있었습니다. 그런데 이 가나안 여자들은 에서를 하나님 나라에서 완전히 떠나게 만들었습니다. 결혼과 함께 신앙이 끝장나 버린 것입니다.

그러나 에서는 자기 아내들의 문제가 혈통의 문제라고 생각했습니다. '이 여자들은 가나안 사람이라서 안 되는 거구나. 할 수 없다. 아브라함의 혈통인 이스마엘의 딸과 결혼하자.' 이렇게 해서 마할랏이라는 여자와 다시 결혼했습니다. 그러나 성경이 가나안 여자를 거부하는 것은 혈통 때문이 아닙니다. 그들의 사고방식과 가치관과 생활 때문입니다.

성경에는 가나안 사람이었으면서도 놀라운 축복을 받은 여자들이 나옵니다. 대표적인 경우가 유다의 며느리 다말입니다. 그는 가나안 여인으로서 이스라엘 백성인 유다의 아들과 결혼했습니다. 그런데 유다의 아들들이 악해서 아들을 낳지 못하고 죽었습니다. 다말은 유다의 막내아들이 크기를 기다렸습니다. 그러나 유다는 이 여자와 결혼한 아들들이 다 죽었기 때문에 막내아들을 주지 않았습니다. 다말은 창녀로 변장하여 시아버지와 관계를 맺음으로써 임신을 했습니다. 그리고 다말이 낳은 후손들 가운데서 유다의 왕이 나왔습니다.

물론 문화적으로는 이해가 되지 않는 일이지만, 하나님께서는 다말의 중심을 보셨습니다. 다말은 가나안식으로 얼마든지 쾌락을 즐기면서 부패한 삶을 살 수 있었습니다. 그러나 그는 참으로 하나님의 백성이 되기 원했고, 자신을 통해 거룩한 씨가 남기를 원했습니다. 그래서 형이 죽으면 동생과 결혼하여 씨를 남기게 하는 율법의 말씀을 붙든 것입니다. 하나님은 이 중심을 보시고 그의 임신을 축복하셨습니다.

또 라합은 가나안의 창녀였습니다. 그러나 하나님의 백성들의 모습을 보면서 여리고가 얼마나 부패한 성인지를 알게 되었습니다. 그래서 여리고를 배신하고 이스라엘 정탐꾼을 살려 줌으로써 하나님의 백성이 되었고, 다시 결혼해서 아주 훌륭한 후손을 얻었습니다.

룻은 모압 여자였습니다. 가나안 족속은 아니었지만 가나안 족속과 다를 바가 없었습니다. 그러나 그는 모압을 버리고 유다에 와서 보아스와 결혼하여 믿음의 씨를 낳았습니다.

또 다윗이 관계를 맺은 밧세바는 가나안 여자였을 가능성이 높습니다. 그의 본래 남편인 우리아가 가나안 사람이었기 때문입니다. 그러나 그는 하나님의 백성이 되었고 하나님께서는 그를 축복하셔서 솔로몬을 낳게 하셨습니다.

이처럼 이 이방 여자들은 하나님의 백성이 되기 위해 너무나도 비참하고 굴욕적인 일들을 감수했습니다. 그러나 그들의 중심은, 가나안 방식으로 얼마든지 잘먹고 잘살 수 있고 얼마든지 쾌락을 즐길 수 있음에도 불구하고 그것을 포기한 채, 설사 비참하고 굴욕적이라 할지라도 하나님의 씨를 가지려는 것이었습니다. 그때 하나님께서는 그들의 믿음을 보시고 거룩한 씨를 주셨습니다. 이 씨들은 모두 예수 그리스도의 계보에 있는 씨들이었습니다.

성경이 거부하는 것은 가나안의 혈통이 아닙니다. 에서는 그 점을 오해했습니다. 정말 문제가 되는 것은 그들의 혈통이 아니라 사상과 사고방식과 가치관과 생활습관이었습니다. 이렇게 문제가 되는 가나안의 신앙과 사고방식을 버리고 굴욕적인 방법을 통해서라도 하나님의 백성이 되려고 한 자들을 하나님은 축복하셨고 왕의 어머니가 되게 하셨습니다. 에서는 아브라함의 혈통을 가진 여자라면 부모님이 기뻐하실까 싶어서 두 번이나 결혼한 상태에서 또 이스마엘의 딸과 결혼했지만, 이것은 믿음의 외형만 있으면 하나님의 백성이 될 수 있다고 생각하는 것과 마찬가지의 오해입니다.

이 세상에 속한 자들도 얼마든지 하나님의 백성이 될 수 있습니다. 그러나 그렇게 되려면 세상적인 관계와 가치관을 버려야 합니다. 그런 것들을 버리기 싫은 사람은 하나님의 백성이 될 수 없습니다. 어떤 남자가 지속적인 신앙생활을 위해 믿음이 좋은 여자에게 청혼할 수 있습니다. 그러나 그는 먼저 세상적인 관계를 청산해야 합니다. 믿는 흉내만 낸다고 해서 신앙적인 결합이 되는 것이 아닙니다.

오늘날 교회의 문제는 교회가 젊은이들을 말씀으로 만들어 내지 못한다는 데 있습니다. 교회는 불임의 여성과 같습니다. 말씀으로 젊은이들을 창조해 내지 못하고 있습니다. 그래서 교회 안에서 현저하게 젊은이들이 고갈되고 있습니다. 전에는 총각들은 세상으로 가고 처녀들만 많다고 했는데, 이제는 그나마 처녀들도 없고 노인들만 남은 교회로 변하고 있습니다. 교회마다 "이제 흰머리들만 남았구나. 우리가 죽고 나면 이 교회는 누가 지킬까" 하며 한숨을 쉬고 있습니다. 자업자득입니다. 하나님의 나라는 교회가 하나님의 말씀을 선포하며 교회에서 성령의 역사가 일어날 때, 거듭나는 사람들이 계속 생겨나고 또 그들이 결혼해서 가정을 이룸으로써 천대 만대 지속되는 것입니다. 그런데 미래를 생각하지 않고 이기적으로 듣기 좋은 말만 들으려 하니까 거듭나는 사람들이 생기지 않고, 결국 교회가 스스로 해체되는 현상이 일어나는 것입니다. 부모가 믿는 집 아이들도 거듭나지 못해서, 고등학교나 대학교에 들어가면 전부 세상으로 나가 버립니다. 교회가 말씀대로 증거하지 않으면 젊은 영혼들을 낳을 수가 없습니다.

이제 좀더 현실적인 문제를 좀 생각해 봅시다. 결혼을 앞둔 젊은 그리스도인들 중에는 두 부류가 있습니다. 하나는 어떻게 해서든지 믿는 자와 결혼해야 하며, 그렇지 않으면 제대로 신앙생활을 할 수 없다고 생각하는 사람들입니다. 이들은 결혼에 대해 분명한 믿음을 가지고 있습니다. '신앙생활은 혼자 하는 것이 아니다.

따라서 결혼할 사람과 신앙이 맞아야 한다. 신앙 없는 사람과 결혼할 때 내 신앙생활은 굉장히 위험해진다'는 것을 알고 있는 사람들입니다.

그에 비해 신앙보다는 현실적인 문제들을 더 중요하게 생각하는 사람들이 있습니다. 예를 들면 인물이나 학벌이나 돈 등을 중시하는 것입니다. 이런 부류는 '현실형'이라고 부를 수 있을 것입니다. 신앙보다는 현실을 더 중요하게 생각하는 것이지요. 대학 나오고 키도 크고 능력도 있는 사람과 결혼해야겠다는 것입니다. 우리는 이런 현실파에 대해, 그의 신앙이 대단히 위태롭다는 것을 지적하지 않을 수 없습니다. 만일 그가 참된 신앙을 가진 사람이라면 한평생 몸과 머리가 따로 노는 고통을 받게 될 것입니다. 머리와 몸이 따로 놀면 어떻게 됩니까? 춤을 출 때라면 대단히 훌륭한 춤이 나오겠지만, 생활할 때 머리와 몸이 따로 노는 것은 병입니다. 그는 한평생 자신의 잘못된 결혼을 후회하며 살게 될 것입니다.

이삼십 년 전만 해도 여자들은 결혼 상대를 선택할 권리가 없었습니다. 그래서 신앙을 가진 여자가 신앙을 가진 남자와 결혼한다는 것은 대단히 드문 일이었습니다. 그래서 교회 안에서 유아세례를 받는 것을 얼마나 귀한 일로 생각했는지 모릅니다. 그러나 신앙이 없는 남자와 결혼했을 경우에도 열매는 있었습니다. 그것은 자식들을 신앙으로 확실하게 붙드는 것입니다. 아이들은 철이 들 때까지는 철저하게 엄마 편이기 때문에, 특히 신앙 때문에 핍박받는 엄마의 모습을 보면서 대단히 좋은 믿음을 갖게 되는 경우가 많습니다. 그래서 이런 결혼을 한 어머니들의 공(功)이라면, 자기의 결혼생활은 비록 불행했지만 전혀 믿음 없는 집안에 믿음의 씨를 뿌려 놓고 믿음의 가지를 접붙여 놓은 것이라고 할 수 있었습니다.

그런데 자기 신앙도 분명치 않은 사람이 신앙 없는 사람과 결혼할 경우에는 결혼과 동시에 믿음이 끝나고 맙니다. 이런 사람은 '가룟 유다형'이라고 할 수 있을 것입니다. 결혼하면서 신앙을 팔아먹는 것이지요. 에서는 결혼하면서 신앙의 공동체로부터 끝내 물러나고 말았습니다. 야곱도 없는 집에서 에서가 뛰쳐나간 이유가 무엇입니까? 가나안 여자들 때문이었습니다. 그들이 에서를 들쑤셔서 도저히 있을 수가 없습니다. 하나도 아니고 둘이 밤마다 "답답해 죽겠으니 불타는 사막으로 가자"고 들쑤시는 것입니다. 그래도 이 가정 안에 있을 때는 은혜로 지킴을 받았는데 이 결혼 때문에 그것도 끝나 버렸습니다.

그래서 결혼에서 참된 신앙의 가정을 이루는 일을 중요하게 생각하지 않고 인간적인 조건을 먼저 고려하는 사람은 신앙을 담보로 잡는 것과 같습니다. 예를 들어 아내나 딸을 담보로 노름을 한다면 말이 되겠습니까? 그는 너무나도 귀중한 것을 담보로 잡고 있는 것입니다. 마찬가지로 이 세상에서는 신앙을 담보로 잡히고 잘살 수 있을지 몰라도, 그것은 잠깐의 행복과 영원한 천국을 바꾸는 것입니다. 굉장히 손해 보는 장사를 하는 거예요.

두 번째로 결혼에서 신앙을 절대적으로 생각하는 사람들의 경우를 생각해 봅시다. 그중에 한 부류는 "하나님께서 다른 것뿐 아니라 신앙적으로도 준비된 사람을 만나게 해주시기 전까지는 절대로 결혼하지 않겠다. 나는 완전히 준비된 사람과 결혼하겠다"는 '순결형' 내지는 '절개형'입니다. 이런 사람들은 준비된 배우자가 없을 경우 기꺼이 혼자 사는 쪽을 택합니다. 마치 사라가 아들을 낳을 때까지 그냥 살았던 것처럼, 마노아의 부인이 아들이 생길 때까지 그냥 살았던 것처럼 인간적인 방법을 택하지 않고 믿음으로 무작정 기다리는 것입니다. 이것은 대단히 좋은 신앙으로서, 반드시 하나님의 상급을 받을 것입니다.

그러나 대개의 사람들은 마냥 기다리기만 해서는 안 된다고 생각합니다. 그래서 신앙을 제일 조건으로 삼고 다른 것들은 포기함으로써 기준을 완전히 낮추어 버립니다. 이런 사람을 '현명형' 이라고 부를 수 있습니다. 그들은 대단히 현명한 결단을 내린 것입니다. 독신으로는 도저히 살 수 없고, 집안의 압력이나 다른 형편을 볼 때 결혼은 꼭 해야겠는데 이 조건 저 조건 다 맞는 사람이 없습니다. 그래서 신앙과 인격만 확실하다면 나이에 대한 기준도 팍 내리고, 키도 '난쟁이가 아닌 이상 괜찮다. 입장할 때 고개를 좀더 조금 숙이고 가면 되지' 하는 마음으로 기준을 팍 내려 버리고, 학벌에 대한 기준도 팍 낮추어 버립니다. 이런 사람들은 굉장히 지혜로운 사람들입니다. 이렇게 결혼한 후에 보면, 사실 자기의 배우자가 너무나도 준비된 사람이며 이 결혼이 하나님이 축복하신 결혼이라는 것을 느끼게 될 때가 많습니다. 그래서 절개형이나 현명형 모두 성경적인 입장이라고 할 수 있습니다.

또 다른 부류도 있습니다. 기준을 낮추기는 싫고 그렇다고 독신으로 살 수도 없으니, 교회 밖에서 믿을 가능성이 있는 사람을 찾아서 전도해서 결혼하는 형입니다. 이를테면 '용감형'에 속하는 사람들입니다. 우물에서 숭늉을 찾느니 직접 끓이겠다는 것이지요. 이것도 굉장히 좋은 믿음입니다. 그러나 여기에는 많은 위험이 수반됩니다. 처음에는 분명히 복음적인 목적을 가지고 접근했다가, 나중에 정이 들고 나면 될 대로 되라는 식의 자기 모순에 빠질 가능성이 많고, 남자들 중에는 신앙을 가지겠다고 해 놓고서도 나중에 부도를 내는 사람들이 많기 때문입니다. 그러나 개인적인 사귐을 발전시키기 전에 자꾸 공동체 안으로 끌어들여서 함께 신앙생활을 하는 가운데 먼저 신앙으로 바로 서게 한 후에 결혼을 고려한다면, 이것도 훌륭한 일이 될 수 있습니다.

오늘 본문이 말씀하고 있는 것이 무엇입니까? 우리 안에 있는 부패한 본성을 어떻게 억누르고 참된 하나님의 백성으로 남느냐 하는 것입니다. 그리고 공동체와 결혼의 문제는 이 점에서 참으로 중요한 일이라는 것입니다. 우리 안에는 죄의 바이러스가 늘 잠복해 있습니다. 이 바이러스는 기회만 주어지면 우리를 병들게 하며 부패시킬 것입니다. 그렇기 때문에 자기가 지금 누구와 사귀고 있는지 생각해야 합니다. 결혼은 이 사귐에 도장을 찍는 것처럼 중요한 일입니다. 믿음의 교회와 믿음의 가정이 우리의 마음을 지켜 주기 때문입니다.

어머니들이 중요합니다. 어머니가 건강하면 자식들도 건강하게 되어 있습니다. 교회가 신앙적으로 건강하면 교회가 복음으로 낳은 아들이나 딸들로 인해 건강한 가정들이 세워질 것입니다. 이것은 순환 관계입니다. 건강한 교회는 건강한 가정을 낳아야 하고, 건강한 가정은 건강한 교회를 만들기 위해 노력해야 합니다. 그래야 다시 건강한 가정이 세워지고, 성령의 역사가 지속적으로 불타오르며, 하나님의 나라가 확산되는 것입니다. 우리 안에 있는 부패한 본성은 혼자만의 결단으로는 해결되지 않습니다. 교회에 계속 복음으로 거듭나는 일이 일어나고, 가정이 세워지며, 가정을 통해 또 교회가 이루어져야 합니다.

사랑하는 여러분, 가나안의 문제는 혈통이 아니었다는 것을 기억하십시오. 이것은 삶의 방식의 문제이고 가치관의 문제입니다. 이 세상을 분별하십시오. 내 속에 있는 믿음을 지키며 이 부패한 본성을 억누르려면 어떻게 생활해야 할지에 대해 생각하십시오. 이 세상에서 자녀들을 어떻게 키워야 할지에 대해 생각하십시오.

11

벧엘의 하나님

하나님께 대단한 열심을 가지고 있는 사람들이 종종 부딪치는 문제는, 도대체 하나님은 어디 계시는가 하는 절망입니다. 믿는다고 하면서도 자신의 삶에서 신앙이 별로 중요하지 않은 사람의 경우에는 이렇게 되든 저렇게 되든 상관이 없습니다. 그러나 하나님을 향해 뜨거운 열심을 가지고 있고 신앙이 자신의 삶에서 가장 중요한 부분을 차지하고 있는 사람의 경우, 자기 나름대로 믿음으로 행했다고 생각하는데도 나타나는 결과는 하나도 없고 오히려 자신만 완전한 실패자가 되어 버릴 때, 도대체 하나님은 어디에 계시는지, 앞으로도 계속 이런 식으로 믿어야 하는지를 놓고 고민에 빠지게 됩니다.

예를 들어 신앙이 좋은 어떤 집사님이 있었다고 합시다. 그는 정말 교회를 중요하게 생각하며 하나님의 은혜를 사모하는 사람이었습니다. 그런데 그가 보기에 자신이 다니는 교회에는 너무나도 은혜가 없었고, 목회자에게는 말씀이 없었습니다. 그리고 전혀 신앙이 없는 장로나 집사들이 교회를 다 좌지우지하고 있었습니다. 그래서 이래서는 안 되겠다는 생각에, 마음이 통하는 몇 사람과 의논하여 교회에서 바른 소리를 한번 하기로 했습니다. 그러나 나타난 결과는 완전한 재앙이었습니다. 그 소리가 교회에 덕이 되기는

커녕 엄청난 혼란과 갈등을 초래하는 바람에, 결국 그 사람들 모두가 교회를 떠날 수밖에 없게 되었습니다. 그뿐만 아니라 하던 사업까지 잘 되지 않아서 집까지 몽땅 다 날려 버렸습니다. 그렇게 교회도 직장도 다 잃고 어두운 반지하 집에 웅크리고 앉아 있을 때, 그 사람의 마음속에 무슨 생각이 들겠습니까? '도대체 뭐가 잘못되었을까? 신앙이 없는 사람들은 뭐든지 잘되던데, 그래도 저 사람들보다는 백 배 천 배 나은 나는 왜 이 모양이 되었을까? 하나님은 도대체 어디에 계시는 걸까?' 하는 의심이 생기지 않겠습니까?

좀더 큰 예를 들어보겠습니다. 마르틴 루터도 하나님의 말씀을 연구하기 전까지는 신앙에서 다른 사람들과 별다를 것이 없었습니다. 그런데 아주 작은 신학교의 교수로 임명되어 학생들에게 성경을 가르치기 위해 직접 성경을 연구해 보니, 교회가 너무나도 잘못되어 있었습니다. 그래서 95개 항목에 달하는 문제점을 적어 비텐베르그 성당 문에 붙여 놓았습니다. 구구절절 옳은 말이니, 사람들이 이것을 보면 아마도 자신들의 잘못을 깨닫고 고칠 줄 알았을 것입니다. 그러나 나타난 결과는 정반대였습니다. 악한 자들은 더 미쳐 날뛰면서 루터를 파문하려고 했고, 결국 그는 아무도 모르는 곳에 수년간 숨어 지내야 했습니다. 물론 나중에는 루터의 개혁이 성공했지만 당장 그를 찾아온 것은 철저한 패배였고, 그나마 정치적인 문제로 그를 도와주는 영주들이 없었더라면 분명히 화형을 당했을 것입니다.

장 칼뱅도 마찬가지였습니다. 칼뱅은 전혀 이름난 사람이 아니었습니다. 그는 풋내기 학자였습니다. 그런데 니콜라스 코프라는 그의 친구 한 사람이 파리 대학 총장으로 취임하면서 취임 연설문을 예수님의 팔복 설교로 대신해 버렸습니다. 그런데 이 설교는 그 당시 프랑스 사람들이 대단히 받아들이기 어려운 복음적인 내용이었습니다. 결국 총장에 취임하려고 했던 친구는 연설문 때문에 체포당할 위기에 놓여 도망을 치게 되었고, 칼뱅도 덩달아 도망치게 되었습니다. 그래서 칼뱅이 그 연설문의 초안을 작성하지 않았겠는가 하는 추측도 나왔지만, 정확한 것은 알 수 없습니다. 아무튼 말씀대로 믿으려고 했던 그들은 정직한 말과 행동 때문에 모든 것을 다 잃고 인생 밑바닥에 내동댕이쳐져서 모든 것을 잃고 말았습니다. 그때 그들이 생각하게 된 것이 무엇이었겠습니까? '나는 분명히 하나님 편에 서 있었고 하나님은 나를 도우시리라고 생각했는데, 어떻게 다른 사람들은 다 멀쩡하고 나만 이렇게 비참한 패배자가 되어 이 지경에 빠지게 되었는가' 하는 생각이 들지 않겠습니까?

우리는 이미 오래전 야곱의 삶에서 이와 똑같은 과정을 발견할 수 있습니다. 야곱은 지금 어떤 형편에 있습니까? 가지고 있던 것을 다 잃고 완전히 빈털터리가 되어 들판에 누워 있습니다. 적어도 자기 자신은 하나님의 말씀을 붙들었다고 생각했고, 또 그렇게만 하면 모든 것이 정상으로 회복될 줄 알았습니다. 하나님의 축복을 받아 내기만 하면 아버지나 형이 자신들의 과오를 인정할 줄 알았어요. 그런데 믿음으로 했다고 생각한 이 행동이 마치 미친 곰의 옆구리를 찌르는 것 같은 결과를 낳는 바람에, 오히려 에서가 야곱을 죽이겠다고 날뛰는 상황이 벌어졌습니다. 결국 야곱은 하나님의 축복을 받으려고 하다가, 그리고 하나님의 집을 바로잡으려고 하다가, 모든 것을 다 잃고 인생의 패배자가 되어 혼자 도망치는 신세가 되고 말았습니다.

지금 그의 마음속에 계속 일어나고 있는 의문이 무엇입니까? '도대체 내가 어쩌다가 이 모양 이 꼴이 되었는가! 차라리 믿음 없이 살았더라면 이 지경까지 오지는 않았을 텐데, 괜히 믿음 찾다가 모든 것을 다 잃고 보따리 하나 없이, 동행하는 사람 하나 없이 인생 밑바닥으로 떨어지고 말았구나!' 하는 것입니다. 돌멩이를 베개 삼아 누워 있자니 끊임없는 의심과 회의가 마음속에서 일어납니다.

그러나 하나님은 바로 그곳에서 야곱을 만나 주셨습니다. 믿음으로 살려고 하다가 실패해서 모든 것을 다 잃고 인생의 패배자로 누워 있는 그 길바닥에서 하나님은 야곱에게 나타나셨으며 그를 만나 주셨고 그를 축복해 주셨습니다.

오늘 본문은 우리에게 세 가지를 이야기하고 있습니다. 하나는 야곱이 하나님을 만나게 된 상황입니다. 또 하나는 하나님께서 야곱에게 보여 주신 환상입니다. 그리고 마지막으로 하나님께서 야곱에게 주신 축복과 약속의 내용이 무엇이며 하나님이 궁극적으로 야곱에게 원하시는 것이 무엇인가 하는 것입니다.

야곱이 하나님을 만나게 된 상황

야곱이 벧엘 들판에서 하나님의 놀라운 환상을 보고 그의 음성을 친히 들으며 축복과 약속의 말씀을 들은 상황은 어떤 상황입니까? 하나님의 축복을 얻기 위해 열심히 흥정하고 머리를 쓸 때가 아니었습니다. 오히려 가진 것을 다 잃고 빈털터리가 되어 완전히 무방비 상태로 빈들에 누워 있을 때였습니다. 28장 10절과 11절을 보십시오.

> 야곱이 브엘세바에서 떠나 하란으로 향하여 가더니 한 곳에 이르러는 해가 진지라 거기서 유숙하려고 그 곳의 한 돌을 취하여 베개하고 거기 누워 자더니

이 본문을 읽을 때, 야곱이 아내를 구하려고, 또는 형의 위협을 잠시 피하려고 외삼촌 집으로 가다가 밤이 되니까 어쩔 수 없이 들판에서 자는 것으로 생각해서는 안 됩니다. 야곱은 지금 수많은 별들이 쏟아지는 아름다운 밤 하늘을 바라볼 처지가 아닙니다. 그는 그토록 노력하고 몸부림쳤음에도 불구하고 완전한 패배자가 되어 들판에 내팽개쳐져 있는 것입니다. 이 밤은 아름다운 밤이 아닙

니다. 별이 빛나는 밤이 아닙니다. 완전한 절망의 밤입니다. 이 장면을 단순히 '야곱이 들판에 누워 있다'는 것으로만 보면 안 됩니다. 이전에 그가 하나님의 축복을 얻기 위해 몸부림치고 하나님의 복을 애타게 구했던 일과 연관시켜서 생각하지 않으면 이 장면을 절대로 이해할 수 없습니다.

야곱이 원한 것은 아버지의 축복이었습니다. 그러나 아버지의 축복은 단순히 아버지의 축복이 아니라 하나님의 축복이었습니다. 그는 이 축복을 얻기 위해 흥정을 했습니다. 사기도 쳤습니다. 자기가 할 수 있는 모든 것을 다 했습니다. 그러나 나타난 결과는 아무것도 없었습니다. 그는 지금 빈털터리가 되어 철저하게 무방비 상태로 버려져 있습니다. 오죽 가진 것이 없으면 돌을 머리에 베고 누웠겠습니까? 그는 짐승이 달려들어도 방어할 힘이 없었습니다. 에서가 사람을 보내어 죽이려 한다 해도 꼼짝 못하고 당할 수밖에 없었습니다. 그는 철저한 무방비 상태, 완전히 노출된 상태에서 들판에 누워 있었습니다.

야곱이 원한 것이 무엇입니까? 야곱의 행동을 제대로 이해하려면 그의 집이 어떤 곳이었는지를 이해해야 합니다. 야곱의 집은 보통 집이 아닙니다. 그곳은 바로 하나님의 집입니다. 요즘으로 말하면 교회입니다. 이 하나님의 집에서 야곱이 원한 것이 무엇이었겠습니까? 하나님의 온전한 은혜와 축복이었습니다. 그런데 그에게는 이런 하나님의 축복을 가로막는 존재가 있었습니다. 바로 아버지 이삭과 형 에서였습니다. 최근에 아버지는 하나님의 선지자가 아닌 것 같았습니다. 원래는 선지자였는데 최근에는 통 말씀이 없었습니다. 아버지는 말씀보다는 형이 잡아다 주는 사냥물의 요리에 빠져 있었습니다. 하나님의 집에서 모든 것을 쥐고 흔드는 사람은 신앙이라고는 눈꼽만큼도 없는 에서였습니다. 그뿐만 아니라 아버지는 하나님의 집에 대한 모든 결정권을 이 에서에게 물려주려고 했습니다. 하나님의 집에 말씀이 없었습니다. 오히려 신앙 없는 사람이 전부 쥐고 흔들고 있었고 그 모든 책임을 물려받으려 했습니다.

어떻게 이것을 그대로 두고 볼 수 있습니까? 그래서 야곱은 마음이 통하는 어머니 리브가와 계획을 짜서 아버지의 축복을 가로챘습니다. 물론 방법은 잘못되었습니다. 그러나 이것은 열심입니다. 열심이 없으면 이런 일도 하려 들지 않습니다. 다른 사람이 아무리 하라고 빌어도 안 해요. 야곱은 하나님께 열심이 있었습니다. 그래서 형과 거래를 했습니다. 팥죽으로 하나님의 은혜를 사려고 했습니다. 그리고 특별한 열심으로 그 축복을 가로챘습니다.

야곱이 생각한 것이 무엇입니까? 이렇게 하기만 하면 하나님께서 자기를 축복하시리라는 것이었습니다. 그러나 나타난 결과는 그것이 아니었습니다. 하나님을 대적하고 있는 에서가 전혀 영향을 받지 않았을 뿐 아니라 오히려 미쳐 날뛰면서 더 당당하게 야곱을 잡아 죽이려고 하는 바람에 모든 것을 잃고 집에서 쫓겨나야 했습니다. 그것도 그냥 쫓겨난 것이 아니라 완전히 거짓말장이요 사기꾼으로 몰려서 쫓겨났습니다. 에서는 모든 것을 차지했고, 자신은 지금 돌베개를 베고 누워 있습니다.

그때 야곱의 마음을 지배하는 생각이 무엇입니까? 과연 하나님은 어디 계시냐는 것입니다. 나는 그렇게도 은혜를 받고 싶어서 몸부림치고 기도하고 노력하고 사기치고 흥정했는데, 하나님은 도대체 어디 계시느냐는 것입니다. 그는 믿음 때문에 망했다는 생각을 떨쳐 버릴 수가 없었습니다. 그때 바로 거기에서 하늘이 열리며 하나님이 야곱을 만나 주셨습니다. 하나님께서는 왜 이렇게 야곱에게 엄청난 실패를 안겨다 주신 후에 그 인생 밑바닥에서 그를 만나 주신 것입니까? 그때야말로 우리가 진정으로 하나님을 만날 때이기 때문입니다.

평소에 우리는 사람들 틈에 에워싸여 진정한 자신의 모습을 보지 못합니다. 그래서 사람들이 붙여 준 여러 가지 수식어나 가면들을 그대로 쓴 채 하나님을 만나려고 합니다. 회사에서 사장이면 하나님 앞에서도 사장 행세를 하려 들고, 학교에서 교수이면 하나님 앞에서도 교수 행세를 하려 듭니다. 그래서 하나님이 어떻게 하십니까? 진정으로 복 주기 원하시는 사람들을 인생 밑바닥으로 내동댕이치십니다. 왜 그렇게 하십니까? 그때의 모습이 우리의 진정한 모습이기 때문입니다.

야곱은 하나님의 은혜와 축복을 받으려면 무언가 받을 만한 건덕지가 있어야 한다고 생각했습니다. 그래서 하나님의 축복을 거래하려고 했습니다. 돈 주고 사든지 팥죽을 주고 사든지 어쨌든 흥정을 하려고 했습니다. 그는 자신의 노력으로 하나님의 축복을 차지하려고 했습니다. 형 에서를 속인 것은 어떻게 보면 사기지만, 또 어떻게 보면 엄청난 노력과 열정이라고 할 수 있습니다. 열심이 없었다면 어떻게 변장을 하고 음성을 바꾸면서까지 축복을 받으려고 할 수 있었겠습니까? 그러나 하나님의 축복은 절대로 흥정의 대상이 되지 못합니다. 하나님의 축복은 돈으로 살 수 있는 것이 아닙니다. 거저 주시는 것입니다. 언제 거저 주십니까? 모든 수식어와 가면들을 다 벗어버리고 진정한 자신의 모습을 가지고 하나님 앞에 나타날 때입니다.

여러분, 부모님과 거래를 할 수 있습니까? 나에게 생명을 주시고 공부시켜 주시고 결혼시켜 주신 부모님의 은혜를 어떻게 돈으로 계산할 수 있겠습니까? 부모와 자식 사이에는 흥정할 수가 없습니다. 그러나 우리는 하나님과 흥정을 하려고 합니다. "하나님, 이 헌금은 보통 헌금이 아닙니다. 제가 신경을 써서 하는 헌금이라는 점을 좀 알아주셨으면 합니다. 그러니 여러 사람 가운데서도 특별히 꼭 찝어서 복을 주십시오." "지금 제 봉사는 평범한 것이 아닙니다. 상당히 바쁜데도 불구하고 상당히 신경 써서 하고 있는 것입니다. 그러니까 하나님께서 복을 주실 때에도 그냥 모든 사람에게 주시듯이 평범하게 하시면 안 됩니다." 이렇게 흥정하다가 안 통하면 기도원에 올라갑니다. 날마다 바위 위에 올라가서 40일 기도, 100

일 기도를 합니다.

그러나 우리가 하나님을 만날 때는 그럴 때가 아닙니다. 언제 하나님을 만납니까? 인생 밑바닥에 내던져져서 '나는 하나님 앞에 내놓을 것이 아무것도 없구나. 나는 하나님 앞에서 티끌과 같구나' 하는 것을 깨달을 때입니다. 하나님의 축복은 이처럼 하나님과 나의 관계를 바로 알 때 시작됩니다. 내가 누군인지 모르고 하나님이 어떤 분이신지 바로 알지 못하면 신앙도, 축복도 없습니다. 모든 것을 다 잃고 먼지와 흙 속에 누워 있는 야곱, 맹수나 형으로부터 자신을 지켜 줄 만한 것이 하나도 없는 야곱, 이것이 하나님 앞에서 그의 바른 모습이었습니다. 하나님은 거기에서 그를 만나 주셨고 비전을 보여 주셨으며 축복해 주셨습니다.

내 나름대로는 하나님의 뜻대로 산다고 하다가 실패해서 빈손으로 바닥에 던져져 있을 그때가 바로 하늘이 열리는 순간입니다. 우리는 거기에서 참으로 인정하기 싫은 우리 자신의 모습을 최초로 인정하게 됩니다. 아무것도 자랑할 것이 없고, 믿는다고는 했지만 사실은 그것도 하나의 수단에 불과하다는 것을 깨달으며, 이제 남은 것이라고는 철저한 수치와 부끄러움밖에 없는 자신의 모습을 가지고 하나님 앞에 나아갈 때에야 비로소 그분을 만날 수 있습니다.

그렇다면 우리도 하나님을 만나기 위해 전부 들판에 나가 누워 있어야 합니까? 전부 사업에 실패하고 부도가 나야 합니까? 이 세상에서 완전히 망해야 하나님을 만날 수 있습니까? 그렇지 않습니다. 하나님의 성령이 강하게 역사하실 때에는 그렇게 물리적으로 실패하지 않아도 갑자기 자신의 모습이 옆에서 보는 것처럼 보이기 시작합니다. 자신의 죄성과 잔악함과 기질이 있는 그대로 보이면서 '내가 지금까지 망할 짓만 해 왔구나. 이렇게 살아 있는 것만 해도 하나님의 큰 은혜구나' 하는 것을 깨닫고, 두렵고 떨리는 마음으로 하나님 앞에 서게 됩니다. 청교도들은 이런 경험을 성령의 부으심이라고 이야기했습니다. 바로 그때가 은혜의 시간입니다. 바로 그때가 하나님을 만나는 시간이며 하나님의 축복을 받는 시간입니다.

야곱이 본 환상

하나님께서는 야곱에게 사닥다리의 환상을 보여 주셨습니다. 12절과 13절 상반절을 보십시오.

> 꿈에 본즉 사닥다리가 땅 위에 섰는데 그 꼭대기가 하늘에 닿았고, 또 본즉 하나님의 사자가 그 위에서 오르락내리락하고 또 본즉 여호와께서 그 위에 서서 가라사대

야곱이 본 것은 사닥다리였습니다. 그러나 오늘날 우리가 생각하는 그런 사다리는 아닐 것 같습니다. 우리는 세상에서 조금씩 승진하는 것을 사다리를 한 칸씩 올라가는 것과 비슷하게 생각합니다. 또 남들보다 좋은 대학을 나와서 돈 많은 집 처녀와 결혼하면 사다리를 몇 칸씩 뛰어서 올라갈 수 있을 것이라고 생각합니다. 이처럼 우리가 생각하는 사다리라는 개념은 칸과 칸 사이가 비어 있으며 폭이 좁아서 여러 사람이 올라갈 수 없는 것입니다. 그러나 여기에는 말하는 사닥다리는 한 사람씩 손으로 잡고 오르내려야 하는 사다리는 아닌 것 같고, 좀더 쉽게 이야기하자면 계단이나 다리라고 할 수 있을 것 같습니다. 그래야 그 위로 천사가 오르락내리락할 수 있지요.

그렇다면 하나님께서 야곱에게 보여 주신 이 환상의 의미는 무엇이겠습니까? 이 사닥다리는 하늘과 땅을 연결하는 다리입니다. 죄로 죽어 있는 이 세상과 영원한 하나님의 축복의 세계를 연결

하고 있는 다리이며 매개체입니다. 이것이야말로 하나님이나 우리 인간에게 가장 어렵고 힘들면서도 중요한 문제입니다. 하나님께서 원하시는 것이 무엇입니까? 서로 떨어져 불화 상태에 있는 하늘과 땅을 연결하는 것입니다. 누구를 통해 그렇게 하십니까? 야곱을 통해서입니다. 이것이 바로 하나님이 야곱에게 주시려고 하는 축복의 내용입니다.

하늘과 땅이 연결되어 있는 곳이 어디입니까? 성전입니다. 사람들이 땅에서 벗어나서 하늘로 가려면 하늘과 땅이 연결되어 있는 그곳, 즉 야곱과 그 후손들이 만드는 신앙의 공동체로 가야 합니다. 즉 하나님께서 지금 야곱에게 환상으로 보여 주고 계시는 것은 바로 성전의 환상입니다.

지금 하나님과 사람 사이를 분리시키고 있는 것은 단지 하늘이라는 공간만이 아닙니다. 하나님과 사람 사이를 분리시키고 있는 것은 죄입니다. 교만입니다. 지금 하나님께서 생각하고 계신 것은 이 교만과 죄가 해결되어 하나님과 사람의 교제가 회복되는 축복입니다. 예수님께서 나다나엘을 만났을 때 하신 말씀이 바로 이것입니다.

> 예수께서 대답하여 가라사대 내가 너를 무화과나무 아래서 보았다 하므로 믿느냐? 이보다 더 큰 일을 보리라 또 가라사대 진실로 진실로 너희에게 이르노니 하늘이 열리고 하나님의 사자들이 인자 위에 오르락내리락하는 것을 보리라 하시니라(요 1:50, 51).

예수님께서는 야곱이 환상 가운데서 보았던 성전의 꿈이 바로 자신을 통하여 성취될 것이라고 말씀하신 것입니다.

인간의 가장 큰 숙제가 무엇입니까? 어떻게 하늘과 땅을 연결하느냐 하는 것입니다. 어떻게 하늘과 땅처럼 나뉘어 있는 이 두 세계를 연결해서 서로 하나가 되어 교제하게 할 수 있느냐 하는 것입니다. 이것은 야곱이 할 수 있는 일이 아닙니다. 그가 도망치는 데는 명수일지 몰라도 하늘과 땅을 연결할 수는 없습니다. 하늘과 땅을 연결하기 위해서는 누군가 하늘에서 내려와야 합니다. 그것도 그냥 내려오기만 해서는 안 되고, 하늘과 땅을 화해시킨 후에 다시 하늘로 올라가야만 합니다. 누가 감히 그 일을 할 수 있겠습니까? 에베소서에서 사도 바울은 이렇게 말씀합니다.

> 그러므로 이르기를 그가 위로 올라가실 때에 사로잡힌 자를 사로잡고 사람들에게 선물을 주셨다 하였도다 올라가셨다 하였은즉 땅 아랫곳으로 내리셨던 것이 아니면 무엇이냐 내리셨던 그가 곧 모든 하늘 위에 오르신 자니 이는 만물을 충만케 하려 하심이니라(엡 4:8-10).

야곱은 에서만 제거되고 아버지만 정신을 똑바로 차린다면, 온전한 하나님의 축복을 받을 수 있다고 생각했습니다. 그러나 에서를 제거했다고 생각한 순간, 그것이 문제가 아니라는 사실을 알게 되었습니다. 하늘과 땅이 분리되어 있었습니다. 하늘과 땅만큼이나 사람과 하나님 사이는 멀었고, 그 사이를 죄와 교만이 가득 채우고 있었습니다.

지금 하나님께서 하시려고 하는 일이 무엇입니까? 하늘과 땅을 연결하는 것입니다. 노아 홍수가 난 후 사람들은 높은 탑을 쌓으면서 "자, 성과 대를 쌓아 대 꼭대기를 하늘에 닿게 하여 우리 이름을 내고 온 지면에 흩어짐을 면하자"(창 11:4)고 했습니다. 그때 인간들이 원한 것이 정말 꼭대기가 하늘까지 닿는 높은 탑을 만들려고 한 것인지, 아니면 비유적인 표현으로 꼭대기가 하늘까지 닿을 정도로 높은 탑을 쌓아서 자신들의 위대함을 떨치려고 한 것인지는 분명하지 않습니다. 그러나 한 가지 그들의 머릿속에 들어 있던 것은 '우리가 좀더 노력하고 힘을 합한다면 인간의 한계를 극복할 수 있을 것'이라는 신념이었습니다.

노아 홍수 이후 인간들이 고민한 것이 무엇입니까? 자신들은 어쩔 수 없는 인간이라는 것입니다. 홍수가 나도 죽어야 하고 병이 들어도 죽어야 하고 늙어도 죽어야 하는 존재, 흩어지면 힘을 쓰지 못하는 나약한 존재라는 것입니다. 그래서 "어떻게 하면 이런 인간의 한계를 극복할 수 있을까? 우리 힘을 합치자, 머리를 합치자" 했던 것이 바벨탑의 이념이었습니다.

죽음은 우리의 모든 노력을 끝장내 버립니다. 아무리 열심히 연구하던 학자라도 죽음의 사자가 찾아오면 하던 연구를 그만두고 떠나야 합니다. 환상적인 사랑을 하던 연인들도 죽음이 오면 헤어져야 합니다. 그래서 사람들은 어떻게 하면 하늘과 땅을 연결할 수 있을까, 어떻게 하면 좀더 멀리 날아갈 수 있을까, 어떻게 하면 자신의 한계를 넘어설 수 있을까 하는 문제에 온갖 지혜와 노력을 쏟아붓습니다. 처음에는 조금 높은 산을 정복하고, 그다음에는 더 높은 산을 정복하고, 그다음에는 에베레스트를 정복하고, 그다음에는 달을 정복합니다. 의학기술을 발달시켜서 옛날 같으면 죽었을 사람들을 살려 냅니다. 타임머신을 타고 과거로 갔다 미래로 갔다 하는 영화들을 만듭니다. 이 모든 노력이 의미하는 것이 무엇입니까? 바로 인간의 노력으로 지상과 영원을 연결하려는 것입니다. 그러나 죽음은 이 모든 것을 망쳐 놓고 맙니다.

바벨탑에 관한 성경의 기록을 보면 인간들이 바벨탑을 만들 때 하나님이 직접 거기에 내려가서 그들이 하는 것을 보셨다고 쓰여 있습니다. 인간들 안에 정말 무서운 잠재력이 있기 때문에 그대로 두면 하나님의 보좌까지 뚫고 올라올까 봐 두려워서 거기까지 내려가신 것이 아닙니다. 그들은 또 멸망할 짓을 하고 있었습니다. 또 교만하게 자기들의 노력을 집중시켜서 망할 짓을 하고 있었습니다. 그래서 하나님이 간섭해서 그들의 노력을 무력화하지 않으면 또 망할 수밖에 없기 때문에 내려가신 것입니다.

오늘 우리들이 하고 있는 일이 무엇입니까? 각자 나름대로 바벨탑을 쌓는 것입니다. 조금만 더 노력하고 조금만 더 공부하고 조금만 더 승진하고 조금만 더 건강하고 조금만 더 젊다면, 더 오래 영원히 완전하게 살 수 있을 것 같습니다. 그러나 그것으로는 하늘과 땅을 연결할 수 없습니다. 죽음과 함께 모든 것이 끝나 버립니다. 죽음은 도저히 뛰어넘을 수가 없습니다.

그러나 하나님께서는 우리 죄인과 하나님의 영원한 세계를 연결할 다리를 이미 생각해 놓으셨습니다. 이 다리가 어떻게 놓일 수 있습니까? 하나님께서는 무엇보다 이 다리가 세상에 놓일 지점이 바로 야곱의 공동체라는 점을 분명히 밝히셨습니다. 그러나 이 다리가 어떻게 놓이게 되며 누가 이 다리 역할을 할 것인지에 대해서는 분명하게 말씀하시지 않았습니다. 그 후에 오고 오는 세대를 통해 밝혀진 그 다리는 바로 예수 그리스도십니다. 예수 그리스도가 이 하늘과 땅을 연결하는 다리인 이유가 무엇입니까? 그는 친히 하늘에서 내려오신 분이기 때문입니다. 에베소서에서 사도 바울이 말씀하는 것이 바로 이것입니다. 시편에서 그가 올라가셨다고 말씀하고 있는데, 올라가시려면 먼저 내려오셔야 하지 않겠느냐는 것입니다. 그리스도는 내려오셨고 다시 올라가심으로써 이 다리를 완성시키셨습니다.

오늘 우리에게 가장 중요한 것이 무엇입니까? 삶의 지평선을 좀더 넓히는 것이 아닙니다. 정보를 좀더 많이 아는 것이 아닙니다. 우리에게 가장 중요한 것은 하나님과 바른 관계를 회복하는 것입니다. 하늘과 땅을 연결하는 다리가 없는 자는 여전히 사망의 세력에 갇혀 있게 됩니다. 아무리 살려고 몸부림쳐도 죽음이 찾아오면 모든 것을 다 내려놓고 떠나야만 합니다. 그러나 그리스도 안에 있는 자는 이 세상에 살고 있으면서도 이 세상의 능력으로 살지 않습니다. 이 다리를 통해 계속 하나님의 능력을 공급받습니다. 그는 이 땅에서 하늘의 삶을 삽니다. 천사들은 이 땅에 하나님의 뜻을 실현하고 성도들의 기도를 하나님께 전달하는 일을 합니다. 그러나 오늘날 우리는 천사들을 통하지 않습니다. 성령을 통해 하나님과 더 깊이 교제합니다.

오늘 하나님의 다리가 놓여 있는 곳은 어디입니까? 하나님의 백성들이 모여 있으며 성령으로 예배드리고 있는 교회입니다. 여기가 바로 하늘과 땅이 맞닿은 곳입니다. 우리는 바로 여기에서 하나님께 나아갈 수 있으며, 바로 여기에서 우리의 죄를 고백하고 사함받을 수 있습니다. 바로 여기에서 우리는 하나님의 무한한 능력을 간구할 수 있습니다.

하나님의 궁극적인 뜻

하나님께서 환상을 통해 야곱에게 보여 주시려고 한 궁극적인 뜻은 무엇입니까? 하나님께서는 야곱에게 주실 축복을 반복해서 말씀하고 계십니다.

> 또 본즉 여호와께서 그 위에 서서 가라사대 나는 여호와니 너의 조부 아브라함의 하나님이요 이삭의 하나님이라. 너 누운 땅을 내가 너와 네 자손에게 주리니 네 자손이 땅의 티끌같이 되어서 동서남북에 편만할지며 땅의 모든 족속이 너와 네 자손을 인하여 복을 얻으리라 (28: 13, 14).

하나님께서는 하나님의 다리가 이 땅에 닿아 있는 부분, 하나님의 은혜가 이 땅에서 시작되고 퍼지는 부분이 바로 야곱의 공동체이고 야곱의 자손이며 지금 야곱이 누워 있는 땅이라는 것을 분명히 밝히고 계십니다. 다른 곳에서는 하나님을 만날 수가 없습니다. 하나님은 야곱과 그 후손에게 이 특별한 약속을 주셨습니다. 이곳이 바로 하나님 나라에 갈 수 있는 문입니다.

하나님은 15절에서 한 가지를 더 말씀하십니다.

> 내가 너와 함께 있어 네가 어디로 가든지 너를 지키며 너를 이끌어 이 땅으로 돌아오게 할지라 내가 네게 허락한 것을 다 이루기까지 너를 떠나지 아니하리라 하신지라

하나님께서 야곱에게 원하신 것이 바로 이것입니다. 즉 그분이 친히 야곱과 함께 생활하시는 것입니다. 친히 야곱과 함께하시면서 그를 지키며 그를 인도하시는 것입니다. 어떻게 그 엄청난 하나님과 야곱이 함께 동행할 수 있습니까? 야곱은 나중에 자기와 동행했던 그 천사를 직접 보게 됩니다. 얍복 강가에서 에서를 만날 일을 두려워하고 있을 때 씨름을 벌였던 그 힘센 천사가 바로 그분입니다. 야곱은 아주 강한 분이 자신을 지키고 계시다는 것을 구체적으로 체험할 수 있었습니다. 그러나 그분의 이름이 무엇이며 어디에 계시는지는 알지 못했습니다. 나중에 이스라엘 백성들이 애굽에서 나와 시내 산에서 하나님과 언약을 맺었을 때, 비로소 하나님께서는 이스라엘 백성들에게 집을 짓게 하시고 그 집에서 그들과 함께하셨습니다.

야곱의 생애는 개인의 생애가 아니라, 앞으로 이스라엘 민족 전체가 경험할 체험을 미리 보여 주는 것입니다. 야곱의 하나님은 저 멀리 하늘에 계시는 분이 아니었습니다. 몸을 입고 오셔서 모든 위험에서 그를 지키시며 그와 동행하시는 살아 계신 분이었습니다. 하나님께서는 이스라엘 백성들에게 실제로 그렇게 하셨습니다. 그들의 장막 가운데 같이 사시면서 그들을 도우시고 그들과 함께하시면서 그들을 가나안 땅으로 인도하셨습니다.

오늘 하나님께서 우리에게 원하시는 것이 무엇입니까? 단순히 우리와 함께하시는 정도가 아니라 우리 안에 들어와 실제로 사시면서 우리 몸을 운전하시는 것입니다. 우리 옆에서 동행하시는

정도가 아니라 내 안에 들어오셔서 내 굳어 있는 몸을 운전하고 사용하시는 것입니다. 운전을 배울 때 운전 잘하는 사람이 옆에 앉아 핸들도 잡아 주고 브레이크도 잡아 주면 얼마나 좋습니까? 하나님께서 야곱에게 약속하신 것이 그것입니다. "네가 어디를 가든지 내가 옆에 앉아서 핸들을 잡아 주고 브레이크를 잡아 주어서 건강하게 돌아오게 하겠다"는 것입니다. 그러나 오늘 우리들에게 요구하시는 것은 그와 다릅니다. 하나님은 친히 우리 안에 들어와 우리의 입을 사용하고 우리의 손을 사용하며 우리의 감정을 사용하기 원하십니다. 우리를 운전하셔서 직접 우리의 몸을 통해 이 세상에서 당신의 뜻을 이루기 원하십니다.

하나님께서 우리에게 궁극적으로 원하시는 것은 이 세상에서 대충 신앙생활하다가 죽은 후에 훌쩍 천국으로 가는 것이 아닙니다. 그것은 기독교에서 너무나 작은 부분입니다. '예수 천당 불신 지옥'은 기독교를 오해하게 만드는 말입니다. 기독교의 본질은 '예수 믿으면 천당 간다'는 것이 아니에요. 바로 여기에서 하나님이 내 삶을 운전하며 사시는 것입니다. 내 혀가 바뀌어야 합니다. 자기 멋대로 말하면 안 됩니다. 하나님이 말씀하시게 해야 합니다. 내 손이 움직여야 합니다. 내 몸이 움직여야 합니다. 몸이 움직이지 않는 신앙은 죽은 신앙입니다.

우리는 자꾸 무언가가 되려고 합니다. 장관이 되려고 하고 사장이 되려고 합니다. 어느 위치에 오르면 더 나은 봉사를 할 수 있을 것 같습니다. 그러나 하나님은 이 몸 자체가 그 어떤 지위나 위치보다 탁월하다고 하십니다. 지위만 높고 돈만 많으면 뭐합니까? 몸이 하나님의 뜻대로 움직여져야지요. 그래서 매 순간이 중요합니다. 매 순간 매 순간 하나님께 나를 맡기기만 하면 하나님이 나를 사용하셔서 그분의 뜻을 이루십니다.

오늘 말씀에서 짚고 넘어가야 할 것이 두 가지 있습니다. 첫째는 야곱이 본 꿈과 오늘 우리가 꾸는 꿈은 근본적으로 다르다는 것입니다. 그리스도가 오시기 전에는 하나님께서 꿈이나 환상을 통해서 말씀을 보여 주셨습니다. 야곱이 본 꿈은 오늘 우리가 듣는 설교와 같은 것입니다. 따라서 오늘날 자기의 직감이나 동물적인 본능, 잠재의식, 생생한 꿈 같은 것을 계시로 생각하면 안 됩니다. 그것은 계시가 아니라 개꿈입니다. 혹시 맞는다 해도 개꿈이에요. 우리가 꾸는 꿈에는 계시적인 성격이 없습니다.

오늘날 하나님은 꿈이 아니라 말씀으로 다가오십니다. 육감으로 알아맞히는 것은 동물적인 본능이 생생한 것이지 하나님과 더 가까이 있다는 뜻이 아닙니다. 어쩌다가 맞을 때도 있지만 맞지 않을 때는 생사람 잡기 쉽습니다. 우리는 말씀으로 하나님을 만납니다. 하나님의 말씀이 너무나도 생생하게 마음에 부딪쳐 올 때가 있습니다. 그것이 바로 오늘 우리가 꾸는 꿈이요 우리가 보는 비전인 것입니다.

둘째는 사닥다리 위에 서 계신 분은 성부 하나님이 아니라는 것입니다. 그분은 성자이십니다. 성부는 아무도 본 사람이 없습니다. 성자가 친히 하늘과 땅을 연결하실 사명을 가지고 자기 종 야곱을 찾아오셔서 말씀하시는 것입니다.

우리가 하나님을 만날 때가 언제입니까? 말씀을 가지고 몸부림치다가 실패했을 때, 한번 믿음으로 살아 보려고 했는데 실패해서 모든 것을 다 날려 버리고 빈털터리가 되어서 누워 있을 때, 그때가 바로 하나님을 만날 때입니다. 그럴 때 살려고 몸부림치면 안 됩니다. 그냥 누워 있어야 하나님이 찾아오십니다. 꿈지럭거리지 말고 누워 있어야 합니다.

그러나 오늘날 대부분의 사람들은 야곱 같은 시도조차 하지 않습니다. 미리 딱 재 봅니다. 말씀을 가지고 무리하는 일을 하지 않습니다. 이것이 문제입니다. 그리스도인들이 말씀을 가지고 몸부림을 치지 않습니다. 미리 다 계산해서 자기 혼자 끝내 버립니다. 하나님의 은혜를 더 받기 위한 시도조차 하지 않습니다. 자기가 이미 가지고 있는 것이 있기 때문입니다. 이런 사람은 에서입니다. 이런 사람은 영원히 하나님의 은혜를 만나지 못할 것입니다.

그러나 말씀을 가진 사람은 가만히 있을 수가 없습니다. 은혜를 더 받기 위해 몸부림치지 않을 수 없습니다. 하나님은 그런 사람을 내동댕이치셔서 자신의 모습을 보게 하시고 하나님을 만나게 하십니다. 야곱이 무엇이라고 고백하고 있습니까?

> 야곱이 잠이 깨어 가로되 여호와께서 과연 여기 계시거늘 내가 알지 못하였도다(28:16).

야곱은 지금까지 하나님을 만나기 위하여 온갖 노력을 다했습니다. 자기는 잘 믿는다고 생각하면서 거짓말도 했습니다. 흥정도 했습니다. 그러나 하나님을 만나지 못했습니다. 그가 자기 노력으로 얻어낸 축복은 진짜 축복이 아니었습니다. 그런데 철저하게 낮아져서 자기의 모습을 있는 그대로 보게 되었을 때, 너무나도 비참한 자리에서 하나님께 내놓고 요구할 것이 아무것도 없는 티끌 같은 자신을 보았을 때, 하나님이 그를 찾아와 주셨습니다.

우리가 정말 정직하고 겸손하다면 하나님 앞에서 나 자신을 방어할 능력이 조금도 없으며 하나님께서 나를 죽이려고 하신다면 물 한 방울로도 얼마든지 죽이실 수 있다는 사실을 인정하게 될 것입니다. 바로 그곳이 하나님을 만나는 자리입니다. 바로 그곳이 하늘의 은혜로 새로 태어나는 자리입니다.

12

야곱의 서원

여자는 한 남자를 만나서 결혼함으로써 인생의 모든 것이 결정됩니다. 어떤 의미에서 결혼하기 전의 여자의 삶은 마치 목표를 알지 못하는 여행처럼 느껴집니다. 자기 나름대로 많은 꿈을 꾸기도 하고 계획도 세워 보지만 일단 결혼을 하고 나면, 그 결혼이 인생의 축이 되어서 모든 것이 그 결혼 관계를 중심으로 결정됩니다. 여자는 자신의 많은 꿈과 가능성을 포기하고 기꺼이 한 남자에게 헌신합니다. 그러면 남자는 어떻게 해야 합니까? 그는 여자의 모든 필요를 채워 주며 보호해 주고 사랑함으로써 여자가 더 성숙하고 풍성한 삶을 살게 해주어야 합니다. 이처럼 한 여자가 한 남자를 만나서 결혼하는 것보다 더 기독교 신앙을 잘 설명해 주는 것이 없습니다.

오늘 본문에서 야곱은 머나먼 여행을 떠납니다. 그는 한때 대단한 꿈을 가지고 있었고 자기 자신에 대해서 큰 포부를 가지고 있었습니다. 그러나 어느 순간 먹을 것도 없고 입을 것도 없는 빈털터리로 먼 길을 떠나다가 빈들에 쓰러지는 신세가 되었습니다. 그런데 그는 바로 거기에서 살아 계신 하나님을 만났습니다. 하나님이 나타나셔서 자신이 누구이며 어떻게 할아버지 아브라함과 아버지 이삭을 지켜 주셨는지 말씀하셨습니다. 그리고 야곱에 대해 가지고 계신 계획을 말씀해 주셨습니다.

야곱은 이 하나님의 말씀만큼은 지금까지 그가 가졌던 허황된 꿈처럼 취급하지 않았습니다. 그는 전적으로 이 말씀을 붙들었고 이 말씀을 믿었습니다. 그는 자리에서 일어나 자기가 베고 누웠던 돌을 일으켜 세우고 거기에 기름을 부었습니다. 그리고 그곳 이름을 '하나님의 집'이라는 뜻으로 '벧엘'이라고 지었습니다. 그는 하나님 앞에서 자기의 연약함과 헐벗음을 고백하고, 하나님께서 자기를 버리지 않으신다면 이러저러하게 하나님을 섬기겠다고 약속합니다.

야곱의 이 경험을 자세히 살펴보면 여자가 남자를 만나서 결혼하는 것과 아주 비슷하다는 사실을 발견하게 됩니다. 하나님을 인격적으로 만나는 것이나, 한번 만나고 난 후에는 전적으로 자신의 삶을 맡기고 헌신하는 것이나, 하나님이 야곱의 먹고사는 모든 문제를 책임져 주는 이 모든 것이 결혼과 굉장히 비슷한 의미를 가지고 있습니다.

하나님께서 남녀간에 결혼을 허락하신 데에는 결혼을 통해 서로 사랑하고 행복하라는 의미도 있지만, 또 한편으로는 이 결혼을 통해 하나님을 더 잘 알아 신앙생활을 잘 하라는 의미도 있습니다. 그런데 어떻게 된 일인지 결혼하면 오히려 신앙이 없어져 버리는 경우가 많습니다. 아니 데이트를 시작할 때부터 이미 신앙이 점점 없어지다가 첫아이를 낳으면서 완전히 끝장이 나 버립니다.

이런 야곱의 체험은 다른 사람의 삶에서도 반복되고 있습니다. 이스라엘 백성들은 애굽을 탈출해서 거친 광야를 여행했습니다. 언제 물이 없어서 죽을지, 또 언제 양식이 없어서 죽을지, 언제 사나운 맹수들이나 아말렉 족속 같은 도둑 떼들의 습격으로 죽을지 모르는 상황이었습니다. 그들은 지쳐 있었고 굶주려 있었습니다. 그때 하나님께서 시내 산에서 나타나 이스라엘 백성들에게 말씀하셨습니다. 그 말씀은 그냥 평범한 말씀이 아니었습니다. 직접적이고 체험적인 말씀이었습니다. 이스라엘 백성들은 그들에게 말씀하시기 위하여 시내 산에 강림하신 하나님을 느낄 수 있었습니다.

그때 이스라엘 백성들은 하나님과 언약을 맺었습니다. 다시는 다른 신을 섬기지 않겠고 이웃을 해치지 않겠으며 하나님의 백성으로서의 모든 의무를 다 이행하겠다고 했습니다. 그들은 피를 뿌리는 언약을 세웠고, 하나님께서는 그 언약의 말씀을 두 돌비에 새겨서 주셨습니다. 이때부터 이스라엘은 하나님의 백성으로 새로 태어나게 되었습니다. 그리고 하나님께서는 이스라엘 백성들의 모든 필요를 채워 주시며 그들을 보호하시고 말씀으로 성숙시킬 책임을 지시게 되었습니다. 하나님께서는 만나와 메추라기로 그들에게 먹을 것을 공급해 주셨고, 반석에서 물이 나오게 해주셨으며, 풍성한 말씀을 주셔서 그들을 더 성숙시켜 주셨습니다.

이 일은 오늘 우리들의 삶에서도 반복되고 있습니다. 우리는 정처 없이 광야 길을 가는 사람들과 같습니다. 물론 꼭 가야 한다고 정해진 목적지가 없으니까 자유롭기는 합니다. 그러나 언제 어디서 무슨 일을 당할지 모릅니다. 그런데 어느 날 하나님이 말씀으로 우리를 찾아와 주십니다. 지금까지와는 다른 방식으로 말씀이 우리에게 임합니다. 그러고 나서 어떻게 됩니까? 그 말씀을 전인격으로 붙들고 믿음으로 반응할 때, 우리에게 기름을 부으시고 자기 백성으로 삼으시며 그때부터 우리의 모든 필요를 채워 주십니다. 그리고 우리를 완성시켜서 온전한 인격체로 만들어 가십니다.

믿음으로 반응한 야곱

야곱은 빈들에서 잠을 자다가 특별한 체험을 했습니다. 즉 꿈을 꾸는 가운데 하나님의 환상을 보고 하나님의 말씀을 들은 것입니다. 지난번에 말씀드렸듯이, 우리가 기억해야 할 것은 꿈이나 환상은 구약 시대에 하나님께서 자기 백성들에게 말씀하시는 중요한 수단이었다는 것입니다. 그러므로 야곱이 꿈을 꾸었으니 우리도 꿈을 꾸어야 하고 우리의 꿈에도 사다리가 나타나야 한다고 생각하는 사람은 시계를 5,000년 전으로 돌려 놓으려고 하는 것과 같습니다. 여기에서 중요한 것은 야곱이 이번에 경험한 것은 하나님의 말씀으로서, 이 말씀은 그의 생애에 특별한 것이었다는 사실입니다.

지금까지 야곱이 들은 하나님의 말씀은 어떤 것이었습니까? 모두 간접적인 것이었습니다. 하나님께서 할아버지 아브라함에게 하신 말씀을 간접적으로 듣고, 아버지 이삭이나 어머니 리브가에게 하신 말씀을 간접적으로 들었을 뿐입니다. 야곱에게 직접 하신 말씀은 하나도 없었습니다. 다시 말해서 지금까지 야곱이 경험한 것은 모두 간접적인 말씀이었다는 것입니다. 하나님께서 어떤 사람에게 말씀하신 것을 한 다리 건너서 다시 들은 것이었습니다. 물론 한 다리를 건너든지 두 다리를 건너든지 하나님의 말씀은 하나님의 말씀입니다. 그러나 이번에는 특별했습니다. 하나님이 야곱에게 직접 말씀하셨습니다.

구약 시대에 선지자들이 꿈이나 환상을 통하여 하나님을 경험한다고 할 때, 그것은 평범한 꿈이나 환상이 아니었습니다. 꿈이나 환상이라도 직접 눈으로 보는 것 이상으로 생생하며, 사람의 전인격을 지배하는 경험이었기 때문입니다. 구약의 선지자들이나 하나님의 사람들은 하나님께서 계시로 주시는 꿈이나 환상과 자기 마음대로 보는 꿈이나 환상을 분명히 구별할 수 있었습니다. 선지자들이라고 해서 이상한 꿈을 꾸지 않는 것이 아니에요. 선지자들이라고 해서 잘못된 꿈을 꾸지 않는 것이 아닙니다. 그러나 하나님이 주시는 꿈이나 환상은 달랐습니다. 도저히 꿈에서 본 것이라고 말할 수가 없었습니다. 너무나도 엄청나고 압도적이어서 그 메시지에 완전히 사로잡힐 뿐 아니라 꿈에서 깨어난 후에도 온몸이 후들거리는 두려움과 경외감에 사로잡혔습니다.

오늘 본문을 보면 야곱이 꿈에서 깨어난 후 이 꿈이 준 메시지에 완전히 사로잡히는 것을 볼 수 있습니다. 28장 17절을 보십시오.

이에 두려워하여 가로되 두렵도다 이 곳이여 다른 것이 아니라 이는 하나님의 전이요 이는 하늘의 문이로다 하고

야곱은 잠에서 깨어난 후 온몸이 후들거리는 두려움과 경외감에 사로잡혔습니다. 이것은 그가 경험한 것이 단순한 꿈이 아니라 전적인 하나님의 말씀이며 계시였다는 것을 알려 줍니다.

오늘 우리가 경험하는 하나님의 말씀은 간접적인 것입니다. 하나님이 아브라함에게 말씀하신 것을 한 다리 건너서 듣고, 주님이 제자들에게 하신 말씀을 한 다리 건너서 듣습니다. 마치 호랑이를 직접 보는 대신 사진이나 그림책에서 보는 것과 같습니다. 그림책이나 사진으로 호랑이를 보면서 긴장할 어린이가 어디 있습니까? 온몸을 막 떨고 울면서 그림책 보는 아이가 있습니까? 과자 먹어 가면서, 떠들어 가면서 그림 속의 호랑이를 감상하지요.

우리는 이처럼 그림책 속에 있는 호랑이를 보듯이 아주 여유만만하게 엉뚱한 생각을 하면서 하나님의 말씀을 듣습니다. 재미있으면 웃고, 재미없으면 주보에 낙서를 하거나 잡담을 하거나 옆에 있는 어린아이와 눈을 맞춰 가면서 아주 여유 있게 듣습니다. 어떤 때는 설교가 제법 유익하기도 합니다. '아쭈, 오늘은 잘하네' 생각합니다. 그런데 한 번 했던 설교나 예화가 또 나오면 지루합니다. 그러면 시계만 자꾸 쳐다보면서 엉뚱한 생각을 하지요. 한 다리 건너서 하나님의 말씀을 들으니까 긴장하고 두려워해야 할 이유가 전혀 없습니다. 다리가 후들거릴 이유가 없습니다.

그러다가 하나님의 말씀이 아주 비상하게 마음을 파고 들어올 때가 있습니다. '오늘 설교는 바로 나한테 하시는 말씀이구나.

다시는 도망치면 안 되겠구나' 할 때가 있습니다. 물론 평범한 상태에서 이렇게 말씀이 찾아오지는 않습니다. 하나님께서 이렇게 찾아오실 때에는 사전정비 작업을 미리 해놓으십니다. 가진 것을 싹 다 빼앗아서 완전히 빈털터리로 만들어 놓으십니다. 바닥에 엎드러지게 하십니다. 어떤 때는 자신의 죄 문제로 고민하고 갈등하느라 거의 녹초가 된 상태로 나오게 하시기도 합니다. 돈 잘 벌리고 애들 잘 크면 긴장할 이유가 뭐가 있습니까? 그럴 때는 교회에 와서 예배를 구경합니다. 그러나 하나님이 야곱을 완전히 바닥으로 패대기치셨듯이, 몇 푼 되지도 않는 돈을 과시하면서 살았던 사람의 돈을 싹 다 빼앗아 가시고, 젊다고 까부는 사람을 도덕적으로 실패하게 하실 때, 그래서 죽음 외에는 다른 길이 없다는 생각이 들 때 하나님의 말씀이 임하기 시작합니다.

그때 하나님의 말씀을 들으면서 느끼는 것이 무엇입니까? '이제는 죽었구나!' 하는 엄청난 두려움입니다. 어떤 때는 설교를 듣기 전부터 벌써 흐느끼기 시작합니다. 하나님께서 다른 사람에게 말씀하시는 것이 아닙니다. 그 불꽃 같은 눈으로 나를 직접 쳐다보시면서 "너 살래, 죽을래" 하며 찾아오실 때가 평생에 한 번은 옵니다. 그림책의 호랑이를 보는 것이 아닙니다. 마치 산에서 헤매다가 갑자기 진짜 호랑이와 맞닥뜨린 것 같습니다. 전에는 "이 교인은 이래서 싫고 저 교인은 이래서 문제고" 하면서 말이 많았습니다. 하지만 지금 그럴 여유가 어디 있습니까? 호랑이를 바로 앞에서 마주쳤는데요.

그날의 말씀은 지금까지 듣던 말씀과 완전히 다릅니다. 메시지는 같지만 그 안에 흐르고 있는 전류가 다릅니다. 지금까지 듣던 하나님의 말씀이 100볼트나 200볼트 정도였다면, 하나님께서 특별히 찾아오신 날은 2만 볼트입니다. 그냥 저릿저릿한 게 아니에요. 완전히 태워 버립니다. 머리카락이 다 곤두섭니다. '죽었구나! 내가 이 말씀을 듣고도 살 수 있을까!' 자존심이 어디 있습니까? 자기 계산이 어디 있습니까? 하나님이 무섭게 살아 계신 심판주로 임하시면 모든 것이 끝장나 버립니다. 지금 야곱이 그 경험을 하고 있는 것입니다. 여유만만하게 교회 다닐 때는 좋았어요. 이 사람 저 사람 핑계대면서, 여유있게 주보에 낙서해 가면서, 이 계획 저 계획 세워 가면서 신앙생활할 때는 편했습니다. 그런데 하나님의 말씀 앞에 딱 나와 서니까 완전히 작살에 꽂힌 것 같습니다. 꼼짝달싹할 수가 없습니다.

고린도 교인들이 얼마나 빤질빤질한 사람들이었습니까? 얼마나 잘난 체하는 사람들이었습니까? 얼마나 사도 바울을 우습게 아는 사람들이었습니까? 바울은 그들에게 이렇게 말씀합니다.

> 내 말과 내 전도함이 지혜의 권하는 말로 하지 아니하고 다만 성령의 나타남과 능력으로 하여 너희 믿음이 사람의 지혜에 있지 아니하고 다만 하나님의 능력에 있게 하려 하였노라(고전 2:4, 5).

믿음은 지적인 설득이 아닙니다. 하나님의 말씀을 잘 알아듣도록 설명해서 받아들이게 하는 것이 아닙니다. 하나님께서 말씀을 통해 찾아오시는 것입니다. 모든 위선과 핑계의 껍질을 다 벗기시고 우리를 인격적으로 만나시는 것입니다. 그때 할 수 있는 말은 한마디밖에 없습니다. "저를 불쌍히 여겨 주십시오! 저를 살려 주십시오!"

여자가 한 남자와 결혼하는 것은 어떤 매력에 사로잡혔기 때문입니다. 솔직하다든지 믿음직하다든지 돈이 있어 보인다든지, 어쨌든 한 가지는 마음에 드는 것이 있으니까 결혼하는 것입니다. 그러나 우리가 신앙을 갖는 것은 무언가 한 가지 마음에 드는 것이 있어서가 아닙니다. 진짜 하나님을 만났기 때문입니다. 물론 하나님을 만나기 전에도 신앙은 있었어요. 그러나 그것은 급할 것이 전혀 없는 신앙이었습니다. 오늘 교회 안 가면 다음 주에 가면 됩니다.

다음 주에도 못 가면 한 달 후에 가면 되지요. 안 믿겠다는 게 아닙니다. 그러나 급할 것이 하나도 없습니다. 신앙생활에 긴박함이 없습니다.

이렇게 긴박함이 빠진 신앙은 신앙이 아닙니다. 처녀들이 왜 아름답습니까? 긴장하고 있기 때문입니다. 처녀가 해삼처럼 팍 퍼져서 아무 데서나 하품하고 아무 데서나 드러누우면 누가 좋아하겠습니까? 처녀는 무언가 긴장하고 조심하기 때문에 아름다운 것입니다. 그리스도인에게도 이런 긴장이 있어야 합니다. 교회 가고 싶으면 가고 가기 싫으면 빠지고 졸고 싶으면 조는 것, 이렇게 여유만만하게 믿는 것은 엉터리 신앙입니다.

하나님과의 만남은 설교자의 자질에 필수적인 것입니다. 하나님과 직접 맞부딪친 경험이 없는 설교자는 설교는 들을 만해도 그 안에 긴박함이 없습니다. 여기저기서 뽑은 자료로 시간은 잘 때우지만 지금 이 말씀을 바로 전하지 않으면 이 영혼들이 지옥 간다는 긴박함이 없습니다. "하나님은 살아 계십니다! 여러분은 지금 이 상태로 돌아가면 절대로 안 됩니다!" 하는 절박함이 없습니다. 자기가 경험하지 못한 하나님을 어떻게 다른 사람에게 소개할 수 있겠습니까? 하나님에 대해 객관적으로 설명할 수는 있겠지요. 그러나 사람들을 하나님 앞으로 데려갈 수는 없습니다.

하나님은 말씀 가운데 우리를 찾아오십니다. 어떤 말씀입니까? 멋있는 설교가 아닙니다. 내 영혼을 완전히 쪼개며 쥐어짜는 말씀입니다. "이제는 더 이상 도망가지 마라. 나는 하나님이다! 지금까지는 네 돈과 머리를 믿고 네 멋대로 살았지만, 이제는 걸려 들었다. 너, 죽을래, 살래!" 2만 볼트로 찾아오십니다. 그때 신앙이 시작됩니다.

돌에 기름을 붓다

야곱은 자기에게 나타나 말씀하신 하나님을 전적으로 믿었습니다. 이것은 그냥 꿈에 사닥다리를 본 것이 아닙니다. 자신을 완전히 짓눌러서 더 이상 도망칠 수 없게 만드는, 엄청난 능력으로 압도하는 말씀이었습니다. 이 말씀을 체험한 야곱은 주관적인 고백으로는 충분치 않다고 생각했습니다. 그래서 자리에서 벌떡 일어나 특별한 의식을 행했습니다.

> 야곱이 아침에 일찍이 일어나 베개하였던 돌을 가져 기둥으로 세우고 그 위에 기름을 붓고 그 곳 이름을 벧엘이라 하였더라 이 성의 본 이름은 루스더라(28:18, 19).

야곱은 이런 하나님과의 만남을 "그냥 그럴 수도 있는 일이야. 누구나 한 번씩은 다 이렇대. 난 길이나 빨리 가야지. 꿈을 꾸는 바람에 너무 오래 누워 있었네" 하면서 그냥 넘어가지 않았습니다. 그는 자기가 베고 있던 돌을 세우고 거기에 기름을 붓는 의식을 행했습니다.

우리에게 궁금한 것은 돌에 기름을 붓는 이 일에 무슨 의미가 있는가 하는 점입니다. 어떤 사람들은 야곱이 숭배의 목적으로 이 돌을 세웠다고 해석하기도 하고, 또 어떤 학자들은 야곱이 여기에서 초인적인 능력을 발휘했다고 해석하기도 합니다. 그러나 반드시 숭배의 목적으로 돌을 세우는 것은 아닙니다. 기념할 의도로 돌을 세우거나 쌓을 때도 있습니다. 우리는 성경 여러 곳에서 숭배하기 위해서가 아니라 기억하기 위해 돌을 세우는 것을 볼 수 있습니다. 더욱이 야곱은 방금 자기 앞에서 말씀하신 하나님을 체험했는데도 금방 마음이 허망해져서 뒤돌아서 돌을 세우고 그 돌에게 영광을 돌릴 만큼 미련한 사람이 아닙니다. 그가 세운 돌은 기념이 되고 표시가 될 만큼 어느 정도는 큰 돌이었을 것입니다. 그러나 혼자서 움직일 수 없을 정도로 아주 큰 돌은 아니었을 것입니다.

돌을 세운 일보다 더 중요한 것은 왜 여기에 기름을 부었는가 하는 점입니다. 우리는 그 당시의 풍습을 잘 모르기 때문에 돌 위에 기름을 붓는 일의 의미를 잘 알 수 없습니다. 게다가 돌에 기름을 붓는 일은 다른 경우에는 잘 나타나지 않습니다. 저는 야곱이 들판에서 한 이 행동을 그 당시에 행해졌던 어떤 풍습의 연장으로 생각하는 데에는 무리가 있다고 생각합니다. 왜냐하면 이 기름 부음은 앞으로 이스라엘 공동체 안에서, 또 신약 시대에 이르기까지 하나님의 소유를 나타내는 가장 중요한 의식으로 받아들여지기 때문입니다.

야곱 이후에 하나님께서는 이스라엘 백성들로 하여금 하나님께 속한 모든 것에 기름을 붓게 하십니다. 제사장에게 기름을 부으면 하나님의 사람이 됩니다. 성전에서 사용하는 기구들에 기름을 부으면 하나님의 소유가 됩니다. 만약 사람 수가 모자란다고 제사장을 불러다 일을 시키거나 그릇이 없다고 성전 기구로 물을 마시면 곧바로 저주가 임합니다. 하나님께서 그 사람이나 물건을 구분하셔서 구원론적 의미를 주셨기 때문입니다.

이렇게 구분된 사람이나 물건이나 의식은 죄인들을 구원하기 위한 방편으로 사용될 것이며, 그 하나하나가 사람들의 마음속에 믿음을 불러일으키는 역할을 하게 될 것입니다. 성전은 단순한 천막이었습니다. 그러나 하나님께서는 거기에 기름을 부으심으로써 그 안에서 일어나는 모든 의식에 구원의 능력이 나타나게 하셨습니다. 이것은 신약 시대 때 성령의 역사로 나타납니다. 성령의 기름 부음이 복음 증거의 능력으로 나타나며 구원의 능력으로 나타나는 것입니다.

야곱이 돌에 기름을 부은 것을 당시 사람들의 맹세 의식을 적용한 것으로 생각할 수도 있습니다. 그러나 어떤 의미에서는 그가 성령의 감동으로, 앞으로 교회 안에서 이루어질 구원론적인 입장에서 최초로 기름을 부었다고 볼 수도 있습니다. 왜냐하면 이후에 나오는 야곱의 서원이 실제로는 야곱이 해야 할 말이라기보다는 하나님의 입에서 나와야 할 말씀이기 때문입니다. 다시 말해서 "나를 지키시고 먹을 양식과 입을 옷을 주사 나로 평안히 아비 집으로 돌아가게 하시오면"이라고 하는 말은 사실 하나님이 야곱에게 하실 말인데 그의 입을 통해 표현되고 있습니다. 그렇다면 이 기름 부음도 하나님께서 하실 일을 야곱이 성령의 감동으로 대신 하는 것이라고 생각할 수 있습니다.

야곱이 돌에 기름을 부었다고 해서 그 돌을 신성시했다고 보면 안 됩니다. 그가 기름을 부은 것은 자기에게 나타나신 하나님의 말씀을 전적으로 믿고 받아들이며 그 말씀을 한평생 의지하고 살겠다고 약속하는 의식입니다. 예를 들어서 한 여자가 "나는 이러저러한 사람인데, 나를 믿는다면 결혼해 주십시오"라고 말하는 남자의 말을 받아들일 때 어떻게 합니까? 결혼하겠다고 말하면서 서약을 하고 결혼 반지를 낍니다. 그러면 그때부터 그 남자의 아내가 되는 것입니다.

야곱은 하나님께서 나타나신 것을 자기를 특별히 택하시는 표시로 알고, 믿음으로 받아들입니다. 그래서 자기가 베고 누웠던 그 돌에 기름을 부음으로써 하나님의 말씀을 영원히 잊지 않고 그 말씀만 믿고 살겠다고 선언합니다. 이것은 단순한 약속이 아니라, 이제 자기가 하나님의 것이 되었다는 선언입니다. 그러므로 이 돌은 기억의 돌이나 숭배의 돌이 아니라 서원의 돌이며, 자신을 하나님께 헌신하는 언약의 돌이 되는 것입니다. 바로 이 순간을 통해 야곱은 영원한 하나님의 사람이 됩니다.

우리가 여기에서 알아야 할 것은 야곱이 지금 원맨쇼를 하고 있는 것이 아니라는 것입니다. 하나님께서 먼저 그를 찾아오셔서 자신을 보여 주셨습니다. 그리고 야곱은 그 말씀에 전적으로 순종한다는 뜻으로 돌을 세우고 기름을 부었습니다. 특히 야곱이 기름을 사용한 것은 성령이 주시는 지혜로 앞으로 이루어질 하나님의 소유의 표시를 가장 먼저 실행한 것이라고 생각할 수 있습니다.

이런 언약을 세우면 어떻게 됩니까? 서로가 서로를 소유하게 됩니다. 야곱이 기름 부은 언약을 깨뜨리지 않는 한 하나님은 야곱을 버리지 못하십니다. 그리고 하나님을 만나기 원하는 사람들은 아무리 교활하고 인격적으로 문제가 있는 사람이라 하더라도 야곱을 통하지 않고서는 절대로 하나님을 만나지 못합니다. 왜냐하면 이 언약을 통해 하나님과 야곱은 서로를 소유하게 되었기 때문입니다.

언약이란 강한 사람에게는 책임이 되고 약한 사람에게는 말할 수 없는 보장이 됩니다. 강대국과 약소국이 상호 불가침 조약을 맺으면 강대국이 손해를 보고 약소국이 이득을 보게 되어 있습니다. 우리는 하나님과 언약을 맺으면 우리가 손해본다고 생각합니다. 술도 못 마시고 주일에 마음대로 놀러도 못 가니까 손해본다고 생각해요. 그런데 그게 아닙니다. 손해 보는 쪽은 오히려 하나님입니다. 우리가 손해볼 게 뭐가 있습니까? 오히려 우리는 크게 덕을 보는 것입니다. 그 크신 하나님께서 우리를 통하지 않고서는 아무 일도 하시지 않습니다. 또 우리가 믿음으로 나아갈 때 반드시 들어주십니다.

야곱의 서원

야곱은 하나님 앞에서 자신의 신앙을 고백하고 서원을 합니다. 20절과 21절을 보십시오.

야곱이 서원하여 가로되 하나님이 나와 함께 계시사 내가 가는 이 길에서 나를 지키시고 먹을 양식과 입을 옷을 주사 나로 평안히 아비 집으로 돌아가게 하시오면 여호와께서 나의 하나님이 되실 것이요

야곱의 이 서원을 들을 때 쉽게 이해되지 않는 것이 하나 있습니다. 그것은 야곱이 여전히 신앙을 하나의 조건처럼 제시하고 있다는 점입니다. 야곱은 지금 대단히 어려운 입장에 처해 있습니다. 그는 그런 어려움 가운데 놀라운 하나님을 체험했습니다. 그래서 돌에 기름까지 부어서 헌신을 약속했음에도 불구하고 하나님께 전적으로 자신을 맡기지 못하고 "나를 지키시고 먹을 양식과 입을 옷을 주사 나로 평안히 아비 집으로 돌아가게 하시오면" 그때서야 비로소 하나님을 자기의 하나님으로 섬기며 십일조를 바치는 본격적인 신앙생활을 하겠다고 서원하는 말처럼 들립니다. 이것이 사실이라면 야곱이 돌에 부은 기름은 헌신의 기름이 아니라 불신앙의 기름이 될 것입니다.

예를 들어서 어떤 남자가 여자에게 나타나서 "내가 당신의 모든 삶을 책임질 테니 나와 결혼해 주십시오"라고 했는데, 여자가 가만히 생각하다가 "저는 당신 말을 다 믿어요. 하지만 지금 제 형편이 아주 어렵거든요. 입을 것도 없고 먹을 것도 없어요. 그러니 상당한 기간 저에게 돈을 대 주시고 저를 보호해 주셨으면 해요. 그러면 당신이 하는 것을 보고 난 후에 결혼 여부를 결정할게요" 했다고 합시다. 이것은 못 믿겠다는 것이나 다름없는 말입니다.

그러나 야곱의 서원은 조건이 아닙니다. 그의 서원에는 두 가지 뜻이 있습니다. 첫째는 자신의 비참하고 어려운 처지를 솔직하게 하나님께 말씀드리면서 그의 도우심을 간구하는 것입니다. 마치 조건을 거는 것처럼 표현되어 있지만 조건을 거는 것이 아닙니다. 야곱은 아버지 집에 있는 것들을 다 찾게 해주시면 그때 하나님을 믿겠다고 하지 않았습니다. 오히려 지금 자기가 살아 있기는 하지만 실제로는 살아 있는 것이 아니며 죽은 목숨이나 진배없다는

것을 하나님께 말씀드리면서 그의 도우심을 간구하고 있습니다. 아마 야곱이 하나님께 드린 기도 중에서 이보다 더 진솔하고 절박한 기도가 없을 것입니다. "하나님, 저에게 나타나 주셔서 감사합니다. 저는 하나님의 말씀을 전적으로 믿습니다. 그러나 저는 너무나도 연약해서 이 언약을 지킬 자신이 없습니다. 저의 모든 삶을 하나님께 맡깁니다. 저를 지켜 주시옵소서." 표현만 조건이지 실제로는 자신의 전 삶을 하나님께 맡기는 기도인 것입니다.

둘째는, 우리가 하나님과 언약을 맺을 때 하나님께서 어떻게 우리를 지켜 주시고 보호해 주시는지 야곱의 입을 통해 미리 말씀해 주시는 것입니다. 여자가 남자와 결혼할 때, 먹는 것이나 입는 것을 주며 모든 어려움에서 지켜 주는 것 등은 남자가 당연히 해야 할 일입니다. 결혼한 후에 매끼마다 밥의 무게를 달아보면서 아내가 먹는 밥을 아까워한다든지, 몸이 아플 때 약값이나 병원비를 아까워하는 남자는 처음부터 결혼을 하지 말아야 합니다. 결혼했으면 여자의 모든 필요를 다 채워 주어야지요. 그렇게 하지 않으려면 뭐하러 결혼합니까?

야곱이 돌에 기름을 붓고 하나님의 말씀을 의지하며 살기로 결단했을 때, 먹는 것이나 입는 것이나 위험에서 보호받는 것은 자동적으로 하나님의 책임으로 돌아가게 되어 있습니다. 그러나 우리는 그것을 믿지 못합니다. 하나님을 믿고 난 후에도 여전히 먹는 문제, 입는 문제, 사는 문제 때문에 고민하느라 신앙생활을 제대로 못합니다. 하나님께서는 야곱의 입을 통하여 이 모든 것은 당연히 자신이 책임지실 문제이며 하나님의 언약 속에 포함되어 있다는 것을 말씀하고 계십니다. 그러므로 이 서원은 야곱의 서원이라기보다는 하나님의 확인이고, 이 기름 부음은 야곱의 기름 부음이 아니라 하나님의 기름 부음입니다.

우리는 하나님이 나의 이런이런 조건을 들어 주시기 때문에 믿는 것이 아닙니다. 하나님께서 능력과 말씀으로 나에게 나타나시고 내가 그 말씀을 믿는다면, 내가 굳이 조건을 내세우지 않아도 나의 먹는 것이나 입는 것이나 모든 안전한 삶을 전부 하나님께서 책임지시게 되어 있습니다. 그래서 예수님께서 제자들에게 무엇이라고 말씀하셨습니까?

> 그러므로 염려하여 이르기를 무엇을 먹을까 무엇을 마실까 무엇을 입을까 하지 말라 이는 다 이방인들이 구하는 것이라 너희 천부께서 이 모든 것이 너희에게 있어야 할 줄을 아시느니라 너희는 먼저 그의 나라와 그의 의를 구하라 그리하면 이 모든 것을 너희에게 더하시리라(마 6:31-33).

이 세상 사람들에게는 어디에서 먹을 것을 찾으며 어디에서 입을 것을 찾느냐가 가장 중요합니다. 그들은 항상 이것을 염려해야 합니다. 염려하지 않으면 굶어 죽을 것입니다. 그러나 하나님은 자신과 언약을 맺은 이 백성들에게 절대로 염려하지 말라고 말씀하십니다. 염려보다 더 그들을 비참하게 만들고 비굴하게 만드는 것이 없기 때문입니다. '염려하는 하나님의 백성'이라는 것은 앞뒤가 안 맞는 말입니다. '믿는 하나님의 백성'이 맞는 말입니다. 하나님의 백성이 염려하면 마음이 돌처럼 굳어져서 믿음이 작동하지 않습니다. 안 믿는 사람하고는 대화가 돼도 염려하는 믿는 사람하고는 대화가 안 돼요. 믿지 않는 사람보다 훨씬 못합니다. 왜 그렇게 신앙생활 합니까? 왜 그렇게 비참하게 믿습니까? 물론 사람이니까 염려하게 될 수 있습니다. 그래도 조금만 염려해야지 줄기차게 염려하면 안 됩니다. 작년에 염려하던 문제를 올해도 계속 염려하면 안 됩니다.

하나님께서 이스라엘 백성과 광야에서 언약을 세웠을 때, 그들은 늘 먹고 마시는 것으로 하나님을 시험했습니다. 과연 하나님께서 이 메마른 광야에서도 신실하게 책임을 지키실 것인지를 의심했습니다. 그러면서 내린 결론이 애굽으로 돌아가자는 것이었습니다. 사실 우리는 광야에 있던 이스라엘 백성의 수준을 넘어서지 못하고 있습니다. 우리는 신앙이 갖는 그 놀라운 측면을 잊고 있습니다. 하나님이 당연히 나의 먹을 것을 책임지십니다. 하나님이 당연히 나의 결혼을 염려해 주십니다. 하나님이 당연히 나의 삶을 염려해 주십니다. 내가 말씀을 붙들기만 하면 이 모든 것을 책임져 주시게 되어 있어요. 만약 그것을 책임져 주지 않는 하나님이라면 뭣 때문에 믿습니까? 교회에 불 싸지르고 뛰쳐나와 버리지 뭐 하러 주일마다 찾아옵니까? 그런데 사람들은 염려는 염려대로 하면서 교회는 교회대로 나옵니다.

하나님 말씀 하나만 붙들면 모든 것이 해결되게 되어 있습니다. 그래서 예수님은 기도할 때마다 하나님을 '아버지'라고 부르라고 가르치셨습니다. 자기 자식을 사랑하지 않을 아버지가 누가 있습니까? 예수님께서 마태복음에서 하신 말씀이 바로 이것입니다.

> 너희 중에 누가 아들이 떡을 달라 하면 돌을 주며 생선을 달라 하면 뱀을 줄 사람이 있겠느냐(마 7:9, 10).

내가 하나님의 말씀에 붙들리면, 하나님께서 나에게 능력 있게 나타나시면, 그분이 내 모든 필요를 채워 주시게 되어 있습니다. 나로 하여금 풍성한 삶을 살게 하실 책임이 하나님께 있습니다. 사실 남편은 그렇게 못할 때가 많습니다. 남편은 결혼해 놓고서도 아내는 제쳐 둔 채 혼자 돌아다닐 때가 많아요. 그리스도인들은 그렇게 하면 안 됩니다. 아내를 행복하게 해주어야 합니다. "어떻게 하면 당신을 더 행복하게 해줄 수 있을까?"라고 늘 물어 보십시오. "그것이 나의 소망이고 나의 간절한 기대야"라고 말씀하십시오. 이것은 조건이 아닙니다. 남편이 당연히 해야 할 일입니다.

우리는 삶 속에서 우리를 억압하며 풍성하지 못하게 만드는 것들이 있을 때, 그것이 무엇이든지 간에 야곱처럼 하나님께 구체적으로 말씀드릴 수 있습니다. 야곱의 기도가 어떤 것입니까? "하나님의 언약은 믿지만 제가 너무 어려운 지경에 있습니다. 너무나 억압되어 있습니다. 저를 도와주십시오." 그러면 당연히 도와주십니다. 오늘 예배드리는 가운데 나를 풍성하게 만들지 못하게 하는 것이 있습니까? 야곱처럼 기도하십시오. "하나님, 저는 이러이러한 관계 때문에 풍성한 삶을 살지 못하고 있습니다", "저는 빚 때문에 풍성하게 살지 못하고 있습니다", "저는 이 병 때문에 풍성한 삶을 살지 못하고 있습니다" 하고 기도하십시오. 굉장히 빨리 응답될 것입니다.

계속적인 헌신의 다짐

야곱은 이렇게 다짐합니다.

> 나로 평안히 아비 집에 돌아가게 하시오면 여호와께서 나의 하나님이 되실 것이요 내가 기둥으로 세운 이 돌이 하나님의 전이 될 것이요 하나님께서 내게 주신 모든 것에서 십분 일을 내가 반드시 하나님께 드리겠나이다(28:21, 22).

여기서도 야곱이 하나님께 조건을 달고 있는 것처럼 보이는데 사실은 조건이 아닙니다. 야곱은 지금 자기 힘으로는 아버지 집에 평안히 돌아갈 가능성이 없다는 것을 고백하고 있습니다. "하나님이 저와 함께하시지만 지금은 집으로 돌아갈 가능성이 없습니다. 형이 나이라도 많으면 먼저 죽으리라는 기대라도 하겠지만, 우리는 쌍둥이이고 저렇게 시퍼렇게 살아 있는데 제가 언제 아버지 집에 돌아가겠습니까? 저는 돌아갈 가능성이 없습니다. 그러나 만일 돌아가게 된다면 그것은 전적으로 하나님의 은혜인 줄 알고, 영원히 하나님을 떠나지 않으며 다른 신을 섬기지 않겠습니다"라고 말하고 있는 것입니다.

야곱은 하나님 앞에서 자신의 연약함을 인정하고 있습니다. 자신의 연약함 때문에 하나님의 언약으로부터 미끄러져 나갈 가능성이 너무나도 크다는 것을 고백하고 있습니다. "저는 하나님을 믿습니다. 그러나 제가 누굽니까? 그 유명한 야곱 아닙니까? 저는 너무나도 간사하며 변덕스러운 사람입니다. 지금은 하나님을 믿는다고 선언하지만 상황이 변하면 어떻게 될지 모릅니다. 저는 이곳에 텐트를 치고 영원히 하나님을 섬기며 살고 싶습니다. 그러나 저의 힘으로는 이것이 불가능합니다. 만일 하나님께서 저를 버리시지 않는다면 저도 영원히 하나님을 떠나지 않고 하나님을 섬기면서 살겠습니다."

우리 자신의 모습을 보면 계속 신앙생활 잘할 사람이 없습니다. 실업자로 있다가 직장이 생기면 신앙을 팔아 먹습니다. 혼자 지내다가 결혼하게 되면 신앙을 팔아먹습니다. 아 없이 살다가 아이를 낳으면 신앙을 팔아먹습니다. 우리에게는 야곱 같은 기질이 있습니다. 변덕이 죽 끓듯 합니다. 야곱은 하나님 앞에서 그것을 인정하고 있는 것입니다. 우리가 신앙생활하면서 내리는 결론이 무엇입니까? '하나님은 신실하셨지만 나는 신실하지 못했다'는 것입니다. 이것이 늘 하나님께 드리는 고백입니다. 하나님께서 우리에게 큰 승리를 주셨을 때에도 그 내막을 보면 우리는 수없이 실패했고 수없이 변덕을 부렸으며 수없이 넘어졌다는 것을 인정하지 않을 수 없습니다.

하나님은 야곱을 지켜 주셨지만 야곱은 돌아오지 않았습니다. 하나님은 야곱의 필요를 채워 주셨지만 야곱은 서원한 것을 하나도 지키지 않았습니다. 결혼하고 애 키우고 재산을 늘린다고 20년, 30년이 지나도록 벧엘을 잊어버리고 살았습니다. 결국 하나님이 강권적으로 떠나게 하셨을 때에야 비로소 어쩔 수 없이 하나님께 돌아왔습니다.

자기가 세운 기둥으로 성전을 삼겠다는 말이 무슨 뜻입니까? 여기에서 제사장의 역할을 하겠다는 것입니다. 하나님의 말씀을 듣고 그 말씀을 이 땅에 전하며 모든 사람의 죄를 짊어지고 기도하는 제사장의 역할을 감당하겠다는 것입니다.

또 십일조를 하나님께 바치겠다는 것은 자기 소유를 자기 것으로 생각하지 않고 하나님의 뜻대로 사용하겠다는 것입니다. 십일조를 바치는 사람은 나머지 생활을 믿음으로 하지 않을 수가 없습니다. 나머지 생활에 하나님께서 함께하시지 않으면 반드시 적자가 나게 되어 있기 때문입니다. 어떤 사람은 "번 돈을 다 써도 모자라는 판국에 어떻게 십일조까지 떼느냐"고 합니다. 맞습니다. 번 돈을 다 써도 모자랍니다. 그럼에도 불구하고 십일조를 바치는 것은 이제 자기 힘으로 살지 않겠다는 뜻입니다. 그 사람은 나머지 돈을 믿음으로 써야 합니다. 그러면 모자랄 리가 없습니다. 또 주일을 온전히 바치는 사람은 일주일을 믿음으로 살아야 합니다. 월요일부터 토요일까지 제멋대로 살고 주일까지 제멋대로 사는 사람은 파산하게 되어 있습니다.

오늘 말씀을 통하여 우리가 깨닫는 것이 무엇입니까? 신앙은 하나님을 구경하는 일로 되지 않는다는 것입니다. 하나님이 직접 찾아오셔야 한다는 것입니다. 오늘까지 도망치면서 살았습니까? 이제 하나님의 말씀에 사로잡혀야 합니다. 그 말씀에 믿음으로 반응하는 것이 신앙입니다. "하나님, 지금까지 저는 도망쳤습니다. 그러나 오늘 기름을 붓고 다시는 도망치지 않겠습니다." 그때부터 하나님께서는 나의 먹고사는 모든 문제를 책임져 주시며 나를 풍성하게 만들어 가실 것입니다. 나의 삶을 변화시켜서 참으로 아름다운 삶을 살도록 축복해 주실 것입니다. 오늘 우리에게 중요한 것은 얼마나 오래 사느냐가 아닙니다. 단 하루를 살아도 아름답게 사는 것입니다. 단 하루를 살아도 믿음으로 사는 것입니다.

하나님의 말씀은 설득이 아닙니다. 사로잡는 것입니다. 사랑하는 여러분, 오늘 말씀에 붙들리기 바랍니다. 그래서 이 광야 같은 세상에서 살아갈 때 하늘에서 만나가 내리기를 바랍니다. 여러분이 가는 길에 반석에서 샘이 솟는 기적이 일어나기를 바랍니다. 여러분의 기도를 통하여 하늘이 열리며 기도가 응답되는 역사가 나타나기를 바랍니다. 이제는 더 이상 먹고사는 문제에 매이지 않고 참으로 한순간을 살아도 다른 사람을 축복하는 아름다운 삶이 여러분에게 열리기를 바랍니다. 여러분 가운데 바르게 사는 사람들이 우후죽순처럼 일어나기를 바랍니다.

13

하란의 야곱

얼마 전 저는 흔치 않은 책을 한 권 선물로 받았습니다. 그 책은 북한의 황해도 풍천읍에 있는 풍천읍교회의 백년사였습니다. 물론 황해도는 공산화된 지역으로서, 공산정권이 들어선 후 교회가 없어졌습니다. 그 책의 앞부분은 공산정권이 들어서기 전 50년간의 교회 역사를 다루고 있었습니다. 그리고 뒷부분은 공산정권이 들어서면서 그 교회 교인들이 남한으로 피난 내려와 신앙생활한 것을 추적한 실향민 교회의 역사를 다루고 있었습니다. 그러니까 그 교회 교인들이 남한으로 내려와서 어느 곳에 어떤 교회를 세웠으며, 여러 교회에 흩어져서 어떤 직분을 맡았고 어떻게 주님을 섬기고 있는지, 또 어떤 식으로 신앙생활을 해 왔는지를 일일이 찾아내서 책으로 만든 것이었습니다.

물론 이 백년사는 불완전한 백년사입니다. 그 교회는 아직 회복되지 못했고, 아직도 많은 교인들이 연락조차 되지 않는 상태에 있기 때문입니다. 그럼에도 불구하고 그들은 언젠가 조국이 통일되면 고향에 돌아가 풍천읍교회를 다시 재건하기 위해 이 책을 낸 것이라고 그 출판 이유를 설명했습니다.

신앙적인 박해 때문에 남한으로 온 북한 교인들은 이중 삼

중의 부담을 가져야 했습니다. 우선 첫째로 이 새로운 곳에서 무언가를 해서 먹고 살아야 한다는 부담이 있었습니다. 그들은 모든 것을 다 남겨 둔 채 몸뚱아리 하나만 가지고 넘어온 사람들이었습니다. 그들은 땅도 없고 기술도 없이 새로운 환경에 적응해야만 했습니다. 그리고 그보다 더 시급한 문제는 신앙생활을 계속하기 위해 이 남한 땅에 교회를 세우는 일이었습니다. 한국전쟁 당시만 해도 남한은 북한만큼 신앙이 뜨겁지 못했습니다. 그리고 교회도 많지 못했습니다. 그래서 지금 남한에는 북한에서 넘어온 교인들이 세운 교회가 전국적으로 많이 분포되어 있습니다. 그뿐 아니라 그들은 언젠가 조국이 통일되면 다시 고향에 가서 교회를 재건하리라는 희망과 꿈을 가지고 그것을 준비해야만 했습니다. 이것이 핍박을 피해 도망친 신앙인들의 과제였습니다.

오늘 본문을 보면 야곱이 드디어 하란 땅에 도착한 것을 볼 수 있습니다. 그는 신앙 때문에 받는 박해를 피해 도망친 사람입니다. 그는 할아버지 아브라함이 하란에서 부름을 받아 이곳을 떠난 지 3대 만에 처음으로 하란 땅을 밟고 있습니다. 그렇다면 에서의 박해를 피해 도망쳐 온 그가 이곳에서 해야 할 일은 무엇입니까? 그것은 실향민 교회가 가지고 있는 과제와 같은 것입니다.

그는 무엇보다도 이 새로운 곳에서 먹고살 길을 찾아야만 했습니다. 그가 먹고살 수 있는 길은 빨리 외삼촌 라반을 찾는 것이었습니다. 그리고 또 다른 하나는 이곳에 얼마 동안 있게 될지는 모르겠지만, 어쨌든 여기에 하나님께 예배드릴 수 있는 제단을 쌓는 것이었습니다. 그는 이미 벧엘에서 하나님을 만났고, 하나님은 야곱이 어디로 가든지 함께하겠다고 약속하셨습니다. 그리고 그는 다시 아버지 집으로 돌아가서 무너진 교회를 재건할 꿈을 가져야만 했습니다. 물론 아직 아버지가 살아 있기는 합니다. 하지만 이삭은 연로한 데다가 믿음 없는 에서가 모든 것을 다 주장하고 있는 이상, 아버지 집에 있는 교회는 정상적인 교회가 될 수 없었습니다. 마치 어용 교회처럼 제 기능을 발휘하지 못하는 병든 교회, 죽은 교회일 수밖에 없었습니다.

그런데 야곱은 실제로 하란 땅에서 어떻게 했습니까? 신앙을 완전히 잊고 말았습니다. 교회나 하나님에 대한 생각은 그의 머리에서 완전히 사라져 버렸습니다. 그는 줄기차게 자식을 키우고 재산을 모으는 데 시간을 다 보냈습니다. 하란 땅에 있는 동안 야곱이 한 일이라고는 오직 그것밖에 없었습니다.

야곱은 타락한 생활을 했습니다. 그렇다고 매일 술이나 마시면서 음란한 생활을 했다는 뜻이 아닙니다. 오히려 그는 대단히 성실하고 가정적인 사람이었습니다. 그는 하란에서 결혼하고 자식을 낳아 키우고 재산을 증식시켰습니다. 빈손으로 와서 거부가 되었으니 어떤 의미에서 입지전적인 인물이라고 할 수도 있었습니다. 그러나 신앙적으로는 철저하게 실패한 생활을 했으며, 벧엘의 언약을 잊어버린 채 하나님을 떠난 생활을 했습니다. 하나님은 야곱을 사랑하셨지만 야곱은 자기 아내와 돈을 사랑했습니다. 그는 철저하게 하나님을 이용했고 하나님을 자기 욕심에 끌어들였습니다.

하란에 도착하다

야곱은 벧엘에서 놀라운 하나님을 체험한 지 얼마 되지 않아서, 드디어 하란에서 온 목자들을 만납니다.

> 야곱이 발행하여 동방 사람의 땅에 이르러 본즉 들에 우물이 있고 그 곁에 양 세 떼가 누웠으니 이는 목자들이 그 우물에서 물을 양 떼에게 먹임이라 큰 돌로 우물 아구를 덮었다가 모든 떼가 모이면 그들이 우물 아구에서 돌을 옮기고 양에게 물을 먹이고는 여전히 우물 아구 그 자리에 돌을 덮더라 야곱이 그들에게 이르되 나의 형제여 어디로서뇨

그들이 가로되 하란에서로라(29:1-4).

"동방 사람의 땅"이란 메소포타미아를 의미합니다. 그렇다고 야곱이 실제로 메소포타미아까지 갔다는 것이 아니라, 아마 그 당시 메소포타미아 사람들이 거기까지 관할을 했기 때문에 "동방 사람의 땅"이라고 불렀던 것 같습니다. 야곱은 아직 하란까지는 가지 못하고 그 근방에 이르렀을 때 하란에서 온 목자들을 만난 것으로 보입니다. 그러나 이곳은 하란에 도착했다고 말해도 될 정도로 아주 가까운 곳이었습니다.

하란은 어떤 곳입니까? 믿음의 조상 아브라함이 하나님의 부르심을 받기 전에 살던 곳입니다. 아브라함이 이곳을 떠난 지 무려 3대 만에 그의 손자가 이 땅을 다시 밟고 있습니다. 물론 이삭 때 아브라함의 종이 이곳을 방문한 적은 있습니다. 그러나 아브라함의 직계 후손이 하란 땅을 밟은 것은 아브라함이 떠난 지 100년이 훨씬 지나서였습니다. 이것은 무엇을 의미합니까?

우리는 먼저 야곱이 하란에 온 이유를 생각해야 합니다. 사실은 이 부분이 분명치 않습니다. 우리가 보기에는 형인 에서가 자기를 죽이려고 하니까 잠시 피하러 온 것 같습니다. 그리고 또 한편으로 아버지 이삭과 어머니 리브가는 이번 기회에 야곱이 하란에서 신부감을 데려오기를 원했습니다. 그러나 정작 신부를 데려오는 데 가장 중요한 신부대금은 주지 않았습니다. 즉 야곱은 도피하기 위해 이곳에 왔고, 또 여기에서 결혼할 마음도 있었지만 수중에 가진 것은 하나도 없었다는 것입니다. 이 사실들이 의미하는 바가 무엇입니까? 야곱은 하란에 눌러앉을 수밖에 없다는 것입니다.

이것이 참 놀라운 점입니다. 그의 할아버지 아브라함은 100년 전에 하나님의 말씀 하나만 붙들고 바로 이곳을 떠났습니다. 여기에 있는 모든 것, 땅이나 사람이나 그 밖에 모든 것들을 다 버리고 오직 말씀 하나 붙들고 하란 땅을 떠났습니다. 그런데 100년 만에 그의 손자가 다시 눌러앉기 위하여 이 땅으로 돌아온 것입니다. 이런 것을 '회귀본능'이라고 합니다. 인간은 원래의 위치로 돌아가고자 하는 유혹을 끊임없이 받습니다. 인간이라는 존재는 가만히 내버려 두면 원래 있던 곳으로 다시 흘러 들어가게 되어 있습니다.

어떤 사람이 냇물을 열심히 거슬러서 헤엄쳐 올라갑니다. 도중에 너무 힘이 들어서 좀 쉬었더니, 자기도 모르는 사이에 떠내려와서 처음에 출발했던 그곳에 다시 돌아와 있습니다. 사람은 내버려 두면 다 그렇고 그런 길로 가게 되어 있습니다. 살기 편하고 어려움 없고 갈등 없이 먹고사는 길로 몰리게 되어 있습니다.

우리가 하나님의 말씀을 붙들고 산다는 것은 정상적인 일이 아닙니다. 신앙생활이란 마치 냇물을 거슬러 올라가는 것과 같습니다. 새로운 힘을 계속 공급받아 여러 장애물을 거슬러 가며 힘을 내서 물을 차고 올라가는 것이 신앙생활입니다. 그런데 그렇게 하지 않고 가만히 있으면 저절로 제3한강교 밑으로 흘러가게 되어 있고, 인천 앞바다에 모이게 되어 있습니다.

우리가 아브라함의 삶에서 발견했던 것이 무엇입니까? 끝없는 몸부림과 자기부인입니다. 물론 아브라함도 완벽한 삶을 산 것은 아니었지만, 적어도 가만히 있었던 적은 거의 없었습니다. 그는 신앙 안에 있기 위해서 끝없이 몸부림쳤고 끝없이 헤엄을 쳤습니다. 그는 하란에서 자기가 얻은 모든 땅을 포기했습니다. 소돔에서 얻을 수 있는 재물을 포기했고 첩의 자식 이스마엘을 내보냈습니다. 또 이삭의 아내를 구해야 했을 때에도 이삭을 하란으로 보내지 않았고, 아내 사라가 죽었을 때 헷 사람들이 묘지를 거저 주겠다고 하는데도 굳이 은을 주고 묘지를 샀습니다. 아브라함의 삶은 끝없이 헤엄치면서 물을 거슬러 올라가는 삶, 하나님을 향해 나아가는 삶이었습니다.

그러나 이삭과 야곱에게서는 그런 거부하는 몸짓을 찾아보기 어렵습니다. 이삭이나 야곱의 신앙은 아브라함처럼 투쟁적인 신앙이 아니었습니다. 큰 무리 없이 그냥 편안하게 사는 것, '오늘도 무사히' 사는 것이 이삭과 야곱이 가진 신앙의 모토였습니다.

그런데 그렇게 흘러가다 보니 결국 귀착된 곳이 어디입니까? 하란입니다. 할아버지는 기껏 모든 것을 버리고 떠났는데, 손자는 100년 만에 다시 이곳으로 돌아와 할아버지가 버린 쓰레기를 줍고 있습니다. 이것이 인간의 본능입니다. 사람은 그냥 내버려 두면 다 이렇게 원래 있던 자리로 흘러 들어가게 되어 있습니다.

저는 선교사들에 대하여 뭐라고 말할 입장이 못 됩니다. 그런데 어떤 보고에 의하면 선교사들이 오지에는 절대로 가지 않으려 든다고 합니다. 생활도 불편하고 환경도 열악하지만 특히 자녀 교육이 문제 되기 때문입니다. 우리나라 사람들이 자녀 교육을 얼마나 중요하게 여깁니까? 그래서 나중에 보면 이곳저곳에 선교사로 떠났던 사람들이 로스앤젤레스에서 다 만난다는 것입니다. 왜 그렇게 됩니까? 강물이 흐르고 흐르면 결국은 편한 곳, 무리나 긴장이 없는 곳으로 모이게 되어 있기 때문입니다.

물론 모든 선교사들을 이런 식으로 싸잡아 평가할 수는 없습니다. 지금도 엄청난 대가를 지불하면서 오지에서 수고하고 계시는 선교사들이 많습니다. 그러나 사람은 할 수 있는 한 편하게 살려고 하는 존재입니다. 할 수 있는 한 부담 없이 살고 싶어 해요. 그러다 보면 일부러 찾아가지 않아도 자기도 모르는 사이에 결국 다 모이게 되는 곳이 있습니다. 하란이 바로 그런 곳입니다. 이쪽에서 떠나든 저쪽에서 떠나든 결국은 하란에 다 모이게 되어 있습니다.

그러나 매순간 신앙 아닌 것을 거부하고 뛰어오르는 사람은 그 한계를 극복하고 새로운 세계에서 살 수 있습니다. 마치 둑을 차고 오르는 물고기 같습니다. 물고기가 둑을 뛰어넘는다는 것은 쉽지 않은 일입니다. 그래도 수없이 뛰어오르다 보면 결국은 넘을 수 있습니다. 반면에 뛰어넘지 못한 물고기들은 다 그 밑에 모여서 우글거리게 됩니다.

오늘 우리의 신앙생활이 그와 비슷합니다. 도시 교회의 특징은 대가를 지불할 필요가 없다는 것입니다. 그냥 놀면서, 취미생활 해 가면서 다닐 수 있는 곳, 예배 한두 번 드리고 나서 그 후에는 얼마든지 내 마음대로 살 수 있는 곳이 도시 교회입니다. 하란은 이렇게 전혀 대가를 지불하지 않고도 살 수 있는 곳이요 하나님과 세상을 동시에 취할 수 있는 곳이었습니다. 오늘날 도시 교회는 하란 교회입니다. 하란 교회는 좋은 교회가 아닙니다. 가나안 교회가 좋은 교회지요. 긴장과 갈등 가운데서 차고 오르는 교회가 좋은 교회입니다.

가나안으로 다시 돌아가지 않는 한 야곱은 제대로 된 신앙생활을 할 수 없습니다.

하나님의 인도

하란의 목자들을 만난 야곱을 통해 볼 수 있는 것이 무엇입니까? 그것은 하나님께서 참으로 신실하게 그의 길을 인도해 오셨다는 것입니다.

> 야곱이 그들에게 이르되 나의 형제여, 어디로서뇨 그들이 가로되 하란에서로라 야곱이 그들에게 이르되 너희가 나홀의 손자 라반을 아느냐 그들이 가로되 아노라 야곱이 그들에게 이르되 그가 평안하냐 가로되 평안하니라 그 딸 라헬이 지금 양을 몰고 오느니라(29:4-6).

얼마나 놀라운 소식입니까? 사실 야곱이 지금 하란 사람 라반을 찾는다는 것은 서울에서 이 아무개나 김 아무개를 찾는 것처럼 막막한 일입니다. 특히 목축하는 사람들은 매일 자리를 옮기기 때문에 주소가 없습니다. 그런데 우물가에서 우연히 목자들을 만나서 물어 보니 마침 하란에서 왔다는 것입니다. 그래서 혹시 라반을 아느냐고 하니까 잘 안다는 것입니다. 그뿐 아니라 바로 그 라반의 딸이 지금 오고 있다는 것입니다. 이것이 무슨 뜻입니까?

야곱은 자기가 방황하고 있다고 생각했지만 사실은 하나님께서 그의 걸음을 정확하게 인도하고 계셨습니다. 야곱은 지금까지 대충 감으로 걸음을 옮기고 있었습니다. 지도가 있었던 게 아니에요. 하란이 북쪽에 있다니까 대충 감으로 길을 걸어온 것입니다. 그런데 중간에서 목자들을 만나서 한번 확인해 보니 너무나도 정확하게 목적지를 향해 달려왔다는 사실이 드러났습니다. 하나님께서 한 치의 오차도 없이 그의 걸음을 인도해 오신 것입니다.

비록 눈에는 보이지 않았지만 하나님은 야곱의 삶을 인도하고 계셨으며 그의 삶을 책임지고 계셨습니다. 그는 이 놀라운 체험 앞에서 '나는 잘 몰랐지만 하나님은 나와 함께하시며 나의 삶을 책임지고 계셨다. 하나님께서 나의 걸음을 인도하고 계시다는 것이 확인된 이 순간, 인간적인 염려나 인간적인 생각들은 다 버리기로 하자. 내가 지금 생각해야 할 것은 여기에서 하나님을 기쁘시게 하는 삶이 무엇인가 하는 것이다. 작전 짜지 말자. 머리 굴리지 말자. 오직 하나님께서 무엇을 원하시느냐만 생각하자'라고 했어야 합니다. 야곱이 이렇게 수월하게 라반의 가족을 만나게 된 것은 자기가 염려를 많이 했기 때문이 아니지 않습니까? 자기가 여기저기 쫓아다니면서 수소문했기 때문이 아니지 않습니까? 자기도 모르는 사이에 하나님께서 걸음을 인도해 주셨기 때문에 정확하게 원했던 곳에 오게 된 것이 아닙니까? 그렇다면 더 이상 인간적인 생각을 하지 말아야지요.

우리가 하나님이라면 지금 야곱에게 무엇을 원하겠습니까? 쓸데없는 생각 하지 말고 믿음으로 살기를 원할 것입니다. 그렇다면 믿음으로 산다는 것은 무엇입니까? 하나님을 모르는 이 하란 사람들에게 하나님의 백성의 모습이 어떤 것인지 보여 주는 것입니다. 그는 이곳에 상당히 오래 머물게 될지도 모릅니다. 그렇다면 가장 먼저 벧엘의 그 하나님을 섬기는 일부터 생각했어야 합니다.

특히 야곱은 이 땅에서 올무에 걸리지 않도록 주의해야 했습니다. 즉 결혼하려고 덤벼들지 말아야 한다는 것입니다. 야곱은 지금 빈손으로 왔습니다. 이삭과 리브가가 그를 빈손으로 보낸 것은 이번에는 그냥 형편만 알아 보고 오라는 뜻입니다. 그런데도 여기에서 결혼을 해버릴 경우, 야곱은 이곳에 아예 붙잡힐 가능성이 아주 커집니다. 그 당시는 신부대금 없이는 결혼이 안 되는 때입니다. 그런데도 결혼하겠다고 덤벼들 경우, 자연히 옵션에 걸리게 되어 있습니다.

하나님께서 야곱에게 원하신 것은 집에서는 비록 쫓겨왔을지라도 여기서는 선지자 역할을 하는 것입니다. 라반의 식구들에게 하나님의 말씀을 전하고, 하나님 섬기는 법을 가르치며, 하나님의 축복을 받을 수 있는 길을 알려 주는 것입니다. 설사 여기에서 어떤 여자와 사랑에 빠지는 일이 생긴다 하더라도 옵션에는 걸려들면 안 됩니다. 미래를 기약하고 다시 와서 결혼할 생각을 해야지, 여기에서 덜컥 결혼 계약을 맺어 버리면 결국 자유를 잃고 말 것입니다.

하나님께서 야곱의 걸음을 인도하신 것은 믿음의 반응을 기대하셨기 때문입니다. '내가 너의 삶을 책임지고 있다. 너는 모르고 걸어왔지만 나는 정확하게 너의 길을 인도했다. 그러니까 너는 이곳에서 믿음으로 행동해야 한다. 네 멋대로 계약을 맺거나 의무를 뒤집어써서는 안 된다'는 것을 보여 주신 것입니다.

그러나 야곱은 자신이 정확한 길을 걸어왔다는 것을 당연시하면서, 그 후부터 완전히 고삐 풀린 망아지처럼 제멋대로 행동했습니다. 그 이유가 무엇입니까? 좀 살 만해지니까 다시 욕심이 고개를 쳐들었기 때문입니다. 지금까지는 '나는 죽었다'고 생각했기 때문에 하나님만 붙들었습니다. 그런데 재기의 가능성이 조금 보이니까, 약간만 노력하면 모든 것을 움켜쥘 수 있을 것 같은 마음이 들면서 욕심이 다시 고개를 쳐든 것입니다. 여자도 움켜쥐고 재물도 움켜쥘 수 있을 것만 같았습니다. 그래서 그는 믿음으로 행동하지 않았습니다.

하나님께서 순탄한 길을 보이시거나 역경의 길을 주심으로써 우리 삶에 간섭하고 계심을 보여 주실 때 우리는 어떻게 행동해야 합니까? 자신의 욕심을 내려놓고, 하나님이 원하시는 뜻을 찾아 그 뜻을 이루어 드리는 데 모든 힘과 열정을 기울여야 합니다. 그런데 우리는 길이 좀 뚫리는 것 같으면 물 만난 물고기처럼 자기 계획을 엄청나게 세우면서 마구 달려갑니다. 그러다가 일이 뜻대로 되지 않으면 완전히 침체되어서 "하나님은 제가 이렇게 망하는 게 좋다 이거지요? 좋습니다! 저도 다 생각이 있습니다" 하면서 화를 내고 시위를 합니다.

사람이란 참 이렇게 다루기 힘든 존재입니다. 길을 조금만 열어 주면 기분이 좋아서 뒤도 안 돌아보고 마구 달려가고, 조금만 막으면 그대로 침체되어서 죽네 사네 해 가며 밥도 안 먹고 화를 냅니다. 야곱이 그랬습니다. 그는 모든 것을 다 잃고 빈들에 누웠다가 하나님을 만났습니다. 그런데 약간 길이 열릴 여지가 보이고 재기의 가능성이 보이니까 머리가 다시 돌아가기 시작하면서 하나님의 모든 말씀과 축복을 다 잃어버리고 맙니다.

주님이 우리에게 말씀하신 것이 무엇입니까? 먼저 그의 나라와 의를 구하면 모든 것을 더하신다는 것입니다. 물론 하나님이 나의 걸음을 인도하신다는 것이 곧 아무 어려움도 없으리라는 뜻은 아닙니다. 하나님께서 원하시는 것은 그럼에도 불구하고 하나님의 뜻을 물으며 모든 일을 바른 관계에서 하려고 노력하는 것입니다. 그러나 야곱은 움켜쥐는 사람이 임자라고 생각했습니다. 아직도 자기는 능력이 있고 똑똑하다고 생각하고 있었기 때문에 하나님께 묻는 대신 오히려 그분의 간섭을 배제했습니다.

이제 그를 기다리고 있는 것이 무엇입니까? 고된 종살이입니다. 신앙이란 자기 스스로 멍에를 메는 것입니다. 자기 스스로 욕심을 절제하고 통제하는 것입니다. 이 하나님의 멍에를 메기 싫어할 때, 하나님이 주시는 은혜로 자신의 삶을 통제하기 싫어할 때, 그는 결국 사람의 멍에를 메게 됩니다. 사도 바울이 갈라디아서에서 말씀한 것이 무엇입니까?

> 형제들아 너희가 자유를 위하여 부르심을 입었으나 그러나 그 자유로 육체의 기회를 삼지 말고 오직 사랑으로 서로 종노릇하라(갈 5:13).

신앙은 하나님의 은혜가 너무 감사해서 스스로 자기 목에 멍에를 메고 코에 고삐를 꿰는 것입니다. 무슨 뜻입니까? 자기 스스로 영적인 부담을 진다는 뜻입니다. 그는 자기 마음대로 모든 것을 하지 않습니다. 쓰고 싶은 대로 다 쓰지 않습니다. 마치 빚진 사람처럼 남을 돕지 않으면 안 된다는 부담을 느낍니다. 시간도 내 마음대로 쓰지 않고 남을 위해 씁니다. 그런데 다른 사람들을 보면서 "저 사람이 나를 위해 애써 준 게 뭐가 있어? 그런데 내가 왜 저 사람을 위해 희생되어야 하냐구?" 하면서 자기 권리를 마음대로 사용하고 어느 누구의 통제도 받지 않으려 하는 사람은 성령의 고삐가 풀린 망아지가 됩니다.

자기 혼자 잘 믿는 신앙은 신앙이 아닙니다. 그것은 기질이고 종교성입니다. 진짜 신앙은 누가 시키지 않아도 스스로 멍에를 메는 것입니다. 자기 삶을 통제하고 자기 욕망을 절제하고 하나님의 뜻을 이루어 드리는 것입니다. "이건 하나님과 나와의 관계니까 당신은 상관하지 마시오" 하는 것은 신앙이 아니에요.

야곱은 주어진 기회를 자기를 위해 다 썼습니다. '내 인생'이라고 생각했기 때문입니다. 그래서 자기 시간을 결혼하는 데 다 써 버렸습니다. 그렇게 결혼하면 뭐가 생깁니까? 아이가 생기지요. 야곱에게는 아이가 열두 명이나 생겼습니다. 그래서 그 아이들 키우는 데 또 시간을 다 써 버렸습니다. 야곱은 벧엘의 하나님은 잊어버린 채 결혼하고 애 키우고 돈 모으는 데 하란에서의 시간을 전부 탕진하고 말았습니다.

그런데 야곱이 그렇게 고생해 가면서 긁어모았던 것들이 결국은 무엇입니까? 원래 하나님이 주시려고 했던 것들입니다. 그런데 그걸 자기 힘으로 얻으려고 그토록 사서 고생을 한 것입니다. 만약 야곱이 자기 욕심에 빠지지 않고 믿음으로 일어섰더라면 하란에서 최고로 아름다운 삶을 살 수 있었을 것입니다.

바로 이 점이 야곱과 요셉의 차이입니다. 야곱은 자기 머리 굴리고 자기 욕심 채우느라 하란의 생활 전체를 결혼하고 애 키우고 재산 모으는 데 다 날려 버린 반면, 요셉은 애굽에서 믿음으로 일어서서 너무나도 아름다운 삶을 살았습니다. 야곱은 먼 곳에 도망쳐 와서 하나님의 함께하심을 확인하고서도 믿음으로 서지 못하고 자기 머리를 쓰고 자기 꾀를 썼습니다. 그 결과 그의 생애에서는 무언가 가치 있는 것을 하나도 찾을 수가 없습니다. 애들은 왜 그리 많이 낳았는지, 이 여자가 낳고 저 여자가 낳고 네 명이 번갈아가며 낳는 통에 여자와 아이들한테 치이느라 밤에도 못 자고 재물 모으느라 낮에도 못 쉬면서 무려 20년을 휙 날려 버렸습니다.

그런데 요셉은 어떠했습니까? 종으로 팔려간 곳에서 머리를 굴리지 않았습니다. 주인 보디발의 아내가 유혹한 것은 어떻게 보면 출세의 기회가 될 수도 있었는데, 그것을 거절하고 감옥에 가서 죽도록 두들겨 맞고 고생했습니다. 그러나 그는 거기에서도 하나님의 동행하심을 믿었습니다. 그 결과 그는 애굽의 총리가 되어서 흉년이 왔을 때 자기 집과 모든 이들을 살릴 수 있었습니다. 환상적이지 않습니까? 요셉은 낯선 땅 애굽에서 마치 태양이 빛나듯이 아름다운 믿음의 삶을 살았고, 결국 야곱의 가족을 다 애굽으로 데려옴으로써 교회를 다시 살렸습니다.

하나님이 우리와 함께하셔서 형통한 길을 열어 주실 때, 그 작은 성공을 마치 자기 욕망을 마음대로 채워도 되는 기회처럼 생각해서 평생토록 열심히 쫓아다니는 사람은, 어느 날 문득 자기 인생에서 건질 만한 것이 하나도 없다는 사실을 깨닫게 될 것입니다. 그저 돈이나 좀 벌고 집 하나 장만하고 자식 낳아서 유치원 보내고 과외시켜서 겨우 대학이나 집어넣은 일밖에는 남은 것이 없습니다.

신앙생활이라고 해서 다 똑같은 것이 아닙니다. 어떤 사람은 태양처럼 빛나는 고귀한 삶을 삽니다. 그러나 어떤 사람은 '우리 애' 키운 것 말고는 한 일이 없습니다. 자기 욕심을 포기하지 않고 하나님이 주시는 은혜를 남용하는 사람은 그냥 밥 세 끼 먹고 애 키운 것밖에는 남는 게 없어요. 막 쫓아다니면서 뭔가 한 것 같은데 나중에 결산해 보면 자기 생애에서 건질 것이 없습니다. 워크맨 꽂고 다니고 토플책 끼고 다니고 이 학원 저 학원 쫓아다녔는데 나중에 보면 남은 게 없습니다. 밥 먹고 산 게 전부예요.

신앙생활은 누가 하라고 해서 하는 것이 아닙니다. 하나님의 말씀을 듣고 믿음으로 살려고 일어서면 그때부터 하나님의 역사가 시작되는 것입니다. 이런 사람도 애 안 키우는 게 아닙니다. 믿음 있는 사람의 애라고 해서 에티오피아 애들처럼 배가 볼록 나오고 유치원도 못 다녀서 글자도 모르고 크는 게 아니에요. 비싼 유치원 못 다녀도 하나님의 유치원이 있지 않습니까? 자연 속에서 풀 뽑고 흙장난 하면서 잘 큽니다.

하나님께 자기 인생을 빌려 드리는 사람은 태양과 같습니다. 그러나 하나님이 함께하신다고 믿으면서도 자기 욕심을 포기하지 않고 자기 식구와 자기 재산만 생각하고 살면 남는 것이 오직 그것밖에 없습니다. 그런 사람이 죽으면 무덤에 뭐라고 적히는지 아십니까? '죽도록 일한 결과 세 끼 밥 먹고 자식 키우다가 죽었다.' 그 사람 생애에서는 이것밖에 건질 것이 없습니다.

여러분, 우리에게 주어진 시간이 그리 많지 않습니다. 그래서 사도 바울은 고린도 교인들에게 시간이 너무나도 없으니 혹시 독신으로 있는 자는 할 수 있으면 그대로 혼자 사는 편이 더 낫다고 편지했습니다. 이것은 독신주의를 예찬하는 말이 아닙니다. 결혼하면 애 키워야 하고 집 장만해야 하고, 그러다가 어느 날 거울을 보면 머리가 희어져 있으리라는 걸 알기에 하는 말입니다. 결혼하지 말라는 소리가 아니에요. 애 키우지 말라는 소리가 아닙니다. 어영부영하다 보면 어느새 인생이 끝나 버린다는 것입니다.

우리에게 제일 중요한 것이 시간입니다. 어느 한순간 주님이 오라고 부르시면 머리 위에 도너츠 하나 얹고 그냥 가야 합니다. 그런데 그때 내놓을 게 하나도 없는 거예요. 요란하게 쫓아다닌 것 같은데 밥 먹고 애 키운 것밖에 없습니다. 돈도 꽤 번 것 같은데 다 어디로 갔는지 모르겠어요. 여러분, 잘 생각하십시오. 결혼하고 유학 갔다 오고 애 키우다 보면 인생이 다 지나가 버립니다. 내 볼일 다 보고 이제 주님의 일을 좀 해볼까 하면 "시간 다 끝났다"고 부르실 것입니다.

야곱은 하란에서 아무것도 보여 준 것이 없습니다. 하란에서 사는 야곱의 모습을 보면 무슨 생각이 듭니까? 애는 왜 이렇게 많이 낳았을까, 부인들은 왜 저렇게 싸워 댈까, 집구석이 뭐가 이렇게 복잡할까 하는 생각이 들지 않습니까? 애굽에서 살았던 요셉의 모습과는 완전히 딴판입니다. 하란에서 살았던 야곱의 생활을 요약하면 '뭔가 복잡했다. 그리고 시끄러웠다. 결국에는 도망쳤다'입니다. 이게 전부예요. 거기에서 믿음으로 산 일도 없고 하나님의 능력을 보여 준 일도 없습니다. 그냥 요란하고 복잡하게 살다가 도망치는 것으로 끝났습니다.

왜 이렇게 되었습니까? 하나님의 함께하심을 보고서도 자기 욕심을 포기하지 않았기 때문입니다. 하나님께 우리 인생을 빌려 드려야 합니다. "하나님, 제 인생을 빌려 드릴게요. 여러 가지 부족한 점이 많지만 제 인생을 좀 써 주십시오" 하고 말씀드리면, 그때부터 불이 붙기 시작합니다. 태양처럼 확 타오르기 시작합니다.

요셉이 특별한 사람이 아니에요. 하나님께 자기 인생을 빌려 드리는 사람은 누구라도 요셉처럼 살 수 있습니다. 그런 사람이라고 해서 결혼 안 하는 것이 아닙니다. 애 안 낳는 것도 아닙니다. 집이 없는 것도 아니고 한 끼만 먹고 사는 것도 아닙니다. 다른 사람들과 똑같이 살면서도 얼마든지 존귀하게 살 수 있습니다.

양치기의 전문성을 보여 준 야곱

야곱은 목자들이 양을 데리고 왔으면서도 물도 먹이지 않고 풀도 뜯기지 않은 채 방치하고 있는 것을 보았습니다. 자기 생각에 이럴 때 풀이라도 좀더 먹이면 틀림없이 양들이 살이 찌고 건강해질 것 같은데 목자들은 아무 일도 하지 않고 있는 것입니다. 7절과 8절을 보십시오.

> 야곱이 가로되 해가 아직 높은즉 짐승 모일 때가 아니니 양에게 물을 먹이고 가서 뜯기라 그들이 가로되 우리가 그리 하지 못하겠노라 떼가 다 모이고 목자들이 우물 아구에서 돌을 옮겨야 우리가 양에게 물을 먹이느니라

야곱이 보니까 우물이 있기는 한데 그 입구를 돌로 덮어 놓았습니다. 아마도 우물을 사용하지 않는 동안 흙먼지 같은 것이 불어서 우물을 막지 못하게 하려고 그렇게 한 것 같습니다. 그런데 거기 있는 목자들은 다른 목자들이 다 모일 때까지 돌을 옮기지 않고 가만히 있었습니다.

언뜻 생각하면 자기 양들만 먼저 물을 마시우지 않고 다른 양들도 다 모일 때까지 의리 있게 기다린 것 같지만, 사실은 그것이 아닙니다. 그들은 게을렀습니다. 우물을 덮은 돌이 크기야 했겠

지만, 나중에 야곱이 혼자 치운 것을 보면 여러 사람이 덤벼들어야 할 정도로 크지는 않았던 것 같습니다. 그들이 양들을 잘 먹이지 않은 것은 게으름 때문이었습니다. 자기 양이 아니니까 답답할 게 없는 것입니다. 그래서 물 먹일 시간도 되지 않았는데 먼저 양을 몰고 와서 다른 사람들이 와서 돌을 치울 때까지 놀고 있었습니다. 다 올 때까지 기다릴 것이 아니라 도착하는 대로 물을 먹이고 그 다음에 풀을 먹이면 양들이 튼튼해질 텐데, 자기 양이 아니니까 애써 그렇게 하려 들지 않은 것입니다.

하란의 목자와 야곱의 차이점이 여기에 있습니다. 하란의 목자들은 자기 일이 아니기 때문에 적극적으로 나서지 않았습니다. 이렇게 하든 저렇게 하든 시간만 때우면 되니까요. 그러나 야곱은 천성 자체가 부지런하고 책임감이 있었습니다. 그는 그곳 사람들이 왜 그런 식으로 일하는지 이해할 수가 없었습니다. 아직 해가 높이 떠 있는데도 왜 양들에게 풀 먹일 생각을 하지 않고 남이 와서 돌을 치워 주기만 하염없이 기다리는지 이해할 수가 없었어요.

야곱에게는 일종의 주인의식이 있었습니다. 어떤 문제를 볼 때 항상 자기가 주인이라는 생각을 가지고 보았습니다. 이것은 야곱이 사업가로 성공하는 데 기초가 되는 자질이었습니다. 그는 아주 작은 문제라도 그냥 넘어가는 법 없이 철저하게 그 원인을 파고들었습니다. 그래서 멘델의 유전 법칙을 뛰어넘는 양들의 우생의 법칙을 발견해 냅니다. 어떻게 하면 색깔 있는 새끼가 나오는가, 어떻게 하면 점박이가 나오는가를 세밀한 관찰 끝에 알아 냅니다. 바로 야곱의 이 세밀함과 부지런함이 라반의 집에 취직되는 중요한 밑천이 되었습니다. 그리고 결국 그 재주 때문에 십수 년간 종 노릇하고 이용당했습니다.

야곱이 모든 문제를 주인의 입장에서, 혹은 책임지는 입장에서 본 것은 칭찬할 만한 일입니다. 그러나 그런 쪽으로 계속 자신을 발전시켜 나간 것은 잘못입니다. 그는 하나님께 선지자로 부름을 받았습니다. 선지자에게는 하나님의 말씀이 있어야지요. 선지자의 입에서 들을 수 있는 말이 고작 양 치는 법이나 우생의 법칙이라면 곤란합니다. 양을 잘 치지 못한다 하더라도 하나님의 말씀을 더 깨닫게 해주는 말씀이 야곱에게 있었더라면 적어도 라반의 종이 되지는 않았을 것입니다. 우리 속담에 "열두 가지 재주 가진 놈이 저녁거리가 없다"는 말이 있습니다. 너무 꾀가 많고 재주가 많다 보니 이 일 조금 저 일 조금 하다가 결국은 식구들을 굶길 지경이 된다는 뜻입니다.

야곱은 양을 치는 데 전문가였습니다. 그러나 하나님께서 그에게 원하신 것은 말씀의 전문가요 예언의 전문가가 되는 것이었습니다. 그는 전공을 바꾸어야만 했습니다. 그러나 그는 전공을 바꾸는 대신, 오히려 그쪽을 더 발전시킴으로써 마침내 양에 관련된 놀라운 문제를 터득할 정도의 전문가가 되었습니다. 그는 그 전문지식을 가지고 라반의 종 노릇을 했습니다.

믿는 사람에게 가장 중요한 것은 지혜의 말씀입니다. 사람들과 만나서 이야기할 때 그들을 깨끗케 만드는 말씀이 있어야 합니다. 모여서 자기 애 자랑이나 하고 남편 자랑이나 늘어놓으면 듣는 사람이 머리만 아픕니다. 하나님의 사람은 그렇게 하면 안 돼요. 아주 지혜롭게 상대방에게 꼭 필요한 말을 해서 힘을 주어야지, 하수구에서 시커먼 물 올라오듯이 입만 벌리면 티브이 얘기, 신문 얘기, 옆집 아줌마한테 들은 얘기까지 다 토해 놓으면 듣는 사람 머리가 깨집니다. 요즘 사람들은 전부 전문가입니다. 어디에서 그렇게 많은 정보를 주워들었는지 모르는 게 없습니다. 주식투자에서 시작해서 어린이 재능 교육에 이르기까지 얘기가 줄줄 나와요. 그런데 그런 얘기를 듣고 있다 보면 머리가 깨질듯이 아파 옵니다.

하나님의 백성들은 무슨 이야기를 할 것인지 전체적인 그림을 그리고 나서 이야기해야 합니다. 아는 것 전부 토해 내고 모르는 것까지 거짓말로 다 쏟아 놓으면 듣는 사람들을 죽이게 되어 있습니다. 그리스도인들은 지혜로워야 합니다. 자기 속에 있는 생각을 다 토해 내는 사람보다 더 어리석은 사람이 없어요. 그런 사람과 만나서 하루 종일 이야기하는 것은 재앙입니다. 그리스도인들은 어떻게 하든 남을 격려하고 소생시켜 주고 새롭게 해주어야 합니다. 그렇게 하는 데 꼭 많은 말이 필요한 것이 아닙니다. 지혜로운 말 한두 마디면 됩니다.

야곱은 계속 양 전문가로 나갔습니다. 그리고 그 때문에 계속 종노릇했습니다. 그가 정말 말씀을 가졌더라면 종이 되지 않았을 것입니다. 믿는 사람들이 이 세상의 상식에 정통하다고 해서 칭찬받는 것이 아닙니다. 믿는 자들에게는 하나님의 지혜의 말씀이 있어야 합니다. 선악을 분별할 수 있는 분명한 기준이 있어야 합니다. 사람들의 가치를 되찾아 주는 지혜의 말씀이 있어야 합니다. 그렇다고 해서 전공이나 이 세상 지식이 불필요하다는 것이 아닙니다. 어차피 우리는 이 세상에서 내가 가진 기술이나 직업을 가지고 다른 사람들을 도울 수밖에 없습니다. 그러나 그것만이 전부라면 그 좋은 머리로 할 수 있는 일이라고는 실컷 남에게 이용당하는 것뿐입니다.

라반을 만나다

드디어 야곱은 라반의 식구들을 만났습니다. 9절부터 14절 상반절까지 보십시오.

> 야곱이 그들과 말하는 중에 라헬이 그 아비의 양과 함께 오니 그가 그의 양들을 침이었더라 야곱이 그 외삼촌 라반의 딸 라헬과 그 외삼촌의 양을 보고 나아가서 우물 아구에서 돌을 옮기고 외삼촌 라반의 양떼에게 물을 먹이고 그가 라헬에게 입맞추고 소리내어 울며 그에게 자

기가 그의 아비의 생질이요 리브가의 아들 됨을 고하였더니 라헬이 달려가서 그 아비에게 고하매 라반이 그 생질 야곱의 소식을 듣고 달려와서 그를 영접하여 안고 입맞추고 자기 집으로 인도하여 들이니 야곱이 자기의 모든 일을 라반에게 고하매 라반이 가로되 너는 참으로 나의 골육이로다 하였더라

야곱이 등장함으로써 라반의 식구들은 리브가가 시집간 후 처음으로 아브라함 집의 소식을 듣게 되었습니다. 그 소식이란 것이 무엇입니까? 하나님께서 어떻게 그들과 함께하셨으며 지켜 주셨고 복을 주셨는가, 어떻게 그들의 삶을 인도하셨는가 하는 것입니다. 이것이 아브라함 집의 소식이고 복음입니다. 하나님에 대하여 가장 잘 알 수 있는 방법은 아브라함 집의 이야기를 듣는 것입니다. 왜냐하면 하나님께서 그 집을 통하여 자신을 나타내고 표현하셨기 때문입니다.

오늘도 하나님에 대하여 알 수 있는 가장 좋은 길은 교회 안에서 하나님의 일하심에 대해 듣는 것입니다. 그보다 더 하나님을 잘 알 수 있는 길이 없습니다. 아주 성실하지 않게 살던 사람이 말씀을 듣고 어떻게 새로운 생활을 시작하게 되었는지, 또 병든 사람이 어떻게 믿음으로 그 병을 극복했는지, 결혼을 못하고 있던 사람이 어떻게 믿음으로 결혼해서 아름다운 삶을 만들어 나가고 있는지를 듣는 것이 곧 하나님을 아는 길입니다. 이런 이야기는 단순한 '남의 이야기'가 아닙니다. 하나님께서 그들 가운데 살아 역사하시는 증거들입니다.

야곱이 라반의 식구들에게 들려 준 이야기들은 리브가가 시집간 이후의 이야기였을 것입니다. 그전의 이야기는 아브라함의 종에게서 이미 들은 바가 있습니다. 이삭이 블레셋 사람들에게 우물을 빼앗기면서도 계속 우물을 팠던 일은 아마 이 이야기의 절정을 이루었을 것입니다. 야곱은 자기가 아버지의 축복을 속여서 취한

것이나 그때문에 형의 미움을 받아 도망치게 된 것도 이야기했을 것입니다. 그렇지 않으면 돈 한 푼 없이 이 먼 곳까지 온 이유를 설명할 수 없었을 테니까요.

이 모든 말을 다 듣고 난 라반이 뭐라고 이야기합니까? "너는 참으로 나의 골육이로다"라고 합니다. 무슨 뜻입니까? 처음에도 야곱을 입맞추며 환영하기는 했지만 그럼에도 불구하고 마음 한구석에는 '그동안 한 번도 보지 못했던 이 사람이 정말 내 조카인가' 하는 의구심이 있었을 것입니다. 그런데 이야기를 듣는 가운데 그는 야곱이 정말 자기 동생 리브가의 아들이라는 확신을 얻습니다. 그렇게 생각하게 만든 이야기가 구체적으로 무엇인지는 알 수 없습니다. 그러나 분명히 리브가의 아들이 아니면 알 수 없는 어떤 경험을 이야기했을 것입니다.

어떤 일을 꾸며서 이야기하는 사람과 진실을 말하는 사람은 구별할 수 있습니다. 꾸며서 이야기하는 사람은 자꾸 말을 걸어 보면 시간이 갈수록 앞뒤가 안 맞습니다. 없었던 일을 실제로 있었던 양 꾸미는 것이 얼마나 어려운 일인지 몰라요. 그러나 야곱의 말 속에는 진실이 있었습니다. 꾸며서 말하는 사람들에게서는 도저히 찾아볼 수 없는 진리가 있었습니다. 오늘도 하나님께서는 사람을 보내서 그분의 이야기를 듣게 하십니다. 그때 가장 중요한 것이 무엇입니까? 과연 그가 정말 하나님으로부터 나에게 온 사람인가를 알아 보는 것입니다.

라반은 조카라고 해서 얼른 영접하기는 했지만 모습을 자세히 보니 영락없는 거지였습니다. 남루한 옷을 입었을 뿐만 아니라 가진 것도 하나 없었고, 결혼에 관심은 있는 것 같은데 신부대금은 없었습니다. 결국 그의 신분을 확인하려면 그의 말을 자세히 듣는 수밖에 없었고, 자세히 들어 보니 그 말은 전부 사실이었습니다.

주님은 오늘도 이런 식으로 복음 전하는 자를 보내십니다. 아무것도 없이 오직 지팡이 하나만 들려서 보내십니다. 그때 무엇을 보고 하나님이 보낸 사람인 것을 알 수 있습니까? 진실입니다. 하나님이 보낸 사람의 입에는 진실이 있고 그 진실에는 힘이 있습니다. 그는 한 입으로 두 말을 하지 않습니다. 또한 죄가 있을 때 타협하지 않고 가차없이 책망합니다. 하나님이 보내신 사람의 겉모습은 남루합니다. 그러나 그의 말에는 열정이 있고, 그가 전하는 말씀의 빛 앞에서 숨은 비밀이 다 드러납니다. 그때 그 말을 듣고 자기 욕심을 버리면 하나님의 나라가 임하는 것입니다.

라반은 야곱을 영접했습니다. 그러나 야곱은 그 후 자신의 위치를 지키지 못합니다. 결혼에 대한 욕심이 생겼기 때문입니다. 결혼 자체가 나쁘다는 것이 아닙니다. 야곱은 지금 결혼할 처지가 아닙니다. 그런데도 무리하게 결혼하려고 하다가 선지자에서 일개 종으로 전락하고 말았습니다. 그리고 그의 노예생활은 무려 14년이나 계속되었습니다.

오늘 말씀이 우리에게 이야기하는 것이 무엇입니까? 하나님은 장소에 매이는 분이 아니라는 것입니다. 그리스도인들에게는 신앙적인 박해나 그 밖의 이유에서 지금까지 누리던 모든 영적인 교제나 축복을 포기하고 다른 곳으로 가야 할 때가 있습니다. 그때 위험한 것이 무엇입니까? 새로운 가능성이 조금 보일 때 그 가능성을 더 발전시키려 드는 것입니다. 그런 사람의 인생에는 아무것도 남지 않을 것입니다.

가장 중요한 것은 그 다른 곳에서도 어떻게 하면 하나님과 교제하며 그분의 뜻을 이루어 드리고 그분을 나타낼 것인가를 생각하는 것입니다. 그러면 살 길이 열리고 하나님의 교회를 회복시킬 힘이 생깁니다. 그러나 야곱은 하나님이 자신과 함께하심을 보았으면서도 그 나라를 먼저 구하지 않고 그곳에 동화되어 결혼하고 자식 키우는 일에 열중함으로써, 선지자의 자격을 상실하고 종이 되어 고생하며 살게 되었습니다.

오늘 무엇을 먼저 구해야 할지 생각하십시오. 실컷 고생했는데 '밥이나 먹고 자식이나 키우다가 죽었다'는 소리를 듣는다면 정말 허망하지 않습니까? 그런 사람은 정말 불쌍한 사람이고 실패한 사람입니다. 여러분의 인생을 주님께 빌려 드리십시오. 요셉처럼 '하나님이 나와 함께하신다! 하나님이 내 삶을 쓰실 것이다! 이 감옥 안에서도 나는 유혹을 거부하고 죄를 물리치면서 그 나라와 그 의를 위하여 살 것이다!'라고 결심하십시오. 그때 하나님께서 모든 것을 더하여 주실 것입니다.

14

야곱의 선택과 그 결과

사람은 자유로운 상태에서 약속을 하지만, 간혹 약속을 잘못하는 바람에 아주 오랜 기간 그 약속에 매여 종 노릇 할 때가 많습니다. 그럴 경우 성경은 그 사람이 '자유를 잘못 사용했다'고 말합니다. 좋은 예는 아니지만 한 가지 예를 들어 보겠습니다. 아주 가까운 친척이나 친구 중 한 사람이 새로운 사업을 시작하면서, 은행에서 돈을 빌려야 하니 보증을 서 달라거나 집을 담보로 제공해 달라는 부탁을 해 왔다고 합시다. 보증을 서거나 집을 담보로 제공하는 것은 전적으로 내 의사에 달린 것입니다. 내 자유로운 뜻에 따라 얼마든지 보증을 서줄 수도 있고 거절할 수도 있습니다.

그러나 일단 보증을 서고 나면 그때부터 문제가 달라집니다. 이제는 상대방의 모든 부채에 책임을 져야 합니다. 보증을 서주기로 한 것 자체는 자유롭게 내린 결정이었지만, 일단 보증을 선 이후에는 의무가 생깁니다. 그래서 보증을 잘못 서 주는 바람에 하루아침에 빚더미에 앉게 되는 사람들이 한둘이 아닙니다.

아주 희미하게 남아 있는 기억인데, 제가 어렸을 때 사람들이 우리 집에 쳐들어와서 모든 물건에 빨간 딱지를 붙인 적이 있었습니다. 우리는 아무것도 건지지 못한 채 빈손으로 살던 집에서 쫓겨났습니다. 그 이유가 무엇이냐고 물으니까 아버지가 다른 사람의 보증을 잘못 서주었기 때문이라고 했습니다. 아버지는 젊었을 때 대단히 기분파여서, 다른 사람의 어려움을 보면 그냥 보고 넘기질 못했습니다. 그래서 아주 기분 좋게 도장을 찍었습니다. 그러나 그렇게 한 번 도장을 찍음으로써 당신 자신은 물론이고 그 아내와 자식들이 평생 가난의 짐을 짊어져야만 했습니다. 우리 형제들은 공부해야 할 때 제대로 공부하지 못하고 이 고생 저 고생을 많이 했습니다. 자유를 잘못 사용한 대가였습니다.

그래서 성경은 하나님의 백성들에게 자신의 미래를 묶어 두는 약속을 함부로 못하게 합니다. 미래를 담보로 어떤 결정을 내릴 때 그 순간은 기분이 아주 좋아요. 그러나 그 일이 뜻대로 되지 않을 경우 그 잘못된 약속이 평생 올무가 되어서 하나님의 종이 아니라 사람의 종으로 시간을 낭비하게 만듭니다.

하나님을 모르는 사람들은 재산이나 인생을 자기 것으로 생각하니까 마음대로 처분해도 좋을지 모릅니다. 그러나 하나님을 믿는 사람들의 재산이나 신체는 자기 것이 아니라 하나님의 것입니다. 특히나 시간은 더욱 더 소중한 하나님의 것입니다. 그런데 조건이 달려 있는 약속을 함부로 함으로써 미래를 저당잡히는 사람은, 그 약속에서 벗어날 때까지 하나님의 종으로 살 수 없게 됩니다.

우리는 오늘 본문에서 야곱이 하란 땅 외삼촌 집에서 생활하는 모습을 봅니다. 그는 처음에 대단히 자유로운 상태에서 하란에 왔습니다. 물론 돈을 많이 가진 것은 아니었지만, 자기가 원하면 얼마든지 머물 수도 있고 떠날 수도 있는 자유로운 상태에 있었습니다. 그러나 야곱은 거기에서 미래를 담보로 삼아 중요한 약속을 한 가지 합니다. 그것은 라헬과 결혼하는 조건으로 7년 동안 종 노릇 하겠다는 약속이었습니다.

이 7년이라는 기간을 채우기까지 야곱은 하나님의 사람으로 사용되지 못합니다. 그는 선지자가 아니라 라반의 종으로 그 기간을 채우게 되며, 라반의 농간에 걸려들어 그 기간은 14년으로 늘어납니다. 그리고 자식을 키우고 재산을 모으다 보니 그 14년은 다시 20년으로 늘어나고 맙니다.

오늘 본문이 우리에게 말씀하려고 하는 것은 무언가 선택할 수 있는 자유가 있고 계획을 세울 수 있는 자유가 있을 때 자기 욕심에 따라 함부로 선택하거나 계획을 세우지 말라는 것입니다. 그렇게 할 때 그는 사람의 종이 되어 하나님의 백성으로서 특권을 사용하지 못하게 되기 때문입니다.

하란의 야곱

야곱은 하란의 외삼촌 집에 와서 한 달을 지냈습니다. 외삼촌 라반이 야곱과 함께 지내면서 깨달은 것이 무엇입니까? 무슨 수를 써서라도 그를 붙잡아야 한다는 것입니다.

> 야곱이 한 달을 그와 함께 거하더니 라반이 야곱에게 이르되 네가 비록 나의 생질이나 어찌 공으로 내 일만 하겠느냐 무엇이 네 보수겠느냐 내게 고하라(29:14하-15).

이 말만 들으면 라반이 대단히 공정한 사람으로서, 설사 자기 조카라 하더라도 공짜로 일 시키는 것을 불편해하는 아주 인자하고 의로운 인물인 것 같습니다. 그러나 라반은 그렇게 공정하거나 인정 많은 사람이 아니었습니다. 그가 야곱에게 임금을 주겠다고 제안한 것은 그럴 만한 이유가 있었기 때문입니다.

우리는 이미 우물가 사건을 통해서 다른 목자들에 비해 야곱이 얼마나 책임감 있으며 머리가 잘 돌아가는 사람인지 알았습니다. 그곳의 목자들은 양을 치면서도 그 양들을 자기 것으로 여기는 책임감이 없었습니다. 그래서 시간이 많이 남아 있는데도 양들을 우물가로 몰고 와서 방치해 둔 채 누군가 돌을 치우기만을 기다렸습니다. 그러나 야곱은 그렇게 무책임한 사람이 아니었습니다. 그는 곧바로 우물을 막고 있는 돌을 치우고 양들에게 물을 먹인 뒤에 풀을 먹여야 한다는 입장을 가지고 있었습니다. 즉 다른 사람들은 모두 마지못해 양을 치고 있는 사람들이었다면, 야곱은 양을 치는 데 헌신된 사람이었고 전문가였습니다.

라반은 야곱과 한 달을 보내면서 무슨 일이 있어도 그를 붙잡아야 한다는 것을 깨달았습니다. 야곱은 재능이 있는 사람이었고, 머리가 돌아가는 목자였습니다. 일을 한번 시켜 보면 억지로 일하는 열 사람보다 머리가 돌아가는 한 사람이 훨씬 낫다는 것을 알 수 있습니다. 어떤 사람은 억지로 시켜야 겨우 일하면서 밥은 많이 먹습니다. 그런데 머리가 돌아가는 목자는 일일이 시키지 않아도 자기가 다 알아서 합니다.

지금 야곱은 어떤 상태에 있습니까? 철저하게 자유로운 상태에 있습니다. 그는 라반을 위해 일해 줄 수도 있고, 다른 집에 가서 일할 수도 있으며, 가나안에 있는 자기 집으로 돌아갈 수도 있습니다. 야곱은 프리랜서였습니다. 그런데 라반은 무슨 수를 써서라도 그를 붙잡아야 한다고 생각했습니다. 그래서 야곱에게 정식으로 고용계약을 체결해서 자기 집의 목자로 일해 달라고 제안합니다. 지금까지 야곱은 라반 집의 손님이었습니다. 종이 아니었어요. 그는 외삼촌을 위해 봉사해 주고 있었습니다. 그런데 라반은 이런 식으로 어중간하게 있지 말고 정식으로 고용계약을 체결하자는 것입니다. 다시 말하면 지금까지는 아르바이트생이었지만 이제부터는 정식 직원이 되라는 것입니다.

야곱은 어떻게 대답해야 합니까? 사실 이것은 쉬운 문제가 아닙니다. 야곱이 정식으로 직장을 가져야 하느냐 말아야 하느냐는 하나님께서 야곱을 하란 땅에 얼마나 머물게 하시느냐와 관련된 문제입니다. 만일 하나님께서 두어 달 머물게 하시다가 다시 가나안 땅으로 돌아가게 하실 계획이라면 하란에서 정식 직장을 가지면 안 됩니다. 라반의 제안을 거절하고 계속 아르바이트생으로 일하다가 떠나야 합니다. 그러나 만일 하나님께서 3, 4년 정도 머무르게 하실 계획이라면 그 범위 안에서 고용계약을 맺는 것은 전혀 문제가 되지 않습니다. 중요한 것은 야곱이 여기에서 정식 직장을 갖느냐 아르바이트생으로 있느냐, 자기 노력에 합당한 보수를 받느냐 안 받느냐가 아니라, 하나님께서 얼마 동안 야곱을 여기에 머무르게 하실 것이냐입니다.

만일 야곱이 이 문제를 두고 기도를 드렸다면 어떻게 되었을까요? 분명히 하나님께서 가르쳐 주셨을 것입니다. 이런 기도보다 더 하나님이 좋아하시는 기도가 없기 때문입니다. "하나님, 저는 지금까지 아르바이트를 해 왔습니다. 말이 좋아서 아르바이트지 사실은 무료 봉사를 했습니다. 그런데 지금 정식 직원이 되라고 하는데 해야 합니까, 말아야 합니까?" 하나님은 이런 기도를 가장 좋아하십니다. 그러나 대개의 경우 하나님의 뜻을 구하기보다는 자기 뜻을 먼저 세워 놓은 후에 하나님을 설득하고 밀어붙이는 기도를 하기 때문에 응답을 잘 못 받는 것입니다.

만약 아브라함이었다면 이런 계약을 절대로 맺지 않았을 것입니다. 그는 온유의 미덕이 무엇인지 알고 있는 사람이었기 때문입니다. '온유'는 단순히 온순하고 얌전하다는 뜻을 가진 말이 아닙니다. '온유'는 철저하게 신학적인 용어입니다. 즉 이것은 하나님의 뜻과 하나님의 때를 기다릴 줄 안다는 것입니다. 예를 들어 내 앞에 아주 좋은 제안이 주어졌거나 아주 좋은 직장이 생겼을 때 이렇게 한번 질문해 보는 것입니다. '하나님이 정말 주려고 하신 것이 이것이었는가? 하나님이 오늘까지 나를 부르시고 인도하신 것이 이것을 주기 위해서인가? 그리고 지금이 그때인가?' 하고 물어 보는 것입니다.

온유한 사람은 그것이 하나님께서 자신에게 주시려고 하는 것이 아닌 것 같을 때, 또는 주시려는 것이긴 하지만 때가 아닌 것 같을 때 절대로 덤벼들지 않습니다. 남들이 조건 좋은 직장을 다 차지해도 꿈쩍도 안 해요. 웃으면서 다 양보합니다. 너무나도 온순한 나머지 다른 사람들 눈에는 바보처럼 보일 정도입니다. 왜 그렇습니까? 하나님이 이 직장을 주려고 자신을 부르신 것이 아니라는 걸 알기 때문입니다.

그러나 일단 하나님이 나에게 주시는 것이며 지금이 바로 하나님의 때라는 확신이 서면 어떻게 합니까? 표범처럼 덤벼들어서 단숨에 움켜쥡니다. 어느 누구도 손댈 수가 없습니다. 이것이 참으로 온유한 것입니다. 표범은 가장 온유한 짐승입니다. 표범은 자기 먹이가 아니다 싶으면 허연 배 뒤집고 그냥 잠만 잡니다. 바보 같아요. 하지만 자기 먹이가 나타났다고 생각하면 곧바로 총알같이 덤벼듭니다.

야곱이 한 번만 생각해 보았다면 라반의 이 제안이 하나님의 뜻인지 유혹인지 금방 알았을 것입니다. '지금 외삼촌은 나에게 노임을 주겠다고 제안하고 있다. 그런데 하나님께서 저 거친 광야에서 나를 인도하시고, 벧엘에서 그 영광을 체험하게 하시며, 또 오늘까지 여기까지 인도하신 궁극적인 목적이 이 하란 땅에서 노임을 받으면서 정식 목자가 되게 하시기 위해서였을까?'라고 한 번만 질문해 보았다면, 겉으로는 아주 타당성 있어 보이는 이 제안이 사실은 자신을 하나님으로부터 떼어 놓으려는 유혹이라는 것을 금방 알 수 있었을 것입니다.

자신에 대한 하나님의 뜻을 아직은 전부 알 수 없습니다. 그래도 분명한 사실 하나는 하나님께서 하란에서 월급 받으면서 양이나 치라고 광야로부터 이곳까지 인도하시고 벧엘에서 그런 영광을 보여 주신 것은 아니라는 것입니다. 그러면 어떻게 해야 합니까? 계속 무료 봉사 하면 됩니다. 바보 취급 받으면서 무료 봉사 하는 거예요.

아브라함의 신앙이 그런 신앙이었습니다. 그는 눈앞에 나타나는 것이라고 해서 다 움켜쥐지 않았습니다. 아무리 좋은 조건이라고 하더라도 하나님이 주시는 것이 아닌 것 같다 싶으면 손도 대지 않았어요. 소돔의 엄청난 재물을 움켜쥘 수 있는 기회가 주어졌을 때에도 '하나님이 나를 여기에 데려오신 것은 소돔에 있는 재산들을 주시기 위해서가 아니다'고 생각해서, 소돔의 재산 중에 실 한 오라기도 취하지 않고 싹 다 돌려 주었습니다. 소돔 사람들이 "우리가 아브라함을 부자로 만들어 주었다"고 말하게 되는 것을 원치 않았기 때문입니다. 그는 오직 하나님이 주시는 것만을 움켜쥐기 위해 한평생 방황했습니다.

오늘 우리들은 하나라도 더 움켜쥐려고 눈에 불을 켜고 쫓아다니는 생활을 하고 있습니다. 나에게 주어진 아주 작은 기회라도 놓치면 그때부터 아랫배가 아파 오기 시작하면서 하나님이 원망스럽고 마치 큰 축복을 발로 걷어차기라도 한 양 가슴이 쓰립니다. 우리는 무리해서라도 우리에게 주어진 모든 기회를 움켜쥐어야 한다고 생각합니다. 그래서 하나님의 백성들 가운데 참된 자유인이 없습니다. 주님이 부르실 때 곧바로 대답하면서 달려나갈 수 있는 사람이 아무도 없어요. 전부 어떤 일에 매여 있습니다. 혹시 일에 매여 있지 않다 하더라도 그때는 그때대로 아무 데도 매인 곳 없는 자신이 부끄러워서 안 나갑니다.

우리나라에서는 아무것도 하지 않고 가만히 있는 사람을 마치 큰 죄인이나 대하듯이 위아래로 훑겨 보면서 '세상에, 하는 일도 없으면서 밥만 축내고 있잖아'라고 생각합니다. 빡빡한 스케줄에 따라 핸드폰 들고 바쁘게 뛰어다니고 수첩에도 만날 사람들의 이름이 가득 적혀 있어야 똑똑하고 유능한 사람 취급을 받습니다.

청소년 캠프를 할 때 아이들이 가장 당황해하는 시간이 자유 시간입니다. 캠프에 익숙하지 않은 아이들은 이 시간을 어떻게 보내야 할지 몰라서 막 화를 냅니다. 무슨 캠프가 이렇게 느슨하냐고 불평해요. 그래서 그 시간에 혼자 누워서 〈보물섬〉 같은 만화책 보다가 졸리면 그 〈보물섬〉을 베고 잡니다. 사실은 캠프에서 자유 시간만큼 소중한 프로그램이 없습니다. 그 시간은 자연에 나가서 자신을 돌아볼 수 있고 진지하게 친구를 사귈 수 있는 아주 귀중한 기회입니다. 그러나 많은 경우에 아이들은 자유 시간 없이 빡빡한 일정 속에 들어가 있어야 안심을 합니다. 그리고 자유 시간이 주어지면 기껏 만화책을 보거나 잠을 자버립니다.

우리 한평생에 자유로운 시간이 주어진다는 것은 굉장히 큰 축복입니다. 그 시간은 자신이나 자신의 삶에 대해 진지하게 생각해 보거나 어떤 문제를 깊이 있게 연구해 볼 수 있는 기회입니다. 실직을 한다든지 해서 할 일이 없어지는 시간은 굉장히 귀중한 기회예요. 그런데 대개의 사람들은 그런 기회가 올 때 자기한테 화를 내고 침체에 빠져 잠을 자거나 텔레비전을 보거나 비디오테이프를 계속 바꿔 꽂아가면서 시간을 보냅니다. 그런 사람들은 꽉 짜인 일정 속에 들어가야 비로소 안심을 합니다.

사도 바울은 고린도 교회에 "모든 것이 내게 가하나 다 유익한 것이 아니요"(고전 6:12상)라고 말씀했습니다. '모든 것이 가하다'는 것은 어떤 일을 한다고 해서 죄가 되지는 않는다는 것입니다. 얼마든지 할 수도 있고 하지 않을 수도 있는 일입니다. 그 일을 한다고 해서 사회적으로 비난을 받는 것도 아니고 법에 저촉이 되어 잡혀 가는 것도 아니며 지옥에 가는 것도 아닙니다. 그러나 죄가 되지 않는 일이라고 해서 다 유익한 것은 아닙니다. 우리의 자유 의사로 결정한 사항이 하나님의 큰 뜻을 놓치게 만들 때가 너무나도 많습니다.

하나님께서 야곱을 하란까지 가게 하신 것은 무언가 큰 뜻이 있었기 때문입니다. 그러나 야곱은 하란에서 한 일이 아무것도 없었습니다. 남의 종살이하고, 결혼하고, 애 키우고, 싸우는 부인들

달래고 진압하는 데 시간을 다 보냈습니다. 하란에서 지낸 야곱의 삶을 보면 아브라함이나 요셉 같은 위대한 믿음의 승리를 하나도 찾아볼 수가 없습니다. 왜 그렇습니까? 옵션 때문입니다. 한 번 잘못 내린 결정 때문입니다.

물론 라반과 고용계약을 맺은 것이 곧 죄는 아닙니다. 야곱이 고용계약을 맺었다고 해서 하나님께서 그를 버리시는 것도 아니고 지옥 가는 것도 아니며 멸망하는 것도 아닙니다. 그러나 그것은 유익한 일이 아니었습니다. 그는 믿음으로 고용계약을 체결하지 않았습니다. 그는 하나님이 자기와 함께하신다는 사실을 믿기보다는 '나는 도망자요 아무것도 가진 것이 없다. 그러므로 눈에 보이는 것을 하나라도 더 움켜쥐어야 산다'는 생각으로 덜컥 고용계약을 맺었습니다.

야곱의 제안

라반이 고용계약을 제안한 것은 야곱을 붙들어 두는 것이 좋을 것 같았기 때문입니다. 그러나 야곱의 입에서 나온 대답은 엄청난 것이었습니다. 그는 오히려 라반이 놀랄 정도의 제안을 했습니다.

> 라반이 두 딸이 있으니 형의 이름은 레아요 아우의 이름은 라헬이라 레아는 안력이 부족하고 라헬은 곱고 아리따우니 야곱이 라헬을 연애하므로 대답하되 내가 외삼촌의 작은딸 라헬을 위하여 외삼촌에게 칠 년을 봉사하리이다(29:16-18).

야곱이 제안한 것이 무엇입니까? 고용계약 정도가 아닙니다. 고용계약 기간은 길어야 1년입니다. 그리고 그 중간에도 무슨 사정이 있으면 그만둘 수 있습니다. 그러나 야곱은 결혼을 담보로 취소할 수 없는 7년의 계약을 맺자는 것입니다. 호세아서에서는 이 일에 대해 이렇게 말씀하고 있습니다.

> 옛적에 야곱이 아람 들로 도망하였으며 이스라엘이 아내 얻기 위하여 사람을 섬기며 아내 얻기 위하여 양을 쳤고(호 12:12).

이것이 야곱에 대한 호세아의 평가입니다. 야곱은 한번 한다고 마음먹으면 기어이 하고야 마는 기질을 가지고 있었습니다. 그는 어떤 희생을 치르고서라도 자기가 생각한 것을 움켜쥐어야 만족하는 성격이었습니다. 비록 도망쳐서 하란으로 가긴 했지만 그는 어느 누구에게도 돈 한 푼 빚진 것 없는 자유인이었습니다. 그런데 그는 결혼하기 위해 7년 동안 종이 되는 계약을 맺습니다. 가만히 있었어도 하나님께서 결혼하게 해주셨을 텐데 자기 기질을 참지 못해서 자진하여 7년 동안 자신의 삶을 담보로 종의 계약을 맺은 것입니다.

결혼하고 싶으면 종의 계약을 맺으라고 강요한 사람은 아무도 없었습니다. 그것은 순전히 야곱 자신의 의사였습니다. 이 제안을 들은 라반이 오히려 더 놀랄 지경이었어요. 그는 이 한 번의 약속으로 하나님의 종에서 라반의 종으로 전락했고, 만약 하나님께서 그를 꺼내 주지 않으셨다면 그의 종으로 삶을 마치게 되었을 것입니다.

오늘 본문을 보면 라반에게는 장성한 두 딸이 있었습니다. 그런데 큰딸 레아는 시력이 좋지 못했습니다. "레아는 안력이 부족하고"라는 것은 근시안이라는 뜻입니다. 요즘은 어렸을 때부터 텔레비전을 보기 때문에 안경을 끼지 않은 사람이 거의 없고, 오히려 안경 끼지 않은 사람이 이상한 취급을 받을 정도로 열에 여덟은 안경을 끼고 있습니다. 그러나 제가 어렸을 때만 해도 안경 쓴 사람이 거의 없었어요. 공부를 죽자고 하는 아이나 유전적인 문제가 있는 아이 말고는 안경 쓴 아이가 없었습니다. 특히 안경 쓴 여자애들을 보면 "재를 누가 데리고 갈 것인가?" 하면서 혀를 차곤 했습니다.

더구나 목축하는 사람들에게 시력은 필수적인 것입니다. 자기 양이 어디에 있는지 보아야 하고, 먼 곳에서 먼지를 일으키며 누군가 달려오고 있을 때 도둑인지 이웃인지 구분할 수 있어야 합니다. 그러니 안경도 없는 시대에 시력이 나빴던 레아는 거의 불구자 취급을 받았을 것입니다. 눈이 좋지 못한 사람은 아무래도 비활동적이고 주로 집 안에서 시간을 보내며 어디를 가고 싶어도 꼭 누군가 함께 동행해 주어야 합니다. 누가 그런 여자를 좋아하겠습니까?

그런데 라헬은 "곱고 아리따우니"라고 말씀하고 있습니다. 여기서 아리땁다는 것은 몸매가 아름답다는 것입니다. 레아는 눈이 좋지 못해서 집에 있는 시간이 많았을 테니 아무래도 어디가 허리인지 구별하기 어려웠을 것입니다. 그러나 라헬은 눈빛이 초롱초롱하고 성격이 활발하며 몸매가 아름다운 여자였습니다. 실컷 이야기하고 있는데 눈을 가늘게 뜨고 머리를 코앞까지 들이밀면서 "누구시더라?" 하는 여자와, 먼 곳에서부터 자기를 알아보고 타오르는 눈빛으로 뛰어오는 여자 중에 누가 더 좋겠습니까? 늘 집에만 있어서 두루뭉실한 단지 같은 여자와 매일 들판을 뛰어다녀서 군살이 하나도 없는 에어로빅 강사 같은 여자 중에 누가 더 좋겠습니까?

남자들은 대개 두 가지 유형의 여자를 좋아하는 것 같습니다. 하나는 자기 어머니와 닮은 여자입니다. 물론 자기 어머니가 좋은 어머니일 때 그렇습니다. 야곱의 어머니 리브가는 아주 건강한 여자였습니다. 낙타 열 마리에게 물을 먹일 정도로, 즉 한 자리에서 쉬지 않고 열 통의 물을 옮길 수 있을 정도로 건강했습니다. 또 성격도 활달했습니다. 그러니까 남편을 속였지요. 우울질의 여자는 차라리 자기가 죽으면 죽었지 절대로 남편을 못 속입니다. 그런데 라헬은 리브가처럼 활달하고 활동적이었습니다. 들판에서 양을 몰고 다니면서 남자 목자들과 싸워 이기는 처녀였어요. 또 남자는 자기 성격과 반대되는 여자를 좋아합니다. 야곱은 조용하고 감성적인 사람입니다. 그의 눈에는 활동적이고 쾌활한 라헬이 레아보다 훨씬 더 매력적으로 보였을 것입니다.

오늘 본문이 보여 주려고 하는 것이 무엇입니까? 하나님의 백성들은 자기에게 주어진 자유를 자기 이익을 위해 사용해서는 안 된다는 것입니다. 야곱에게 7년은 결코 짧은 기간이 아닙니다. 7년이라면 신앙적으로 어린아이였던 사람이 완전히 성인이 되고도 남는 기간입니다. 하나님의 은혜를 체험해도 수없이 체험할 수 있는 기간이에요. 신앙적으로 볼 때 7년은 한평생과 같은 시간입니다. 그런데 야곱은 이 7년을 자신의 육체적인 사랑에 바치느라 신앙적으로 전혀 성숙하지 못했습니다. 3년이 지났는데도 신앙적으로 변함이 없다는 것은 재앙입니다. 3년이면 세상이 뒤집혀도 몇 번은 뒤집힐 만한 시간이에요.

갈라디아서에서 사도 바울이 우리에게 말씀하고 있는 것이 무엇입니까?

> 형제들아 너희가 자유를 위하여 부르심을 입었으나 그러나 그 자유로 육체의 기회를 삼지 말고 오직 사랑으로 서로 종노릇하라(갈 5:13).

하나님께서는 갈라디아 교인들을 율법으로부터 자유케 하셨습니다. 지금까지는 율법의 규정에 매여서 아무것도 못 했는데, 예수님의 십자가 보혈로 율법의 감옥에서 해방된 것입니다. 오랜 시간 감옥에 갇혀 있던 사람이 석방되면 무엇을 해야 합니까? 그 사람은 다른 일 하면 안 됩니다. 사업 벌이고 새 계약 맺고 그러면 안 돼요. 그는 감옥에 갇혀 있느라 하지 못했던 인간적인 일을 해야 합니다. 자녀를 돌보고 아내를 사랑하고 부모를 공경해야 합니다. 이것이 해방을 주신 참된 의미입니다. 감옥에서 나오자마자 계획 잡고 일 벌이고 전화통 붙드는 사람은 다시 감옥으로 보내야 합니다.

그런데 갈라디아 교인들은 율법의 정죄에서 해방되자마자 곧바로 자기 욕심으로 달려갔습니다. 정죄받지 않는다는 소식을 듣자마자 이웃을 돌보고 부모를 생각하고 인간다운 모습을 회복한 것이 아니라, 곧바로 할례를 받고 종교적인 의무를 더 무겁게 짊어짐으로써 자기들의 신앙을 자랑하려고 했습니다.

예수님께서 십자가를 지심으로 우리를 죄에서 해방시키신 이유가 무엇입니까? 돈 더 벌고 종교적인 생활에 더 매이라는 것이 아닙니다. 그동안 죄에 매여서 남을 제대로 사랑하지 못했으니, 이제 남은 생애 동안 남을 사랑하며 돌보라고 우리를 해방시키신 것입니다. 예수 믿기 전에는 성공하겠다는 욕심 때문에 부모도 돌보지 않고 아내와 자식까지 희생시키면서 일에 매달렸습니다. 날마다 새벽에 나가고 새벽에 들어오니까 아이도 아버지를 몰라보고 "엄마, 어떤 아저씨 왔는데요" 합니다. 그러다가 예수를 믿게 되었으면 밥이라도 좀 천천히 먹으면서 식구들과 이야기도 나누고, 아내와 시간도 보내고, 애 공부도 가르쳐 주고, 부모님께도 닭 한 마리 사다 드리면서 사모곡이라도 불러 드려야지요. 예수 믿고 나서도 날마다 찬송가만 부르면서 식구들은 나 몰라라 하고 기도원만 쫓아다니면 되겠습니까? 예수님께서 그렇게 살라고 십자가에 못박히신 게 아닙니다. 기도원에서 내려와서 인간답게 살라고 우리를 해방시키신 것입니다.

우리 자신의 삶을 한번 돌아보십시오. 남을 위해 수고한 것이 있습니까? 철저히 나 한 사람 먹고사는 일을 위해서만 살지 않았습니까? 예수님께서 우리에게 자유를 주신 것은 양심의 가책 없이 남은 인생을 나를 위해 쓰라는 뜻이 아닙니다. 남은 기간만이라도 남을 위해 한번 살아 보라는 것입니다.

제가 주님을 만나기 전까지의 생활을 생각해 보면, 남을 위해 한 일이 하나도 없었습니다. 내 공부 열심히 해서 어떻게 해서든지 이 세상에서 잘살아 보려고 모든 시간과 노력을 다 들였습니다. 그렇게 철저하게 나 자신만을 위하여 살았고 남을 위해 한 일이 아무것도 없었습니다. 그때 주님이 하신 말씀이 "너 자신을 위해 사는 삶은 지금까지로도 충분하다. 이제 남은 기간만이라도 남을 위해 한번 살아 보거라" 하는 것이었습니다. 베드로 사도가 말씀한 그대로입니다.

너희가 음란과 정욕과 술 취함과 방탕과 연락과 무법한 우상 숭배를 하여 이방인의 뜻을 좇아 행한 것이 지나간 때가 족하도다(벧전 4:3).

무슨 말입니까? 하나님 없이 자기 마음대로 산 것은 그동안만으로도 충분하다는 것입니다. 그동안 충분히 죄를 지었고 충분히 고민했고 충분히 갈등했고 충분히 자신만을 위해 시간을 썼다는 것입니다. 그러니 하나님을 만난 지금부터는 남을 위해 시간을 보내라는 것입니다.

야곱이 지금 눈이 불타오르며 몸매가 아름다운 여자를 찾을 때가 아닙니다. 그 문제는 하나님께 맡기면 됩니다. 굳이 머리 굴려서 계획을 세우고 7년이나 자청해서 종의 계약을 맺을 필요가 뭐가 있습니까? 요즘도 결혼비용 없다고 은행에서 몇천만 원씩 융자받아 결혼하는 경우가 있습니다. 결혼하고 나면 전 수입이 이자로 들어가 버려요. 이것은 좋은 결혼이 아닙니다. 없으면 없는 대로 살아야지요.

물론 야곱 자신은 좋았습니다. 라헬과 연애를 하니까 7년도 길게 느껴지지 않았습니다.

야곱이 라헬을 위하여 칠년 동안 라반을 봉사하였으나 그를 연애하는 까닭에 칠년을 수일같이 여겼더라(29:20).

무슨 영화배우나 되는 것처럼 둘이 손잡고 들판을 뛰어다니다 보니 7년도 길지 않게 느껴졌을 것입니다. 그러나 하나님께는 이 7년이 굉장히 답답한 기간이었습니다. 왜냐하면 이 7년은 야곱이 전혀 하나님을 생각하지 않는 시간인 동시에 하나님께서도 야곱을 위해 아무 일도 하실 수 없는 시간이었기 때문입니다.

우리에게 가장 중요한 것은 시간입니다. 하나님 앞에서 7년은 너무나도 귀중하고 긴 시간입니다. 젊다고 까불면 안 됩니다. 한때 젊지 않았던 사람이 누가 있습니까? 두 번만 시행착오하고 나면 금방 오십입니다. 그런데 술 마시고 방탕하게 보낼 시간이 어디 있습니까? 젊음을 남용하는 것처럼 큰 죄가 없습니다. 젊다고 해서 하고 싶은 대로 다 하고 살면 자기한테는 몇 년이 며칠처럼 즐겁게 느껴질 수도 있어요. 그러나 나중에 정신차리고 돌아보면 남은 것 하나 없이 눈가에 주름만 잡혀 있을 것입니다.

사도 바울은 "그런즉 너희가 어떻게 행할 것을 자세히 주의하여 지혜 없는 자같이 말고 오직 지혜 있는 자같이 하여 세월을 아끼라. 때가 악하니라"(엡 5:15, 16)고 말씀합니다. 시간이 없습니다. 이것도 집적거리고 저것도 집적거릴 시간이 없어요. 한 번 계획을 잘못 세우면 7년씩, 10년씩 휙휙 지나가 버립니다. 욕심으로 고시공부 하면 합격도 못 했는데 7년이 그냥 지나가 버립니다. 욕심으로 유학을 계획하면 학위도 못 받았는데 10년이 그냥 날아가 버려요. 그리고 뒤돌아보면 남을 위해 한 일이 하나도 없는 것입니다.

주님이 하신 말씀을 기억하십시오.

너희는 먼저 그의 나라와 그의 의를 구하라 그리하면 이 모든 것을 너희에게 더하시리라(마 6:33).

오늘 잘 생각해야 합니다. 그렇지 않으면 7년이 금방 지나가고, 20년이 금방 지나갑니다. 다른 계획을 세우지 말고 하나님의 말씀을 더 듣기 위한 계획을 세우십시오. 그러면 하나님께서 놀라운 방식으로 우리의 필요를 채워 주실 것입니다. 말씀을 중심으로 계획을 세우는 이것이야말로 가장 풍성한 삶을 사는 길입니다.

우리에게는 놀라운 자유가 있습니다. 내 양심대로 무엇이든지 할 수 있습니다. 그러나 그 자유로 내 욕심을 향해 달려가면 안 됩니다. 잘 모르고 순진하면 오히려 하나님을 두려워하는데, 뭘 좀 안다고 생각하는 사람들이 "이건 죄 아니야. 이래도 구원 못 받는 건 아니야" 하면서 자신을 위한 계획을 7년씩, 10년씩 세웁니다. 물론 자기는 하고 싶은 대로 하니까 좋지요. 그러나 모래시계의 모래는 계속 아래로 떨어지고 있습니다. 한두 번만 시행착오를 하면 금방 나이 오십입니다. 그리고 한 번 지나간 젊음은 다시 돌아오지 않습니다.

라반에게 사기당하다

야곱이 그토록 기다리던 7년이 드디어 다 되었습니다. 그는 라반에게 기한이 찼음을 알리고 라헬과 결혼시켜 달라고 했습니다. 라반은 약속대로 하는 것 같았습니다. 그러나 그 안에 아주 무서운 음모와 사기가 있다는 것을 야곱은 알지 못했습니다. 21절부터 25절까지 보십시오.

> 야곱이 라반에게 이르되 내 기한이 찼으니 내 아내를 내게 주소서 내가 그에게 들어가겠나이다 라반이 그 곳 사람들을 다 모아 잔치하고 저녁에 그 딸 레아를 야곱에게로 데려가매 야곱이 그에게로 들어가니라 라반이 또 그 여종 실바를 그 딸 레아에게 시녀로 주었더라 야곱이 아침에 보니 레아라 라반에게 이르되 외삼촌이 어찌하여 내게 이같이 행하셨나이까 내가 라헬을 위하여 외삼촌께 봉사하지 아니하였나이

까 외삼촌이 나를 속이심은 어찜이니이까

라헬은 건강하고 아름다웠기 때문에 야곱이 아니라도 좋아하는 사람이 많았을 것입니다. 그러나 불행하게도 레아는 시력이 약했기 때문에 아무도 데려가려고 하지 않았습니다. 그래서 라반이 생각한 것이 무엇입니까? '끼워팔기'였습니다. 야곱이 라헬을 사랑하는 것은 분명하니까 레아를 끼워서 팔겠다는 것입니다. 그래서 첫날밤에 신방에 레아를 대신 들여보내고, 적당한 핑계를 대서 라헬을 위해 7년을 더 일하게 하기로 했습니다.

중요한 것은 야곱이 꼼짝 못하고 속았다는 사실입니다. 자기가 아버지를 꼼짝 못하게 속였던 것처럼 이번에는 자기 자신이 속았습니다. 어떻게라도 속임수를 알아챌 길이 있었을 텐데 꼼짝없이 당한 것입니다. 어떤 사람들은 이 일을 아버지를 속인 일의 인과응보로 이해하기도 합니다만, 하나님의 백성들에게 인과응보라는 것은 없습니다. 단지 하나님께서 야곱에게 말씀하시지 않았을 뿐입니다. 야곱이 하나님 없이 7년을 연애에 빠져 사니까 하나님께서도 야곱에게 침묵하신 것입니다.

제아무리 7년 동안 열심히 일하고 연애하면 뭐 합니까? 딱 하루 다른 여자가 신방에 들어오니까 7년 수고가 다 날아가 버렸습니다. 7년 동안 일해 주고 7년 동안 연애하고 7년 동안 손잡고 들판을 뛰어다니면서 노래 불러 주고 꽃반지 만들어 끼워 준 게 하루아침에 허사가 되었어요. 하나님이 침묵하시니 그 모든 인간적인 노력이 전부 물거품처럼 사라져 버렸습니다.

야곱은 하나님의 선지자입니다. 아무리 라반이 술수를 써도 하나님이 "잘 봐, 딴 여자야"라고 한마디만 하셨으면 절대 넘어가지 않았을 것입니다. 그러나 하나님의 백성이 말씀보다 다른 것을 더 좋아할 때 하나님은 침묵을 지키십니다. 그러면 모든 것이 다 날아가게 되어 있습니다. 이삭은 하나님의 선지자였습니다. 그러나 그가 하나님의 말씀보다 에서의 사냥 고기를 더 좋아하는 '고기밝힘증' 증세를 나타냈을 때, 변장하고 들어온 아들에게 그대로 당하고 말았습니다.

하나님의 백성에게 가장 비참한 것은 하나님이 말씀하지 않으셔서 속는 것입니다. 다른 사람들은 다 아는데 자기만 모르는 거예요. 왜 이런 일이 일어납니까? 하나님의 말씀을 우습게 알았기 때문입니다. 그러면 하나님도 그 사람을 우습게 아시고 말씀하지 않으십니다. 그러면 당하는 거예요. 조금만 주의를 하면 알 수 있는 것도 모르고 넘어갑니다. 하나님의 말씀을 붙들지 않으면 7년 농사도 한순간에 물거품이 됩니다. 7년 동안 밤낮없이 일해서 집을 샀는데 알고 보니 담보가 걸린 집이라든지, 10년 동안 악착같이 돈을 모아서 땅을 샀는데 무슨 제한이 걸린 땅이라든지 하는 일들이 일어나는 것입니다.

하나님께서 우리에게 침묵하시지 않도록 늘 깨어 있어야 합니다. 하나님께서 우리에게 말씀하시도록 해야 합니다. 그래서 내가 하나님의 백성인데도 말씀보다 무언가를 더 좋아할 때 굉장히 조심해야 합니다. 모든 것을 다 날릴 수가 있어요. 내가 하나님의 백성인데 텔레비전을 너무 좋아할 때 조심해야 합니다. 내가 하나님의 백성인데 엘리야보다 마이클 조던을 더 좋아할 때 조심해야 합니다. 그러나 말씀을 사랑하며 하나님과 동행하면 어떤 속임수든지 눈치채게 해주시고 위험 경보를 보내 주십니다. 느낌이 이상해서 확인해 보면 틀림없이 어떤 속임수가 있습니다.

아마 그날 밤 라헬은 어딘가에 갇혀 있었을 것입니다. 라헬이 얼마나 고통에 찬 밤을 보냈겠습니까? 또 레아는 레아 나름대로 얼마나 겁이 났겠습니까? 야곱은 모르고 있었지만 그날은 재앙의 날이었습니다. 당해도 아주 깨끗하게 당했습니다. 야곱은 머리를 굴려서 완벽한 계획을 세웠지만 하나님이 침묵하시니 아무 소용이 없었습니다.

두 아내

다음 날 야곱이 항의를 했지만 통할 리가 없었습니다. 라반은 이 지방에서는 형보다 아우를 먼저 결혼시키는 법이 없으니 일단 잔치를 끝내라고 하면서, 다시 라헬을 줄 테니 그 대신 7년을 더 일하라고 합니다. 전에는 야곱이 선택을 했지만 이제는 미끼에 걸려서 달리 선택할 도리가 없었습니다.

> 라반이 가로되 형보다 아우를 먼저 주는 것은 우리 지방에서 하지 아니하는 바이라 이를 위하여 칠일을 채우라 우리가 그도 네게 주리니 네가 그를 위하여 또 칠년을 내게 봉사할지니라 야곱이 그대로 하여 그 칠일을 채우매 라반이 딸 라헬도 그에게 아내로 주고 라반이 또 그 여종 빌하를 그 딸 라헬에게 주어 시녀가 되게 하매 야곱이 또한 라헬에게로 들어갔고 그가 레아보다 라헬을 더 사랑하고 다시 칠년을 라반에게 봉사하였더라(29:26-30).

우리는 성경에서 믿음의 사람들이 믿음으로 결혼하지 않음으로써 비참한 일을 겪는 것을 자주 볼 수 있습니다. 고대 시대에는 여성들을 인격으로 인정하지 않고 재산으로 보았습니다. 그래서 돈이 많은 사람들은 여러 명의 아내를 거느리기도 하고, 가난한 사람들은 여자 손목 한 번 잡아 보지 못한 채 홀아비로 죽기도 했습니다. 우리나라도 조선 시대 때까지만 해도 돈 있는 양반들이 아내를 여러 명 두는 것을 사회적으로 인정해 주지 않았습니까? 그러나 야곱 시대의 문화가 여러 명의 아내 두는 것을 아무리 허용했다 하더라도, 그것은 하나님의 원리가 아니었습니다. 성경에서 여러 명의 아내를 둔 사람들은 특히 그 자식들 사이의 갈등 때문에 많은 어려움을 겪어야 했습니다.

왜 한 남자는 한 여자와 결혼해야 합니까? 결혼 관계는 전적으로 인격적인 소유의 관계이기 때문입니다. 결혼이란 서로에게 자신을 완전히 주는 것입니다. 그런데 배우자가 두 명이면 그중에 한 사람은 자연히 분노를 품게 되어 있습니다. 야곱은 여러 명의 아내를 둠으로써 그 아내들 사이에 경쟁적인 사랑을 일으켰고, 그 때문에 더욱더 하나님으로부터 멀어지게 되었습니다.

오늘 본문을 보면 야곱은 두 아내 중 한 사람을 더 사랑했습니다. 여기서부터 야곱의 두 아내는 자매 관계가 아니라 경쟁자로서 격돌하게 되고, 야곱은 더 깊은 수렁에 빠지게 됩니다. 야곱은 라헬과 일단 결혼만 하고 나면 하나님께 돌아갈 수 있을 것 같았습니다. 그러나 라반의 사기에 넘어가 7년은 14년으로 늘어났고, 아내들의 경쟁으로 첩까지 두 명 더 생기고 자식들도 늘어남으로써 하나님께 돌아가기가 더욱 어려워졌습니다.

그래서 하나님이 주시지 않은 것을 덥석 물면 안 됩니다. 아무리 좋은 사람도, 아무리 많은 재산도 하나님이 주시지 않은 것을 물면 그때부터 옵션에 걸리는 것입니다.

오늘 본문이 우리에게 하시는 말씀이 무엇입니까? 하나님께서 주신 자유를 자신을 위해 쓰지 말라는 것입니다. 그 자유를 자신을 위한 계획에 다 쓰고 나면 결국 하나님 앞에 빈털터리로 서게 된다는 것입니다. 시간이 중요합니다. 우리는 남들처럼 자신을 위해 쓸 시간이 없습니다. 하나님이 나중에 "너는 남을 위해서 무엇을 했느냐?"고 물으실 때, "집사람하고 애들이랑 싸우다가 다 보냈는데요" 할 겁니까? "제 공부하다가 다 보냈는데요" 할 겁니까? "저 하고 싶은 일 하다 보니 벌써 여기 와 버렸네요" 할 겁니까?

우리에게 주신 자유를 정욕을 위해 쓰지 마십시오. 하나님이 나의 모든 필요를 채워 주신다는 것을 믿으십시오. 하나님이 주시지 않은 것을 움켜쥐지 마십시오. 우리에게 주어진 이 젊음, 이 남은 시간을 위해 말씀 중심의 계획을 세우십시오. 내 문제는 주님께 맡기고 남을 위해 자신을 드릴 계획을 세우십시오. 그의 나라와 그의 의를 먼저 구하십시오. 그러면 하나님께서 우리와 함께하시고 늘 말씀해 주셔서 사탄의 유혹에 넘어지지 않게 하실 것이며, 이 모든 것을 더하실 것입니다.

15

경쟁적 출산

대개의 여자들은 결혼해서 살다 보면 자연스럽게 아이가 생기기 때문에 아이를 낳습니다. 그러나 여자들이 애써 아이를 많이 낳으려고 하는 경우가 있습니다. 예를 들어서 한국전쟁이 끝났을 때, 우리나라 사람들은 한두 명의 아이로는 불안하니까 할 수 있는 한 많이 낳으려고 했습니다. 그래서 전후에 베이비붐 시대가 있었습니다. 또 옛날 왕궁에서는 왕의 자손이 귀했을 뿐 아니라 왕자를 낳는 것 자체가 왕의 사랑을 받는 길이며 나라 전체의 장래에 영향을 미치는 일이었기 때문에 왕비나 후궁들이 경쟁적으로 아이를 낳으려고 했습니다.

지금 미국 사회에 잠재되어 있는 불씨는 흑인 문제입니다. 흑인들은 생활 수준이나 교육 수준에서 백인들과 어울리지 못합니다. 미국 사회 안에 물과 기름처럼 도저히 섞일 수 없는 사람들이 살고 있는 것입니다. 그런데 문제는 이 흑인들의 인구가 엄청나게 불어나고 있다는 점입니다. 백인 여성들은 자신의 사회적인 활동이나 그 밖의 이유로 자식들을 많이 낳지 않습니다. 그런데 국가의 지원으로 살아가고 있는 흑인들은 엄청나게 많은 아이들을 낳고 있는 것입니다. 그래서 어떤 사람은 이런 식으로 계속 나가면 흑인 대통령이 나올 날도 멀지 않다고 말하기도 합니다. 백인들이 미국 사회 안에서 주도권을 빼앗기지 않으려면 백인 여성들이 흑인 여성들보다 더 적극적으로 아이를 많이 낳아야 할지도 모르겠습니다.

오늘 본문을 보면 야곱이 원치 않게 두 여인과 결혼하게 된 일이 나옵니다. 원래 야곱이 원했던 여자는 라헬이었습니다. 그러나 교활한 장인의 끼워팔기에 걸려서 언니 레아와 동생 라헬을 모두 아내로 맞아들여야 했습니다. 그런데 문제는 이 두 지매가 결혼한 후에 서로 원수처럼 미워하게 되었다는 것입니다. 칼만 빼들지 않았다 뿐이지 원수도 이런 원수가 없었습니다. 특히 이 두 자매는 아이를 경쟁적으로 낳음으로써 대결을 했습니다. 아주 사생결단을 하고 아이를 낳았어요. 그러니 야곱의 가정에 아이들이 얼마나 많았겠으며, 그 아이들을 낳고 키우는 과정에 불편하고 힘든 일은 또 얼마나 많았겠습니까?

중요한 것은 성경의 저자가 야곱 가정의 이러한 내막을 전혀 여과 없이 그 갈등과 긴장 상황 그대로 소개하고 있다는 사실입니다. 여기에는 분명히 어떤 이유가 있을 것입니다. 오늘 우리가 살펴보려고 하는 것은 이렇게 불편한 가정의 내막을 통하여 성경이 우리에게 말씀하려고 하는 것이 무엇이냐 하는 점입니다.

하나님을 의지한 레아

야곱과 라헬의 요란한 연애 사건과 라반의 끼워팔기에 가장 크게 희생된 사람은 레아였습니다. 레아는 야곱이 원한 여인이 아니었습니다. 야곱은 동생 라헬을 사랑했습니다. 그런데 첫날밤을 지내고 일어나 보니 라헬이 아닌 레아였기 때문에 어쩔 수 없이 결혼한 것입니다. 부부 관계가 이렇게 시작되었으니 야곱이 레아를 사랑했을 리가 없습니다. 그런데 하나님께서는 이런 레아를 사랑하셨습니다.

> 여호와께서 레아에게 총(寵)이 없음을 보시고 그의 태를 여셨으나 라헬은 무자하였더라 레아가 잉태하여 아들을 낳고 그 이름을 르우벤이라 하여 가로되 여호와께서 나의 괴로움을 권고하셨으니 이제는 내 남편이 나를 사랑하리로다 하였더라(29:31, 32).

레아는 남편의 사랑을 받지 못했습니다. 그럼에도 불구하고 야곱이 계속 레아의 방에 들어간 것이 이상해 보일지 모르겠습니다. 이 당시 문화에서는 일단 결혼한 이상 남편이 아내에게 지켜야 할 최소한의 의무가 있었던 것 같습니다. 예를 들어서 남편은 아무리 사랑하지 않는 아내라 하더라도 한 달에 몇 번은 그 방에 들어가야 한다는 식의 불문율이 있었던 것 같습니다. 그러니까 야곱이 레아의 장막에 들어간 것은 아내에 대한 최소한의 의무를 이행하기 위해서이지 결코 사랑해서가 아니었던 것입니다.

그런데 하나님께서는 이런 레아를 사랑하셔서 먼저 태를 열어 주셨습니다. 물론 아이를 잘 임신한다고 해서 하나님이 그 여성을 더 사랑하신다고 말할 수는 없습니다. 그러나 적어도 레아의 경우에는 남편의 사랑을 제대로 받지 못하는 그를 위로하시기 위해 하나님께서 아이를 허락하셨다고 성경은 말씀하고 있습니다.

과거에 우리나라에는 믿지 않는 남편과 결혼해서 많은 핍박과 고통 가운데 신앙생활을 하던 어머니들이 있었습니다. 남편들은 아내가 신앙을 가졌다는 이유만으로 마땅히 사랑해야 하는 만큼 사랑하지 않았습니다. 대개 남편들은 아내를 완전히 소유하고 싶어 합니다. 그런데 신앙을 가진 아내들은 그렇게 호락호락하지가 않습니다. 교회 가는 문제라든지 제사 지내는 문제 등이 나오면 그렇게 완강할 수가 없습니다. 그래서 이런 아내들은 남편에게 마땅히 받아야 할 만큼의 사랑을 받지 못했습니다. 그럴 때 하나님께서는 이런 핍박받는 여성들을 그 자녀들을 통해 위로하고 축복하신 경우가 많았습니다. 남편은 비록 자신을 사랑하지 않고 최소한의 의무만 간신히 하는 것이 전부지만, 자녀들이 무럭무럭 자라며 공부도 잘하고 특히 어머니의 마음을 알아 주고 신앙생활 잘 하는 것을 볼 때, 또 어려울 때마다 엄마 편 드는 것을 볼 때, 모든 어려움이 다 보상되는 듯한 위로를 받았던 것입니다.

물론 레아가 믿지 않는 남편에게 신앙적인 핍박을 받은 것은 아닙니다. 또 어쩌면 남편의 사랑을 받지 못하는 데에는 레아 자신의 책임이 있을지도 모릅니다. 그러나 결과적으로 남편으로부터 충분한 사랑을 받지 못했기 때문에 하나님께로 가까이 나아간 것은 사실입니다.

신앙 때문에 고통받고 박해받는 사람이 있습니다. 하나님께서는 그들을 귀하게 생각하시고 사랑하시며 반드시 상급을 주십니다. 그러나 신앙 때문에 박해를 받는 것이 아니라 자기 욕심대로 살다가 환난과 어려움을 당하고 난 후에 하나님께로 돌아오는 사람들도 있습니다. 처음부터 신앙 때문에 어려움을 겪은 것이 아니라 어려움을 당하다 보니 믿음으로 돌아오게 된 것입니다. 예를 들어 하나님을 사랑해서가 아니라 자기 욕심으로 살다가 하나님의 징계를 받아 직장에서 쫓겨나거나 재산을 다 잃은 사람이 있다고 합시다. 이렇게 다 망한 후에 하나님께 돌아와도 하나님께서는 마치 그가 처음부터 신앙적으로 박해받은 것과 같은 취급을 하시고 그런 은혜와 상급을 주시는 경우를 볼 수 있습니다.

레아가 바로 그런 경우였습니다. 레아는 처음부터 하나님을 사랑하고 신앙적으로 살다가 남편의 눈 밖에 나서 사랑을 잃고 소외당한 것이 아닙니다. 오히려 그는 남편의 사랑을 얻지 못하다 보니 어쩔 수 없어서 하나님을 가까이하게 되었고 하나님을 붙들게 되었습니다. 그런데 하나님께서는 레아가 마치 처음부터 하나님을 사랑한 것처럼, 마치 신앙 때문에 남편의 사랑을 받지 못하게 된 것처럼 여기셔서 그의 태를 먼저 열어 주셨습니다.

이것이 바로 연역법과 귀납법의 차이입니다. 고난에는 두 가지가 있습니다. 연역법적 고난은 처음부터 신앙 때문에 어려움을 겪는 것입니다. 귀납법적 고난은 처음에는 신앙생활을 하면서도 여전히 욕심대로 살았는데 어려움과 환난을 겪다 보니 결국 믿음으로 돌아오게 된 경우를 가리킵니다. 두 경우의 상이 똑같은 것은 아닙니다. 그럼에도 불구하고 늦게나마 자신의 불신앙을 깨닫고 하나님을 바라보는 자를 하나님은 절대로 그냥 두지 않으십니다. 신앙적인 박해를 받은 사람과 거의 비슷하게 취급하셔서 복을 주십니다.

하나님께서는 레아에게 스트레이트로 네 명의 아들을 주셨습니다. 이것은 엄청난 축복입니다. 아브라함 집안은 자손이 굉장히 귀했습니다. 그 자손 귀한 집안에 숨쉴 틈도 없이 연달아 네 명의 아들을 출산한 레아는 정말 복받은 여자였습니다.

그런데 중요한 것은 레아가 자기 아들들에게 지어 준 이름들입니다. 첫아들 '르우벤'은 '보라, 아들이라'는 뜻입니다. 드디어 아들을 낳았다는 것입니다. 더 귀한 것은 그 이름에 대한 레아의 해석입니다. 레아는 "여호와께서 나의 괴로움을 권고하셨으니 이제는 내 남편이 나를 사랑하리로다"라고 말합니다. 여기에서 '권고하셨다'는 것은 '기억하셨다'는 뜻입니다. 레아가 지은 이름들에는 그의 신앙이 아주 잘 드러나고 있습니다.

둘째 아들의 이름은 '시므온'이었습니다. 이것은 '하나님께서 들으셨다'는 뜻입니다. 레아가 무엇이라고 말하고 있습니까? "여호와께서서 나의 총이 없음을 들으셨으므로 이도 내게 주셨도다"고 합니다. '내가 남편에게 사랑받지 못하는 것을 여호와께서 기억하시고 나의 신음 소리를 들으셨다'는 것입니다. 셋째 아들의 이름은 '레위'인데 '연합'이라는 뜻입니다. '지금까지는 남편이 나를 사랑하지 않아서 나와 떨어져 있었는데 셋째 아들까지 낳았으니 이제는 나를 귀하게 생각하고 나와 연합할 것'이라는 말입니다. 넷째 아들은 '유다'인데 '찬송'이라는 뜻을 가지고 있습니다. 레아는 "내가 이제는 여호와를 찬송하리로다"라고 말합니다.

여기에서 볼 수 있는 레아의 신앙은 어떤 것입니까? 그의 신앙은 남편이 자기를 사랑하지 않는다고 해서 곧바로 남편을 공격하거나 바가지를 긁거나 라헬을 미워하고 욕하는 신앙이 아니었습니다. 레아는 자신의 모든 억울함과 답답함을 가슴에 묻어 두고 오로지 하나님께 나아가 부르짖음으로써 하나님께서 야곱의 마음을 바꾸어 주시기를 구하는 신앙을 가지고 있었습니다. 그래서 아들을 하나씩 낳을 때마다 남편의 마음이 변해서 자신을 사랑해 주기 바라는 간절한 소망과 자신의 기도를 들으시는 하나님께 대한 감사를 담아 이름을 지었습니다.

오늘날 불만이 있을 때 사람들이 주로 사용하는 방식이 무엇입니까? 곧바로 자기 자신을 주장하는 방법입니다. 불만이 있으면 바로 찾아가서 따지고, 어떤 사람이 잘못 행동하면 단도직입적으로 찾아가서 결판을 냅니다. 그러나 레아의 신앙은 항상 간접적이었습니다. 레아는 사람에 대하여 이러쿵저러쿵 말하는 스타일이 아니었습니다. 레아는 자기 안에 있는 모든 아픔을 오로지 하나님께만 말씀드리고, 하나님께서 연합하게 할 사람은 연합하게 하시고 돌아오게 할 사람은 돌아오게 하시도록 맡기는 신앙을 가지고 있었습니다.

어떻습니까? 모든 문제를 단도직입적으로 찾아가서 해결하는 방법이 현명하다고 생각합니까, 아니면 레아처럼 사람에게 말하지 않고 오직 기도로 하나님께만 말씀드림으로써 하나님께서 직접 사람의 마음을 바꾸어 주시도록 맡기는 것이 더 좋은 방법이라고 생각합니까? 옳은 것은 옳다고, 기분 나쁜 것은 기분 나쁘다고 아주 속시원하게 탁 털어서 다 이야기하는 것이 더 좋다고 생각합니까, 아니면 속에 다 집어넣고 기도 시간에 하나님께만 말씀드리는 것이 더 좋은 신앙이라고 생각합니까?

사실 너무 말을 안 해서 답답한 경우도 있습니다. 사람은 하나님이 아니기 때문에 상대방이 말을 해주지 않으면 도저히 그 속을 알 수가 없습니다. 그래서 어떤 의미에서는 자기의 생각이나 불만이나 어려움을 이야기해 주는 편이 훨씬 도움이 될 때가 많습니다. 그러나 때로는 어려움을 말하지 않는 것이 현명한 경우가 있습니다. 언제 그렇습니까? 상대방이 그 말을 받아들일 자세가 되어 있지 않을 때입니다.

레아는 말로는 남편의 태도를 돌이킬 수 없다는 것을 알았습니다. 또 남편이 사랑하는 여자는 다름아닌 동생 라헬이었습니다. 그래서 그는 이 모든 고통을 속으로 삼키면서 오로지 하나님께 나아가서 하나님께서 야곱의 마음을 바꾸어 주시기를, 하나님께서 이 상황을 바꾸어 주시기를 기도했습니다. 그리고 아들을 하나씩 낳을 때마다 그 이름 속에 자기의 간절한 기대와 소망을 표현함으로써, 남편이 이 아이들의 이름을 부르는 가운데 자기 마음속에 들어 있는 소망이 무엇이며 자기의 기도 제목이 무엇인지 간접적으로 깨닫기를 바랐습니다.

이제 우리가 생각해야 할 것은 남편 야곱의 입장입니다. 그는 표시가 날 정도로 레아를 사랑하지 않았던 것 같습니다. 겉으로는 잘 드러나지 않지만 속으로는 사랑하지 않는 정도가 아니라 다른 사람이 봐도 다 알 수 있을 정도로 표시나게 레아를 사랑하지 않았던 것입니다. 왜 사랑하지 않았을까요? 아마 이유가 많았을 것입니다. 우선 레아는 야곱이 결혼하려고 했던 사람이 아니었습니다. 속아서 결혼한 것입니다. 그러니까 레아를 책임질 이유가 없다고 생각했을 수도 있습니다.

그뿐만 아니라 야곱은 레아가 사랑스럽지가 않았습니다. 사랑하고 싶어도 사랑할 수가 없다는데 어떻게 하겠습니까? 남자는 여자와 헤어질 때 대개 이렇게 말합니다. "나도 할 만큼은 했어. 그래도 사랑이 안 생기는 걸 어떡해?" 사실 남자 입장에서 사랑하지 않는 여자를 한평생 데리고 산다는 것도 쉬운 일은 아닐 것입니다.

레아는 야곱이 사랑할 만한 스타일의 여자는 아니었습니다. 그러나 일단 결혼한 후에 스타일이 맞느니 맞지 않느니 따지는 것은 말이 안 되는 일입니다. 결혼에서 스타일이라는 것은 그렇게 중요한 것이 아니에요. 결혼이라는 것은 다된 밥을 먹는 일이 아닙니다. 다된 밥을 차지하려 드는 것은 가장 정욕적인 결혼입니다. 결혼의 미덕과 아름다움은 부족한 사람을 사랑해서 풍성하게 채워 주는 데 있습니다.

그런 결혼생활을 한 사람들이 성경에 많이 나옵니다. 대표적인 사람이 모세입니다. 모세의 아내 십보라는 미디안 여자로서 아마도 흑인이었던 것 같습니다. 모세의 누이 미리암이 구스 여자, 즉 흑인 여자 문제로 모세를 비난했다가 하나님의 징계를 받아 문둥이가 된 적이 있었는데, 그 구스 여인을 십보라로 보는 것이 일반적인 견해입니다. 그러나 모세는 이 십보라를 사랑했습니다.

어떤 의미에서 자기 스타일에 맞는 여자를 찾는 것은 욕심입니다. 자기 스타일에 꼭 맞는 사람이 어디 있습니까? '내 스타일'이라는 것은 자기 생각대로 만들어 낸 것입니다. 사람들은 상대방을 사랑한다고 하면서도 사실은 있는 그대로 사랑하는 것이 아니라 자기 마음대로 각색해서 사랑하는 경우가 많습니다. 그러다가 나중에 실체를 보게 되면 자기가 속았다면서 불평을 합니다.

물론 여자가 남편의 사랑을 얻기 위하여 노력하지 않는 것도 죄입니다. 세수도 하지 않고 허구한 날 잠만 자고 남편이 와도 먹을 것 하나 챙겨 주지 않으면서 사랑해 달라고 하면 누가 사랑해 주겠습니까? 그러나 남편이 자기 스타일에 맞지 않는다고 해서, 또는 자기 방식에 잘 따라 주지 않는다고 해서 아내를 사랑하지 못하겠다고 하는 것은 이기적인 욕심입니다. 사랑 중에서 가장 부담스럽고 무서운 사랑이 자기 방식대로 사랑하는 것입니다. 이렇게 자기 방식대로 사랑하는 것은 사랑이 아니라 지배이며 상대방을 바보로 만드는 것입니다.

그렇다고 해서 하나님이 우리 믿는 사람들에게 이성적인 사랑이나 플라토닉 러브(platonic love)를 요구하신다는 말이 아닙니다. 가장 위대한 사랑은 부족한 사람을 택해서 한평생 사랑해서 가장 풍성한 삶을 살도록 채워 주는 사랑입니다. 그런 사랑을 하는 남자가 가장 위대한 남자입니다. 자기 스타일에 맞지 않는다고 해서 아내를 구박하고 사랑하지 않는 남자는 비겁한 이기주의자입니다.

라헬의 질투

라헬은 언니 레아가 한꺼번에 여러 명의 아들을 낳는 것을 보면서 견딜 수 없는 분노와 질투심을 느꼈습니다. 30장 1절을 보십시오.

> 라헬이 자기가 야곱에게 아들을 낳지 못함을 보고 그 형을 투기하여 야곱에게 이르되 나로 자식을 낳게 하라 그렇지 아니하면 내가 죽겠노라

야곱이 두 여인과 결혼한 것은 문제였습니다. 물론 그 당시 사회에서 한 남자가 여러 아내를 거느리는 것은 전혀 문제 되는 일이 아니었을 뿐더러 오히려 권장하는 일이었던 것 같습니다. 그 시대는 능력도 없으면서 남의 귀한 딸을 데려가서 굶겨 죽이는 것보다는 능력 있는 사람이 여러 명의 아내를 데리고 사는 편이 훨씬 더 여자들에게 다행이라고 생각하던 때였습니다. 그러나 사회적으로 아무리 죄가 되지 않는다 하더라도 하나님 앞에서는 죄가 되는 것이 있습니다. 그리고 이런 일에는 반드시 아주 비싼 대가가 따르게 되어 있습니다.

그 대표적인 예가 일부다처제입니다. 고대 사회에서는 일부다처제가 불법이 아니었습니다. 그러나 성경적으로는 불법이었습니다. 그래서 거룩한 하나님의 사람들이 '일부일처'라는 창조 원리를 무시하고 그 사회의 가치관이나 자신의 욕망에 따라 여러 명의 아내를 취하였을 때 대개는 아주 큰 대가를 치러야만 했습니다.

우리에게도 사회적으로는 죄가 되지 않지만 성경에서는 엄격하게 금하고 있는 것들이 있습니다. 그중 하나가 이혼입니다. 사회적으로는 이혼을 허용하지 않을 수 없습니다. 서로 얼굴을 마주보고 늘 으르렁거리면서 싸우는 것보다는 차라리 갈라져서 따로 사는 편이 더 나을 수도 있습니다. 사도 바울은 믿지 않는 남편이 갈라지자고 하면 그렇게 하라고 했고(고전 7:15), 예수님께서는 이혼이란 인간의 완악함을 인한 어쩔 수 없는 양보 규정이라고 하시면서 재혼을 엄격하게 금하셨습니다(마 5:32). 사실 이혼의 문제는 간단하지가 않습니다. 때로는 재혼을 통해 아름다운 삶을 다시 시작하는 경우들도 있습니다. 그러나 이 문제를 생각할 때 우리가 주의해야 할 것은 한 번 허물어지기 시작한 결혼의 원칙은 너무나 쉽게 다시 무너질 수 있다는 점입니다.

안식일 문제는 어떻습니까? 성경에서는 사람이 일주일 동안 일을 하고 하루는 쉬게 되어 있습니다. 이것이 창조의 원리입니다. 그러나 그 일이 너무 중요하고 시간이 급하기 때문에 쉬지 않고 계속 일을 하게 될 수 있습니다. 한번 시작한 일은 끝장을 내야 직성이 풀리는 것이 사람입니다. 또 하루라도 더 일을 해야 돈을 더 벌 수 있고 그래야 잘살 수 있기 때문에 일에 대한 욕망을 포기하려고 하지 않습니다. 그 결과가 무엇입니까? 피로 누적으로 일찍 병드는 것입니다. 안식일을 지키지 않는 것이 사회적으로는 죄가 되지 않지만, 자신의 욕망을 절제하지 않을 때 건강을 대가로 치르게 되는 것입니다.

요즘 우리 사회에서는 혼외정사가 그리 큰 문제가 되지 않는 것 같습니다. 물론 우리나라는 아직까지 간통을 처벌하고 있는 유일한 나라이긴 합니다만(간통을 형사 처벌하는 형법 241조는 2015년 2월 위헌 선고를 받고 폐지되었다—편집자 주), 일단 노출되어서 문제가 불거지지 않는 이상 그냥 넘어가는 분위기입니다. 그러나 성경은 혼외정사를 간음으로 여겨서 엄격하게 금지하고 있습니다.

낙태는 우리 사회에서 금지되고 있는 일이지만 실제로는 많이 일어나고 있는 일입니다. 한 해에만도 수백만 명의 태아가 희생되고 있는 것이 우리의 실정입니다. 애굽의 바로 왕이 히브리 민족의 남자아이들을 나일 강에 던져서 죽이라고 한 것을 보고 우리는 참 잔인하다고 생각합니다. 그런데 태아가 딸이기 때문에 낙태시키는 부모는 그렇게 잔인하다고 생각하지 않습니다.

이러한 예들을 살펴보면 성경적인 계명이 이 사회의 윤리관에 얼마나 무시당하고 있으며 설득력을 잃고 있는지를 깨닫게 됩니다. 그러나 하나님은 절대로 무시당하지 않으십니다. 하나님께서는 창조 질서를 깨뜨린 자들에게 보복하십니다. 물론 우리가 한때 하나님의 뜻을 잘 모르고 정욕대로 산 것까지 용서하지 않으시는 것은 아닙니다. 우리는 모든 잘못을 하나님께 고백하고 새로 출발할 수 있습니다. 그러나 아직도 자기의 욕심이 정당하며 자기한테 행복을 마음껏 추구할 수 있는 권리와 자격이 있다고 생각하는 사람에게는 창조 질서를 깨뜨린 비싼 대가를 요구하실 것입니다.

하나님께서는 이런 식으로 자연을 파괴하라고 인간에게 다스릴 수 있는 권리를 주신 것이 아닙니다. 사람들의 마음속에는 냇물이나 강물이 이런 식으로 더러워져서는 안 된다는 의식이 있습니다. 그럼에도 불구하고 시내나 강에 더러운 오물들을 쏟아 버렸기 때문에 지금 값비싼 대가를 지불하고 있는 것입니다. 우리가 어렸을 때 물을 돈 주고 사 먹는다는 것을 생각해 보기나 했습니까? 그러나 지금은 물을 돈 주고 사 먹는 것이 예삿일이 되어 버렸습니다.

다시 성경으로 돌아와 봅시다. 야곱이 의도적으로 하나님의 창조 질서를 깨뜨린 것은 아니었습니다. 야곱은 스스로 원해서 중혼한 것이 아니라 속아서 한 것입니다. 그럼에도 불구하고 그가 하나님의 질서를 깨뜨린 것은 사실입니다. 결국 라헬에게 어떤 일이 일어났습니까? 그는 견딜 수 없는 분노와 언니에 대한 투기심을 느꼈습니다. 언니는 아들을 넷이나 낳았는데 언니보다 훨씬 예쁘고 건강한 자신은 아이를 한 명도 낳지 못했다는 패배감이 그를 사로잡았습니다. 그래서 야곱에게 뭐라고 합니까? "나로 자식을 낳게 하라. 그렇지 아니하면 내가 죽겠노라!"

지금 라헬이 이 말을 제 정신으로 하는 것이겠습니까, 딴 정신으로 하는 것이겠습니까? 라헬은 지금 제 정신이 아닙니다. 상식적으로 한번 생각해 보십시오. 라헬이 아기를 못 낳는 것은 야곱이 낳기 싫어해서가 아닙니다. 또 이런 식으로 남편에게 대든다고 해서 아기가 생기는 것도 아닙니다. 그러나 라헬의 마음속에 있는 분노가 너무나도 컸기 때문에 이런 식으로라도 대들지 않고서는 견딜 수가 없었던 것입니다.

이렇게 되는 것을 무엇이라고 합니까? 하나님의 은혜가 일시적으로 떠났다고 합니다. 이런 현상을 저는 '하나님이 그 성신을 거두셨다'고 표현합니다. 우리는 아브라함과 이삭 때 이런 일이 일어났던 것을 알고 있습니다. 사람이 사는 곳이 평안하고 은혜스러울 수 있는 것은 하나님께서 주신 은혜가 그들을 지켜 주시기 때문입니다. 그러나 그 은혜를 거두시면 그곳은 당장 무법천지가 되고 맙니다. 사람들은 서로 공격하고 물어뜯으며, 상하좌우도 없고 예의범절도 없이 자신의 동물적인 본능에 따라 행동하게 됩니다.

우리는 지금 야곱의 집에서 하나님의 은혜가 떠나는 것을 보고 있습니다. 라헬은 도저히 견딜 수 없는 마음이 되었습니다. 이 마음은 남편의 사랑을 좀더 얻는 것으로, 남편을 좀더 차지하는 것으로 만족될 수 없었습니다. 라헬의 말을 들은 야곱은 또 어떻게 반응했습니까? 그도 화를 내면서 라헬을 공격했습니다.

야곱이 라헬에게 노를 발하여 가로되 그대로 성태치 못하게 하시는 이는 하나님이시니 내가 하나님을 대신하겠느냐(30:2).

물론 라헬이 이런 사실을 모르는 것이 아닙니다. 그런데도 남편에게 대든 것은 아무한테라도 욕을 퍼붓고 싶을 만큼 너무나 화가 났기 때문입니다. 라헬은 남편이라도 이런 자신을 이해해 주고 받아 주기를 바랐을 것입니다. 그런데 야곱도 아내의 분노를 받아 주지 못했습니다. 그의 인내심도 바닥이 났습니다. 평소의 야곱 같으면 이런 식으로 말했을 리가 없습니다. "우리 좀더 참아 봅시다. 화를 내니까 더 예뻐 보이네" 하고 능청을 떨어 가며 위로해 주었을 것입니다. 그러나 이제 이 집에는 다른 사람을 위로해 줄 수 있는 사람이 아무도 없습니다. 다른 사람의 고통을 싸안아 줄 수 있는 사람이 아무도 없습니다. 왜 그렇습니까? 하나님께서 은혜를 거두고 계시기 때문입니다.

나에게서 하나님의 은혜가 떠났다는 것을 어떻게 알 수 있습니까? 내 속에 있는 성령의 은혜가 바닥났다는 것을 어떻게 알 수 있습니까? 그것을 알 수 있는 방법은 간단합니다. 옆에 있는 사람이 이유 없이 미워지고, 왠지 모르겠는데 자꾸 짜증이 나고 신경질이 날 때, 누가 무슨 말 한마디만 해도 참을 수 없는 분노가 생길 때, 그때는 다른 사람에게 문제가 있는 것이 아니라 바로 내 안에서 하나님의 은혜가 고갈되고 있으며 성신이 떠나고 계시는 것입니다. 마치 프로판 가스를 쓰는 집에서 가스통이 다 바닥난 것과 같습니다. 가스통이 바닥나면 어떻게 해야 합니까? 가스집에 전화해서 새로 바꾸어야지요.

성령이 고갈되었을 때도 마찬가지입니다. 공연히 누군가가 미워질 때, 남편이 그렇게 미울 수가 없을 때, 아이가 내 아이 같지가 않을 때, 아내가 하는 짓이 하나부터 열까지 보기 싫어질 때, 누워서 자는 모습까지 미워 보일 때 자는 사람 깨워서 아무리 욕해 봐야 소용이 없습니다. 그러면 어떻게 해야 합니까? 그 바닥난 마음 그대로 하나님께 나아가야 합니다. "하나님, 배터리가 떨어진 것 같아요. 제 마음이 바닥났습니다. 다시 저를 충만케 해주십시오. 이 모습 이대로는 도저히 살 수가 없습니다." 그러면 하나님께서 그 속에 성령을 부으셔서 바로 충만하게 채워 주십니다.

그러나 대개의 경우는 그렇게 정직해지지가 않습니다. 자기는 전혀 문제가 없는데 남편이 문제이고 아내가 문제이고 애들이 문제라고 생각합니다. 그래서 그 허물을 하나씩 열거하면서 불평을 하다 보면 속에서 지옥불이 타오르기 시작합니다.

무엇이 우리를 분노하게 만듭니까? 내 마음대로 안 되는 것들이 우리를 분노하게 만듭니다. 그러나 어떻게 이 세상 모든 것이 내 마음대로 되겠습니까? 내 아이도 내 마음대로 안 되는데 어떻게 다른 사람이 내 마음대로 움직여 주겠습니까? 다른 사람이 내 뜻대로 되지 않을 때 '역시 나는 인간이구나. 하나님께서 이 일을 하셔야 하는구나. 중요한 것은 그 사람이 내 마음대로 되지 않는 이것이 아니라, 내 안에 있는 배터리가 다 떨어지고 내 속에 있는 은혜가 고갈된 것이로구나'라는 것을 깨닫고 그 모습 그대로 하나님께 나아가야 합니다.

사람은 어차피 분노하게 되어 있습니다. 그러나 그 분노를 물건이나 사건에 국한시켜야지 사람을 향해서 터뜨리면 그 사람을 죽이게 됩니다. 특히 라헬의 경우처럼 사람의 힘으로 어찌할 수 없는 일로 화를 낼 때 그의 마음은 정말 교만해져 있는 것입니다. 예를 들어 아들을 못 낳고 딸을 낳았다고 며느리에게 분노하는 시어머니가 있다면 그는 하나님을 대적하는 것입니다. 물론 딸을 낳았다는 그 사실 자체가 섭섭할 수는 있지요. 그러나 그 화살을 며느리에게 돌려서 "다른 사람들은 다 아들 낳는데 너는 왜 못 낳냐?"고 한다면 그것은 교만하게 하나님을 대적하는 것입니다.

사람들은 자기 뜻대로 안 되는 일이 있을 때 가족 중에 한 사람을 희생양으로 삼아서 그 사람한테 분노를 쏟아 내기 쉽습니다. 성질 나쁜 사람을 건드렸다가는 본전도 못 찾으니까 대개는 가족 중에서도 가장 약한 사람을 잡아서 화풀이를 하지요. 그러나 나중에 그 사람이 병들고 우울증 걸리면 그 책임을 누가 지려고 그렇게 합니까? 분노를 통제하지 않을 때 얼마나 비싼 대가를 지불해야 하는지 모릅니다.

이유 없이 화가 날 때, 이유 없이 주위에 있는 사람들이 미워질 때 내 속에 있는 은혜의 탱크가 바닥난 줄 아십시오. 그것은 죄가 아닙니다. 탱크가 바닥난 게 무슨 죄입니까? 다시 채우면 되지요. 그 빈 마음 그대로 하나님께 나아가면 됩니다. “하나님, 저에게 하나님의 은혜가 고갈되어 있습니다. 옆에 있는 사람들이 미운 것을 보니까 벌써 배터리가 떨어졌네요. 저를 도와주십시오” 하고 기도하면 곧바로 성령의 부으심을 체험할 수 있습니다.

그러나 그것을 인정하지 않을 때 그 분노는 죄를 낳고 그 죄는 사망을 낳게 되어 있습니다. 물론 직접 죽이지는 않을지 모릅니다. 그러나 그의 정서를 죽이고 그의 마음속에 있는 평화를 죽이며 그를 낙심케 하고 엄청난 마음의 상처를 안겨 주게 됩니다. 이것을 치료할 수 있는 유일한 길은 직접 가서 사과하는 것밖에 없습니다. 속으로만 미안하다는 것으로는 죽을 때까지 치료되지 않습니다. 그 당한 사람은 하나님께서 치료하시겠지만 이유 없이 화낸 사람은 용서하지 않으실 것입니다.

인간적인 방법이 파고들다

자기 속에 문제가 있으며 하나님의 은혜가 바닥나고 있다는 것을 인정하지 않고, 그 대신 남편을 욕하며 남편에게 이 모든 책임을 전가시켰을 때, 라헬의 머릿속에는 믿음과 거리가 먼 인간적인 방법이 떠올랐습니다. 3절부터 5절까지 보십시오.

> 라헬이 가로되 나의 여종 빌하에게로 들어가라 그가 아들을 낳아 내 무릎에 두리니 그러면 나도 그를 인하여 자식을 얻겠노라 하고 그 시녀 빌하를 남편에게 첩으로 주매 야곱이 그에게로 들어갔더니 빌하가 잉태하여 야곱에게 아들을 낳은지라

아이를 낳지 못해서 자기 여종을 남편에게 첩으로 준 믿음의 어머니가 누구입니까? 사라입니다. 사라가 하나님의 때를 기다리지 못해서 인간적인 방법을 사용했을 때, 고통은 고통대로 받고 자신의 존귀함은 존귀함대로 다 빼앗긴 채 결국 첩과 이스마엘이 쫓겨나는 일이 생겼습니다. 그러나 라헬은 사라의 실패에서 전혀 교훈을 얻지 못하고 있습니다.

사람들이 하나님의 말씀을 자기와 상관 없는 이론적인 가르침으로 생각하는 것보다 더 큰 불행이 없습니다. 그럴 경우 성경의 그 수많은 예들로부터 아무것도 얻지 못한 채 자신이 직접 그 모든 실패를 다 경험하고 나서야 깨닫게 되기 때문입니다. 현명한 여자라면 절대로 이런 방법을 택하지 않습니다. 이것은 하나님께서 인정하시는 방법이 아니기 때문입니다. 한 번 허락하지 않으신 것은 영구적으로 허락하지 않으십니다. 사라에게 복되지 않은 것이 라헬에게 복될 이유가 없습니다.

성령으로 충만해지지 않으면 인간적인 방법을 계속 쓰게 되어 있습니다. 우리는 이 세상에서 나온 사람들이기 때문입니다. 우리가 믿음으로 행한다는 것은 예외적인 일입니다. 우리는 이 세상에서 났고 이 세상에서 자랐기 때문에 자연스럽게 세상적인 방법을 쓰게 되어 있습니다.

빌하는 임신을 했고 아기를 낳았습니다. 그러나 하갈처럼 유난스럽게 굴지는 않았습니다. 아이를 낳고 난 후에도 라헬의 분

노가 사그라들지 않았기 때문입니다. 라헬이 아이들의 이름을 어떻게 지었는지 보십시오.

> 라헬이 가로되 하나님이 내 억울함을 푸시려고 내 소리를 들으사 내게 아들을 주셨다 하고 이로 인하여 그 이름을 단이라 하였으며 라헬의 시녀 빌하가 다시 잉태하여 둘째 아들을 야곱에게 낳으매 라헬이 가로되 내가 형과 크게 경쟁하여 이기었다 하고 그 이름을 납달리라 하였더라(30:6-8).

'단'은 '원한을 풀었다'는 뜻이고, '납달리'는 '경쟁에서 이겼다'는 뜻입니다. 라헬은 빌하가 낳은 아이들에게 대단히 전투적인 이름을 지어 주었습니다. 무슨 뜻입니까? 인간적인 방법으로 아이를 낳긴 했지만 만족이 되지 않았다는 것입니다. 라헬은 속이 더 답답해서 미칠 것 같았습니다.

인간적인 방법을 쓰는 것은 마치 소금물을 마시는 것과 같습니다. 너무나도 목이 타서 소금물을 마시면 어떻게 됩니까? 그 즉시는 시원할지 모르지만 나중에는 속이 타서 견딜 수가 없습니다. 라헬은 이런 식으로 아이를 낳으면 만족이 올 줄 알았습니다. 그러나 아이를 낳으면 낳을수록 더 답답하고 더 마음의 평안이 없었습니다. 결국 라헬은 언니 레아를 원수로 삼게 됩니다. 두 자매는 칼을 빼서 찌르지만 않았지 마음과 말로는 수없이 서로를 죽이고 확인사살하는 원수의 관계가 되고 말았습니다.

하루가 멀다 하고 싸우는 두 여자 사이에 낀 야곱을 한번 생각해 보십시오. 자기 어머니와 아내가 원수처럼 지낸다면 그 남자의 마음이 편하겠습니까? 어머니는 나를 낳아 주신 분이고, 아내는 나의 몸이나 마찬가지인 사람입니다. 그런데 이 두 사람이 서로 미워하면서 만나기만 하면 싸워 댈 때 남자는 그 사이에서 완전히 바보가 되고 맙니다. 지옥이 따로 없어요. 또 하루가 멀다 하고 모일 때마다 싸우는 교회를 한번 생각해 보십시오. 편을 지어서 서로 깎아내리고 흉보기에 정신이 없는 교회는 성령이 떠난 교회입니다. 거기가 바로 지옥입니다.

이렇게 되는 원인이 어디에 있습니까? 어느 한 편이 옳고 다른 한 편이 틀렸기 때문이 아닙니다. 자기 자신의 부족함은 모른 채 상대방한테만 모든 책임을 떠넘기고 인간적인 방법을 쓰기 때문에 은혜의 장소가 지옥으로 변하는 것입니다. 자신이 부족하다는 것을 인정하면 이 정도까지는 되지 않습니다. 분노에 찬 대화들이 오고 갈 때 '아, 이것이 바로 사람을 죽이는 일이구나'라는 사실을 깨닫고 조용히 하나님 앞에 나아가야 합니다. 며느리는 시어머니를 비난하고 시어머니는 며느리를 욕하는 것은 곧 사람을 죽이는 일입니다. 사람을 분노의 대상으로 삼는 것은 살인하는 것입니다.

오늘 우리가 생각해야 할 것은 야곱 가정의 이 일이 오늘 우리들에게 어떻게 적용되어야 할 것인가 하는 점입니다. 오늘날은 두 여자가 한 남자의 사랑을 차지하기 위해 경쟁적으로 아이를 출산하는 시대가 아닙니다. 물론 결혼하기 전에 두 여자나 두 남자가 한 남자나 한 여자를 사이에 두고 경쟁할 수는 있습니다. 그러나 아무리 사랑한다 하더라도 결혼하면 이미 그 관계는 끝나는 것이지요. 그런데 만약 결혼하기 전에 이 연인들 사이에 성적인 관계가 있었다면 엄청난 소용돌이가 일어나게 되고, 한 명이 자살을 기도하든지 하는 거의 회복 불가능한 상처가 생기게 됩니다. 처녀가 자살을 기도하는 경우, 대개는 삼각관계가 얽혀 있든지 특히 성적인 관계가 얽혀 있을 때가 많습니다. 정신적인 사랑만 하다가 자살로 가는 경우는 거의 없어요. 무언가 죽고 싶을 만큼 마음속에 분노가 차 있기 때문에 자살을 기도하는 것입니다.

오늘날 여성들은 남편의 사랑을 차지하기 위해서 계속 아이를 낳지는 않습니다. 또 남성들도 아이를 많이 낳아 주는 아내보다는 날씬하고 예쁜 아내를 원하는 것 같습니다. 요즘은 뚱뚱해지면 레아처럼 '총을 잃을' 가능성이 큽니다. 그래서 아기를 많이 낳으려고 노력하는 대신 다이어트도 하고 에어로빅도 하지요.

요즘은 대개 여자들이 아이를 통해 자기의 원한을 푸는 것 같습니다. 예전에 아들이 서울대에 합격한 어떤 어머니가 '하나님께서 나의 원한을 갚으셨다'고 말하는 것을 들은 적이 있습니다. 그때부터 그 아이의 이름은 '단'이 되는 것입니다. 그런 식으로 자신의 부족함을 보상받으려는 심리는 결코 좋은 것이 아닙니다. 대학은 어디까지나 공부하기 위해 들어가는 것이지 대학 가는 것과 원한 푸는 것이 무슨 상관이 있습니까? 자식이 좋은 대학에 들어갔으면 더 열심히 공부해서 더 많은 사람들에게 좋은 일 하기를 바라야지, 그걸로 자신의 열등감을 보상하려고 해서는 안 됩니다.

우리가 깨달아야 할 것은 하나님의 창조 질서를 깨뜨리면 당장은 좋을지 몰라도 나중에는 굉장히 비싼 대가를 지불해야 한다는 것입니다. 우리에게 필요한 것은 내 욕심대로 살지 않는 것입니다. 내 욕심 때문에 하나님의 자연 질서를 깨뜨리면 그 자연 질서가 우리를 응징할 것입니다.

사람을 너무 지나치게 사랑하는 것도 좋지 않습니다. 너무 사랑한 나머지 정신을 잃을 정도가 되는 것은 좋은 일이 아니에요. 어떤 일에 지나치게 빠지는 것도 좋은 것이 아닙니다. 모든 일은 적절하게 하는 것이 가장 좋습니다. 성령이 주신 감동 안에서 적절하게 절제해서 해야 합니다.

우리나라에서는 한 남자를 두고 경쟁하는 두 여인의 관계를 고부간에서 볼 수 있습니다. 어머니는 고생해서 키운 아들이니까 포기하려 들지 않고, 아내는 자기 남편이니까 포기하려 들지 않습니다. 이것은 소유하려는 사랑입니다. 온전한 사랑은 소유하는 것이 아닙니다. 자기 방식으로 사랑하는 것은 상대방을 세우는 길이 아니라 나의 노예로 만드는 길이고 바보로 만드는 길입니다. 우리가 사랑하는 사람들을 바보로 만들지 맙시다. 상대방을 세워 주고 하나의 인격체로 인정해 주는 사랑이 온전한 사랑입니다.

요즘 이유 없이 주위에 있는 사람들이 미워지고 그들이 하는 행동 하나하나가 보기 싫습니까? 이유 없이 교인들이 밉습니까? 이유 없이 식구나 직장 동료가 밉습니까? 그렇다면 내 속에 은혜가 고갈되고 있다는 것을 아십시오. 물론 그것이 죄는 아닙니다. 그러나 내 속에 은혜가 고갈된 것을 가족이나 교회나 다른 사람의 책임으로 돌리는 그 순간부터 지옥의 불이 붙기 시작하고 그 불은 쉽게 꺼지지 않습니다. 고갈된 그대로 하나님 앞에 나아가십시오. "오, 주여, 제 안에 은혜가 또 고갈되었습니다. 제 인내심이 바닥났습니다. 믿음이 바닥났습니다. 저를 도와주십시오" 하고 기도하십시오. 그렇게 정직하게 하나님 앞에 나아가는 자에게 성령이 퍼부어지는 역사가 나타날 것입니다.

레아가 처음부터 신앙적인 이유로 남편의 사랑을 받지 못한 것은 아니었습니다. 그는 남편의 사랑을 받지 못했기 때문에 하나님께 나아갔습니다. 그래도 하나님께서는 마치 신앙적인 이유로 받은 고난처럼 여기셔서 충만한 은혜를 부어 주셨습니다.

사랑하는 성도 여러분, 오늘 우리가 어떻게 해서 이 믿음의 자리에 오게 되었든지 그 과정은 중요한 것이 아닙니다. 중요한 것은 내가 지금 하나님 앞에 왔으며 하나님을 믿음으로 붙들며 바라보고 있다는 것입니다. 비록 내가 처음부터 믿음으로 살아오지 않았다 하더라도 하나님께서는 마치 처음부터 그렇게 살아온 것처럼 온전한 축복을 주실 것입니다.

16

인간의 방법, 하나님의 섭리

어렸을 때 부모에게 별로 사랑을 받지 못하고 형제들에게도 별로 인정받지 못하면서 자란 여성이 있었습니다. 그는 자기야말로 정말 태어나지 말았어야 했는데 실수로 태어난 사람이라는 생각을 자주 하곤 했습니다. 그는 집안에서만 인정받지 못한 것이 아니라 세상에서도 별로 성공하지 못했습니다. 그래서 그의 마음은 마치 '얼음나라 공주'처럼 늘 차가웠고, 가까운 사람들에게 사랑이나 인정을 받지 못한 상처와 세상에서 성공하지 못한 열등감으로 가득 차 있었습니다.

그런데 그의 마음속에 복음이 찾아왔습니다. 그는 너무나도 의지할 것이 없었기 때문에 하나님을 믿기로 작정했습니다. 그런데 하나님께서 그를 변화시키기 시작하셨습니다. 그는 하나님의 사랑을 알게 되었고 자기가 하나님 앞에서 얼마나 존귀한 사람인지 깨닫게 되었습니다.

어느 날 그는 자신의 성장 과정을 돌이켜 보면서 참으로 하나님께 감사드리게 되었습니다. 왜냐하면 자기가 부모님의 사랑이나 가족들의 인정을 받지 못했기 때문에 더 하나님을 알게 되었고, 그럼으로써 놀랍게 변화되었다는 사실을 깨달았기 때문입니다. 만일 그가 사람들에게 많은 사랑과 인정을 받았더라면 아직도 그 자리에서 벗어나지 못했을 것입니다. 그는 자신이 사람들에게 사랑받지 못했기 때문에 하나님께 나아오게 되었고, 참으로 공평하신 하나님께서 이 세상에서 받지 못한 것을 너무나도 많이 허락해 주셨다는 것을 깨달았습니다. 이것이 바로 하나님께서 인간의 불행을 그분의 축복으로 끌어올리시는 과정입니다.

우리는 창세기 30장을 통해서 자매이지만 원수처럼 경쟁하면서 아들을 낳고 있는 레아와 라헬의 모습을 보고 있습니다. 이 두 자매의 관계가 처음부터 나빴던 것은 아니었습니다. 그러나 야곱이라는 한 남자와 결혼하게 되면서 그들 사이의 거리는 점점 멀어지게 되었고 결국에는 원수처럼 되고 말았습니다.

이 결혼을 통해 마음의 상처를 더 많이 입은 쪽은 언니 레아였습니다. 레아는 원래 야곱이 사랑한 여자가 아니었습니다. 아버지가 억지로 끼워팔기로 결혼을 시킨 데다가 눈이 나쁘고 인물이 좋지 못하다는 이유로 남편의 사랑을 받지 못했습니다. 자랄 때도 아버지나 주위 사람들에게 사랑받지 못했고 칭찬받지 못했는데, 결혼하고 난 후에도 남편이 표시나게 자신을 사랑하지 않는 것입니다.

레아가 위로받을 수 있는 유일한 길은 아들을 많이 낳아서 그 아들들을 통해 남편의 관심을 돌이키는 것뿐이었습니다. 그러나 이것도 여의치가 않았습니다. 왜냐하면 동생이 스스로 아이를 낳지 못한다는 것을 깨닫고 그 여종을 남편에게 첩으로 주어서 아들을 둘이나 낳았기 때문입니다. 레아는 네 명의 아들이 있었지만 불안했습니다. 그래서 그도 더 이상 하나님의 방법이나 때를 기다리지 못하고 라헬처럼 여종을 남편에게 첩으로 주어서 아들을 더 낳게 했습니다.

이것은 결코 신앙적인 방법이 아니었습니다. 이제는 레아에게도 더 이상 신앙이라고 할 만한 것이 없었습니다. 그의 마음속에는 '나는 남편의 사랑을 빼앗겼다. 아들을 네 명이나 낳아 주었지만 남편은 나를 거들떠보지도 않는다'는 분노만 가득 차 있었습니다.

그러나 하나님께서는 레아와 라헬이 경쟁적으로 아이를 낳는 이 과정을 통해서 이스라엘 열두 지파를 준비하셨습니다. 레아와 라헬은 남편의 사랑을 얻기 위해서 서로 경쟁하는 마음으로, 미움과 분노로 아들들을 출산했지만 하나님께서는 이 열두 아들을 전부 다 축복해서 구약 이스라엘의 열두 지파가 되게 하신 것입니다.

하나님께서는 처음에 레아를 불쌍히 여겨서 네 명의 아들을 주셨습니다. 레아는 '아버지는 나를 사랑하지 않았고 동생은 나를 업신여기며 남편은 표시나게 나를 사랑하지 않지만, 그래도 하나님은 나를 사랑하시고 나의 기도를 들으시는구나!'라고 생각하며 감사하고 기뻐했습니다. 그러나 그 기쁨은 한순간에 없어지고 말았습니다. 라헬이 언니에게 지지 않으려고 자기 여종을 첩으로 주어서 두 명의 아들을 낳았기 때문입니다. 레아의 상처받은 마음은 네 명의 아들로도 완전히 치료받지 못했습니다.

레아는 불안해지기 시작했습니다. 그가 지금까지 생각한 것이 무엇입니까? 남편이 자신은 사랑하지 않아도 자신이 낳은 아이들은 사랑하리라는 것입니다. 자기 아이를 싫어할 남자가 어디 있겠습니까? 자기를 보러 오지는 않는다 해도 아이들은 보러 올 것 아닙니까? 그러나 라헬이 여종의 아들들을 입양하면서 야곱은 더욱더 레아를 돌아보지 않았습니다. 라헬의 아이들도 아니에요. 그 여종의 아이들인데도 야곱은 그들을 예뻐하고 좋아하는 것입니다.

이제 레아가 할 수 있는 일은 수적인 우세를 유지하는 것뿐입니다. 그래서 그는 자기 여종 실바를 야곱에게 첩으로 주어서 두 명의 아들을 더 낳게 했습니다. 처음에는 4대 0이었습니다. 그런데 라헬의 종 빌하가 두 명을 낳는 바람에 4대 2가 되었습니다. 레아는 질 수가 없어서 자기 여종을 첩으로 주어 6대 2를 만들었습니다. 그러나 4대 0이 6대 2가 되어도 레아에게는 만족감이 없었습니다.

그때 르우벤의 합환채 사건이 터졌습니다. 합환채는 사랑의 욕구를 불러일으키는 아주 묘한 식물이었습니다. 두 자매는 이 식물을 서로 차지하기 위해 격돌했습니다. 이것은 결국 야곱과의 잠자리를 누가 차지하느냐 하는 싸움이었습니다. 이때 라헬은 르우벤의 합환채를 받고 남편을 양보하고, 레아는 두 명의 아들을 더 낳게 됩니다. 이제 스코어는 8대 2가 되었습니다.

나중에 하나님께서 라헬을 불쌍히 여기셔서 아들을 하나 주시는데, 그가 바로 요셉입니다. 그러나 요셉의 탄생은 상황을 8대 3으로 만든 것이 아니라, 10대 1로 만들었습니다. 요셉이 태어나자마자 다른 형제들이 전부 그를 미워했기 때문입니다. 결국 그들은 요셉을 죽이려고 하다가 애굽에 종으로 팔아 버립니다. 그러나 하나님께서는 이 문제 많은 야곱의 아들들을 모두 다 택하시고 변화시켜서 구약 이스라엘 열두 지파의 족장이 되게 하셨습니다.

레아나 라헬은 모두 열등감과 분노로 살아왔고, 서로 보복하려는 마음으로 아이들을 낳았습니다. 그러나 하나님께서는 그 모든 허물을 상급으로 바꾸셔서 그 아들 하나하나가 구약 이스라엘의 기둥이 되어 하나님 나라를 섬기는 축복을 주셨습니다.

첩이 낳은 아들들

창세기 30장 9절부터 13절까지 보십시오.

레아가 자기의 생산이 멈춤을 보고 그 시녀 실바를 취하여 야곱에게 주어 첩을 삼게 하였더니 레아의 시녀 실바가 야곱에게 아들을 낳으매 레아가 가로되 복되도다 하고 그 이름을 갓이라 하였으며 레아의 시녀 실바가 둘째 아들을 야곱에게 낳으매 레아가 가로되 기쁘도다 모든 딸들이 나를 기쁜 자라 하리로다 하고 그 이름을 아셀이라 하였더라 오늘 우리가 확인하고 넘어가야 할 것은 과연 라헬이나 레아가 이런 식으로 자기 여종을 첩으로 주어서 아들을 낳는 이 일이 하나님 앞에서 옳은가 하는 점입니다. 우리는 이 일을 무엇보다 먼저 아브라함의 경우와 비교할 수밖에 없습니다.

하나님께서는 아브라함에게 하늘의 별처럼 많은 자손을 주겠다고 약속하셨습니다. 그러나 시간이 지나도 아들을 주시지 않자, 사라는 자기 여종 하갈을 아브라함에게 첩으로 주어서 이스마엘이라는 아들을 낳게 했습니다. 그러나 하나님께서는 아브라함과 사라가 이런 방식으로 아들을 갖는 것을 완강하게 거부하셨습니다. 하나님께서는 사라에게서 나는 자라야 아브라함의 아들이라 칭할 것이라고 분명히 말씀하셨고, 첩이 낳은 아들을 결코 인정하지 않으셨습니다. 그래서 결국 어떻게 되었습니까? 아브라함에게 하갈과 그 아들 이스마엘을 내쫓게 하셨습니다.

그런데 이번에는 어떻습니까? 라헬이나 레아가 여종을 통하여 낳은 아이들을 하나도 내쫓지 않고 전부 다 야곱의 아들로 인정해 주셨을 뿐 아니라 이 열두 아들을 이스라엘 열두 지파의 족장으로 삼으셨습니다. 왜 하나님께서는 아브라함이 첩을 통해 아들을 낳는 것은 그토록 완강하게 거부하셨으면서 야곱이 첩을 통해 여러 명의 아들을 낳는 것은 허용하셨을까요? 하나님은 일관되지 않으신 것입니까? 그 이유는 하나님께서 아브라함의 아들을 통해 보여 주시려는 것과 야곱의 아들들을 통해 보여 주시려는 것이 다르다는 데 있습니다.

하나님께서 아브라함의 아들 이삭을 통해 보여 주시려고 한 것은 구원의 유일성입니다. 즉 하나님께서 이삭 외에 다른 아들을 허용하지 않으신 것은 우리가 구원받는 길은 오직 예수 그리스도 하나밖에 없다는 것을 보여 주시기 위해서였습니다. 구원이 무엇입니까? 우리 죄에 대한 하나님의 진노를 누그러뜨리고 하나님과의 은혜스러운 관계를 회복하는 것입니다. 그래야 하나님이 주시는 모든 축복을 받아 누릴 수 있습니다. 우리 인간의 죄를 치료할 수 있는 길은 오직 예수 그리스도의 십자가 죽음밖에 없습니다. 그래서 아브라함은 이삭을 데리고 모리아 산으로 가야만 했던 것입니다.

그러나 하나님께서 야곱의 여러 아들들을 통해 보여 주시려고 한 것은 무엇입니까? 구원의 포괄성입니다. 다시 말해서 이미 그리스도를 통해 이루어진 구원을 우리가 어떻게 받느냐를 보여 주시는 것입니다. 우리는 혈통으로만 구원받는 것이 아닙니다. 하나님께서는 우리가 혈통이 아닌 방식, 즉 입양을 통해서도 얼마든지 하나님의 구원에 참여할 수 있다는 것을 야곱의 열두 아들들을 통해서 보여 주고 계십니다.

그래서 신학자들은 이런 식으로 겉으로 보기에는 비슷한 사건이지만 시간이 흐르면서 구원의 서로 다른 측면이 나타나는 것을 '구약 계시의 점진성'이라고 이야기합니다. 다시 말해서 하나님께서 이삭을 통해 보여 주시고자 하는 바와 야곱의 아들들을 통해 보여 주시고자 하는 바가 다르다는 것입니다. 야곱의 아들들의 경우에는 더 발전된 구원의 양상을 보여 주고 계십니다.

레아와 라헬은 각각 그 여종들을 남편에게 첩으로 주어 낳은 아들들을 자기 아들로 입양했습니다. 이것은 이스라엘의 혈통을 통해서만이 아니라 입양을 통해서도 얼마든지 하나님의 백성이 될 수 있고 이스라엘이 될 수 있다는 사실을 보여 줍니다. 이렇게 살았건 저렇게 살았건, 시기심으로 낳았건 경쟁심으로 낳았건, 상처를 받았건 괄시를 받았건 간에 하나님의 말씀을 듣고 그 말씀을 믿기만 하면 하나님의 백성이 될 수 있다는 구원의 포괄성을 이 아들들은 보여 주고 있습니다.

구원의 방법은 하나밖에 없습니다. 그것은 오직 예수 그리스도의 십자가 죽음을 믿는 것입니다. 원래 '그리스도' 또는 '메시아'는 '기름 부음 받은 자'라는 뜻을 가지고 있습니다. 하나님께서 기름 부으신 것은 어느 누구도 건드릴 수 없고, 오직 하나님만 쓰시게 되어 있습니다. 예수 그리스도는 하나님이 기름 부으신 자입니다. 누구도 그를 대신할 수가 없습니다.

그러나 그리스도께서 이미 이루어 놓으신 구원에 우리가 참여하며 그 구원을 누리는 방법에는 여러 가지가 있습니다. 어떤 사람은 우연히 말씀을 듣고 하나님의 백성이 됩니다. 예를 들어서 빌레몬서에 나오는 오네시모 같은 사람을 보십시오. 그는 주인의 돈을 훔쳐서 도망친 노예로서 무슨 이유에서인지 체포가 되었는데, 하필이면 사도 바울이 갇혀 있는 감방에 갇히게 되었습니다. 그러니 예수 안 믿고 배기겠습니까? 오네시모는 나중에 초대교회에서 아주 중요한 사람이 됩니다. 역사신학에서는 사도 바울의 모든 편지를 다 모은 사람이 바로 이 오네시모라고 보고 있습니다. 그는 종으로 태어났고 불행히도 주인에게 손해를 입히고 도망을 쳐서 감옥에까지 갇히는 신세가 되었습니다. 그런데 거기에서 사도 바울을 만나 변화됨으로써 아주 중요한 인물로 변신하게 된 것입니다.

하나님께서는 아브라함에게 열국이 그에게서 나올 것이라고 약속하셨습니다. 이것은 아브라함의 후손으로부터 여러 민족이 나온다는 뜻이 아닙니다. 오히려 정반대로 여러 민족이 혈통에 의해서가 아니라 믿음으로 아브라함의 자손이 됨으로써, 아주 다양한 민족이 그의 축복을 누리게 되리라는 뜻입니다. 이렇게 믿음으로 아브라함의 자손들이 된 사람들은 모두 입양된 자라고 할 수 있습니다. 결국 우리 같은 사람들은 혈통으로는 아브라함과 아무 상관이 없지만, 그와 같은 믿음을 가짐으로써 하나님의 아들로 입양된 것입니다.

우리 자신의 삶을 한번 돌아봅시다. 우리 중에는 신앙 좋은 부모님 밑에 태어나 하나님을 배워서 그리스도인이 된 사람이 있을 것입니다. 그러나 그것은 예외적인 경우이고, 거의 대개는 이 세상에서 수많은 우여곡절을 겪다가 우연히 복음을 듣고 하나님의 백성이 되었을 것입니다. 우리 중에는 자기 부모가 다른 부모처럼 사랑해 주지 않은 것을 원망하던 사람도 있을 것이고, 자신의 성장 과정이 다른 사람처럼 순탄하지 못한 것에 대해 원망과 불평을 가졌던 사람도 있을 것이며, 자라면서 생긴 치료받기 어려운 상처나 충격으로 괴로워하던 사람도 있을 것입니다. 또 '어떤 의미에서 나는 태어나지 말았어야 하는 사람이 아닌가' 하는 부정적인 생각으로 살았던 사람도 있을 것입니다. 그러나 이런 불행한 과정이 없었더라면 우리가 과연 하나님을 제대로 믿게 되었겠습니까? 남들의 사랑도 받지 못하고 인정도 받지 못하던 그 뼈아픈 과거가 없었더라면 과연 복음이 능력 있게 우리의 삶 속에 파고들어 올 수 있었겠습니까?

여러분, 복음 안에 후회란 없습니다. 어떤 과정으로 오늘 여기까지 오게 되었건 간에, 어떤 과정을 통해 하나님을 알게 되었건 간에, 중요한 것은 지금 내가 하나님의 아들이 되었다는 사실 그 자체입니다.

실제로 야곱의 아들들 중에는 하나님의 나라를 소유할 만한 자격을 가진 자가 아무도 없었습니다. 다 성격이나 도덕성에 문제가 있는 사람들이었어요. 벌써 어머니가 몇 명입니까? 또 그 어머니들의 관계가 좋기나 합니까? 르우벤은 야곱의 첩 중에 한 명과 추문이 있었습니다. 즉 빌하와 잘못된 관계를 맺은 것입니다. 아버지가 하는 일이 이 엄마 방 저 엄마 방에 들어가는 것이다 보니, 아들도 엄마 방에 잘못 들어가서 죄를 지었습니다. 레위와 시므온은 또 어떻습니까? 자기 누이가 강간당하자 그 동네 사람들 전체를 속인 후 다 죽여 버렸습니다. 허물을 덮어 준다는 것이 없습니다. 엄마들이 매일같이 서로에게 칼을 가니까 아들들도 칼날같이 다 죽여 버립니다. 유다는 생활이 대단히 문란한 사람이었습니다. 그래서 자기 며느리를 창녀인 줄 알고 관계를 맺었습니다. 이처럼 아들이 열두 명이나 되었지만 그중에 쓸 만한 사람은 하나도 없었습니다.

그러나 하나님께서는 요셉을 통해서 이들을 다 변화시키셨습니다. 그들은 죄 없는 요셉을 우물에 빠뜨려서 죽이려고 하다가 애굽에 노예로 팔아 버렸습니다. 그리고 이런 일들을 통해 자신들의 죄성을 보았고, 결국 요셉을 통하여 하나님의 구원을 경험했으며, 마침내 변화되어서 하나님 나라의 기둥이 되었습니다.

오늘 우리에게 중요한 것은 오늘 여기까지 오게 된 과정이 아닙니다. 중요한 것은 그런 실패를 통하여 나의 연약함을 알게 되었고, 내 죄를 알게 되었으며, 결국 하나님의 말씀을 믿음으로써 하나님의 자녀가 되었다는 사실입니다.

하나님은 참 공평한 분이십니다. 이 세상에서 무언가 붙들 것이 있는 사람은 절대로 신앙이 깊어지지 않습니다. 돈 있는 사람의 신앙이 가난한 사람의 신앙을 따라가질 못해요. 물론 가난하다고 해서 다 신앙이 좋은 것은 아닙니다. 가난하면서도 진짜 신앙 없는 사람이 있습니다. 그런데 가난한 사람이 참으로 믿으려고 할 때, 돈 있는 사람은 절대로 그 가난한 사람만큼 신앙이 깊어질 수가 없습니다. 세상 사람들에게 인정받고 칭찬받는 사람도 마찬가지입니다. 인정도 못 받고 사랑도 못 받고 시간은 남는데 갈 곳도 없는 사람이 결국 교회 와서 기도하고 울다가 신앙이 깊어지는 것입니다. 자기가 의도적으로 신앙을 키우려고 그렇게 한 것이 아닙니다. 갈 데가 없어서 교회에 오다 보니 신앙이 깊어져 버린 것입니다. 그러니까 감사한 일이지요.

우리가 어떤 과정을 통해 여기에 이르게 되었느냐는 중요하지 않습니다. 중요한 것은 내가 하나님의 말씀을 듣고 하나님을 믿었다는 것입니다. 그러면 모든 과거가 다 해결되어 버립니다. 내가 하나님께 돌아왔다는 그것이 곧 모든 문제를 해결하는 유일한 길입니다.

합환채 사건

레아와 라헬의 갈등은 르우벤이 들에서 꺾어 온 합환채 사건으로 절정에 이릅니다.

> 맥추 때에 르우벤이 나가서 들에서 합환채를 얻어 어미 레아에게 드렸더니 라헬이 레아에게 이르되 형의 아들의 합환채를 청구하노라 레아가 그에게 이르되 네가 내 남편을 빼앗은 일이 작은 일이냐 그런데 네가 내 아들의 합환채도 빼앗고자 하느냐 라헬이 가로되 그러면 형의 아들의 합환채 대신에 오늘 밤에 내 남편이 형과 동침하리라 하니라 (30:14, 15).

여기서 우리가 알아야 할 것은 성경을 기록한 저자가 이 합환채 사건을 굉장히 충격적이면서도 중요한 사건으로 다루고 있다는 사실입니다. 앞서 말했듯이 합환채는 사랑의 묘약 같은 것입니다. 이것은 열매가 노란 토마토같이 생겼는데, 남자가 이것을 먹으면 성적인 충동이 왕성해져서 여자를 더 사랑하게 되고 여자가 열매를 먹거나 뿌리를 삶아먹으면 곧바로 임신하게 된다는 식물입니다. 실제로 이 식물에 불임의 여성을 임신하게 만드는 효능이 있는지는 의심스럽습니다만, 남성의 성욕을 자극하여 더 왕성한 성생활을 하도록 만든다는 것은 사실일 수도 있습니다.

본문은 르우벤이 들에서 캐어 온 이 합환채가 레아와 라헬 모두에게 아주 중요한 것으로 인식되었다는 점을 보여 주고 있습니다. 두 사람은 서로 이 합환채를 차지하려고 싸우고 있습니다. 이 사실을 통해 성경이 말씀하고자 하는 것이 무엇입니까? 성경은 도대체 야곱의 가정이 어떤 지경까지 오게 되었느냐를 보여 주고자 합니다. 르우벤은 야곱 가정의 맏아들 아닙니까? 그런데 들에 있는 많고 많은 식물들 중에서 왜 하필이면 이런 것을 꺾어 온 것입니까?

또 이 엄마들은 도대체 어떤 사람들이길래 이걸 꺾어 오자마자 서로 차지하려고 이렇게 싸워 대는 것입니까?

요즘이야 수치도 비밀도 없는 시대이니 얼마든지 이런 걸 놓고 이야기할 수 있을지도 모르겠습니다. 그러나 그 옛날에 두 자매가 합환채를 사이에 놓고 싸운다는 것은 대단히 수치스럽고 정숙하지 못한 일이었습니다. 아마도 모세는 충격 속에서 이 부분을 기록했을 것입니다. 성경 어느 곳을 봐도 여인들이 이런 얄궂은 것을 놓고 서로 싸운 예가 없어요.

야곱의 가정은 더 이상 믿음의 가정이 아닙니다. 마치 정결하지 못한 두 여인이 창녀처럼 한 남자를 가운데 두고 투쟁하고 협상하는 술집 같습니다. 어떻게 르우벤을 믿음의 가정에서 자란 아이로 볼 수 있겠습니까? 어떻게 남편과의 잠자리를 합환채로 거래하려는 레아와 라헬을 믿음의 여인으로 볼 수 있겠습니까? 야곱의 가정은 더 이상 정숙한 믿음의 가정이 아니라 부정한 윤락가처럼 되고 말았습니다.

물론 이들이 다른 남자를 상대로 매춘 행위를 한 것은 아닙니다. 그러나 부부라고 해서 무슨 짓이든지 다 해도 되는 것이 아닙니다. 부부라 하더라도 할 말 안 할 말이 있고 할 짓 안 할 짓이 있어요. 더욱이 신앙의 부부들에게는 삼가야 할 말이 있고 행동이 있습니다. 성관계도 마찬가지입니다. 부부라고 해서 마음껏 음탕한 말을 하거나 덕스럽지 못한 행동을 할 수 있는 것이 아닙니다.

야곱의 가정이 이런 지경까지 오게 된 원인이 어디에 있습니까? 야곱의 잘못된 선택에 있습니다. 하나님께서는 벧엘에서 그에게 나타나 자신의 영광을 보여 주시고 그가 할 일을 보여 주셨습니다. 그 일이 무엇입니까? 하나님과 이 세상 죄인들 사이에서 사닥다리 역할을 하는 것입니다. 그것이 그가 구해야 할 하나님의 나라였습니다. 그러나 그는 하나님의 나라 대신 사랑을 구하다가 결국 그 사랑의 노예가 되고 말았습니다.

우리는 레아가 라헬에게 한 말을 주의깊게 들을 필요가 있습니다. "네가 내 남편을 빼앗은 일이 작은 일이냐? 그런데 네가 내 아들의 합환채도 빼앗고자 하느냐?" 무슨 말입니까? 라헬은 사랑으로 철저하게 야곱을 지배하고 있었다는 것입니다. 이것은 결코 아름다운 사랑이 아닙니다. 야곱이 하나님의 나라와 그 의를 구하지 않았을 때 나타난 결과는 자기 선택의 노예가 되는 것이었습니다. 만일 야곱이 하나님의 말씀을 붙들었더라면 하나님께서 그의 결혼을 축복하셨을 것입니다. 그러나 야곱은 하나님의 말씀을 저버리고 여자를 택했고, 결국 라헬은 야곱을 무섭게 지배했습니다. 물론 겉으로 보기에는 좋은 것 같지요. 아직까지 사귀는 사람이 없는 사람은 "나도 이런 사랑 한 번 해 봤으면 좋겠다. 라헬 같은 여자가 나를 좀 지배해 주면 얼마나 좋을까"라고 말할지도 모르겠습니다. 그러나 그것은 몰라서 하는 말입니다. 한 번 당해 보면 그런 말이 안 나올 겁니다.

야곱은 말씀을 버리고 경쟁하는 두 여자 사이에서 사랑의 노예가 되어 꼼짝도 못하고 있습니다. 이것이 야곱의 타락한 모습입니다. 술이나 퍼마시고 음란한 짓이나 해야 타락한 것이 아니에요. 하나님 앞에서 자유롭지 못한 것, 하나님이 나오라고 하시는데도 나아가지 못할 정도로 사람에게 매여 있고 물질에 매여 있고 자기 일에 매여 있는 것이 타락한 것입니다. 야곱은 전혀 이렇게 살 필요가 없는 사람이었습니다. 그는 자유로운 상태에서 이곳에 왔습니다. 그런데 하나님을 신뢰하지 못하고 자기 욕심에 따라 여자를 선택하고 덜컥 종의 계약을 맺음으로써 사람에게 매이는 바람에 하나님을 위해서는 아무것도 못하는 노예가 되고 만 것입니다.

어떤 사람은 자기 멋대로 덜컥 고시 공부를 하겠다고 결정합니다. 그래서 어떻게 됩니까? 고시 준비하는 수년 동안 하나님을 제대로 섬기지 못합니다. '붙기만 하면 주님을 섬겨야지'라고 생각은 하지요. 그런데 그 '붙기만 하면'이 안 되는 거예요. 또 혹시 붙는

다 해도 정말 자기 생각대로 하나님께 돌아갈 수 있을 것 같습니까? 천만의 말씀입니다. 그때는 그때대로 자신을 잡아매는 더 큰 욕심이 생깁니다.

또 어떤 사람은 자기 마음대로 사업을 시작합니다. 그런데 하다 보면 어떻게 됩니까? 점점 더 그 속으로 빠져들어 갑니다. 마음으로야 '이 일만 잘되면 하나님께 영광돌려야지' 하지요. 하지만 '이 일만 잘되면'이 어디 있습니까? 빚은 자꾸 늘어나고 일은 자꾸 벌어지는데요. 결국 하나님의 말씀을 구하지 않고 자기 욕심을 향하여 간 사람은 간 만큼 다시 되돌아와야 합니다. 그리스도인들이 하나님 아닌 다른 것에 매이는 것은 곧 종이 되는 길임을 기억하십시오.

성령의 사람의 특징이 무엇입니까? 사람을 인정으로 잡아서 얽어매지 않는다는 것입니다. 얼마나 많은 남자와 여자들이 사랑이라는 미명하에 상대방을 지배하고 있는지 모릅니다. 아직 결혼도 하지 않았는데 머리 스타일 하나 마음대로 못 바꾸게 합니다. 사랑한다는 명목으로 머리만 조금 자르고 와도 입에 거품을 물고 덤벼들어요. 그런 사람은 발로 차 버려야 합니다. 구두는 그럴 때 쓰라고 신는 겁니다. "네가 뭔데 나를 바보로 만들려고 하니? 머리를 자르고 싶을 때도 있는 거지, 네가 뭔데 잘라라 길러라 볶아라 풀어라 하는 거야?" 하면서 냅다 차 버리십시오.

혹시 남편을 이런 식으로 지배하는 아내가 있습니까? 남편이 하는 일을 일일이 간섭하면서 완전히 자기 마음에 들어야 비로소 웃으면서 잠자리에 드는 여자는 남편과 사는 것이 아니라 노예와 사는 것입니다. 또 아내를 자기 방식으로 사랑하는 남편이 있습니까? 그는 아내를 사랑하는 것이 아니라 파괴시키고 있는 것입니다. 자식을 자기 방식으로 사랑하는 부모가 있습니까? 그렇게 키운 자식은 어른이 되고 나서도 무슨 일만 생기면 부모를 찾아올 것입니다.

사람의 욕심이 들어가서 변질되지 않는 것이 없습니다. 가만히 내버려 두면 오히려 아름다울 텐데 괜히 사랑한다고 덤비다가 망쳐 놓는 일이 한두 가지가 아닙니다. 라헬은 야곱을 완전히 망쳐 놓았습니다. 그리고 이제는 그것으로도 만족이 되지 않아서 합환채로 더 바보를 만들어 버리려고 하고 있습니다.

우리는 다른 사람에게 나쁜 짓을 하는 것만 악이라고 생각합니다. 그러나 악의 개념을 바꾸어야 합니다. 상대방으로 하여금 자신의 참된 모습을 되찾지 못하게 하는 것은 모두가 악입니다. 어머니가 아들을 자기 방식으로 사랑해서 도저히 자기 자신을 되찾지 못하게 하는 것은 악입니다. 그 사랑을 끊지 않는 이상 아들은 영원히 바보가 될 것입니다. 또 아내가 남편을 지배해서 모든 것을 자기 뜻대로 하는 것은 악입니다. 설사 서로 만족하고 있다 하더라도 그것은 악을 행하는 것입니다.

'우민정책'이라는 말이 있습니다. 간단히 말하면 쉽게 다스리기 위해 사람들을 가르치지 않음으로써 바보를 만들어 놓는 것입니다. 그래서 사람들이 정치에 관심을 가지려고 하면 꼭 프로권투나 축구를 합니다. 신나게 축구 경기를 보다 보면, 지금 대통령이 누군지 무슨 선거를 앞두고 있는지 다 잊어버리니까요. 또 사람들에게 정치의식이 생기려고 하면 단란주점을 허가해서 쫙 풀어 놓습니다. 신나게 술 마시면서 다 잊어버리라는 것입니다.

이런 일은 교회 안에서도 일어납니다. 교인들이 마땅히 알아야 할 것을 가르쳐 주지 않고 성경을 제대로 가르치지 않음으로써 지도자에게 지나치게 의존하게 만드는 것입니다. 아무 생각 없이 가만히 있어도 목회자들이 다 챙겨 주니까 교인들은 좋지요. 맹목적으로 의존하면 신경 쓸 것도 없고 더 편합니다. 그러나 그것은 악입니다. 이 지배 관계의 고리를 끊지 않으면 자기 자신을 되찾을 수가 없습니다. 당장은 편하지만 자기 인생이 없습니다. 알아야 할 것은 알아야 하고 책임져야 할 것은 책임져야 합니다. 그것이 하나님 앞에서 바른 모습입니다.

악이 무엇입니까? 상대방을 계속 무력하게 만들어서 의존하게 만드는 것입니다. 사랑이나 관심이라는 미명하에 마땅히 되찾아야 할 자신의 모습을 찾지 못하게 만드는 것, 과거의 실수를 들추어내서 하나님 앞에 일어서지 못하게 하는 것, 미신적인 분위기를 조장해서 늘 두려움에 빠지게 하는 것, 이것이 악입니다.

예배를 드리면서 생각해 보십시오. 나는 혹시 이렇게 잘못된 의존적 관계에 있지 않습니까? 내가 책임져야 할 것을 마땅히 책임지고 있습니까? 결단내려야 할 것을 결단내리지 않고 계속 다른 사람이나 과거나 환경을 핑계대면서 무기력한 상태에 머물고 있지는 않습니까? 하나님 앞에서 책임지는 사람이 되는 것, 무엇을 하더라도 내가 좋아서 내 의지에 따라 하는 것이 선한 것입니다.

병에 걸렸다고 해서 꼭 나약해지는 것이 아닙니다. 병에 걸렸으면서도 굉장히 자유롭고 풍성한 삶을 사는 사람이 있습니다. 어떻게 그렇게 살 수 있습니까? 그 중심이 해방되었기 때문입니다. 또 가난하다고 해서 전부 억압된 가운데 사는 것이 아닙니다. 가난해도 굉장히 자유로운 사람들이 있습니다. 무식해도 자유로운 사람들이 있습니다.

오늘 우리가 예배를 드리면서 생각해야 할 것은 계속적으로 나를 무기력하게 만들고 있는 것과의 고리를 끊는 것입니다. 그 대상이 어머니이면 이야기해야 합니다. "어머니, 이제 우리는 다른 방식으로 만나야 합니다. 저는 어머니를 굉장히 사랑합니다. 하지만 어머니가 저를 지배하시면 안 됩니다. 그것은 곧 제가 바보가 되는 길이고 그러면 어머니도 결코 행복하지 않으실 겁니다." 부부 사이에도 말해야 합니다. "여보, 우리는 바른 관계에서 만나야 해. 이것은 옳지 않아. 나는 내 모습을 되찾아야 하고 당신도 더 풍성해져야 해." 연인들 사이에도 말해야 합니다. "우리 이런 식으로 계속 연애하면 끝장이야. 우리 목사님이 구두는 이럴 때 신으라고 말씀하셨어."

계속 나를 무력하게 만드는 것, 과거의 실패를 들추어내게 만드는 것, 지금 힘을 쓰지 못하게 만드는 것, 정상적인 분별력을 흐리게 하는 것, 이 모두는 사탄의 것입니다. 끊어야 합니다. 과감하게 끊어야 합니다. 그리고 자신의 모습을 되찾아야 합니다.

하나님의 주권적인 은혜

오늘 본문에서 레아나 라헬이 하는 짓을 보면 절대로 축복하지 말아야 할 것 같습니다. 도대체 축복할 만한 구석이 어디 있습니까? 그런데도 하나님께서는 두 사람을 계속 축복하십니다.

> 저물 때에 야곱이 들에서 돌아오매 레아가 나와서 그를 영접하며 이르되 내게로 들어오라 내가 내 아들의 합환채로 당신을 샀노라 그 밤에 야곱이 그와 동침하였더라 하나님이 레아를 들으셨으므로 그가 잉태하여 다섯째 아들을 야곱에게 낳은지라 레아가 가로되 내가 내 시녀를 남편에게 주었으므로 하나님이 내게 그 값을 주셨다 하고 그 이름을 잇사갈이라 하였으며 레아가 다시 잉태하여 여섯째 아들을 야곱에게 낳은지라 레아가 가로되 하나님이 내게 후한 선물을 주시도다 내가 남편에게 여섯 아들을 낳았으니 이제는 그가 나와 함께 거하리라 하고 그 이름을 스불론이라 하였으며 그 후에 그가 딸을 낳고 그 이름을 디나라 하였더라(30:16-21).

만일 우리가 하나님이라면 절대로 이런 사람들을 축복하지 않을 것입니다. 왜냐하면 그들은 믿음을 떠나서 인간적인 방법으로 자식 경쟁을 하고 있기 때문입니다. 그러나 하나님께서는 레아와 라헬의 태도와는 아무 상관없이 계속 사랑하고 축복해서 아들을 주셨습니다. 레아가 합환채로 남편을 샀을 때에도 바로 아들을 낳게 해주셨고, 라헬도 불쌍히 여기셔서 아들을 주셨습니다.

> 하나님이 라헬을 생각하신지라 하나님이 그를 들으시고 그 태를 여신고로 그가 잉태하여 아들을 낳고 가로되 하나님이 나의 부끄러움을 씻으셨다 하고 그 이름을 요셉이라 하니 여호와는 다시 다른 아들을 내게 더하시기를 원하노라 함이었더라(30:22-24).

'요셉'을 다른 말로 하면 '플러스 원'입니다. 아들을 하나 더 달라는 뜻이지요. 그런데 하나님은 정말 그 이름의 뜻대로 아들을 하나 더 주십니다. 지금 하나님께서는 인간의 생각이나 행동과 상관없이 주권적으로 은혜를 주고 계십니다. 그 이유가 무엇입니까? 아브라함의 자손들을 하늘의 별처럼 많게 해주겠다는 약속을 이루시기 위해서입니다. 하나님께는 인간들을 회복시키실 자신이 있습니다. 이처럼 '아무리 일을 저질러도 나는 너희를 사랑한다. 나는 너희를 축복하고 회복시키겠다'는 의지가 확고했기 때문에, 그들이 인간적인 방법을 쓰든 경쟁하든 시기하든 합환채를 쓰든 무슨 방법을 쓰든 상관없이 일방적으로 축복하신 것입니다.

우리는 야곱의 생애에서 이스라엘 백성들의 축소판을 볼 수 있습니다. 하나님께서는 이스라엘 백성들을 나라로 만들어 주겠다고 약속하셨습니다. 그래서 출애굽 하기 전에 애굽 왕 바로가 두려움을 느낄 정도로 그들의 숫자가 많아지게 하셨습니다. 이스라엘 여자 중에 애를 달랑 한 명만 안고 있는 엄마가 없었어요, 하나는 업고 둘은 손잡고 옆에는 제 발로 걷는 아이들까지 주렁주렁 거느리고 있었습니다. 그렇게 하신 이유가 무엇입니까? 나라가 되기 위해서는 사람이 많아져야 하기 때문입니다. 물론 단순히 숫자만 많아졌다고 해서 하나님의 백성이 되고 하나님의 나라가 되는 것은 아닙니다. 그러나 일단 나라가 되기 위해서는 사람이 많아야 합니다. 수적으로 많아진 이스라엘의 자손들이 곧 하나님의 백성은 아니었지만, 이들을 이끌어내서 시내 산에서 언약을 맺고 당신의 백성으로 만들 자신이 있었기 때문에 하나님께서는 이처럼 엄청나게 많은 인구를 허락하신 것입니다.

우리는 이와 같은 모습을 야곱의 가정에서 볼 수 있습니다. 하나님께서는 야곱의 자녀들이 어떤 방식으로 태어나든지 간에 이스라엘의 열두 기둥으로 축복하기로 작정하셨습니다. 그래서 레아나 라헬의 태도와 상관없이, 그들이 믿음 여부에 상관없이 무조건 아들을 주셨습니다. 이 열두 아들은 모두 신앙이 좋은 것이 아니었습니다. 그러나 하나님께서는 이들에 대해 계획을 가지고 계셨습니다. 요셉을 통해서 이 아들들을 변화시켜서 구원하리라는 그 작정이 있었기 때문에 이들의 출생을 허용하신 것입니다.

지금 우리나라에는 많은 그리스도인들이 있습니다. 물론 이 그리스도인들이 다 신실한 성도는 아니며 교회 다니는 사람들이 많다는 것 자체가 하나님 나라의 확장을 의미하는 것은 아닙니다. 그러나 이 사람들이 말씀을 들으면 어느 누구보다도 진정한 하나님의 백성이 될 가능성이 높습니다. 그들은 이미 하나님의 성전 뜰을 밟아 본 자들이기 때문입니다. 그들은 하나님을 잘 믿지는 못하지만 하나님을 알고는 있습니다. 하나님께 이미 가까이 와 있는 사람들이에요. 하나님을 전혀 모르던 사람들이 하루아침에 하나님의 백성이 되기는 어렵습니다. 그러나 지금까지 하나님을 알아 왔고 형식적으로나마 믿어 왔던 사람들에게 성령이 역사하시면 하루아침에 하나님의 백성이 될 가능성이 매우 큽니다.

지금 야곱의 식구들이 자신들의 신앙을 옳고 바른 것으로 생각한다면 가능성이 없습니다. 그러나 자신들의 신앙이 바른 것이 아니며 자신들에게 문제가 많다는 것을 깨닫고 하나님께 나아오기만 하면 하나님께서 그들을 고치셔서 바른 백성으로 만드십니다. 잘 못 믿는 것과 잘못된 것을 믿는 것은 다릅니다. 잘 못 믿는 사람은 하나님의 백성이 될 가능성이 무척 높습니다. 말씀을 듣기만 하면 돌아옵니다. 그러나 잘못된 것을 믿는 사람은 돌아오기가 어렵습니다.

베드로가 오순절에 설교했을 때 단번에 회개하고 예수를 믿은 사람이 3,000명이었습니다. 그런데 이들은 하나님을 전혀 모르던 사람들이 아니었습니다. 이미 율법을 알고 있었고 하나님을 믿고 있었지만, 바른 말씀을 들은 적이 없었기 때문에 아직 온전한 신앙의 자리로 오지 못한 사람들이었습니다. 그런데 이들이 베드로의 성령 충만한 설교를 듣게 되자 한 번에 3,000명씩이나 그 자리에서 결단하고 하나님의 백성이 될 수 있었던 것입니다. 전혀 하나님을 모르는 사람, 율법의 '율'자도 모르던 사람이 그날 하루 설교를 듣고 회개할 수는 없습니다.

우리가 알아야 할 사실은, 하나님을 알고 있다는 것이 중요한 것이 아니라 어떻게 알고 어떻게 믿어 왔느냐가 중요하다는 것입니다. 바리새인들은 자기들의 신앙이 옳다고 여겼기 때문에 베드로의 설교를 듣고서도 오히려 그를 핍박하고 박해했습니다. 그들은 잘 못 믿는 것이 아니라 잘못된 것을 믿고 있었습니다. 그들의 마음속에는 진리가 비치지 못하게 막는 잘못된 것이 있었습니다. 그것은 일종의 종교적 우월감이었습니다.

예수님께서는 이런 마음을 돌짝밭 같은 마음이라고 하셨습니다. 무언가 열등감이 있고 피해의식이 있는 사람은 일단 다른 사람의 말을 자기중심적으로 재해석해 버리기 때문에, 진리가 그 속에 바로 비추어지지 않습니다. 그 걸림돌을 제거하지 않는 이상 진리의 빛이 비칠 수가 없어요. 그러나 하나님이 참되신 줄 알고 있지만 믿음이 없어서 제대로 믿지 못했던 사람들에게 하나님의 말씀이 임하면 그 마음속에 폭발적인 변화가 일어납니다. 그래서 3,000명씩 회개하고 돌아오는 역사가 일어나는 것입니다.

저는 우리나라 교인들의 상태가 출애굽하기 전 이스라엘 백성들의 상태와 같다고 생각합니다. 즉 바리새인들처럼 우월감이나 교만한 마음 때문에 진리에 대해 비뚤어져 있는 것이 아니라, 하나님의 말씀을 제대로 듣지 못해서 참 신앙을 갖지 못한 사람들이 많다는 것입니다. 이런 사람들에게 하나님의 말씀이 제대로 전달되기만 하면 폭발적인 부흥의 역사가 나타날 것입니다.

하나님은 우리의 행동에 일일이 반응하시지 않습니다. 때로는 신앙생활을 잘 못해도 승진하게 하시고, 믿음이 없어도 돈 벌게 하시며, 믿음 없는 결혼이나 공부도 하게 하십니다. 왜 그렇게 하십니까? 그들을 회복시킬 자신이 있기 때문에 그렇게 하십니다. 그러나 '내가 지금 워낙 잘 믿으니까 이렇게 복을 주시는구나' 라고 생각하는 사람은 절대 못 돌아옵니다.

사랑하는 여러분, 우리의 부족함에도 불구하고 하나님께서 우리의 삶을 축복하셔서 오늘까지 오게 하신 것을 감사드리십시오. 내 신앙이 옳아서 복 주신 게 아니에요. 바른 말씀을 통해서 우리의 과거까지 다 회복시킬 능력을 가지고 계시기 때문에 우리의 부족한 신앙에도 불구하고 공부하게 하시고 장사하게 하시고 오늘까지 오게 하신 것입니다.

오늘 하나님께서 하시려는 것이 무엇입니까? 이 말씀을 통해 우리의 영혼만 살리는 것이 아니라 지금까지 잘못되었던 우리의 삶 전체를 살리시려는 것입니다. 하나님의 말씀이 우리를 비출 때, 잘못 살아온 과거뿐 아니라 나의 삶 전체가 회복됩니다. 어느 한순간 하나님의 말씀이 내 마음을 비출 때, 그때라도 하나님 앞에서 나의 부족함을 인정하면 그동안 잘못된 모든 것을 다 회복시키십니다. 그래서 과거에 실패했던 것들까지 전부 하나님 앞에서 유익하게 만드십니다.

하나님 앞에서는 버릴 것이 하나도 없습니다. 하나님께서는 우리의 실패한 모든 과거를 다 회복시켜서 그 앞에서 아름답게 하십니다. 하나님은 우리가 후회하지 않게 하십니다. 과거의 실패가 크면 클수록 더 놀랍게 회복시키십니다. 과거의 고통이 크면 클수록 더 큰 위로를 주십니다. 하나님은 두 여인이 악한 마음을 가지고 경쟁적으로 낳았던 열두 아들들을 모두 변화시키셔서 구약의 열두 기둥이 되게 하신 분입니다.

완전해져야 믿는 사람은 마음속에 쓴 뿌리가 있는 사람입니다. 하나님보다 더 완전하려고 들면 안 됩니다. 하나님이 나를 용서하셨으면 나한테 아무리 부족한 것이 있다 해도 스스로 용서해야 합니다. 하나님께서 다른 사람을 받으셨으면 그 사람이 아무리 내 마음에 들지 않아도 용납해야 합니다. 그것이 하나님의 뜻대로 믿는 것입니다.

아무리 말씀을 들어도 마음이 뜨거워지지 않고 세상 욕심에만 자꾸 마음이 끌리는 사람은 굉장한 불치의 병에 걸린 것입니다. 말씀을 들으면서도 계속 현실적인 목표를 따라가는 것은 병 중에 가장 무서운 병입니다. 그런 사람은 다른 일을 중단하고 하나님 앞에 나와서 기도해야 합니다. 그래서 그 마음속에 하나님에 대한 신뢰와 열정과 뜨거움이 회복되어야 합니다.

나 자신에게 불만스럽고 부족한 것이 좀 있더라도, 남에게 불만스럽고 부족한 것이 좀 있더라도, 하나님께 맡기고 그대로 걸어가십시오. 그러면 하나님께서 그 모든 것을 다 회복시키시고 치료하실 것입니다. 내가 '이 사람을 꼭 바로잡아야겠다'고 하는 순간, 나는 하나님보다 더 거룩한 사람이 되려고 하는 것입니다.

오늘 나 자신의 모습을 되찾지 못하게 하는 것이 무엇입니까? 구조적으로 나를 얽어매고 있는 것이 무엇입니까? 그것을 주님께 기도로 말씀드리고 존귀함을 되찾으십시오. 하나님께서 오늘까지 축복하시고 함께하신 것은 날 고치기 위해서이지 내 신앙이 옳아서가 아닙니다. 계속 이런 식으로 믿어도 되기 때문에 허용하신 것이 아니에요. 계속 이런 신앙에 머물려고 하면 절대 못 돌아옵니다.

하나님께서 나에게 은혜를 주신 것을 기억하고 하나님께 돌아오십시오. 바른 신앙, 뜨거운 신앙을 되찾으십시오. 그러면 내 영혼만 구원받는 것이 아니라 지금까지 실수하고 실패한 모든 것을 다 회복시키셔서 그것이 곧 은혜의 조건이 되게 하시고, 기쁨의 조건이 되게 하시며, 하나님께 영광돌리는 통로가 되게 하실 것입니다.

17

신앙과 소유

오늘날 많은 그리스도인 젊은이들은 신앙과 직업 또는 신앙과 소유의 관계에서 많은 갈등과 혼선을 겪고 있습니다. 만일 우리가 몸을 가지지 않은 천사라면 이 세상에서 먹고 입을 걱정 없이 오직 신앙 하나만 붙들고 살 수 있을 것입니다. 그러나 우리는 몸을 가지고 있는 사람들이기 때문에 순수한 이상만으로는 살 수가 없습니다. 우리는 날마다 무언가를 먹어야 하며 무언가를 입어야 하고 어디선가 잠을 자야 합니다. 그리고 불확실한 미래를 위해 얼마간의 돈을 저축하고 있어야 안심이 됩니다.

지나치게 이상적인 신앙을 가진 사람은 소유에 대해 걱정하는 것 자체가 불신앙으로서, 우리는 먹고사는 것 일체를 하나님께 맡기고 아무 소유 없이 하루하루 살아야 한다고 주장합니다. 이런 순수한 신앙을 가진 사람들에게는 소유에 대해 말하는 것 자체가 신앙의 순수성을 잃고 타락하는 길이자 세상의 욕심에 야합하는 속물이 되는 길로 여겨질지도 모릅니다.

그러나 우리가 알아야 할 것은 이 세상에서 소유한 것이 있다고 해서 반드시 죄가 되는 것은 아니라는 사실입니다. 물론 우리에게 가장 중요한 것은 구원입니다. 그러나 구원만으로는 살 수가 없습니다. 하나님께서는 그 구원에 추가하여 가정과 직업과 소유를 주심으로써 이 구원이 얼마나 풍성한 것인지 깨닫게 하시고 누리게 하십니다.

그러나 막상 이 세상에서 살다 보면 직업과 소유 때문에 죄를 지을 때가 많습니다. 어떤 경우에는 직장을 위해서 마음에도 없는 거짓말을 해야 할 때도 있고 부정한 방법인 줄 알면서 눈 감아야 할 때도 있습니다. 또 어떤 때에는 예배에 참석해야 하는 줄 알면서도 돈 버는 일 때문에 참석하지 못하기도 하고, 어떤 때에는 부에 대하여 너무나도 높은 목표를 잡은 나머지 그 목표를 따라가느라고 신앙을 완전히 잃어버리고 타락하는 경우도 있습니다.

야곱이 아버지 집으로 돌아가려고 하다

야곱은 결혼을 위해 무려 14년간이나 외삼촌 라반의 집에서 종살이를 했습니다. 30장 25절을 보십시오.

> 라헬이 요셉을 낳은 때에 야곱이 라반에게 이르되 나를 보내어 내 고향 내 본토로 가게 하시되

야곱은 라반에게 본토로 가게 해 달라고 청원하고 있습니다. 야곱이 하필 요셉을 낳고 이런 말을 하는 것을 보면 아마도 요셉을 낳았을 때 약속한 기한인 14년이 다 찬 것이 아닌가 싶습니다.

그러나 야곱은 그렇게 쉽게 아버지 집으로 돌아갈 수가 없었습니다. 가장 큰 이유는 식구들은 많아진 데 비해 가진 재산은 하나도 없다는 데 있었습니다. 물론 야곱이 믿음 하나만 붙들고 식구들을 이끌고 떠났더라면 어떻게 되었을까 생각할 수도 있습니다. 그러나 아내가 넷에 아이를 열둘이나 거느린 가장이 아무 대책 없

이 그 먼 곳을 향해 떠난다는 것은 결코 쉬운 일이 아닙니다.

그뿐만 아니라 라반의 집을 떠나는 것은 법적으로도 그렇게 쉬운 일이 아니었습니다. 그 당시에 누구든지 종으로 팔려와서 종살이를 하다가 주인의 배려로 결혼을 하게 된 사람은 나중에 빚을 다 갚고 떠날 때 아내와 아이들은 그냥 놔 둔 채 혼자 떠나게 되어 있었습니다. 아내와 아이들은 주인의 소유이기 때문입니다.

물론 야곱은 종으로 팔려온 것이 아니라 자유인으로 왔고 분명히 결혼을 위해 14년간이나 노동을 제공했기 때문에 당연히 아내와 아이들에 대한 권리를 주장할 수 있었습니다. 그러나 라반은 아주 교활한 사람이었습니다. 그는 무슨 수를 써서라도 야곱을 평생 일꾼으로 붙들어 두려고 했습니다. 야곱처럼 신부대금 대신에 자진해서 노동을 제공한 경우에는 이 기간이 끝난 후 과연 자유롭게 자기 가족들을 데리고 떠날 수 있느냐 하는 점이 참 애매했습니다. 주인이 쉽게 동의해 주면 떠날 수도 있었지만, 그렇지 않을 경우에는 떠난다는 것이 간단하지 않았습니다.

그래서 야곱은 라반에게 청원을 합니다.

> 내가 외삼촌에게서 일하고 얻은 처자를 내게 주어 나로 가게 하소서 내가 외삼촌께 한 일은 외삼촌이 아시나이다(30:26).

다시 말해서 야곱의 아내와 아이들은 아직 완전한 야곱의 소유가 아니었습니다. 라반의 승낙을 얻고 그곳을 떠나야 비로소 완전히 그의 것이 되는 것입니다. 그러나 라반은 야곱을 보내려 하지 않았습니다. 그는 야곱을 붙들고 늘어졌습니다.

> 라반이 그에게 이르되 여호와께서 너로 인하여 내게 복 주신 줄을 내가 깨달았노니 네가 나를 사랑스럽게 여기거든 유하라 또 가로되 네 품삯을 정하라 내가 그것을 주리라(30:27, 28).

라반은 절대로 야곱을 호락호락 보내려 하지 않았습니다. 야곱이 '황금알을 낳는 거위'라는 것을 알고 있었기 때문입니다. 라반은 자기가 이토록 부자가 된 것은 하나님께서 야곱을 통하여 자기에게 축복하셨기 때문이라고 말하고 있습니다. 어떻게 보면 대단히 신앙심 깊은 말인 것 같습니다. 그러나 여기서 "내가 깨달았노니"라는 말은 자신의 건전한 분별력을 사용해서 깨달았다는 말이 아닙니다. 우리 번역에는 나타나지 않고 있지만, 이것은 원래 '점이나 복술 같은 방법으로 알았다'는 뜻입니다. 그의 재산은 인간의 노력으로 늘릴 수 있는 정도 이상으로 크게 늘어났습니다. 그래서 이렇게 된 원인에 대해 점을 쳐 보았더니, 여호와께서 야곱을 통해 복을 주셨기 때문이라는 점괘가 나온 것입니다.

라반은 딸들이나 아이들의 문제를 가지고 야곱과 시비를 해봐야 그를 더 불안하게 만들 뿐 붙잡을 수는 없다는 사실을 알았습니다. 그래서 하나님의 은혜를 물고 늘어집니다. "여기에서도 하나님의 은혜가 나타나고 있지 않느냐? 여기에서도 하나님이 너를 통해 이렇게 축복하시지 않느냐? 여기에서도 이렇게 예배드리고 신앙생활 잘 할 수 있는데 굳이 아버지 집에 갈 필요가 뭐 있느냐? 그러지 말고 이제부터는 품삯을 좀 줄 테니 여기에서 살아라"는 것입니다.

이 말을 들은 야곱의 갈등이 무엇입니까? 아버지 집으로 돌아가야 하나 말아야 하나가 아닙니다. 아버지 집으로 가야 한다는 것은 너무나 분명한 기정사실입니다. 처음에는 이곳에서도 얼마든지 하나님을 잘 섬길 수 있을 것 같았습니다. 그러나 나타난 결과는 정반대였습니다. 그는 하란에서 전혀 신앙생활을 하지 못했습니다. 14년 동안 하나님을 제대로 섬긴 적이 한 번도 없었어요. 앞의 7년은 연애한다고 다 보냈고, 뒤의 7년은 아내들의 싸움과 애들 뒤치다꺼리 하느라고 다 보냈습니다. 바르게 하나님을 섬기려면 반드시 아버지 집에 돌아가야 한다는 것을 야곱은 알고 있었습니다.

그러나 그의 발목을 붙잡는 것이 무엇입니까? 현실적인 문제였습니다. 여기에 머물면 먹는 문세는 해결됩니다. 적어도 굶어 죽을 염려는 없어요. 돈은 모으지 못했지만 그래도 14년 동안 밥은 먹고 살았습니다. 그러나 열다섯 명이 넘는 식구들을 아무 대책 없이 그 먼 곳까지 끌고 간다면 아마 가다가 길에서 다 굶겨 죽일 겁니다. 그리고 설사 무사히 아버지 집까지 간다고 해도 거지 열다섯 명을 데리고 에서의 눈치를 보면서 종 노릇 할 수 있겠습니까? 차라리 여기에서 좀더 고생해서 품삯을 모아가지고 돌아가는 것이 낫지, 어떻게 빈손으로 가서 에서의 눈치를 보겠습니까? 아버지 집으로 돌아가야 한다는 것은 너무나도 분명한 사실입니다. 이제는 하나님을 만나고 싶습니다. 그러나 현실적인 문제를 생각하면 도저히 이곳을 떠날 수가 없었습니다.

오늘날 많은 그리스도인들이 힘들어하는 부분이 바로 이것입니다. 자기 혼자 학교 다닐 때에는 얼마든지 성경 볼 수 있고 기도할 수 있고 철야할 수 있고 일주일씩 수련회 쫓아다닐 수 있습니다. 그때는 교회에 다니면서도 돈이나 챙기고 예배 빠지기를 밥 먹듯이 하는 어른들이 한심하게 보이지요. "저 선배, 젊었을 때는 저러지 않더니 이제 속물이 다 됐네" 하며 혀를 찹니다. 그러나 막상 자기가 집안의 경제적 책임을 떠맡게 되고 처자식과 노모를 부양해야 할 처지가 되면 홀몸이었을 때처럼 쉽게 직장에 사표 내고 성경만 읽을 수는 없습니다.

소유가 왜 문제가 됩니까? 신앙은 이론에 그치는 것이 아니기 때문입니다. 신앙은 실제적인 삶이며 현실입니다. 소유가 따르지 않는 신앙은 이론이지 현실이 아닙니다. 부양해야 할 노모와 처자식과 먹고 살아야 할 현실의 문제에 적용되는 그 신앙이 온전한 신앙입니다. 하루하루 먹고사는 문제와 연결되지 않는 신앙은 아직까지 이론에 그치는 신앙입니다.

돈 문제를 거론하는 것 자체를 추하고 속물적인 일로 생각하는 사람들이 있습니다. 그렇게 거룩한 사람은 밥 먹지 말아야 합니다. 화장실에도 가지 말아야 하고 옷도 입지 말아야 합니다. 하루 종일 눈물이나 흘리고 찬송이나 부르면서 등에 천사 날개 붙이고 살아야 합니다. 그러나 우리는 천사가 아닙니다. 하루에 한 끼만 못 먹어도 분노가 올라오는 사람들입니다. 만약 먹지 않고도 살 수 있다면 거의 대부분의 남자들이 직장에 사표 내고 집안에 틀어 박혀서 성경만 읽거나 부흥회만 쫓아다닐 것입니다.

만일 우리가 야곱이라면 이런 상황에서 어떤 결정을 내리겠습니까? 라반의 제안을 뿌리치고 가진 것 하나 없이 하나님의 말씀이 있는 곳으로 떠나겠습니까? 아니면 좀더 머물면서 상황이 좀더 나아지기를 기다리겠습니까? 야곱이 빈손으로 자리를 박차고 가족들과 함께 떠났더라면 하늘에서 만나가 내렸을지도 모르겠습니다. 그러나 그렇게 하기에는 야곱도, 그의 가족들도 준비가 되어 있지 않았습니다.

나중에 야곱이 도망칠 때 일일이 아내들의 동의를 구하는 모습을 볼 수 있습니다. 야곱처럼 신부대금 없이 몸으로 때운 결혼의 경우에는 나중에 떠날 때 아내가 동의하지 않으면 억지로 데려갈 수 없었던 것 같습니다. 그래도 레아는 따라가겠다고 할 것 같습니다. 하지만 까탈스러운 라헬이 가진 것이라고는 하나도 없는 이 상태에서 과연 따라나서려고 하겠습니까?

그리스도인에게 소유는 무엇입니까? 허공에 떠 있는 우리의 신앙을 현실로 끌어내리는 것입니다. 현실 가운데 적용되지 않는 신앙은 신선놀음이지 신앙이 아닙니다. 하루하루 밥 먹고 살아야 하는 현실 가운데 적용되는 신앙이 진짜 신앙입니다. 그래서 직업이나 소유 같은 현실적인 문제는 신앙을 타락시키기보다는 오히려 훨씬 더 구체적으로 만들고 균형 있게 해주며, 지금까지 정말 하나님을 사랑해서 신앙생활한 것인지 시간도 남고 돈도 남아서 한 것인지 분별해 주는 시금석 역할을 합니다.

소유는 하나님께서 우리의 구원에 추가하여 주신 선물입니다. 만일 입을 것도 없고 먹을 것도 없고 집도 없고 아무것도 없는 상태에서 우리에게 구원의 기쁨을 주셨다면 그 기쁨은 오래 가지 못할 것입니다. 오히려 자신의 비참한 상황 때문에 구원이 부끄럽게 생각될 거예요. 그러나 하나님께서는 우리의 구원에 소유나 직장이나 가정이나 그 밖에 많은 것을 더하여 주심으로써, 이 구원이 얼마나 풍성하며 우리가 앞으로 하나님 앞에서 얼마나 더 풍성하게 누리게 될 것인지를 이 세상에서 미리 체험하게 하시는 것입니다.

그러나 이 세상의 소유 자체가 목적이 된다면, 즉 소유와 구원의 우선순위가 바뀐다면 그 사람의 신앙을 의심해 보아야 합니다. 그는 진정으로 구원받은 사람으로 보기가 어려우며, 그가 소유를 위하여 피땀 흘린 모든 것은 하나님 앞에서 죄가 될 것입니다.

야곱의 결정

야곱은 외삼촌 라반의 만류가 아니라도 이렇게 가진 것 하나 없이 아버지 집으로 돌아갈 수는 없다고 스스로 결론을 내렸습니다. 그리고 라반의 집에서 계속 남아서 일하기로 한 이상 몇 가지 사항을 분명히 해야겠다고 생각했습니다. 첫째는 이제 삼촌과의 관계는 더 이상 은혜의 관계가 아니라는 것입니다. 29절과 30절을 보십시오.

> 야곱이 그에게 이르되 내가 어떻게 외삼촌을 섬겼는지, 어떻게 외삼촌의 짐승을 쳤는지 외삼촌이 아시나이다 내가 오기 전에는 외삼촌의 소유가 적더니 번성하여 떼를 이루었나이다 나의 공력을 따라 여호와께서 외삼촌에게 복을 주셨나이다 그러나 나는 어느 때에나 내 집을 세우리이까

우리는 왜 야곱이 자신의 수고를 이렇게 장황하게 설명하고 있는지 이해하기가 어렵습니다. 어떻게 보면 오히려 라반의 말이 더 신앙적인 것 같아요. "하나님은 너를 통해서 나에게 은혜를 주셨다!" 얼마나 은혜스럽고 성경적인 표현입니까? 그런데 야곱은 이에 대해 "물론 하나님의 축복이긴 하지만 이건 어디까지나 내가 수고해서 된 일입니다"라고 말하고 있는 것입니다. 도대체 이것이 무슨 뜻입니까?

일의 관계에 '은혜'를 개입시킬 경우 약자에게 대단히 불리해질 수가 있습니다. 예를 들어서 사장이 직원들을 앞에 모아 놓고 "우리 회사가 이렇게 번창하게 된 것은 오로지 하나님의 축복 때문입니다"라고 말할 때, 직원들의 수고가 전혀 고려되지 않고 무시당할 가능성이 큽니다. 어떤 사장은 신앙이 좋아서 월요일마다 한 시간씩 예배를 드리고 십일조로 엄청난 금액을 교회에 바칩니다. 그런데 막상 회사의 수익금 중에서 일부를 직원들에게 돌리는 데는 너무나도 인색한 경우가 있을 수 있습니다. 그럴 때 직원들은 어떻게 생각합니까? '물론 하나님이 복 주셨겠지만 우리도 야근도 하고 잔업도 하면서 수고했으니, 그 수입을 전부 교회에 갖다 바치지 말고 우리한테도 좀 나누어 주면 얼마나 좋을까'라고 생각할 것입니다.

그리스도인들이 모인 직장이 그렇지 않은 직장보다 더 어려울 때가 많은 이유가 여기 있습니다. 저마다 자기가 해야 할 일은 생각하지 않으면서 상대방에게는 좀더 성숙한 신앙의 모습을 기대하는 것입니다. 예를 들어 직원 자신은 출퇴근 시간도 잘 지키지 않으면서 과장이나 사장한테는 거의 목회자에 가깝게 인자하고 자비롭고 겸손하기를 바랄 때 회사가 시끄러워집니다. 또 과장이나 사장 자신은 자기 역할을 잘 못하면서 부하 직원들한테는 어린 양같이 매사에 겸손하고 순진하고 시키는 대로 잘해 주기를 바랄 때 문제가 생깁니다. 이렇게 서로 자신의 책임은 소홀히 하면서 상대방만 자기에게 잘해 주기를 바라기 때문에 어떤 경우에는 신앙을 가진 자들의 관계가 그렇지 않은 사람들의 관계보다 더 어려워질 수 있습니다.

사실 야곱이 그동안 그토록 열심히 일했던 이유가 무엇입니까? 단지 결혼과 관련된 기한을 때우려는 것이 전부였다면 이렇게까지 주야로 일하지는 않았을 것입니다. 야곱은 자기가 이렇게 열심히 일해서 외삼촌의 재산을 증식시켜 주면, 임금까지는 주지 않더라도 “너희들도 이제 식구가 많으니까 이걸로 생활해” 하면서 재산의 일부라도 나누어 주리라고 기대했던 것입니다.

그러나 라반에게는 야곱의 수고를 인정하고 감사하는 마음이 눈꼽만큼도 없었습니다. 입으로는 하나님의 은혜 운운했지만 실제로는 피도 눈물도 없는 사람이었어요. 그는 14년의 기간이 끝났는데도 양 한 마리 주지 않았습니다. 그래서 야곱은 축복이니 은혜니 하면서 임금 떼먹을 생각은 그만두고 지금부터는 철저하게 합리적인 거래관계를 맺자, 받을 것은 받고 줄 것은 주자고 하는 것입니다.

두 번째로 야곱은 임금 문제에 논쟁의 소지가 없도록 조처했습니다. 그는 라반이 어떤 사람인지 잘 알고 있었기 때문에 ‘이익의 몇 퍼센트를 나눈다’는 식으로 해석이 달라질 여지가 있는 기준이 아니라 ‘양의 무늬와 색깔’이라는 아주 분명한 기준을 제시했습니다. 아무리 라반이라도 점박이를 점박이가 아니라고 우기거나 검은 양을 희다고 우길 수는 없지 않겠습니까? 32절과 33절을 보십시오.

> 오늘 내가 외삼촌의 양 떼로 두루 다니며 그 양 중에 아롱진 자와 점 있는 자와 검은 자를 가리어 내며 염소 중에 점 있는 자와 아롱진 자를 가리어 내리니 이 같은 것이 나면 나의 삯이 되리이다 후일에 외삼촌께서 오셔서 내 품삯을 조사하실 때에 나의 의가 나의 표징이 되리이다 내게 혹시 염소 중 아롱지지 아니한 자나 점이 없는 자나 양 중 검지 아니한 자가 있거든 다 도적질한 것으로 인정하소서

원래 양을 치면 '그 양이 낳은 새끼 중에서 몇 마리' 하는 식으로 품삯을 정하는 것이 일반적입니다. 그러나 야곱은 그렇게 하면 나중에 외삼촌이 자신의 양을 도둑질했다고 덮어씌울 것 같으니까 아예 무늬와 색깔로 임금을 결정하자고 제안하고 있습니다.

그런데 이 당시에는 양이나 염소한테 점이나 얼룩이 있는 경우가 아주 드물었습니다. 라반이 조금이라도 인정이 있는 사람이었다면 아마 야곱의 제안을 거질했을 것입니다. "야야, 말도 안 되는 소리 하지도 마라. 점 있는 것이나 아롱진 것이 몇 마리나 된다고 그걸 임금으로 하니? 그렇게 하면 거저 일하는 거나 마찬가지니까 그렇게 하지 말고 좀더 합리적인 기준을 정하자"고 했을 거예요. 그런데 라반은 아무 이의 없이 그렇게 하자고 합니다. 그 이유가 무엇입니까? 철저하게 야곱을 이용하려고 생각했기 때문입니다. 그에게서는 이처럼 인정이나 관대함이라고는 조금도 찾아볼 길이 없었습니다. 그가 그날 무슨 일을 했는지 아십니까? 35절과 36절을 보십시오.

> 그 날에 그가 자기 숫염소 중 얼룩무늬 있는 자와 점 있는 자를 가리고 암염소 중 흰 바탕에 아롱진 자와 점 있는 자를 가리고 양 중의 검은 자들을 가려 자기 아들들의 손에 붙이고 자기와 야곱의 사이를 사흘길이 뜨게 하였고 야곱은 라반의 남은 양 떼를 치니라

라반은 자신의 양 떼를 샅샅이 조사해서 조금이라도 얼룩이 있거나 점이 있는 것들을 전부 골라내서 사흘길 거리를 떼어 놓았습니다. 그런 양이 남아 있으면 점박이나 얼룩이를 낳을지도 모르니까 순전히 하얀 양들만 골라서 야곱에게 맡긴 것입니다. 보통 사람 같으면 두세 마리라도 남겨 놓고 "이거라도 잘 교배시켜서 잘 살아 봐라"고 하지 않겠습니까? 그러나 라반은 행여라도 이런 양들이 섞일까 봐 사흘길이나 거리를 떼어 놓았습니다. 아마 때 묻은 양

까지 다 골라내서 일일이 침으로 지워가며 점인지 아닌지 확인했을 거예요. 지독한 사람입니다. 인정머리라고는 손톱만큼도 없는 사람이에요.

결국 야곱은 얼룩이나 점박이가 하나도 없는 상태에서 양을 치기 시작했습니다.

전문지식을 사용하다

그러나 야곱에게는 어느 누구도 가지지 못한 전문지식이 있었습니다. 그것은 양에 대한 우생학적인 지식이었습니다. 야곱은 양을 치면서 과학적인 관찰을 게을리하지 않았던 것 같습니다. 그 결과 그는 두 가지 중요한 사실을 알게 되었습니다. 하나는 양은 풀 먹을 때가 아니라 물 마실 때 교미한다는 것입니다. 그리고 또 다른 하나는 교미할 때 양들의 시신경에 자극을 주면 태어나는 새끼에게 영향을 끼칠 수 있다는 것입니다. 이것은 아마도 지속적인 관찰 끝에 얻은 지식이었을 것입니다.

만약 양이 풀을 먹으면서 교미한다면 수태를 조절한다는 것이 도저히 불가능합니다. 그 넓은 풀밭에서 어떻게 일일이 한 마리씩 통제할 수 있겠습니까? 그러나 물 마실 때 교미할 경우에는 조절이 가능합니다. 예를 들어서 튼튼한 양들끼리 먼저 줄을 세워 물을 먹이고, 그 다음에 약한 양들을 몰고 와서 물을 먹이면 되지 않겠습니까? 또 그렇게 교미할 때 양들의 눈앞에 버드나무 가지 같은 것을 부분적으로 벗겨서 얼룩얼룩하게 만들어 놓으면 새끼의 무늬나 색깔을 조절할 수 있다는 것을 그는 알았습니다.

짐승들의 시신경을 자극하거나 음악을 들려 줄 때 생체 리듬에 영향을 준다는 것은 분명합니다. 밤에 양계장에 불을 켜 놓으면 닭의 시신경이 자극되어서 달걀을 1.5배나 더 많이 낳습니다. 그리고 스트레스를 받을 때와 스트레스를 받지 않을 때 새끼를 낳는 확률이 많이 달라지기 때문에 짐승들에게도 모차르트 음악 같은 것을 많이 들려 준다는 것은 이미 잘 알려진 사실입니다. 이처럼 지금은 이런 것이 아주 일반적인 상식에 속하지만, 야곱 시대에는 아주 치밀한 관찰력을 가진 사람이 아닌 한 스트레스나 시신경의 자극이 새끼를 낳는 데 영향을 준다는 사실을 알 수가 없었습니다.

야곱은 자신의 전문지식을 재산 증식에 사용하기로 결심했습니다. 요즘은 재산을 증식하는 재테크 수단이 땅을 사 둔다거나 증권에 투자하는 것이지만 고대에 가장 중요한 재테크 수단은 양을 사서 전문 사육자들에게 맡겨 새끼를 낳게 하는 것이었습니다. 야곱은 자신의 전문지식을 바로 이 재테크에 사용하기로 했습니다. 이것이야말로 땅 짚고 헤엄치기처럼 쉬운 일이었습니다.

> 실한 양이 새끼 밸 때에는 야곱이 개천에다가 양 떼의 눈 앞에 그 가지를 두어 양으로 그 가지 곁에서 새끼를 배게 하고 약한 양이면 그 가지를 두지 아니하니 이러므로 약한 자는 라반의 것이 되고 실한 자는 야곱의 것이 된지라 이에 그 사람이 심히 풍부하여 양 떼와 노비와 약대와 나귀가 많았더라(30:41-43).

양들은 물을 먹을 때 교미를 하니까 튼튼한 양과 약한 양을 나누는 것은 일도 아니었습니다. 튼튼한 것들이 물을 먹을 때 그 앞에 껍질을 벗긴 나뭇가지를 세워 두기만 하면 전부 얼룩이나 점박이를 낳았습니다.

여기서 우리는 과연 이렇게 자신의 전문지식을 재산 증식에 사용해도 되느냐 하는 의문을 갖게 됩니다. 사실 이것은 도둑질입니다. 야곱이 발견한 지식은 요즘 학계에 발표한다고 해도 상당히 인정받을 만큼 전문적인 것이었습니다. 야곱이 만약 자기의 그 지식을 재테크 수단으로 쓰지 않고 학계에 발표했더라면 멘델의 법칙을 능가하는 '야곱의 법칙'이 되어서 생물 교과서에 나왔을 거예요.

그는 이 지식으로 얼마든지 다른 사람들을 도와줄 수 있었습니다. 예를 들어서 아무리 노력해도 새끼가 증식되지 않는 사람들한테 물 먹는 시간을 좀 충분히 줘보라고 충고할 수도 있었습니다. 또 고대인들 중에는 검은 양이나 얼룩무늬 염소는 재수가 없다고 해서 태어나자마자 죽이는 경우가 있었는데, 이건 재수 없는 일이 아니라 양들의 시신경과 관련 있는 일임을 가르쳐 준다든지, 유전적인 문제가 있는 양들의 번식을 통제하는 법을 알려 준다든지 해서 얼마든지 주위 사람들을 도와줄 수 있었습니다.

아브라함과 야곱의 차이가 여기에서 드러납니다. 아브라함이 그랄 땅에 살았을 때 그곳 사람들은 전부 그를 하나님의 사람으로 인정했습니다. 그가 자신들에게 많은 도움을 주었기 때문입니다. 그는 우물 파는 일의 전문가였습니다. 그래서 자신의 전문지식으로 그곳에 우물을 많이 파서 그랄 사람들의 물 문제를 해결해 주었습니다.

아브라함이 우물 파는 전문가였던 것처럼 야곱은 양 키우는 전문가였습니다. 야곱이 만약 아브라함처럼 가난한 하란 사람들의 재산 증식을 도와주었거나 양들의 병을 고쳐 주었다면 하란 사람들도 야곱을 하나님의 사람으로 인정하고 존경했을 것입니다. 그러나 그는 이 지식을 자기 자신을 위해서만 사용함으로써 엄청난 거부가 되었습니다.

전문지식을 가진 사람들은 그 지식으로 돈을 벌려고 해서는 안 됩니다. 예를 들어서 의사가 자기만 가지고 있는 지식으로 돈을 벌려고 들면 떼돈을 벌 수 있습니다. 사람들은 의학 지식이 없는 것은 물론이고 의학용어조차 모릅니다. 그러니까 의사가 마음만 먹으면 얼마든지 돈을 벌 수 있습니다. 물론 다른 사람을 치료하는 과정에서 얻는 정당한 수입을 차곡차곡 모았는데 부자가 되었다면, 그것은 하나님이 주신 선물이지요. 그런데 부자가 될 목적으로 의학적인 지식을 사용하는 것은 도둑질이나 다름없는 짓입니다.

변호사도 마찬가지입니다. 보통 사람들은 법률 지식을 모를 뿐 아니라 접할 기회조차 없습니다. 그러니까 법을 아는 사람들이 그 지식을 이용해서 돈을 벌겠다고 마음만 먹으면 얼마든지 떼돈을 벌 수 있습니다. 그래서 "아는 놈들은 다 빠져나가고 아무것도 모르는 어리숙한 사람들만 다 걸려든다"고들 하지 않습니까? 그러나 이처럼 법의 맹점을 이용해서 돈을 버는 것은 도둑질입니다.

야곱이 딱 두 가지 지식만 가지고 있었던 것이 아닙니다. 이런 지식을 알 정도면 그 전에 굉장히 많은 관찰을 했을 것이고, 양에 관한 한 보통 전문가가 아니었을 것입니다. 그런데 야곱이 그 지식으로 다른 사람들을 돕지 않고 자기 재산을 늘리는 데에만 급급했던 이유가 어디에 있을까요? 자기 욕심에 있습니까? 라반에 대한 분노에 있습니까? 그것도 아니면 순전히 하나님의 축복으로 봐야 합니까?

그 이유는 분명히 라반에 대한 분노에 있습니다. '나는 너한테 14년이나 당했다. 이제 너도 한번 당해 봐라' 하는 것입니다. 분노가 있으면 아무리 탁월한 지식을 가지고 있어도 제대로 쓰지 못합니다. 열등감이 있으면 오직 눈앞에 있는 목표를 성취함으로써 구겨진 자존심과 손해를 보상받으려는 데에만 자신의 지식과 지위를 사용하게 됩니다. 이렇게 분노로 일하는 사람은 일단 자기 앞에 있는 목표는 성취할 수 있을지 몰라도 풍성한 삶은 결코 살지 못합니다. 열등감 때문에 대학에 들어간 사람은 들어가고 나서 할 일이 없습니다. 자기를 무시하던 사람들한테 본때를 보이려고 대학에 들어간 건데 이제 본때를 다 보였으니 할 일이 없지요. 그래서 뭐 합니까? 술 마십니다. 의사가 되거나 고시에 합격하는 것 자체를 목표로 삼는 사람도 마찬가지입니다. 막상 그 목적을 이루고 난 후에 풍성한 삶을 누리지 못합니다.

야곱도 부자가 되어서 라반에게 복수하는 것 자체가 목적이었기 때문에 자기의 탁월한 지식을 다른 사람을 돕거나 양의 병을 고치는 데 전혀 사용하지 못했습니다. 그가 보여 줄 수 있었던 아름다운 모습은 무엇입니까? 자기 전문지식을 라반의 재산을 빼돌리는 데 쓰는 대신, 양을 치료하거나 다른 사람을 돕는 데 사용하는 것입니다. 그랬다면 이 정도로 부자는 못 되었겠지만, 사람들이 감사의 표시로 가져다주는 양만으로도 밥 먹고 살 수 있었을 뿐 아니라 고향에 돌아갈 여비를 마련하는 데에도 지장이 없었을 것입니다. 또 그의 지식은 고향에 돌아가고 나서도 얼마든지 생활해 나갈 수 있는 기초가 되어 주었을 것입니다. 그러나 그는 라반의 지나친 인색함을 보고 분노로 일을 했고 고향에서 쫓겨온 자라는 열등감으로 부자가 되려고 했기 때문에 그 탁월한 지식을 가지고도 아무 일도 하지 못했습니다.

야곱이 그렇게 하지 않았어도 하나님께서는 절대로 빈손으로 고향에 돌아가게 하지 않으셨을 것입니다. 하나님은 자기 백성들의 직책이나 수고를 반드시 지켜 주십니다. 이스라엘 백성들도 애굽에서 400년 동안 일하고 빈손으로 나올 뻔했는데, 하나님께서 애굽 사람들로부터 금은보화들을 다 받을 수 있게 해주지 않으셨습니까? 하나님은 자기 백성들의 퇴직금을 꼭 챙겨 주십니다. 혹시 직장에 사표를 냈는데 퇴직금을 안 주려고 하면 출애굽기를 읽으십시오. 하나님은 자기 백성들이 수고한 대가를 반드시 챙겨 주십니다.

그러나 만약 내 힘으로 그것을 챙기려고 하고 복수심이나 보상심리로 일을 한다면 하나님이 나를 위해 해주실 일이 없어집니다. 내가 할 일은 다른 사람들에게 아량을 베풀고 사랑을 나누는 것입니다. 내 몫을 챙기는 일은 하나님이 직접 해주실 것입니다.

하나님의 백성들에게 소유 자체가 목적이 되면 어떻게 됩니까? 마음속에 자비나 여유가 완전히 사라져 버립니다. 하나님의 백성들은 어떤 일을 해도 철저하게 하게 되어 있습니다. 늘 듣는 말이 본질에 대한 것이기 때문에 돈을 벌어도 본질적으로 파헤치고 재테크를 해도 이론적으로 접근합니다. 그래서 소유나 돈 버는 것이 목적이 되면 아예 철저하게 그 일에 헌신해 버립니다. 마치 하나님을 섬기듯이, 예배를 드리듯이 경건한 마음으로 돈 버는 일에 임하게 돼요. 그야말로 유대인처럼 되는 것입니다. 그러나 하나님의 백성들은 하나님과의 관계에 철저해야지 다른 것에 철저하면 정신병자가 되어 버립니다. 우리는 하나님과의 관계가 아닌 다른 일에는 항상 여유를 가져야 합니다.

하나님이 우리에게 원하시는 것이 무엇입니까? 우리의 집이나 직장을 구원에 추가되는 선물의 자리에 머물게 하는 것입니다. 내 소유나 자녀나 아내나 남편은 하나님이 구원에 추가해서 주신 보너스입니다. 구원이 얼마나 풍성한 것인지 보여 주려고 주신 거예요. 중요한 것은 소유가 아닙니다. 중요한 것은 구원이고 소유는 그 구원에 추가되는 것입니다. 그런데 이 우선순위가 바뀔 경우 구원을 잃어버릴 가능성이 있습니다. 아무리 현실적인 필요가 중요하다 하더라도 돈 버는 것이나 직장생활 하는 것이 구원보다 더 중요한 자리를 차지할 경우 구원을 잃을 가능성이 있습니다.

예수님께서는 제자들에게 하나님과 재물을 겸하여 섬길 수 없다고 말씀하셨습니다. 이것은 재물에 전혀 의미가 없다거나 예수님의 제자들은 모두 알거지로 살아야 한다는 뜻이 아닙니다. 만일 하나님이 계셔야 할 자리에 돈이 있다면 그는 돈을 섬기는 자가 될 수밖에 없고, 따라서 결코 하나님을 섬기는 사람이 될 수 없다는 뜻입니다. 그 사람을 움직이려면 돈이 있어야 합니다. 사랑이나 정으로는 움직일 수가 없어요. 하나님의 종은 옳은 일이기 때문에 해야 하고 정당한 일이기 때문에 시간을 내야 하는데, 돈만 얼마 준다고 하면 벌써 저만치 와서 대령하고 있는 것입니다. 그런 사람이 어떻게 하나님의 종이 될 수 있겠습니까? 그런 사람이 어떻게 하나님의 자녀로 그 풍성한 영광을 누릴 수 있겠습니까?

돈이 우리를 위로하고 돈이 우리를 격려하며 돈이 우리를 움직인다면 분명히 무언가 잘못되어 있는 것입니다. 우리는 옳기 때문에 움직여야 하고, 옳기 때문에 시간을 내야 합니다. 그렇게 하는 가운데 돈이 생긴다면 그것은 선물이지요. 그 돈으로 온가족이 둘러앉아 고기를 구워먹으면 얼마나 풍성합니까? 그러나 만약 돈이 목표라면, 지금 현실적인 돈의 액수를 정해 놓고 그것을 향해 달려가고 있다면, 그 사람은 하나님을 믿는 사람이 아니라 돈을 믿는 사람으로서 진짜 중요한 구원을 잃어버릴 가능성이 굉장히 큽니다.

풍성한 삶을 회복하려면

겉으로 보기에 야곱은 부요한 사람 같습니다. 아내도 많고 자식도 많고 돈도 많습니다. 차이가 있다면 다른 부자들은 돈이 많기 때문에 여러 명의 아내를 두는데, 야곱은 아내부터 여러 명 두고 돈을 모았다는 것뿐입니다. 그러나 그의 마음은 결코 풍성하지 않았습니다. 그의 신분은 아직까지도 분명치가 않았고, 아내들은 서로 갈등 가운데 있었으며, 재산도 법적으로야 자기 것이지만 라반이 과연 그대로 받아들일는지 알 수가 없었습니다.

그렇다면 야곱이 풍성한 삶을 되찾기 위해 해야 할 일이 무엇입니까? 오직 하나밖에 없습니다. 하란을 떠나는 것입니다. 라반의 수하에 있는 한, 지금 이런 생활을 지속하는 한, 아무리 많은 재물을 모은다 하더라도 절대로 풍성해질 수가 없습니다. 그는 지금의 생활을 중단할 필요가 있었습니다. 이제야말로 다른 핑계 대지 말고 하나님이 기뻐하시는 삶으로 돌아가야만 했습니다.

우리는 예배드리는 것을 굉장히 정적(靜的)인 일로 생각합니다. 예배드리는 것은 그냥 가만히 앉아 있는 일이고, 여기저기 뛰어다니면서 돈 버는 것이야말로 동적(動的)인 일이라고 생각합니다. 그러나 예배드리는 것보다 더 역동적인 일이 없습니다. 예배를 드린다는 것은 이 세상에서 돌아가고 있는 모든 일을 하나님과 의논하는 것입니다. 사실은 이 세상 일이 더 정적입니다. 세상 일은 변화가 없습니다. 다 똑같아요. 드라마를 보십시오. 처음에는 그럴 듯한 것 같아도 끝날 때 보면 다 그게 그거 아닙니까? 세상은 정말 재미가 없어요. 아직도 사람들은 '세상은 넓고 할 일은 많다'면서 세상으로 달려나가지만, 움켜쥐고 나서 보면 나 그게 그겁니다. 만족이 없습니다. 그러나 하나님 앞에 오면 어떻습니까? 모든 것이 재미있습니다. 사람들도 다 똑같고 예배도 늘 똑같은 것 같은데 늘 새롭습니다.

야곱이 진정으로 만족을 누리기 위해서는 자족하는 신앙을 가져야 합니다. 이 세상에 있는 것들은 아무리 많이 가져도 만족함이 없고, 오히려 많이 가지면 가질수록 더욱 더 부족하게 느껴집니다. 10만 원 있을 때보다 100만 원 있을 때 훨씬 더 가난한 것 같아요. 왜 그렇습니까? 가지면 가질수록 더 가지고 싶기 때문입니다. 그래서 하나님의 은혜에 만족하기 위해서는 이미 나에게 있는 것만으로도 족하다는 신앙이 있어야 합니다. 주님은 풍성한 삶이 소유에 있지 않다고 분명히 말씀하셨습니다. 사람의 가치는 소유의 넉넉함에 있는 것이 아니라 그 영혼의 상태에 있습니다.

또한 풍성한 삶은 바른 관계에서 옵니다. 야곱이 풍성한 삶을 누리려면 라반과 바른 관계를 맺어야 하고 아내들과 바른 관계를 맺어야 하며 고향에 있는 가족들과 바른 관계를 맺어야 합니다. 가까운 사람들과의 관계를 깨뜨리면서까지 소유를 늘리는 것은 정말 중요한 것을 잃는 길입니다.

오늘 우리가 알아야 할 것이 무엇입니까? 신앙은 밥도 먹지 않고 잠도 자지 않고 날이면 날마다 눈물 흘리면서 찬송만 부르는 이상적인 생활이 아니라는 것입니다. 그래서 이 세상 현실에 부딪쳐 봐야 우리 신앙이 진짜가 됩니다. 그러나 대개의 경우 이 세상 현실과 한 번 부딪치고 나면 어떻게 됩니까? 야곱처럼 믿음이 돌처럼 굳어져서 분노와 열등감으로 자신의 전문지식이나 하나님이 주신 기회들을 인간적인 수단으로 사용하고 맙니다. 안 믿는 사람들보다 훨씬 더 지독해져요.

전에 말한 적이 있지 않습니까? 이것이 바로 신앙의 불시착입니다. 비행기가 착륙해야 하는데 바퀴가 펴지지 않으면 동체가 지면과 충돌하면서 크게 파괴되어 버립니다. 신앙도 현실에 정상적으로 착륙하지 못하면 현실과 충돌하면서 크게 파괴됩니다. 그리고 그 여파로 자기가 가지고 있던 신앙 리듬이나 좋은 관계나 비전이 다 깨져 버립니다.

여러분, 하나님께서 현실적인 나의 필요를 채워 주시고 인도하신다는 것을 인정하십시오. 그리고 여유를 가지십시오. 나에게 고통을 주었던 사람에게 무언가 보여 주기 위해 성공하려 들지 마십시오. 그렇게 하면 신앙이 얼어붙게 되고, 그 신앙으로는 하늘 문을 열 수 없습니다. '하나님께서 이 현실 가운데 나와 함께하시며 내가 이렇게 어려워하는 상황에서도 이기게 하신다. 문이 아무리 좁아도 나는 뚫고 나간다'고 생각하면서, 하나님과 이웃에게 마음을 여십시오.

절대로 소유가 믿음에 앞서지 못하게 하십시오. 이 순서가 바뀌면 불시착을 하게 되고 신앙은 죽어 버립니다. 지독한 집 주인이나 상관이나 사장을 만났습니까? 보복하려고 하지 마십시오. 하나님이 내 몫을 다 챙겨 주실 것입니다. 소유나 직업이나 결혼을 구원에 따라오는 선물로 여기십시오.

사랑하는 여러분, 하나님은 우리를 풍성하게 채워 주고자 하십니다. 그런데 우리가 이 구원을 놓치고 다른 것을 붙들면, 붙드는 그 순간에 넘어질 것입니다. 세상에서 성공했다고 하는 그 순간에 바닥으로 떨어질 것입니다. 하나님의 구원이 항상 내 눈앞에 있게 하십시오. 그리고 그 뒤에 하나님께서 나의 모든 필요를 채워 주신다는 것을 기억하고, 내가 가지고 있는 지식을 돈 버는 데 사용하지 말고 다른 사람을 섬기고 도우는 데 쓰십시오. 내 직업을 가지고 돈을 벌려 하지 말고 다른 사람을 도우십시오. 그러면 이 세상에서도 풍성한 삶을 살 수 있을 것입니다.

18

야곱의 귀환

운동선수들이 한창 경기를 치를 때에는 정신적으로나 육체적으로 무척이나 긴장된 상태에 있습니다. 그래서 가끔씩 경기에서 벗어나 한 번쯤 푹 쉬고 싶을 때가 생깁니다. 그러나 막상 선수들이 부상이나 슬럼프 때문에 경기에 출전하지 못하고 부득불 쉬어야 할 경우가 되면, 몸은 좀 편할지 모르지만 정신적으로는 더 어렵고 힘듭니다. 선수의 생명은 육체가 편한 데 있는 것이 아니라 많은 사람들 앞에서 경기를 펼치는 데 있기 때문입니다.

선수가 행복을 느끼는 것은 집에서 아기를 보고 있을 때가 아닙니다. 수많은 사람들의 환호와 박수를 받으면서 실력을 발휘할 때 비로소 자신의 존재 의미를 발견하는 것입니다. 그래서 부상이나 슬럼프로 휴식중인 선수에게 가장 중요한 것은 언제 다시 경기에 출전하느냐 하는 점입니다. 마음속에 분명한 확신은 하나 있습니다. 그것은 운동장에서 경기하다가 죽겠다는 것입니다. 아니면 다시 한 번 화려한 재기에 성공한 후 모든 사람들의 환호 속에 떳떳하게 은퇴하겠다는 것입니다. 그러나 휴식 기간이 길어지면 길어질수록 점점 더 재기할 자신이 없어집니다.

믿는 사람들의 삶은 운동 선수들의 삶과 비슷합니다. 믿음의 사람들은 하루하루 그냥 사는 것이 아니라 경기를 펼치고 있는 것입니다. 그 경기가 무엇입니까? 아무것도 없는 가운데 하나님의 신실하심 하나만 믿고 이 세상에서의 위기를 극복하는 것입니다. 이것이 믿음의 사람들이 펼쳐 내는 신앙의 경기입니다.

우리는 야곱의 생애를 볼 때 가나안에서의 삶과 하란에서의 삶이 비교되는 것을 볼 수 있습니다. 하란에서 야곱이 계속 생각하고 있는 것이 무엇입니까? 언젠가는 가나안으로 돌아가야 한다는 것입니다. 지금 여기에서 잘 먹고 잘살고 있지만 언젠가는 가나안으로 돌아가야 한다는 생각이 늘 그의 머리를 지배하고 있었습니다. 도대체 가나안 땅은 무엇이며 하란 땅은 무엇이길래 이렇게 꼭 돌아가야 한다는 것입니까?

물론 가나안은 하나님의 약속이 있는 땅입니다. 하나님께서는 야곱의 할아버지 아브라함에게 가나안 땅을 유업으로 주겠다고 약속하셨습니다. 그런데 어떤 의미에서 그것 못지않게 중요한 이유가 하나 더 있었습니다. 가나안은 원래 아브라함의 가족들이 붙잡을 만한 것이 하나도 없는 땅이었습니다. 아브라함이 하란에 있을 때에는 땅이 있었고 동맹한 사람들이 있었고 어려울 때 기댈 수 있는 가족이 있었습니다. 그러나 가나안은 의지할 데 하나 없는 빈 땅으로서, 사방이 뻥 뚫려 숨을 데조차 없는 운동장 같은 곳이었습니다. 아브라함은 그 맨땅에서 믿음 하나로 수없는 위기를 뛰어넘었습니다. 거기서 믿음으로 그돌라오멜의 연합군을 격파했고, 믿음으로 아들을 얻었으며, 믿음으로 그 아들을 제물로 바쳤습니다.

이것은 평범한 삶이 아닙니다. 경기입니다. 믿음의 연주입니다. 돈을 많이 벌어서 편안하게 사는 것은 경기가 아닙니다. 돈 많아서 잘사는 게 경기입니까? 머리 좋아서 좋은 대학 간 게 경기입니까? 진짜 경기는 붙들 것 하나 없는 가운데 하나님의 신실하심만을 붙들고 자신의 병을 극복하며 가난을 극복하고 위기를 극복하는 것입니다.

하란에서의 야곱은 어떠했습니까? 마치 은퇴한 선수나 부상으로 쉬고 있는 선수 같았습니다. 하란에서 그는 믿음으로 살 여지가 없었습니다. 외삼촌 집에 얹혀 살면서 주는 밥이나 먹고 옷이나 입으면서 양 치는 일이 전부였습니다. 거기에서 믿음으로 살 것이 뭐가 있고 믿음으로 결단내릴 일이 뭐가 있습니까? 야곱은 하란에서 긴장이나 갈등을 느낄 이유가 전혀 없었습니다.

물론 경기에 출전하지 않는 선수도 위기를 느낄 때가 있지요. 예를 들어서 아이가 밖에 나가서 놀다가 머리가 깨져서 들어온다든지 아내가 시어머니한테 꾸중을 듣고 속이 상해 있다든지 하면 긴장과 위기를 느낄 것입니다. 그러나 선수가 느껴야 할 스트레스는 그런 것이 아닙니다. 정말 선수라면 경기를 하면서 상대 팀의 작전을 간파하고, 어떻게 하면 수비진을 뚫고 들어가서 점수를 따낼 것인가를 고민하며 연구하는 과정에서 스트레스를 느껴야지요.

하란에서 야곱의 문제가 무엇입니까? 그가 겪고 있는 어려움은 믿음의 시련이 아니라는 것입니다. 기껏해야 남편을 더 차지하기 위한 두 아내 사이의 애정 싸움과 어떻게 하면 외삼촌의 양을 더 빼돌릴 것인가 하는 데서 나오는 긴장이 전부였습니다. 아무것도 없는 가운데 하나님의 신실하심 하나 붙들고 자신의 온몸을 던지는 짜릿한 믿음의 싸움이 하란에는 없었습니다.

이제 가나안 땅이 왜 그토록 중요한지 감이 오지 않습니까? 가나안 땅은 믿음의 사람들이 자신의 믿음을 연주할 수 있는 무대였던 것입니다. 믿음의 사람은 자신의 믿음을 사용해서 위기를 극복해야 합니다. 하나님을 모르는 사람들처럼 편안한 가운데서 잘 먹고 잘사는 것은 그의 선수 생명이 끝났음을 의미하는 것입니다.

야곱은 돌아가고 싶었습니다. 다시 하나님의 신실하심을 붙들고 믿음으로 경기하고 싶었습니다. 그러나 재기하기에는 20년이라는 공백 기간이 너무 긴 것 같습니다. 결혼을 위해 14년, 재산을 얻으려고 6년을 허비하고 나니 이제는 재기할 자신이 없습니다. 그런데 하나님께서 그를 믿음의 장으로 부르셨습니다. 이제는 결단의 시간이었습니다. 야곱은 가나안 땅으로 돌아가야 한다는 것을 머리로는 인정하고 있었습니다. 그러나 이 익숙한 생활을 떨쳐 버리겠다는 결단이 잘 서지 않았습니다. 오늘 본문을 보면 야곱이 결단을 내리지 않으면 안 될 상황으로 하나님께서 계속 몰아넣고 계신 것을 볼 수 있습니다.

오늘 우리가 알아야 할 것이 무엇입니까? 이 세상은 우리의 무대이자 경기장이라는 것입니다. 돈을 많이 벌었기 때문에 이런 일도 하고 저런 일도 하는 것은 믿음의 연주도, 경기도 아닙니다. 그것은 은퇴한 군인이나 선수들이 하는 일입니다. 한창 때의 선수는 그렇게 하지 않습니다. 가진 것 하나 없어도 실력 하나로 어느 누구도 할 수 없는 엄청난 일을 해내는 사람이 진짜 선수입니다.

저는 우리 교인들을 보면서 너무 빨리 은퇴하려고 한다고 생각합니다. 어떻게 하면 빨리 운동장에서 벗어나 텔레비전이나 볼까 궁리하는 것 같아요. 내 안에 있는 믿음을 사용해서 어려움을 극복하는 이 엄청난 경기, 이 엄청난 기적을 체험하려 하기보다는 작은 부상을 핑계 삼아서 빨리 집에 돌아가 편안한 삶을 살려고 하는 것 같습니다.

여러분, 우리는 재기해야 합니다. 편안한 삶을 박차고 일어나서 내 목숨이 이 세상에서 없어질 때까지 오직 믿음의 사람만이 살 수 있는 그 고난도의 삶, 어느 누구도 흉내 낼 수 없는 그 삶을 살아야 합니다. 이것이 바로 오늘 본문이 우리에게 말씀하시는 것입니다.

환경의 변화

야곱은 일단 결혼을 위한 의무 복무 기간을 채운 후부터 엄청나게 돈을 벌기 시작했습니다. 라반과 임금 협상을 한 후, 그의 재산은 라반의 재산보다 엄청나게 많아졌습니다.

> 야곱이 들은즉 라반의 아들들의 말이 야곱이 우리 아버지의 소유를 다 빼앗고 우리 아버지의 소유로 인하여 이같이 거부가 되었다 하는지라(31:1).

한번 생각해 보십시오. 어느 기업의 소유주가 전문경영인을 사장으로 고용했습니다. 그런데 어찌 된 일인지 그 전문경영인이 자기보다 더 돈을 잘 벌어서 재산이 더 많아졌다면 어떤 소유주가 그를 좋아하겠습니까? 회사를 이용해서 자기 장사만 했다고 생각하지 않겠습니까? 회사에 들어올 수익을 빼돌리지 않는 한 고용된 사람이 주인보다 더 부자가 될 수는 없습니다.

야곱이 바로 그런 경우였습니다. 라반이 양을 맡겼는데 야곱의 양 떼는 갈수록 많아지는 반면 라반의 양 떼는 갈수록 줄어들었습니다. 이것은 라반의 양을 빼돌리지 않는 한 불가능한 일입니다. 그런데 약속한 사항에는 조금도 어김이 없었기 때문에 뭐라고 말할 수도 없었습니다. 라반이 땅을 치고 후회한 것이 바로 이 부분입니다. 임금 협상을 할 때 '새로 태어나는 양 새끼 중 몇 퍼센트' 하는 식으로 계약을 했어야 했는데, 괜히 점박이, 얼룩이, 아롱진 것을 준다고 했다는 것입니다. 새로 태어나는 새끼들마다 분명히 점박이고 얼룩이인데 어쩌겠습니까?

지금 라반의 아들들이 불평하고 있는 것이 무엇입니까? 야곱이 분명히 무슨 사기를 쳐서 아버지의 재산을 빼돌린 것이 분명하니 무슨 수를 써야 한다는 것입니다. 즉 야곱의 재산을 다시 빼앗을 궁리를 하자는 것입니다. 이것은 얼마든지 가능한 일이었습니다. 야곱은 외국인이어서 보호받을 수 있는 권리가 거의 없었기 때문입니다.

야곱은 자기 주위의 상황이 바뀌고 있다는 것을 느꼈습니다. 물론 지금까지도 고생이 아주 없었던 것은 아니었습니다. 그러나 믿음으로 살 일은 하나도 없었습니다. 모든 것을 라반이 다 결정했습니다. 야곱이 할 수 있는 일이라고는 라반의 양들을 돌봐 주고 그의 양 떼에서 자기 몫을 챙기는 것이 고작이었습니다. 그런데 챙기더라도 적당히 챙겼어야 했는데 너무 많이 챙긴 것이 문제가 되었습니다.

이럴 때 야곱이 취할 수 있는 조처가 무엇입니까? 타협입니다. 자기가 먹은 것의 일부를 토해 내면 타협이 가능할 수도 있습니다. "지금 제가 가지고 있는 재산은 적어도 법적으로는 하자가 없습니다. 그러나 그동안 베풀어 주신 은혜를 생각해서 재산의 반을 드리겠습니다." 이러면 갈등이 없어질지도 모릅니다. 그러나 라반을 만나 본 야곱은 이런 식으로는 문제가 해결될 수가 없다는 것을 알았습니다. 2절을 보십시오.

야곱이 라반의 안색을 본즉 자기에게 대하여 전과 같지 아니하더라

여기에서 라반의 안색이 전과 같지 않다는 것은 예전처럼 친밀하지 않고 약간 서먹서먹해졌다는 뜻이 아니라 거의 적대적이 되었다는 뜻입니다. 이것은 재산의 일부를 반납함으로 타협할 수 있는 그런 문제가 아니었어요. 라반은 야곱을 원수로 생각하고 있습니다. 지금 그가 아무 말 하지 않는 것은 사람이 워낙 교활하기 때문에 결정적인 시기를 노리고 있는 것일 뿐이라는 사실을 야곱은 알고 있었습니다.

우리는 야곱의 생애에서 이스라엘 백성들의 삶의 모형을 찾을 수 있습니다. 이스라엘 백성들이 그 편안하던 애굽의 삶을 버리고 거친 광야로 나선 이유가 무엇입니까? 무엇 때문에 그 기름진 땅을 버리고 모세를 따라 돌사막으로 따라나섰습니까? 그것은 애굽

왕 바로의 태도가 변했기 때문입니다. 바로가 계속 우호적으로 대해 주었다면 이스라엘 백성들은 절대로 애굽을 떠날 사람들이 아닙니다. 그만큼 애굽은 살기 좋은 곳이었습니다. 그러나 바로가 이스라엘 백성들을 너무나도 증오해서 그들을 노예로 삼아 때리고 학대하며 남자아이들을 전부 나일 강에 던져 죽이게 함으로써 그들에 대한 미움을 노골적으로 표현했기 때문에 어쩔 수 없이 모세를 따라나선 것입니다. 이것은 하나님께서 하신 일입니다. 이스라엘 백성들로 하여금 애굽을 떠나서 하나님의 언약 백성이 되게 하기 위해서 바로의 태도를 바꾸신 것입니다.

야곱의 경우도 마찬가지입니다. 만약 라반이나 그의 아들들이 끝까지 야곱에게 우호적이었다면 야곱은 하란을 떠날 사람이 아닙니다. 그러나 라반과 그 아들들의 태도가 적대적으로 변한 것을 분명히 보았기 때문에 더 이상 타협이 불가능하다는 것을 인정하고 떠날 수밖에 없게 된 것입니다.

지금 우리가 살고 있는 이 도시에서 믿음으로 살아야 할 일이 뭐가 있습니까? 돈 있고 직장 있으면 모든 문제가 저절로 해결되는데 굳이 힘들게 몸부림치면서 기도할 이유가 뭐가 있습니까? 이런 상황에서 신앙생활 잘 한다고 '믿음이 좋다'고 자랑하는 것은 정말 웃기는 일입니다. 주일에 한 번, 그것도 모든 시설이 잘 갖추어져 있는 교회에 나가 집사님, 장로님 소리 들어 가며 신앙생활하는 것을 '믿음이 좋다'고 하면 지나가던 개도 웃을 것입니다. 자기 집 있고 자기 직장 있고 자기 멋대로 돈 잘 벌면서 잘살고 있는 사람한테 믿음으로 결단하고 씨름할 일이 뭐가 있습니까? 성경공부 한다고 잡아가는 사람이 있습니까, 교회 간다고 고문하는 사람이 있습니까? 자기 하고 싶은 일 다 하고 나서 남는 시간에 교회에 오는 것이 무슨 좋은 신앙입니까?

우리나라 같은 자본주의 사회에서는 믿음을 쓸 여지가 없습니다. 돈이면 안 되는 일이 없어 보이기 때문입니다. 하지만 돈으로 해결되지 않는 문제도 있습니다. 자식 문제는 돈으로 해결이 안 됩니다. 어떤 병은 아무리 비싼 병원에서도 못 고칩니다. 결혼도 돈으로만 되는 것은 아닙니다. 또 인간관계에도 돈으로 해결할 수 없는 부분들이 있습니다.

이렇게 돈으로 해결되지 않는 문제가 생겼을 때, 날고 기는 재주가 있어도 해결되지 않는 문제가 생겼을 때야말로 곧 원대복귀해야 할 때라는 것을 알아야 합니다. 다시 하나님의 신실하심 하나만 붙들고 과감하게 자신의 삶을 던지는 믿음의 경기를 펼칠 시간이 다 된 것입니다. 이제 다시 가나안 땅으로 돌아가야 합니다. 가서 믿음의 삶을 시작해야 합니다.

라반이나 그의 아들들이 야곱에 대해 적대적인 태도로 변한 것이 좋은 일입니까, 나쁜 일입니까? 좋은 일입니다. 그들이 야곱에 대해 적대적인 감정으로 돌아서고, 협상으로는 도저히 회복될 수 없을 정도로 관계가 악화된 것은 좋은 일입니다. 왜냐하면 그것은 다시 믿음으로 살 수 있는 기회이기 때문입니다. 하나님께서 믿음의 전선에 복귀하라고 야곱을 부르고 계신 것입니다.

물론 저는 야곱이 굴욕적으로 타협했을 수도 있다고 생각합니다. 우리도 너무나 자주 타협함으로써 믿음을 사용할 기회를 외면해 버리지 않습니까? 밤 아홉 시나 열 시 넘어서 지하철을 타면 너무나도 가슴이 아플 때가 많습니다. 지하철에 왜 그렇게 술취한 사람들이 많습니까? 젊은이 늙은이 할 것 없이 입에서 술 냄새를 풍기면서 전철을 탑니다. 왜 술로 어려움을 풀려고 합니까? 왜 그 어려움을 정면으로 대면하지 못합니까? 자신이 없기 때문입니다.

하나님의 백성들이 이 세상에서 자기 머리와 능력으로 아무리 해결하려고 해도 안 되는 문제가 생겼을 때, 그때야말로 가나안으로 돌아갈 때, 믿음을 사용할 때라는 것을 알아야 합니다. 이제는 더 이상 안정되고 편한 삶이나 예측할 수 있는 미래에 안주해서는 안 됩니다. 하나님의 말씀 하나 붙들고 일어서야 합니다.

하나님은 이 세상에서 편하게 잘살라고 자기 백성을 부르신 것이 아닙니다. 믿음의 경기를 하라고 부르신 것입니다. 이 세상에서 편안하게 사는 사람은 그만큼 믿음의 삶에서 도태된 것이고, 그만큼 상 받을 기회를 잃은 것입니다. 편안하게 산 사람들은 하나님 나라에서 아무도 기억해 주지 않습니다. 그곳에는 잘 먹고 잘산 사람들의 이름이 낄 자리가 없습니다.

야곱이 하란에서 20년이나 사는 동안, 하나님의 나라에서는 그의 이름이 거의 지워질 형편이 되었습니다. 모두가 야곱을 잊고 있습니다. 한때는 뭔가 믿음으로 살 것 같은, 장래가 촉망되는 선수라고 생각했는데, 이제는 한물 간 선수로 보고 있습니다. 그가 하란에서 결혼하고 부자가 된 것이 하나님 나라에서는 전혀 의미가 없었습니다. 그때 하나님께서 다시 야곱을 불러서 믿음의 무대 위에 세우고자 하시는 것입니다.

그러나 우리는 환경의 변화만으로 하나님의 뜻을 알기에는 너무나도 미련한 사람들입니다. 그래서 하나님께서는 야곱에게 이렇게 직접 말씀하셨습니다.

> 여호와께서 야곱에게 이르시되 네 조상의 땅, 네 족속에게로 돌아가라 내가 너와 함께 있으리라 하신지라(31:3).

이것은 단순히 약속의 땅으로 돌아가라는 뜻이 아닙니다. '그동안 너무 오래 쉬었으니 이제는 더 이상 너의 재주를 믿지 말고 믿음의 싸움을 다시 시작하라'는 것입니다.

신앙은 모험의 연속입니다. 그러나 그 모험은 하나님께서 함께하시는 모험입니다. 이것이 신앙의 진수입니다. 보장된 것은 아무것도 없습니다. 돈도 없습니다. 도와줄 사람도 없습니다. 그래도 어려움을 놀랍게 극복해 내며 삽니다. 이런 일들을 통해 하나님이 살아 계시며 아직도 모든 것을 주장하고 계시다는 것을 보여 주는 이것이 믿음의 경기입니다. 하나님은 이것을 기뻐하십니다.

우리는 하나밖에 없는 목숨이 두려워서 너무나도 오랫동안 쉬고 있습니다. 편안한 삶에 젖어서 하란에 너무 오래 머물고 있습니다. 하나님께서는 일어나서 떠나라고 하십니다.

야곱이 경험한 것

이제 야곱에게 필요한 것이 무엇입니까? 아내들을 설득하여 가족들을 다 데리고 하란에서 도망치는 것입니다. 그러나 문제는 과연 아내들이 자기 아버지를 배반해 가면서까지 고향을 떠나려 하겠느냐는 것입니다. 우리는 여기에서 야곱의 현실적인 문제를 볼 수 있습니다.

야곱은 혼자가 아닙니다. 혼자라면 밤에 도망칠 수도 있어요. 그러나 그는 가족 때문에 쉽게 결단을 내릴 수가 없었습니다. 그는 아내들 때문에 무려 14년 동안 종살이를 했고 그 후에도 자식들을 부양하기 위해 양을 쳤습니다. 그리고 지금 이 결정적인 순간에도 아내들이 과연 따라올 것인지가 문제 되고 있습니다. 만약 아내들이 자신을 따라 도망치지 않겠다고 할 경우 그는 양자택일을 해야 합니다. 즉 혼자 도망을 치든지 아니면 도망치는 일을 포기해야 하는 것입니다.

존 번연의《천로역정》에 나오는 '크리스천'은 한 작은 책을 읽고 난 후 고민에 빠졌습니다. 그 책에는 '이곳은 장차 멸망할 죄의 도성이니 떠나야 한다'고 쓰여 있었습니다. 그는 이 책을 읽고 하루 종일 울고 웃다가 결국은 아내와 아이들을 두고 혼자서 짐을 지고 영적 순례의 길을 떠납니다.

예수를 믿을 때 우리는 가족의 반대나 친척들의 만류를 무릅쓰고 결단을 내려야 합니다. 그러나 천로역정의 '크리스천'처럼 한 가정을 책임지고 있는 사람이 그렇게 쉽게 가정을 포기하고 혼자 신앙의 길을 가는 것이 과연 옳은 일입니까? 번연이《천로역정》을 쓰던 당시에는 신앙을 핑계로 가장이 가족을 돌보지 않고 혼자 신비적인 체험에 빠지는 경우가 많았습니다.

그래서 번연은《천로역정》후편을 쓰게 됩니다. 후편에서는 '크리스천'의 아내와 자식들도 아버지의 뒤를 따라서 영적 순례의 길을 떠납니다. 그들은 길을 가다가 만난 성도들을 통해 그들의 남편이자 아버지인 '크리스천'이 얼마나 영광스럽게 믿음의 싸움을 싸웠는지에 대해 듣습니다. 이것은《천로역정》을 수정할 수밖에 없었던 당시의 현실적인 상황을 보여 줍니다.

여기서 우리는 집안을 책임지지 않아도 되는 한 개인과 집안을 책임져야 하는 가장의 문제가 다르다는 것을 볼 수 있습니다. 아무런 책임이나 능력이 없는 한 개인이 하나님의 부르심을 받았을 때에는 집안의 반대나 친척들의 반대를 무릅쓰고 혼자서라도 결단을 내려야 합니다. 그러나 온 집안을 책임지고 있는 사람으로서 집안에 영향을 끼치는 중요한 결정을 내릴 수 있는 사람이 하나님의 부르심을 받았을 때에는 할 수 있는 한 다른 식구들을 설득해서 함께 떠나야 합니다.

이러한 원리에서 착안된 것이 도널드 맥가브란의 교회 성장 이론입니다. 이 성장 이론은 원래 선교 이론에서부터 나온 것인데, 개인 한 사람 한 사람을 전도하기보다는 가정을 책임지고 있는 사람이나 사회에서 책임 있는 위치에 있는 사람을 집중적으로 전도할 때 복음 전파의 속도가 더 빠르다는 것입니다. 왜냐하면 그 한 사람의 회심을 통해 가정이나 사회 전체를 기독교 안으로 끌고 들어올 수 있기 때문입니다.

물론 개인을 전도하는 것과 가장을 전도해서 가정 전체를 전도하는 데에는 각각 장단점이 있다고 생각합니다. 지난번 제가 갔던 농촌 교회의 목회자는 그 마을 어른과 아주 좋은 관계를 맺고 있었습니다. 그 결과 적어도 그 어른은 교회를 반대하거나 핍박하지 않았고, 그것은 목회에 도움이 되었습니다.

그러나 이런 장점이 있을 수 있음에도 불구하고 우리는 이 문제에 갈등이 있음을 솔직하게 인정하지 않을 수 없습니다. 왜냐하면 지도층이 기독교화되었을 때 기독교가 변질될 우려가 크기 때문입니다. 지도층이 회심한 경우 지속적으로 그들과 좋은 관계를 유지하기 위해서 복음의 참된 사명을 잃게 될 가능성이 있습니다. 이런 문제는 교회가 구약 시대부터 겪었던 어려움이기도 했습니다.

그러나 일단 야곱의 경우, 그가 네 명의 아내와 열두 명의 아이들을 거느린 가장으로서 하나님의 말씀이 있는 곳으로 돌아가자고 설득했을 때 그 가정 전체가 하나님께 돌아오는 모습을 보게 됩니다. 오늘 중요한 것은 야곱이 이렇게 혼자 떠나지 않고 아내들을 설득해서 온 가족과 함께 길을 떠나게 된 이 일이야말로 그가 믿음으로 결단을 내린 최초의 일이라는 것입니다.

지난 20년 동안 야곱은 믿음으로 한 일이 아무것도 없었습니다. 14년은 아내를 얻기 위해 종살이를 했고, 6년은 돈 번다고 정신이 없었습니다. 지금에 와서 그 세월을 무를 수는 없습니다. 그는 이 상태에서 온 가족과 함께 하나님의 부르심에 따라 움직이기로 결단했습니다. 그때 하나님께서는 그들의 형편과 처지를 모두 다 받으셔서 합력하여 선을 이루게 하셨습니다.

하나님의 백성들은 과거로 돌아갈 필요가 없습니다. "그때 이런 일만 없었더라면 얼마나 좋았을까?", "내가 저 사람과 결혼하지만 않았더라면 얼마나 좋았을까?" 하고 후회할 필요가 없습니다. 과거에 어떻게 살아왔든지 간에 지금 이 모습 이대로 나아갈 때, 하나님께서는 그 모든 것을 돌이켜서 마치 처음부터 그 일을 계획하셨던 것처럼 온전한 구원을 이루시는 것입니다. 나의 삶 가운데 너무나도 후회스러워서 지웠으면 좋겠다고 생각하는 부분이 있습니까? 그렇게 생각할 필요가 없습니다. 그냥 지금 있는 모습 그대로 하나님께 나아가십시오. 그러면 고통스러웠던 과거의 그 일이 오히려 축복이 되도록 하나님께서 회복시켜 주십니다.

야곱은 어떤 식으로 자기 아내들을 설득했습니까?

> 야곱이 보내어 라헬과 레아를 자기 양 떼 있는 들로 불러다가 그들에게 이르되 내가 그대들의 아버지의 안색을 본즉 내게 대하여 전과 같지 아니하도다 그러할지라도 내 아버지의 하나님은 나와 함께 계셨느니라(31:4, 5).

야곱은 지금 하나님에 대해 이야기를 해야 합니다. 말하자면 아내들을 전도해야 하는 것입니다. 야곱은 지금까지 하나님에 대하여 별로 이야기하지 않았던 것 같습니다. 그러나 이제는 말을 해야 합니다. 왜냐하면 상황을 이토록 어렵게 만드신 분이 하나님이시요, 이제 이곳을 떠나라고 말씀하신 분도 하나님이시기 때문입니다. 하나님에 대해 이야기하지 않으면 이곳을 떠나야 할 이유를 설명할 수가 없어요.

그래서 어떻게 하나님을 소개합니까? 아내들의 아버지 라반과 대비해서 설명하고 있습니다. 그는 "그대들의 아버지"인 라반이 얼마나 이기적이고 변덕스러운 사람인지, 그에 비해 "내 아버지의 하나님"은 얼마나 신실한 분이신지를 비교해서 설명합니다. 그는 먼저 라반의 안색이 전과 다르다고 말합니다. 즉 그가 자신이 부자가 된 것을 불쾌하게 여기고 있으며 적대적인 감정을 나타내고 있음을 알렸습니다. 그다음을 계속 보십시오.

> 그대들도 알거니와 내가 힘을 다하여 그대들의 아버지를 섬겼거늘 그대들의 아버지가 나를 속여 품삯을 열 번이나 변역하였느니라 그러나 하나님이 그를 금하사 나를 해치 못하게 하셨으며 그가 이르기를 점 있는 것이 네 삯이 되리라 하면 온 양 떼의 낳은 것이 점 있는 것이요

또 얼룩무늬 있는 것이 네 삯이 되리라 하면 온 양 떼의 낳은 것이 얼룩무늬 있는 것이니 하나님이 이같이 그대들의 아버지의 짐승을 빼앗아 내게 주셨느니라(31:6-9).

우리는 여기에서 해석상 조금 어려운 문제에 봉착하게 됩니다. 여기에 나오고 있는 내용과 이전에 살펴보았던 30장의 내용이 일치하지 않기 때문입니다. 30장에서는 품삯이 한 번만 정해진 것으로 되어 있고 얼룩무늬 있는 것이나 점 있는 것은 모두 야곱의 소유로 삼기로 되어 있습니다. 그러나 31장에서 야곱은 무려 열 번이나 품삯의 변동이 있었다고 말합니다. 어떤 때에는 얼룩 있는 양으로 정했다가 또 어떤 때에는 점 있는 양으로 정했다는 것입니다.

또 30장에서는 양들이 교미를 할 때 그 눈앞에 얼룩진 나뭇가지를 놓아서 시신경을 자극함으로써 점 있고 얼룩진 양을 낳았다고 말하고 있는데, 31장에서는 교미하는 수양이 전부 얼룩지고 점 있고 아롱져 있는 꿈을 꾸었다고 합니다. 그리고 하나님의 사자가 이 모든 것을 다 줄 것을 약속했다고 덧붙이고 있습니다. 즉 30장은 야곱이 인간적인 방법을 써서 부자가 되었다고 말하고 있는데, 31장에서는 그것이 하나님의 축복이었다고 말하고 있는 것입니다. 그래서 어떤 학자들은 야곱에 대한 기록이 두 가지가 있었으며, 따라서 30장과 31장은 서로 다른 문헌에서 나온 것이라고 주장하기도 합니다.

그러나 30장과 31장 사이의 모순은 그렇게 큰 문제가 아닙니다. 처음에 품삯을 계약할 때에는 분명히 점 있거나 아롱지거나 얼룩무늬가 있는 것은 다 주기로 약속했습니다. 그런 양이 몇 마리 되지 않았기 때문입니다. 그런데 매번 점박이에 얼룩이인 새끼들이 태어나면서 야곱이 갑자기 부자가 되어 버리자, 라반이 계약을 바꾸어 점 있는 것만 가져가라고 한 것입니다. 그랬더니 이제는 점 있는 것만 나왔습니다. 약이 오른 라반이 이번에는 얼룩진 양만 가지라고 했습니다. 그랬더니 또 하나같이 얼룩진 것들만 나왔습니다.

무슨 말입니까? 처음에는 야곱이 하나님의 신실하심을 믿지 못해서 나뭇가지를 사용하는 인간적인 방법을 썼습니다. 그러나 나중에는 이런 인간적인 방법을 쓸 필요가 없었습니다. 말이 떨어지기가 무섭게 그대로 되었기 때문입니다. 야곱이 "점!" 하면 전부 점박이가 나옵니다. "얼룩무늬!" 하면 전부 얼룩이가 나옵니다. 나뭇가지를 세워 둘 필요가 없었어요. 하나님이 직접 복을 주고 계셨습니다.

즉 하나님의 능력을 믿지 못해서 인간적인 방법을 쓰는 야곱에게 하나님께서 "얘야, 그럴 필요 없다. 지금 네가 환상으로 보지 않았느냐? 라반이 어떤 기준을 세우더라도 전부 네 것이 될 테니 이젠 인간적인 방법을 쓸 필요가 없다"고 말씀하시는 것입니다. 야곱은 처음에 자기 머리로 재산을 모은다고 생각했습니다. 그런데 조금 지나고 보니 그게 아니었습니다. 하나님께서 복을 쏟아 부어 주고 계셨습니다.

야곱이 자기 아내들을 설득한 내용이 무엇입니까? "당신들 아버지니 당신들이 더 잘 알지 않소? 당신들 아버지는 품삯을 열 번이나 바꾸었소. 그렇게 변덕스럽고 이기적인 사람이 어디 있단 말이오? 그러나 내 아버지의 하나님은 지금까지 한 번도 속이시거나 약속을 어기신 적이 없었소"라는 것입니다. 그는 이렇게 말하면서 하나님의 말씀을 인용합니다.

> 나는 벧엘 하나님이라 네가 거기서 기둥에 기름을 붓고 거기서 내게 서원하였으니 지금 일어나 이 곳을 떠나서 네 출생지로 돌아가라 하셨느니라(31:13).

이것이 야곱의 전도였습니다. 하나님은 참으로 신실하시며 믿을 수 있는 분이라는 것입니다. 그런 분이 우리를 부르고 있으니

가야 한다는 것입니다. 이 변덕스럽고 이기적인 라반을 믿고 언제까지나 여기 머물 것이 아니라 신실하신 하나님께 돌아가자는 것입니다.

우리가 하나님의 부르심을 따라갈 수 있는 이유가 무엇입니까? 그분은 참으로 신실한 분이시기 때문입니다. 참으로 믿을 수 있는 분이시기 때문입니다. 우리가 살고 있는 이 세상은 너무나도 불확실합니다. 언제 무슨 일이 일어날지 모릅니다. 그러나 하나님은 신실한 분이십니다. 그 하나님이 우리와 함께하겠다고 말씀하시면서 우리를 부르고 계십니다.

오늘날 많은 사람들이 결단을 내리지 못하는 것은 하나님을 오해하고 있기 때문입니다. 그들은 예수 믿는 것을 이 세상 모든 재미를 포기하고 수도승처럼 채소나 먹으면서 사는 일로 생각합니다. 어떤 점에서는 그런 부분도 없지 않을 것입니다. 그러나 성경이 말씀하고 있는 것이 무엇입니까? 예수님은 "내가 온 것은 양으로 생명을 얻게 하고 더 풍성히 얻게 하려는 것이라"(요 10:10)고 하셨습니다. '이 세상이 말하는 것은 도적질하고 빼앗고 죽이려는 것뿐이지만 내가 온 것은 참으로 풍성한 삶을 주기 위한 것'이라는 뜻입니다. 야곱이 아내들을 설득하고 있는 부분이 바로 이 부분입니다. 즉 '하나님은 신실하신 분이며 반드시 풍성한 삶을 주신다. 그 하나님이 우리를 부르고 계신다'는 것입니다.

아내들의 반응

야곱의 이 설득에 아내들은 어떤 반응을 보였습니까? 야곱의 말을 인정하고 그와 함께 새로운 길을 떠나기로 결정했습니다. 14절부터 16절까지 보십시오.

라헬과 레아가 그에게 대답하여 가로되 우리가 우리 아버지 집에서 무슨 분깃이나 유업이나 있으리요 아버지가 우리를 팔고 우리의 돈을 다 먹었으니 아버지가 우리를 외인으로 여기는 것이 아닌가 하나님이 우리 아버지에게서 취하신 재물은 우리와 우리 자식의 것이니 이제 하나님이 당신에게 이르신 일을 다 준행하라

라헬과 레아는 아버지 집에 더 있어 봐야 얻을 것이 없으며 오히려 더 머뭇거리다가는 있는 재산도 빼앗길 것이라고 하면서 아무 미련 없이 함께 떠나겠다고 말하고 있습니다.

우리는 여기에서 묘한 아이러니를 느낄 수 있습니다. 이 아내들이 아버지 집을 떠나려고 하는 이유가 무엇입니까? 물론 아버지 라반보다 여호와 하나님이 더 신실하시다는 야곱의 말도 영향을 주었을 것입니다. 그러나 이 두 사람이 야곱을 따라나선 데에는 현실적인 이유가 더 크게 작용했습니다. 즉 하란에 있으면 재산을 다 빼앗길 것 같다는 두려움 때문에 선뜻 따라나서게 된 것입니다.

대개 사람들은 완전히 빈털터리가 되었을 때 하나님께 돌아갑니다. 예를 들어 사업이 망했거나 건강을 잃었을 때 돌아가는 것입니다. 그러나 야곱과 그 아내들은 반대로 오히려 재산이 있기 때문에 하나님께 돌아가려고 합니다. 즉 하란에 계속 머무르면 이 재산을 다 빼앗길 것이 분명한데 신실하신 하나님께 돌아가면 적어도 이 재산만큼은 지킬 수 있을 테니까 돌아가려는 것입니다.

저는 이것을 보면서 라헬과 레아가 참 지혜롭다는 생각을 합니다. 끝장을 보고 난 후에야 하나님께 돌아가는 것은 너무나도 어리석은 짓입니다. 하나님이 매를 드시면 너무나 아프게 때리십니다. 물론 재산이나 명예나 건강을 다 잃고 난 후에 빈손 들고 '천부여 의지 없어서' 찬송하면서 돌아오는 것도 감격스럽기는 하지요. 하지만 그 과정이 너무 힘듭니다. 자기의 형편과 주위의 세상을 돌아보고 '내가 이렇게 내 삶을 움켜쥐다가는 다 거덜나고 말겠구나,

나의 젊음을 다 망치겠구나, 그나마 가지고 있는 지식과 능력을 다 잃고 말겠구나' 생각해서 그것이라도 건지기 위해 하나님께 돌아가는 사람이 현명한 것입니다. 그러면 하나님께서 굉장히 귀하게 받아 주십니다.

제가 젊은이들에게 하고 싶은 말이 이것입니다. 모든 것을 다 경험한 후에, 재산 다 날아가고 건강 다 잃어버리고 맨바닥에 앉아서 돌아가는 것도 귀하고 은혜가 있어요. 그러나 아무것도 잃지 않은 상태에서 지금 가지고 있는 것을 빼앗기지 않을 생각으로, 하나님의 말씀만 듣고 시행착오 없이 자신을 하나님께 드리는 것도 귀한 일입니다. 그럴 때 하나님은 어떻게 하십니까? 우리의 모든 것을 지켜 주시고 우리의 모든 것을 유효하게 하십니다. 자신의 삶에 아직 가능성이 있고 세상적으로 자랑할 만한 것도 아직 있지만, 그것을 가지고 그대로 세상에 머문다면 전부 빼앗길 수밖에 없다는 것을 깨닫고 젊음과 직장과 가정과 가능성을 하나님께 다 맡기는 사람이 현명한 사람입니다. 우리 청년들 가운데 야곱처럼 약은 사람들이 많이 있기를 바랍니다.

모든 일은 반드시 성경대로 이루어지게 되어 있습니다. 두고 보십시오. 말씀대로 살지 않으면 반드시 그 결과를 보게 되어 있습니다. 물론 모든 것을 다 경험하고 난 후에 인생 밑바닥에 던져져서 '왜 진작 하나님의 말씀을 깨닫지 못했을까' 하면서 땅을 치며 회개하고 나아오는 것도 나쁜 것은 아닙니다. 끝까지 장렬하게 지옥으로 달려가는 것보다는 훨씬 나은 일이에요. 그러나 자기 하고 싶은 것 다 해 보고 인생 밑바닥에 떨어지고 나서야 하나님께 돌아오는 사람은 아무래도 두 번째 자리로 밀려날 수밖에 없습니다. 일단 나이가 너무 들었어요. 좋은 기회는 이미 다 탕진해 버리고 마지막 불꽃만 남아 있습니다. 이 마지막 불꽃을 하나님을 위해 태우는 것도 귀한 일입니다. 그러나 하나님은 공평한 분이십니다. 자기 일보다 하나님을 첫 번째로 생각하는 사람을 먼저 사용하십니다. 아직 시간도 남아 있고 이런 저런 일들을 할 수 있는 가능성도 남아 있는데 그것을 세상에서 쓰지 않고 미리 하나님께 드릴 때, 몇십 년의 시행착오를 줄일 수 있습니다.

두 번째 아이러니는 야곱이 하나님께로 돌아가려고 결단하자, 지금까지 그렇게 다투던 두 아내가 화해하게 되었다는 것입니다. 우리가 살펴보았듯이 지금까지 레아와 라헬은 칼만 들지 않았지 원수지간이나 마찬가지였습니다. 그런데 어떻게 이들이 이 어려운 시점에서 하나가 될 수 있었을까요?

이것은 우연의 일치가 아닙니다. 하나님의 백성이 하나님께로 돌아가기로 결단하기만 하면, 지금까지 복잡하게 얽혀 있던 주변의 모든 일들을 하나님께서 정리해 주십니다. 지금까지 왜 모든 것이 얽히고설켜 있었습니까? 야곱이 하나님께서 기뻐하시는 삶으로 돌아가지 않았기 때문입니다. 그러나 그가 하나님께로 돌아가기로 결단하자 헝클어진 서랍이 정리되듯이 모든 삶이 제자리로 돌아가고, 모든 관계가 바르게 회복되고 있습니다. 하나님의 백성의 삶이 복잡한 이유는 하나밖에 없습니다. 하나님께 돌아가겠다는 결단을 내리지 않았기 때문입니다. 그러면 모든 일과 인간관계가 실타래같이 얽혀서 도저히 해결되지 않습니다.

오늘 말씀이 우리에게 이야기하는 것이 무엇입니까? 신앙은 그냥 잘 먹고 잘사는 것이 아니라는 것입니다. 신앙은 경기요 연주입니다. 아무것도 없는 가운데 믿음으로 위기를 극복함으로써 하나님의 살아 계심을 나타내는 것입니다. 하란에서 다른 사람이 주는 밥이나 먹고 편안하게 사는 것은 믿음이 아닙니다. 아무것도 없는 가나안에서 하나님의 신실하심 하나 붙들고 어려움을 헤쳐 나가는 것이 믿음입니다.

우리가 살고 있는 이곳은 하란입니다. 모든 것이 보장되어 있습니다. 좋은 직장과 학벌만 있으면 두려울 것이 없는 곳입니다.

그러나 여기에서 일어나야 합니다. 일어나서 라반을 배신하고, 하란이 제공하는 편안한 삶을 거부하고, 이 세상이 주는 보장된 미래를 떨쳐 버리고, 다시 믿음의 걸음을 걸어 나가야 합니다.

하나님의 신실하심을 붙들고 하나님께서 기뻐하시는 삶을 향해 나아갑시다. 그럴 때 내 모든 복잡한 문제가 저절로 해결될 것이며, 내가 인간적인 방법을 쓸 여지 없이 하나님께서 나의 삶에 개입하시는 것을 보게 될 것입니다.

19

영광의 탈출

요즘 많은 북한 동포들이 목숨을 걸고 북한을 탈출하여 중국을 거쳐 한국으로 넘어오고 있습니다. 얼마 전에는 열 명이 넘는 가족이 집단으로 두만강을 건너고 중국 대륙을 가로질러 홍콩을 통해 귀순한 경우도 있었습니다. 이들 중에는 중풍에 걸려서 거동이 불편한 노인도 있었고 아직 초등학교도 들어가지 못한 어린아이들도 있었습니다. 만일 그들이 국경을 넘다가 발각이라도 되는 날에는 죽임을 당할 수밖에 없습니다. 그리고 국경을 넘는다고 해서 모든 것이 보장되는 것도 아닙니다. 실제로 중국에서 체포되어 압송되는 사람들도 많다고 합니다.

그럼에도 불구하고 그들이 목숨을 건 탈출을 시도하는 이유가 무엇입니까? 그것은 그들이 자유 세계에 대한 소문을 들었기 때문입니다. 만일 자유에 대한 소문을 듣지 못하고 자신에게 주어진 삶을 운명으로 여겼다면, 한두 명도 아닌 온 가족의 목숨을 걸고 그렇게 탈출할 리가 없습니다. 그들은 자유 세계에 대한 소문을 들었습니다. 그 소문을 듣고 나니 지금 자신들이 사는 세계에서 산다는 것은 사실 사는 것이 아니라 죽은 것이었습니다.

이렇게 목숨을 걸고 탈출하는 일은 북한에만 있는 현상이 아닙니다. 독일이 통일되기 전에도 많은 동독 사람들이 자유의 세계를 향해 목숨을 건 탈출을 시도했습니다. 지금도 쿠바 같은 곳에서는 형편없는 뗏목을 타고 바다로 나갔다가 강한 파도에 휩쓸려 목숨을 잃는 사람들이 있습니다. 그럼에도 불구하고 자유를 향한 탈출은 중단되지 않고 있습니다.

우리는 오늘 본문에서 야곱이 자기 가족들을 데리고 목숨을 건 탈출을 시도하는 것을 보게 됩니다. 이 경우에 특이한 점은 이것이 자유를 향한 탈출이 아니라는 것입니다. 물론 야곱은 그동안 외삼촌 라반의 집에서 종으로 일을 했습니다. 그러나 처음에는 어디까지나 자신이 자원해서 일을 했고, 그 후에는 엄연히 품삯을 받는 노동자로서 일을 했습니다. 야곱은 하란에서 이미 많은 재산을 모았고 아무 걱정 없이 먹고살 만큼 부자가 되었습니다. 그럼에도 불구하고 그는 가족들을 다 데리고 목숨을 건 탈출을 시도하고 있습니다. 이것은 자유를 향한 탈출이 아닙니다. 자유 이상의 목표를 향한 탈출입니다.

그 목표가 무엇입니까? 하나님의 영광을 다시 체험하는 것입니다. 만약 야곱이 아버지 집에서 도망치다가 벧엘에서 하나님을 만나는 경험을 하지 않았더라면 그는 이곳에서 탈출해야 할 이유를 몰랐을 것입니다. 야곱은 아버지 집에서 형을 피해 목숨을 걸고 탈출했습니다. 그러나 지금은 목숨을 위협하는 사람이 없는데도 탈출을 시도하고 있습니다. 그 이유가 무엇입니까?

그는 이미 엄청난 것을 맛보았기 때문입니다. 벧엘에서 하나님을 만났던 체험이 마음속 깊이 새겨져 있어서 도저히 지워지지가 않았습니다. 그곳으로 돌아가지 않으면 만족되지 않는 갈급함이 늘 가슴속에 있었습니다. '이건 사는 게 아니야. 나는 돌아가야 해. 그 영광의 자리로 돌아가야 해.' 야곱의 머릿속을 늘 지배하고 있는 것은 벧엘에서 만난 바로 그 영광의 하나님이었습니다. 그는 자신이 벧엘로 돌아가야 한다는 것을 알고 있었습니다.

그러나 현실적인 여건들이 그의 발목을 잡았습니다. 그것이 무엇입니까? 사랑하는 여인과의 결혼이었습니다. 그는 라헬을 놓치고 싶지 않았습니다. 그래서 그와 결혼하려고 7년 동안 종살이를 했습니다. 그러나 그 7년은 7년으로 끝나지 않았습니다. 외삼촌 라반에게 속아서 레아까지 떠맡게 되었고 첩까지 두 명 더 생겼기 때문입니다. 그 사이에 무려 열두 명의 아이들이 태어났고 그 아이들을 먹여 살리려면 재산이 필요했습니다. 그래서 품삯을 벌기 위해 또다시 6년을 일했습니다. 눈 깜짝할 사이에 20년이 지나가 버렸습니다.

그러나 이제는 도저히 참을 수가 없었습니다. 그래서 그는 탈출을 시도했습니다. 무엇을 위한 탈출입니까? 먹고 살기 위한 탈출도 아니고 자유를 위한 탈출도 아닙니다. 하나님의 영광을 회복하기 위한 탈출입니다. 이것은 이 세상에서 인간이 할 수 있는 최고로 가치 있는 탈출입니다.

공산 정권 아래서 압제에 신음하다가 자유의 세계로 탈출했을 때 그 자유가 얼마나 소중하겠습니까? 우리는 늘 자유를 누려 왔기 때문에 그 소중함을 잘 모르지만 공산 정권에서 탈출한 사람들은 숨 쉬는 공기까지 그렇게 편안할 수 없습니다. 사람이 자기가 하고 싶은 말을 할 수 있다는 것이 얼마나 귀한 일입니까? 그러나 그보다 더 중요한 것은 자기가 알고 있는 하나님을 마음껏 예배하고 마음껏 찬양하며 그 하나님께 온전히 헌신할 수 있는 특권입니다.

어렸을 때 어떤 가톨릭 신부가 개종한 수기를 읽은 적이 있습니다. 그는 더 거룩해지기 위해서 날마다 채찍으로 자신의 등을 때렸고, 더 거룩해지기 위해서 잠도 자지 않고 식사도 하지 않았으며, 더 거룩해지기 위해서 수많은 시간을 기도했고 수많은 기도문을 외웠습니다. 그러나 그는 진정한 양심의 평안을 얻을 수 없었고, 늘 죄의식에 시달려야 했습니다. 그러던 어느 날 그는 개신교로 개종하기로 결심했습니다. 그에게 이런 생각이 있다는 것을 알아챈 주위 친구들은 그를 철저히 감시하기 시작했습니다. 드디어 탈출하기로 한 날이 되었습니다. 그는 입고 있던 성직자의 옷을 벗고 묵주를 버린 채 하수구와 담을 넘어서 자기가 알고 있는 목사에게로 도망을 쳤습니다. 그것은 목숨을 건 탈출이었습니다.

지금 야곱의 탈출은 먹고 살기 위한 탈출이 아닙니다. 하나님의 영광을 되찾기 위한 탈출입니다. 그는 벧엘에서 하나님이 어떤 분인지 보았습니다. 먹을 것도 없었고 입을 것도 없었지만 자기 영혼을 충만함으로 가득 채우던 기쁘고 평안한 밤을 경험했습니다. 그러나 지금까지 그는 전심으로 하나님을 사랑할 수 없었습니다. 마음의 일부는 아내가 차지하고 있었고 또 다른 일부는 재산에 대한 욕심이 차지하고 있었습니다. 많은 재물이 있었고 많은 아내가 있었고 많은 자식이 있었음에도 불구하고 그는 결코 행복하지 않았습니다. 그의 마음속에는 도저히 채워지지 않는 영혼의 갈급함이 있었습니다. 그는 마치 열병에 걸린 사람 같았습니다. 벧엘로 돌아가지 않으면 죽을 것 같았습니다. 그래서 그 영광의 하나님을 다시 만나기 위하여 가족들과 함께 목숨을 건 탈출을 시도합니다.

우리가 만약 예배를 드리지 못하도록 억압하는 가정이나 우상 숭배를 강요하는 사회 분위기 속에서 교회에 다니고 있다면, 예배드릴 때 너무나 감격스러운 나머지 찬송도 제대로 부르지 못할 것입니다. 그러나 우리는 이미 하나님을 예배할 자유를 누리고 있기 때문에 그 중요성을 깨닫지 못하고 있습니다.

남자분들은 아마 훈련소에서 처음 예배드렸던 날을 기억할 것입니다. 군대에는 자유가 없고 모든 부분에서 구속이 많습니다. 어떤 주일에는 도저히 교회에 못 갈 상황인데 어찌어찌해서 간신히 예배를 드릴 수 있게 되는 경우도 있습니다. 그날은 목사님이 무슨 설교를 해도 은혜 받게 되어 있습니다. 이런 경험이 있는 분들은 눈물범벅이 되어 예배드리는 것이 어떤 것인지 조금은 알 겁니다.

만약 속박당하고 억압받는 가운데 딱 한 시간이나 두 시간

정도 마음껏 예배드릴 기회가 주어진다면 우리는 과거에 경험했던 그 영광을 되찾기 위해서 몸부림칠 것입니다. 그러나 우리에게는 선택의 자유가 주어져 있기 때문에 예배의 소중함을 제대로 느끼지 못하고 있습니다.

야곱의 소유

아마 다른 사람들은 도저히 야곱의 탈출을 이해하지 못할 것입니다. 왜냐하면 그는 여기에 머물러 있어도 어느 것 하나 답답할 것이 없는 사람이었기 때문입니다. 그는 밧단아람에서 가장 부자에 속하는 사람이었습니다. 그에게는 이미 두 명의 아내와 두 명의 첩이 있었으며 열두 명의 아이와 많은 재산이 있었습니다. 그는 새로운 탈출을 시도할 이유가 없는 사람이었습니다. 그러나 그에게는 이런 것만으로는 도저히 만족될 수 없는 영혼의 갈급함이 있었습니다.

31장 17절부터 18절까지 보십시오.

> 야곱이 일어나 자식들과 아내들을 약대들에게 태우고 그 얻은 바 모든 짐승들과 모든 소유물, 곧 그가 밧단아람에서 얻은 짐승을 이끌고 가나안 땅에 있는 그 아비 이삭에게로 가려 할새

여기서 중요한 것은 야곱이 자기 재산을 다 가지고 탈출하려 했다는 것입니다. 그 많은 양 떼와 소 떼를 이끌고 탈출한다는 것은 쉬운 일이 아닙니다. 하나님의 영광을 위하여 탈출한다고 하면서 굳이 이 재산을 다 가지고 탈출해야 하겠습니까? 그 정도 재산쯤은 포기할 수도 있는 것 아닙니까? 그러나 야곱은 자기 재산을 전혀 포기하지 않고 전부 다 가지고 나왔습니다. 그 이유가 무엇입니

까?

무엇보다 먼저 야곱에게는 '재산은 하나님이 주신 선물'이라는 확고한 믿음이 있었습니다. 따라서 절대로 포기할 수 없고 빼앗길 수 없다는 것입니다. 그뿐만 아니라 구약 시대 사람들에게 하나님을 섬긴다는 것과 생활은 별개의 것이 아니었습니다. 이스라엘 백성들이 애굽을 떠나겠다고 했을 때 바로는 가축들은 두고 가라고 했습니다. 그때 이스라엘 백성들의 대답이 '우리는 반드시 가축으로 제사를 드려야 하는데 어느 것을 제물로 드릴 것인지 미리 정해져 있지 않다'는 것이었습니다. '예배용 가축'이 따로 정해져 있지 않다는 말입니다. 그러므로 일단 다 데리고 갔다가 하나님이 바치라고 하는 짐승을 바쳐야 한다고 대답했습니다.

물론 어떻게 들으면 재산을 다 가지고 떠나기 위한 핑계라고 생각할 수 있습니다. 그러나 다른 한편으로 이것은 사실이었습니다. 이스라엘 백성들에게는 '예배용'이라는 것이 따로 구별되어 있지 않았습니다. 예배용 옷, 예배용 가축, 예배용 헌금이 따로 없었어요. 그들의 삶 전체가 예배였고 그들의 소유 전체가 하나님의 것이었습니다.

야곱에게 신앙이란 처자식과 재산은 그대로 내버려 둔 채 자기 몸만 가서 한 번 예배드리고 오는 것이 아니라, 하나님 앞에 전부 다 끌고 가서 그 앞에서 먹고 자고 사는 것이었습니다. 지금 야곱은 일거수일투족까지 라반의 감시를 받으며 살고 있습니다. 그런데 자신의 모든 것을 하나님 앞으로 끌고 가서 라반 대신 하나님 앞에서 살겠다는 것입니다. 이처럼 자신의 일거수일투족을 하나님 앞에서 하는 것, 취미생활과 인간관계를 다 하나님 앞에 다 가지고 가서 그 앞에서 사는 것이 곧 신앙이고 예배입니다.

예를 들어 어떤 그리스도인이 장사를 한다고 합시다. 그는 주일 예배 시간이 되면 가게 문을 닫고 교회에 가서 예배드리고 난 후 돌아와서 다시 가게 문을 엽니다. 물론 그것도 그런 대로 좋은 신앙입니다. 그러나 지금 야곱이 하려는 일은 그런 것이 아닙니다. 그가 하려는 일은 가게를 통째로 하나님 앞으로 들고 가서 벧엘에서 장사를 하는 것입니다. 하나님 앞에서 물건 팔고 사람 만나고 잠자고 먹고사는 것, 이것이 야곱의 신앙이었습니다. 도서관에서 공부하던 학생이 예배시간을 지키기 위해 가방을 둔 채 성경책만 가지고 가서 예배드리고 다시 도서관에 와서 공부하는 것도 귀한 일입니다. 그러나 이스라엘 백성들이 생각하는 신앙은 그것이 아닙니다. 도서관을 통째로 하나님 앞에 옮겨다 놓고 그 앞에서 공부도 하고 예배도 드리고 잠도 자고 사람도 만나는 것이 그들의 신앙이었습니다.

참된 신앙은 생활과 별개의 것이 아닙니다. 참된 신앙이란 하나님은 특정 지역에 한정되어 계시고 나는 내 나름대로 생활하다가 일주일에 한 번씩 그 앞에 나가서 예배드리는 것이 아닙니다. 이스라엘 백성들이 가장 타락했을 때, 하나님을 가장 업신여겼을 때 나타난 현상이 바로 그런 것이었습니다. 하나님을 성전이나 어느 지역에만 제한시켜 놓고 자기는 제멋대로 살다가 예배 시간에만 얼굴 말끔하게 씻고 나와서 예배드리고 가는 것입니다.

야곱은 자기의 모든 것을 하나님의 영광의 빛 앞으로 끌고 가서 거기에서 하나님이 좋아하시는 것은 하고 하나님이 싫어하시는 것은 얼마든지 포기하겠다는 마음으로 온 가족과 전 재산을 끌고 벧엘로 가고 있습니다.

하나님께서 우리에게 원하시는 것이 무엇입니까? 한두 시간의 예배가 아닙니다. 우리의 삶 전체를 말씀의 빛 아래로 끌고 오는 것입니다. 내가 지금 살고 있는 것, 돈 벌고 있는 것, 만나고 있는 사람들, 취미생활, 텔레비전, 다리미, 전부 다 들고 와서 하나님의 말씀의 빛 아래에서 사는 것입니다. 그리하여 우리의 삶 전체가 하나님께서 기뻐하시는 것이 되도록 만드는 것입니다. 이것이 부흥이요 하나님의 영광이 우리의 삶 가운데서 회복되는 길입니다.

회사 문제를 가지고 혼자서 고민하고 있습니까? 회사에서 내가 하고 있는 일 전체를 하나님 앞으로 가지고 오는 것이 신앙입니다. 내가 만나는 사람과 돈 버는 목적과 직장에서 일하는 방식을 전부 말씀의 빛 아래 다 가지고 와서 하나님께 물어 보십시오. 그리고 하나님이 기뻐하시는 것은 하고 싫어하시는 것은 버리십시오. 거기에 영광이 있습니다.

오늘날 왜 우리 예배에 영광이 없습니까? 왜 그렇게 기쁨이 없고 눈물이 없습니까? 몸만 왔기 때문입니다. 내가 좋아하는 것은 다 뒤에 숨겨 놓고 몸만 달랑 와 있기 때문에 영광이 없는 것입니다. 생활이 뒤따르지 않는 예배는 자기기만입니다. 하나님을 바로 섬기기 위해서는 지금 나에게 속해 있는 모든 것을 말씀의 빛 아래 가지고 와야 합니다. 나의 생활 전부를 다 가지고 와야 합니다. 돈 버는 것과 취미생활하는 것과 만나는 사람들 전부를 하나님 앞에 가지고 와서 "하나님이 원하시는 것을 하겠습니다. 그렇지 않은 것은 포기하겠습니다" 하고 결심해야 합니다. 이럴 때 그의 마음은 이미 하나님을 향한 사랑으로 불타오르고 있는 것이며, 그때부터 하나님의 영광은 쏟아지기 시작하는 것입니다.

떠나는 방법

야곱이 라반의 집을 떠나는 방법에는 여러 가지가 있었을 것입니다. 그는 정중하게 미리 통보하고 모든 예의를 갖춘 후에 송별식까지 하고 떠나는 대신 탈출하는 방법을 택했습니다. 그 이유가 무엇입니까? 라반이 절대로 자기를 보내 주지 않을 것을 알았기 때문입니다. 나중에 라반은 이 부분을 두고서 이렇게 야곱을 책망합니다.

라반이 야곱에게 이르되 네가 내게 알리지 아니하고 가만히 내 딸들을 칼로 잡은 자같이 끌고 갔으니 어찌 이같이 하였느냐 내가 즐거움과 노래와 북과 수금으로 너를 보내겠거늘 어찌하여 네가 나를 속이고 가만히 도망하고 내게 고하지 아니하였으며 나로 내 손자들과 딸들에게 입맞추지 못하게 하였느냐 네 소위가 실로 어리석도다(31:26-28).

이것은 거짓말입니다. 무려 20년 동안이나 라반의 집에서 살아온 야곱은 그의 됨됨이를 잘 알고 있었습니다. 라반은 야곱을 보낼 사람이 아닙니다. 야곱은 황금알을 낳는 거위입니다. 이 사람만 붙들고 있으면 저절로 돈이 생기는데 순순히 보낼 턱이 없습니다. 야곱이 처음 라헬과 결혼하려고 했을 때 라반은 레아를 끼워 팔기 식으로 떠안겼습니다. 또 야곱이 요셉을 낳은 후 떠나겠다고 하자 하나님의 축복 운운하면서 품삯을 가지고 야곱을 붙들었습니다. 이번에도 분명히 라반은 야곱이 외국인이라는 약점을 이용해서 모든 재산을 빼앗고 그를 붙들어 둘 것입니다. 야곱은 탈출 외에는 이곳을 떠날 길이 없으며, 라반과 좋은 관계를 맺고 있는 상태에서는 결코 그의 집을 떠날 수 없다는 것을 깨달았습니다.

야곱은 탈출을 위해서 상당한 준비를 했습니다. 우선 그는 낙타를 여러 마리 사 두었습니다. 이 더운 곳에서 부녀자들을 빨리 이동시키기 위해서는 낙타가 최적의 운송 수단이었기 때문입니다. 그리고 탈출의 시기로 라반이 양털 깎는 때를 택했습니다. 목축업자들에게 양털 깎는 때라는 것은 농민들의 추수 때와 같습니다. 이 때는 큰 축제나 다름없는 시기이기 때문에 아무래도 야곱에 대한 감시가 소홀해질 수밖에 없었습니다.

정상적인 방법으로는 하나님께 돌아갈 수 없습니다. 예의 차릴 것 다 차리고 갖출 것 다 갖추려 들면 절대로 하나님께 돌아갈 수 없습니다. 특히 하나님께 돌아가는 데 가장 큰 걸림돌은 가까운 사람들입니다. 나를 사랑해 주고 아껴 주고 키워 준 사람들이 길을 막는 경우가 많습니다. 그래서 예수님께서는 누구든지 자기 부모나 형제를 미워하지 않고서는 그분의 제자가 될 수 없다고 말씀하셨습니다.

야곱의 탈출에는 많은 장애가 있었습니다. 무엇보다 가족들의 동의를 얻어야 했고 유브라데스 강이라는 만만치 않은 장애도 가로놓여 있었습니다. 그뿐만 아니라 라반이 곧 추격해 올 것입니다. 본문에서는 야곱이 이 강을 어떻게 건넜는지 설명하고 있지 않습니다. 여하튼 야곱은 유브라데스 강을 건너 길르앗을 목표로 죽어라고 달려갔습니다. 길르앗을 통과해서 얍복 강만 건너면 가나안이고, 거기로만 들어가면 라반이 더 이상 추격하지 못할 것이기 때문입니다. 21절을 보십시오.

<u>그가 그 모든 소유를 이끌고 강을 건너 길르앗산을 향하여 도망한지</u>

이스라엘 백성들이 애굽을 떠날 때 하나님께서는 허리에 띠를 띠고 손에 지팡이를 잡고 급히 음식을 먹으라고 명령하셨습니다. 원래 이스라엘 백성들은 먹는 것 하나만큼은 여유가 있는 사람들이었습니다. 길게 드러누워서 소화시켜 가면서 먹었어요. 그러나 애굽을 떠날 때에는 서서 급히 먹게 하셨습니다. 그 이유가 무엇입니까? 하나님께 돌아가는 것보다 급한 일이 없기 때문입니다. 죄에서 떠나는 것보다 급한 일이 없기 때문입니다.

그럴 때 해야 하는 일이 배신입니다. 가까운 사람들의 기대를 배신하지 않으면 절대로 하나님께 돌아가지 못합니다. 병원 앰뷸런스가 환자들을 수송할 때 신호 다 지키는 것 봤습니까? 사람이 죽어가고 있는데 앰뷸런스가 신호등마다 다 기다리면서 여유 부리며 간다면 그 안에 있는 환자는 아마 죽어도 몇 번은 죽을 것입니다. 앰뷸런스는 법규를 위반하고서라도 빨리 가야 합니다. 죄에서 떠날 때에도 마찬가지입니다. 하나님께 돌아가려고 할 때 인정 찾고 체면 찾으면 절대로 못 돌아갑니다.

지금 내가 새장에 갇힌 새처럼 악의 세력에 걸려들었다는 생각이 들었다면, 무슨 수를 써서라도 빠져나와야 합니다. 온갖 지혜를 다 짜내서 빠져나와야 해요. 그럴 때 그들과의 신뢰관계를 생각한다든지 그들의 은혜에 감사하려고 한다든지 의리를 지키려고 들면 절대로 못 빠져나옵니다. 내가 무언가 잘못된 관계에 얽혀 들었다고 생각될 때에는 무조건 도망쳐야 합니다. 이러한 배신과 탈출의 방법 외에는 하나님께 돌아갈 수 있는 길이 없습니다.

라반의 추격

야곱이 도망친 지 사흘 후에 라반은 이 사실을 알게 되었습니다. 그가 어떤 반응을 보였을 것 같습니까? 처음에는 아마 불같이 화를 냈을 것입니다. "제까짓 게 감히 도망을 쳐? 20년 동안이나 나를 섬긴 종 주제에 감히 도망을 치다니!" 그러고 나서 자기 재산을 확인해 보았을 것입니다. 재산 중에는 별로 손해 본 것이 없는 것 같습니다. 양이나 소가 대충 다 있습니다. 그런데 가장 중요한 것이 하나 없어졌습니다. 자기 집의 수호신인 드라빔이 없어진 것입니다. 이것을 안 라반은 더 엄청나게 화가 났을 것입니다. 드라빔은 라반이 이 세상에서 가장 아끼는 물건이었기 때문입니다. 라반은 추격대를 만들어서 야곱을 쫓아갔고, 결국 그의 덜미를 잡았습니다.

라반이 그 형제를 거느리고 칠일 길을 쫓아가 길르앗 산에서 그에게 미쳤더니(31:23).

하란에서 길르앗까지는 약 400킬로미터 이상이 되는 것으로 알려져 있습니다. 그 옛날에 이렇게 빨리 간 것을 보면 야곱이 얼마나 결사적으로 도망쳤는지 알 수 있습니다. 라반이 추격대를 조직하는 데 하루이틀 정도는 걸렸을 것이고 7일간 추격했다고 했으니 야곱은 약 열흘 만에 길르앗까지 도망친 것입니다. 이제 요단강만 건너면 가나안이고 그러면 자유의 몸이 됩니다. 그런데 그 직전에서 야곱은 덜미를 잡히게 되었습니다.

야곱이 하나님만을 전심으로 섬기고 그 영광을 되찾기 위해 탈출했을 때 어떤 일이 일어났습니까? 라반이 주위 사람들을 다 이끌고 추격해 왔습니다. 왜 추격했습니까? 야곱을 영원한 자기의 종으로 여겼기 때문입니다. 얼마든지 부려먹을 수 있다고 생각했던 야곱이 도망을 치자, 라반은 극도의 배신감을 느끼지 않을 수 없었습니다.

세상은 우리가 이 세상만 생각하면서 이 세상을 위해 한평생 봉사하기를 바랍니다. 그런데 세상을 위해 살지 않고 하나님만을 위하여 살려고 할 때 이 세상은 우리에게 배신감을 느낍니다. 세상은 결코 중립적이지 않습니다.

학교에 다니는 자녀를 둔 부모님은 아이들이 공부만 하기를 바랍니다. 아이가 시험공부 하다가 중간에 예배드리러 가면 그렇게 화가 날 수가 없어요.

"공부만 해도 시간이 모자랄 텐데 피곤하게 꼭 교회까지 가야겠니?"

"저는 안 피곤해요."

"피곤하다면 피곤한 줄 알아!"

또 교회 간다고 친척 모임에 가지 않으면 친척들이 막 화를 내면서 믿어도 더럽게 믿는다고 욕을 합니다. 왜 그렇습니까? 친척들은 자신들을 우선적으로 생각해 주기를 바라기 때문입니다. 자신들을 먼저 챙긴 다음에도 시간이 남으면 예배를 드리든지 텔레비전을 보든지 잠을 자든지 마음대로 하라는 것입니다.

이것은 그들 자체에게 문제가 있어서라기보다는 그들 뒤에 어떤 영이 있기 때문에 일어나는 일입니다. 마귀는 세상이라는 미끼로 모든 사람을 묶어 놓았습니다. 그래서 늘 이 세상만 바라보고 이 세상과 좋은 관계를 맺고 지내면서 하나님께 돌아가지 못하도록 막고 있습니다. 그런데 우리가 이 세상이 주는 것들이 아무것도 아니라는 사실을 알고 하나님께 돌아가려고 결단할 때, 세상의 모든 것을 동원해서 우리를 대적하는 것입니다. 무엇보다 우리 몸이 먼저 거부반응을 일으킵니다. 하나님만 전심으로 섬기려고 하면 마음속에 불안이 올라와요. '그러면 도대체 나는 뭐가 되는 거야? 세상에서 재미있는 것들은 하나도 누리지 못하고 완전히 중이나 수도사처럼 살게 되는 거 아니야?' 그리고 갑자기 가족들과의 관계가 악화됩니다. 회사나 친구들로부터도 반대가 옵니다.

왜 이런 일이 일어납니까? 이 세상 전체가 사탄의 지배 아래 있기 때문입니다. 세상은 자기를 떠나는 자를 절대로 그냥 두지 않습니다. 미워해도 그렇게 미워할 수가 없습니다. 세상만 바라보고 살면 승진도 시켜 주고 돈도 주고 편안한 생활도 보장해 줄 텐데 왜 자꾸 딴 짓을 하느냐는 것입니다. 세상과 타협만 하면 위기가 없습니다. 그러나 전심으로 하나님을 섬기고 그 영광을 되찾겠다고 결심하는 순간부터 난리가 납니다.

라반이 야곱을 추격했을 때 하나님이 어떻게 하셨습니까? 라반에게 나타나셔서 절대로 야곱을 해치지 못하게 하셨습니다.

> 밤에 하나님이 아람 사람 라반에게 현몽하여 가라사대 너는 삼가 야곱에게 선악간 말하지 말라 하셨더라(31:24).

성경은 간단하게 '밤에 하나님이 라반에게 나타나셨다'고 기록하고 있습니다. 그러나 실제로 라반이 경험한 일은 그렇게 간단한 것이 아니었을 것입니다. 하나님의 선지자들도 꿈에 하나님의 계시를 받을 때에는 초주검이 되곤 했습니다. 하나님께서 꿈에 라반에게 나타나셨다는 것은 라반의 꿈속에 나와서 그냥 듣기 좋게 이야기하신 것이 아니라 그를 거의 초주검으로 만들어 놓으셨다는 뜻입니다. 라반은 '사람이 이렇게 죽을 수도 있겠구나'라고 생각할 정도로 엄청난 계시의 무게를 체험했습니다. 그렇지 않았다면 야곱을 이렇게 호락호락 보내 줄 리가 없습니다.

이 세상에서 가장 고귀한 결단이 무엇입니까? 하나님을 온전히 섬기겠다는 결단입니다. 먹고사는 문제에 매여 있고 직장에 매여 있던 사람이 이제는 온전히 하나님을 섬기겠다는 결단을 내릴 때, 그의 길을 막을 수 있는 것은 아무것도 없습니다. 이스라엘 백성들이 하나님을 예배하기 위해서 애굽을 떠날 때 모세가 바로에게 계속 말한 것이 무엇입니까? '내 백성을 가게 하라'는 것입니다. '그들을 막으면 너는 죽는다'는 것입니다.

이 세상에서 가장 영광스럽고 복된 걸음이 무엇입니까? 죄에 빠져 있다가, 하나님과 사람과 돈으로 마음이 나뉘어 있다가, 이제는 온전히 하나님을 섬기겠다고 결단하며 내딛는 걸음입니다. 그 걸음은 어느 누구도 막을 수가 없습니다. 우리가 온전히 하나님을 따르기 위해 결단을 내릴 때 하나님의 능력이 함께합니다. 아주 작은 결심에도 하나님의 능력이 나타납니다.

지난주에 저는 하나님을 더 온전히 사랑하기 위하여 말하기도 부끄러울 정도로 아주 작은 결심을 몇 가지 했습니다. 그런데 하나님께서 모든 환경에까지 섭리하시는 것을 느낄 수 있었습니다. 저는 이것을 보면서 하나님이 이런 결심을 얼마나 기뻐하시는지 절감할 수 있었습니다. 그다음 나타난 축복이 얼마나 컸는지는 말로 표현할 수가 없습니다.

우리가 하나님의 능력을 체험하지 못하는 이유가 무엇입니까? 자신의 형편이나 주위 사람들만 생각하기 때문입니다. 내가 하나님을 온전히 사랑하기 위해 내리는 작은 결단을 하나님께서 얼마나 기뻐하시며 얼마나 큰 능력으로 지켜 주시는가를 믿지 못하기 때문입니다. 첫걸음을 뗄 생각은 하지 않고 자꾸 엄청난 일을 하려고 하기 때문입니다.

그러나 여러분, 하나님께서 우리에게 원하시는 것은 엄청나게 큰 일이 아닙니다. 아주 작은 결심입니다. 우리가 하나님을 향해 아주 작은 첫걸음만 옮겨도 우리가 알지 못하는 사이에 그분의 능력이 나타나기 시작합니다.

무서운 함정과 야곱의 경솔함

야곱의 탈출에는 아주 무서운 함정이 있었습니다. 그것은 야곱의 모든 탈출 계획을 완전히 수포로 돌아가게 만들 뻔한 함정이었습니다. 그것이 무엇입니까? 라헬이 훔친 라반의 작은 신상이었습니다. 19절 하반절을 보십시오.

라헬은 그 아비의 드라빔을 도적질하고

'드라빔'이 무엇인지는 정확하게 알 수 없습니다. 단지 사람의 모양으로 만들어진 가정의 수호신상으로서, 숭배의 목적으로 사용되기도 하고 마스코트처럼 행운을 안겨다 주거나 재앙에서 지켜준다고 믿었던 작은 인형이었던 것 같습니다. 라반은 이 드라빔을 무척이나 아꼈습니다. 또 라헬이 도망쳐 나오면서 하필 이 드라빔을 훔친 것을 보면 그 역시 평소에 이것을 무척이나 가지고 싶어했던 것 같습니다.

올림픽이나 큰 행사에는 마스코트가 등장합니다. 대개 짐승을 형상화한 이 마스코트들은 그 행사에 대한 친근감이나 그 행사가 잘 치러질 것 같은 기대감을 불러일으킵니다. 군인들도 작전을 수행하러 가거나 전쟁터에 나갈 때 이런 마스코트를 꼭 가지고 갑니다. 자신을 위험으로부터 지켜 주기를 기대하면서, 아내나 애인이 준 반지라든지 여배우의 사진 같은 것을 생명처럼 품고 가는 것입니다. 아마 라헬도 이런 이유에서 드라빔을 훔쳤을 것입니다.

라헬이 '아버지, 제가 이 우상을 가져갈 테니 더 이상 우상 숭배하지 마세요' 하는 의미에서 가져갔다고 보는 사람도 간혹 있지만, 이것은 전혀 믿을 만하지 못한 이야기입니다. 그보다는 라헬 또한 우상 숭배에 감염이 되었다고 보는 편이 더 설득력이 있습니다. 즉 '아버지가 평소에 저걸 그렇게 애지중지했지. 내가 저걸 가져가면 위험한 상황이 닥치더라도 보호받을 수 있을 테고 행운도 찾아올 거야' 하는 마음으로 훔친 것입니다.

라반은 야곱에게 무엇이라고 말하고 있습니까?

> 너를 해할 만한 능력이 내 손에 있으나 너희 아버지의 하나님이 어제 밤에 내게 말씀하시기를 너는 삼가 야곱에게 선악간 말하지 말라 하셨느니라 이제 네가 네 아비 집을 사모하여 돌아가려는 것은 가하거니와 어찌 내 신을 도적질하였느냐(31:29, 30).

라반의 말에서 추리할 수 있는 것이 무엇입니까? 라반이 야곱의 뒤를 쫓아온 것은 정말 그를 해치기 위해서였다는 것입니다. '너를 해할 만한 능력이 있다'는 것은 '나는 너를 죽이려고 왔다'는 뜻이에요. 그런데 하나님께서 자기를 막으셨다는 것입니다. 야곱은 라반의 말을 통해, 자신이 걱정했던 것이 모두 사실이며 자신도 모르는 가운데 하나님께서 지켜 주셨다는 사실을 깨닫게 되었습니다.

그런데 문제는 야곱이 여기에서 방심을 했다는 데 있습니다. 그는 하나님께서 라반을 막으셨다는 것을 알고 이제야말로 모든 것이 끝났다고 생각했습니다. 그래서 라반이 자기 신상을 도둑맞았다고 했을 때 뭐라고 대답했습니까?

야곱이 라반에게 대답하여 가로되 내가 말하기를 외삼촌이 외삼촌의 딸들을 내게서 억지로 빼앗으리라 하여 두려워하였음이니이다 외삼촌의 신은 뉘게서 찾든지 그는 살지 못할 것이요, 우리 형제들 앞에서 무엇이든지 외삼촌의 것이 발견되거든 외삼촌에게로 취하소서 하니 야곱은 라헬이 그것을 도적질한 줄을 알지 못함이었더라(31:31, 32).

도둑은 멀리 있지 않았습니다. 가장 가까이에 있는 사랑하는 여자가 도둑이었습니다. 그러나 야곱은 누구든지 드라빔을 훔친 자는 죽임을 당할 것이라고 아주 자신있게 맹세하고 있습니다. "신상이 발견되면 돌려드리겠습니다"라고 하면 될 것을 왜 이렇게까지 과격하게 말하는 것입니까? 방심했기 때문입니다. 이제 다 끝났다고 생각했기 때문입니다. 만약 라헬이 드라빔을 훔쳤다는 사실이 발각되었다면 어떻게 되었을까요? 물론 야곱의 말대로 라헬을 죽이지는 않았겠지만 탈출은 실패했을 것입니다.

다행히 라반은 라헬에게서 드라빔을 찾아내지 못했습니다. 그는 야곱의 짐을 이 잡듯이 샅샅이 뒤졌습니다. 그리고 마침내 라헬의 장막에 이르렀을 때, 라헬은 낙타 안장 밑에 드라빔을 감추고 그 위에 앉아서 생리 중이기 때문에 일어나지 못하겠다고 말했습니다. 동방 사람들은 생리 중인 여성이 접촉한 것을 만지거나 그것에 닿는 일을 아주 부정하게 여겼습니다. 라헬은 그 점을 이용해서 간단히 아버지를 물리쳤습니다.

그러나 한번 생각해 보십시오. 아무것도 아닌 이 마스코트 하나 때문에 목숨을 건 이 탈출이 실패로 끝난다면 얼마나 억울하고 답답하겠습니까? 라헬이 드라빔을 훔친 것은 욕심입니다. '물론 하나님이 지켜 주시겠지만 수호신까지 가져가면 아무래도 더 낫지 않겠느냐'는 것입니다. '이왕이면 완벽하게 도망치자. 하나님도 지켜 주고 드라빔도 지켜 주면 얼마나 더 행복하겠냐'는 것입니다. 하지만 그 결과는 엄청난 재앙이었습니다. 아마도 라헬은 이 사건을 통해 드라빔 같은 것을 가지고 다니면 결국 큰 재앙이 임한다는 사실을 깨닫게 되었을 것입니다.

야곱은 끝까지 긴장했어야 합니다. 다 성공한 것 같아도 전혀 예기치 못한 사고로 모든 노력이 실패로 돌아가는 경우가 많기 때문입니다. 드라빔 사건은 야곱으로서는 전혀 예기치 못한 일이었습니다. 드라빔은 야곱을 지켜 주기는커녕 오히려 위태롭게 만들었고, 정말 그를 지켜 준 것은 드라빔이 아니라 하나님의 은혜였습니다.

오늘 본문이 우리에게 말씀하고 있는 것이 무엇입니까? 사람들은 짐승과 달리 먹고사는 것만으로 만족할 수 없습니다. 사람은 영혼이 만족되지 않는 이상 다른 것으로 절대 완전한 만족을 얻을 수 없습니다. 좋은 집이나 좋은 차나 아름다운 여자를 얻으면 행복할 것 같아도 그 행복은 일시적인 것입니다. 자녀가 없을 때는 자녀만 생기면 행복할 것 같아도 막상 자녀를 낳고 보면 그렇게 마냥 행복하지가 않습니다.

그렇다면 우리의 영혼은 언제 만족을 얻습니까? 하나님을 온전히 사랑하는 마음으로 충만해질 때, 내 마음과 뜻과 정성을 다하여 하나님을 사랑할 때 만족을 얻습니다. 야곱은 돈도 없고 집도 없고 가족도 없었을 때 이런 만족과 영광을 체험했습니다. 그는 그 영광을 되찾기 위해 라반의 집에서 탈출했습니다. 이때 그는 자신이 가지고 있던 모든 것을 다 가지고 갔습니다. 그는 하나님 앞에서 이 모든 것을 다시 보고자 했습니다. 자신의 모든 삶을 하나님의 말씀의 빛 앞에 끌고 가고자 했습니다. 또한 그는 정상적인 방법으로는 절대로 하나님 앞으로 돌아갈 수 없다는 것을 알았습니다.

이 세상이 들려 주는 달콤한 소리에 속지 마십시오. 마귀는 자기에게 절하기만 하면 이 세상에 있는 모든 것을 다 주겠다는 말로 하나님의 아들을 속이려고 했습니다. 마귀는 대학만 들어가고 나면 그때부터 얼마든지 하나님을 섬기라고 합니다. 또 취직만 하고 나면 그때부터 얼마든지 신앙생활 제대로 하라고 합니다. 그러나 대학에 계속 떨어지면 어떡할 겁니까? 계속 취직이 안 되면 어떡할 겁니까?

어떤 사람은 결혼만 하고 나면 하나님께 돌아가겠다고 하지만, 결혼해서 애가 하나둘 생기고 나면 신앙생활하기가 더 힘들어집니다. 그래서 저는 부인들한테 임신했을 때 기도 많이 하라고 합니다. 아기가 태어나고 나면 설교를 못 들어요. 여기저기 돌아다니고 물 달라고 칭얼거리는데 어떻게 설교를 듣습니까? 그래서 현명한 부인은 배불러 올 때부터 기도를 굉장히 많이 합니다. '앞으로 환난의 시간이 올 것이다. 제대로 예배드리지 못할 때가 올 것이다. 적어도 3, 4년은 하나님의 영광 없이 버텨야 할지도 모른다'는 것을 알기 때문에 애가 생기면서부터 더 열심히 기도하는 것입니다.

'더 높은 자리로 승진하고 난 뒤에 하나님을 섬겨라' 같은 거짓말에 왜 속아 넘어갑니까? 한번 돈을 벌면 더 벌고 싶고, 한번 승진하면 더 높은 자리로 승진하고 싶고, 대학교에 들어가면 대학원에 가고 싶어질 것입니다.

지금까지 야곱은 속아서 살아왔습니다. 결혼한다고 돌아가지 못했고 애들 키운다고 잡혀 있었고 재산 모은다고 붙들려 있었습니다. 그러나 이제는 도저히 더 이상 기다릴 수 없었습니다. 무조건 떠나야 했습니다. 그의 영혼은 목말라 죽을 지경이 되었고, 하나님께 돌아가지 않으면 이 모든 것이 의미를 잃을 단계에 와 있었습니다.

여러분, 살아 계신 하나님께 돌아와야 기쁨이 있고 나의 온전한 가치가 회복됩니다. 어떤 목표를 세워 놓고 그것을 이룬 후에야 돌아오겠다고 생각하는 사람은 절대 못 돌아옵니다. 세상이 그렇게 호락호락하지가 않아요. '돈 좀 벌고 난 후에', '집 장만 하고 난 후에', '대학 가고 난 후에' 돌아오려고 합니까? 절대 못 돌아옵니다. 지금 돌아오십시오. 하나님이 말씀이 나에게 임할 때 돌아오십시오. 무조건 돌아오십시오. 그럴 때 하나님의 능력을 체험할 수 있습니다. 그럴 때 하나님이 나타나셔서 내 덜미를 잡는 사람들을 치기 시작하십니다. "이 사람을 건드리지 마라. 건드리면 너는 죽는다. 내 백성을 가게 하라!"

우리가 지금 압제와 핍박 아래 있다면 이 예배 시간이 정말 감격과 눈물의 시간이 될 것입니다. 그런데 예배를 드릴 수도 있고 드리지 않을 수도 있는 선택권이 마치 우리에게 있는 것처럼 생각하니까 예배의 감격을 누리지 못하는 것입니다. 하나님을 전심으로 섬기지 못하고 한 손에는 하나님을, 한 손에는 드라빔을 붙들려 하니까 그 기쁨을 맛보지 못하는 것입니다.

지금 하나님께 전심으로 돌아가지 못하도록 나를 막고 있는 것이 무엇입니까? 무엇에 매여서 예배의 기쁨을 누리지 못하고 있습니까? 죽음을 각오하고 탈출하십시오. 북한을 탈출하는 사람처럼 탈출하십시오. 도망치십시오. 마귀의 소리를 듣지 마십시오. 예기치 못한 일들을 두려워하지 마십시오. 하나님께서 탈출하는 여러분의 길에 함께하실 것입니다.

20

야곱의 반박

북한의 한 주요 인사가 중국에 있는 한국 대사관을 통해 우리나라에 망명을 신청했습니다. 그는 북한에서 너무나 중요한 위치를 차지하고 있는 사람이었기 때문에 전 세계는 그의 망명 사실에 충격을 받았습니다. 또 북한 측은 그 사람의 망명 사실을 인정하지 않고, 오히려 그는 남한에 납치된 것으로서 당장 되돌려 보내지 않으면 크게 보복하겠다고 위협했습니다. 그래서 그 즈음에는 베이징에 있는 한국 대사관 주위를 수상한 사람들이 늘 감시하고 있었고, 그 망명 인사가 비행기를 타기 전에 테러를 당하리라는 소문도 나돌았습니다. 그러나 정작 본인은 자신의 망명 사실을 거듭 밝히면서 북한으로는 돌아가지 않겠다는 의사를 분명히 했습니다. 결국 북한은 "반역자는 갈 테면 가라"면서 더 이상 그 사람을 붙들고 늘어지지 못했고, 그는 무사히 우리나라에 올 수 있었습니다.

우리는 오늘 본문에서 야곱이 무려 20년 동안 종살이하던 라반의 집에서 도망쳐 자유의 세계로 탈출을 시도하는 것을 보게 됩니다. 그런데 라반은 야곱을 절대로 호락호락하게 보내지 않았습니다. 그는 야곱을 다시 종으로 삼기 위해서 무장한 추격대를 이끌고 쫓아왔고, 야곱은 자유의 세계로 넘어가는 문턱에서 그에게 덜미를 잡혔습니다. 그때 야곱은 라반에게 분명하게 이야기합니다. "나는 당신에게 진 빚이 없습니다. 나는 다시 당신에게로 돌아가지 않겠습니다."

지금까지 야곱은 라반 앞에 서기만 하면 이상하게 자신을 잃었습니다. 마치 고양이 앞에 선 쥐처럼 겁을 집어먹고 할 말을 못했습니다. 그런데 이번에는 어디에서 그런 용기와 힘이 생겼는지, 다시는 라반의 종이 되지 않겠노라고 분명히 선언하고 있습니다. "Never Again!"이라는 것입니다. 그러자 라반은 꼼짝 못하고 그를 돌려보냅니다. 그러나 이것은 야곱의 말이 워낙 조리 있고 타당성 있기 때문이 아니었습니다. 누군가 엄청나게 힘센 사람이 야곱과 함께하고 있다는 것을 알았기 때문이었습니다. 라반은 야곱을 만나기 전날 밤, 꿈에서 그 힘센 사람을 만났습니다.

자고로 노예들의 반란이 성공한 예가 없습니다. 우리나라에는 만적의 난이 있었고 로마에는 스파르타쿠스의 난 같은 것이 있었지만 성공하지 못했습니다. 왜냐하면 그들은 자신들을 자유케 할 만한 힘을 가지고 있지 못했기 때문입니다. 아무리 타당한 명분이 있다 하더라도 누군가 도와주지 않는 이상 순전히 노예들 자신의 힘으로 자유를 얻기는 어렵습니다. 그러나 야곱은 성공할 수 있었습니다. 말의 논리 때문이 아닙니다. 하나님의 강한 손이 그를 붙들고 있었기 때문입니다. 이스라엘 백성들은 출애굽에 성공했습니다. 그들이 이처럼 애굽의 노예생활에서 탈출할 수 있었던 이유가 무엇입니까? 하나님의 강한 손이 그들과 함께하셨기 때문입니다.

그렇다면 오늘 본문이 이 시대를 살고 있는 우리들에게 던지는 메시지는 무엇일까요? 첫째는 이미 그리스도 안에 있는 우리들에게 주시는 메시지로서, 악한 사탄이 우리를 다시 정욕의 노예로 만들기 위해 먹고사는 문제로 유혹할 때 의사 표시를 분명하게 하라는 것입니다. "나는 그것이 싫다. 나는 다시는 그런 상태로 돌아가지 않겠다!" 하나님께서는 우리가 이렇게 분명히 의사 표시를 한다면 어떤 악도 우리를 이기지 못하리라고 약속하십니다.

또 다른 하나는 아직도 악의 세력에 빠져 있는 사람들에게 주시는 메시지입니다. 하나님께서는 지금까지 악의 세력에 빠져 있었다 하더라도 자신의 비참한 모습을 깨닫고 주 예수의 이름을 부르기만 하면 구원받을 것이라고 말씀하고 계십니다.

오늘 본문에서 야곱은 처음으로 라반에게 자신의 의사를 분명히 밝히고 있습니다. "나는 당신이 싫습니다. 나는 다시는 당신의 종의 상태로 돌아가지 않겠습니다." 그리고 야곱은 자유의 몸이 됩니다.

재추격하는 악의 세력

마귀가 어떻게 생겼을 것 같습니까? 머리에는 뿔이 달려 있고 송곳니는 튀어나왔으며 온몸이 시커먼 털로 덮인 채 삼지창을 들고 있는 고약한 모습을 떠올리는 사람은 마귀를 정말 오해하고 있는 것입니다. 마귀는 절대로 그런 모습으로 찾아오지 않습니다. 때로는 아주 자비롭고 인자한 통치자의 모습으로, 때로는 말만 하면 모든 소원을 다 들어줄 것만 같은 사장님의 모습으로, 때로는 나에게 그렇게 잘해 줄 수가 없는 오빠의 모습으로, 때로는 너무나도 아름답게 치장한 아가씨의 모습으로, 때로는 정의를 위해 자기 몸을 불태우는 친구의 모습으로 나타납니다.

마귀가 주는 사람의 특징은 무언가 잘해 주기는 잘해 주는데 자꾸 상대방을 자신에게 예속시켜서 철저하게 의존하게 만든다는 것입니다. 마귀라고 사랑할 줄 모르는 게 아니에요. 마귀도 사랑할 줄 알고 잘해 줄 줄 압니다. 그런데 문제는 상대방으로 하여금 스스로 생각하지 못하게 만든다는 데 있습니다. "당신은 생각할 필요 없습니다. 무조건 내가 시키는 대로 하십시오. 내가 모든 것을 다

해 드리겠습니다." 이렇게 자꾸 상대방을 도취시켜서 정상적인 분별력을 잃게 만들고 오직 자기 한 사람만 무조건 믿게 함으로써, 나중에는 자기 없이는 아무것도 할 수 없을 정도로 예속시키는 것이 마귀가 주는 사랑의 특징입니다. 꼭 아편 같아요. 아편의 진통 효과는 신비롭습니다. 아편을 먹으면 어떤 고통도 딱 멈추어집니다. 그러나 문제가 무엇입니까? 먹으면 먹을수록 거기에 매이게 되고 나중에는 아예 중독되어 폐인이 되고 만다는 것입니다.

죄가 힘을 가질 때 악의 세력이 됩니다. 이 악의 세력의 특징은 사람들로 하여금 생각하지 못하게 하고, 자기 자신을 되찾지 못하게 만들며, 무조건 예속되는 관계를 영구히 지속시키는 것입니다. 마귀는 우리를 사랑한다고 합니다. 그러나 우리로 하여금 아무 생각도 하지 못하게 하고, 아무것도 분별하지 못하게 하며, 양심의 소리를 듣지 못하게 합니다. 오로지 자기가 시키는 대로만 하게 합니다.

사람들의 마음속에는 자신의 존귀함을 되찾고자 하는 욕망이 있습니다. 억압되어 있으면 해방되고 싶습니다. 강요당하고 있으면 그 상태에서 벗어나 자신의 자유로운 의사에 따라 무언가 결정하고 싶습니다. 사람에게는 자신의 분별력을 사용해야 할 책임이 있습니다. 사람이 사람인 이유가 무엇입니까? 스스로 생각해서 행동하고 그 행동에 책임을 질 수 있기 때문이 아닙니까?

그러나 마귀는 겉으로는 우리에게 잘해 주는 척하면서 실제로는 우리를 속박하여 자신의 가치를 되찾지 못하게 하고, 스스로 분별력을 사용하지 못하게 하며, 영구적으로 우리를 예속시킵니다. 마귀는 우리를 계속해서 잘못된 관계에 계속 빠져 있게 만듭니다. 사랑한다는 미명하에 불륜의 관계에 계속 머물러 있게 하고, 다른 사람의 돈을 떼먹거나 뇌물을 받아먹고 떳떳하지 못한 상태에 계속 머물러 있게 합니다. 그리고 그런 상태에 대해 스스로 생각하는 대신, 될 대로 되라는 식으로 방치하게 만듭니다. 이게 무서운 것입니다. "지옥에는 나 혼자 가나? 될 대로 되라고 그래!" 하는 것이 무서운 거예요.

하나님의 사랑은 그렇지 않습니다. 하나님은 우리로 하여금 생각하게 하십니다. '나는 누구인가? 나는 지금 어디에 있는가? 나는 나 자신의 인격을 되찾았는가? 나는 나 자신의 존귀함을 되찾았는가? 무엇이 바른 관계인가?'를 생각하게 하시고, 그 답에 대해서 주리고 목마르게 하십니다. 복음서를 읽어 보십시오. 예수님께서는 "너희 스스로 생각하라. 왜 생각하지 않느냐? 너희의 지각을 사용하라"고 계속 말씀하고 계십니다. 하나님은 이처럼 우리 자신에 대하여 생각하게 하시며, 우리 안에 있는 양심의 소리를 듣게 하십니다. 우리 스스로 판단하게 하시고, 우리 자신이 얼마나 존귀하고 가치 있는 존재인지 깨닫게 하시며, 자기가 한 일에 책임을 지게 하십니다.

이 문제를 야곱의 입장에서 한번 생각해 봅시다. 가장 야곱다운 모습은 무엇입니까? 라반의 집에서 계속 종 노릇 하면서 양을 치는 것입니까? 야곱과 라반의 관계를 겉에서만 보면 전혀 문제가 없었습니다. 야곱은 자원해서 라반의 종이 되었습니다. 그리고 라반은 엄연히 품삯을 주고 그를 부리고 있었습니다. 어떻게 보면 라반이야말로 돈 한 푼 없이 객지 생활을 하는 야곱을 돌봐 주고 결혼시켜 주고 오늘까지 재산을 모으게 해 준 은인 같습니다.

그러나 야곱의 진정한 모습은 이것이 아니었습니다. 그의 진정한 모습은 벧엘에서 하나님을 만났을 때의 모습입니다. 하나님께서는 라반의 종이 되어 그의 양 떼나 챙기라고 그를 부르신 것이 아니라, 그분의 제사장으로 삼으려고 그를 부르셨습니다. 하나님께서는 말할 수 없는 영광으로 그를 축복하시면서 그를 통해 모든 민족을 복되게 하겠다고 말씀하셨습니다. 이처럼 영광의 하나님과 교제하며 이 세상에 하나님의 은혜와 축복이 임하도록 기도하는 것이야말로 야곱의 바른 위치였고 진정한 모습이었습니다.

오늘날 궁핍이나 억압 가운데 있는 사람은 그것을 자신의 진정한 모습으로 여기지 않을 것입니다. 그는 지금보다 더 나은 삶이 있으며, 지금과 달리 회복되어야 할 자신의 모습이 있다는 것을 압니다. 병원에 입원해 있는 사람들은 그렇게 누워 있는 모습이 자신의 바른 모습이 아니라는 것을 압니다. 그래서 병원에 누워 있는 어머니들이 "내가 이렇게 누워 있으면 안 되는데, 남편도 챙겨 줘야 하고 아이들도 보살펴 줘야 하는데, 내가 하루 빨리 건강을 되찾아야 할 텐데" 하면서 한숨 쉬는 모습을 간혹 볼 수 있습니다.

우리에게는 회복해야 할 아름다운 모습이 있습니다. 이것은 하나님께서 우리를 창조하면서 생각하신 모습이며 우리를 죄 가운데서 부르면서 생각하신 모습입니다. 즉 하나님은 우리가 그분 앞에서 온전한 모습을 갖기를 원하십니다. 스스로 분별하고 판단해서 이 세상보다 하나님이 얼마나 아름다운가를 깨달으며 그분 앞에 나아가 찬양하는 모습, 마음의 상처도 없고 흠도 티도 없이 하나님 앞에 서는 모습, 이것이 우리가 회복해야 할 모습입니다.

라반은 겉으로는 야곱에게 잘해 주는 것 같았지만 실제로는 그를 더 예속시키고 있었습니다. 알고 했는지 모르고 했는지 모르겠지만 여하튼 그는 야곱으로 하여금 자신의 진정한 모습을 되찾지 못하게 만들었습니다. 그는 야곱의 재주를 이용하며 그가 하나님께 돌아가지 못하도록 막는 악의 세력이었습니다. 라반 뒤에는 사탄이 있었습니다. 사탄은 야곱이 자신의 존귀한 모습을 끝까지 되찾지 못한 채 라반의 양과 소나 키우면서 한평생을 보내게 만들려고 했습니다.

오늘 우리에게 라반은 무엇입니까? 오늘 우리에게 악의 세력은 무엇입니까? 그것은 이 세상의 먹고사는 문제에 매여 하나님 앞에서 온전한 내 모습을 되찾지 못하게 만드는 이 시대의 정신이요 가치관입니다. 오늘 우리 앞에는 너무나도 화려한 세상의 삶이 펼쳐지고 있습니다. 손만 벌리면 다 움켜쥘 수 있을 것 같습니다. 열심히 뛰기만 하면 돈도 벌고 명예도 얻고 높은 지위도 가질 수 있을 것 같습니다. 마귀는 "이 세상이 요구하는 대로만 해라. 그러면 다 주겠다"고 합니다. 단지 하나님만 너무 사랑하지 말라는 거예요. 하나님을 너무 사랑하면 광신자 취급을 받아서 아무것도 얻을 수 없으니까, 믿긴 믿되 지옥 가지 않을 정도로 적당히 믿으면서 이 세상을 위해 열심히 뛰라는 것입니다. "종교는 필요해. 사람은 위기 때 종교와 신을 찾게 되어 있으니까. 하지만 너무 잘 믿으면 안 돼." 이것이 이 시대가 우리에게 가르치고 있는 정신입니다.

요즘 세상에서는 어린아이들도 열심히 뛰어야 합니다. 세상에서 뒤처지지 않으려면 우리말은 못해도 영어는 해야 해요. 그래서 아침에 보면 이제 막 걸음마를 시작한 것 같은 애들이 자기 몸뚱이만 한 가방을 메고 무엇인가를 배우러 갑니다. 고등학생은 고등학생대로 입시 외에 다른 것을 생각하면 안 됩니다. 조금이라도 옆으로 빗나가거나 한눈을 팔면 사정없이 비난이 쏟아지고 '실패자'라는 낙인이 찍힙니다. 아무것도 생각하지 말고 오직 이 세상이 원하는 그것만을 위해서 죽도록 뛰라는 거예요. 그러면 돈도 벌고 승진도 되고 더 좋은 집에서 살 수도 있으니까, 나의 진정한 모습이나 존귀함 같은 것은 생각하지도 말고 무조건 뛰라는 것입니다.

마귀가 예수님에게 제안한 것이 이것입니다. 자기에게 절하기만 하면 이 세상 모든 것을 다 주겠다는 것입니다. 그 말을 들으면 마치 이 세상 모든 것이 다 마귀 것인 것 같습니다. 그러나 그것은 속임수입니다. 이 세상 모든 것은 하나님의 것입니다. 마귀에게 그렇게 충성하지 않아도 하나님께서 주십니다. 그렇게 직장에 목숨 걸지 않아도, 그렇게 돈을 구하고 찾지 않아도 이 세상에서 살 수 있게 해주십니다. '여기서 한 번 도태되면 영원히 폐인이 되고 만다'는 것은 단지 마귀의 속임수일 뿐입니다.

모든 사람들이 의심없이 받아들이고 있는 이 시대의 정신, 이 사회의 가치관이 바로 우리의 라반입니다.

진정한 내 모습을 보아야 한다

악의 굴레에서 빠져나오려면 반드시 자신의 비참한 모습을 보아야 합니다. 만일 그것을 보지 못한다면 그런 상태에서 빠져나올 필요를 느끼지 못합니다. 감옥 안에 모든 것이 보장되어 있는데 굳이 모험을 하면서까지 빠져나와야 할 이유가 뭐가 있습니까? 그렇게 좋았던 라반과의 20년 관계를 불편하게 끝내면서까지 탈출해야 할 이유가 뭐가 있습니까?

야곱이 어떻게 자신의 진정한 모습을 보게 되었는지는 정확히 알 수 없습니다. 다만 결혼을 위해 봉사할 때까지만 해도 자신의 모습을 보지 못한 것은 분명합니다. 성경은 그가 라헬과 연애하느라고 7년을 수일같이 여겼다고 말씀하고 있습니다. 그는 연애하는 동안 자신의 모습을 보지 못했습니다. 경쟁하는 두 부인 사이에서 아이를 낳아 키울 때도 자신의 모습을 보지 못했습니다. 그는 여전히 라헬에게 빠져 있었습니다. 또 품삯을 받고 라반의 양 떼를 칠 때에는 점박이나 얼룩이를 낳게 하는 재미에 빠져 있느라 자신의 모습을 보지 못했습니다.

아마도 야곱이 자신의 모습을 보게 된 것은 하나님의 말씀 때문이었던 것 같습니다. 하나님께서는 야곱에게 꿈을 보여 주셨습니다. 꿈은 구약 시대 때 하나님이 말씀을 보여 주시는 방법이었습니다. 야곱은 교미하기 위해 암양 위에 올라타 있는 수양들이 전부 얼룩지고 점 있고 아롱져 있는 꿈을 꾸었습니다. 하나님께서는 라반이 품삯을 어떻게 정하든지 간에 그를 축복하시겠다고 말씀하셨습니다. 야곱은 그때까지 자기 힘으로 결혼하고 자기 힘으로 재산을 모은 줄 알았습니다. 그런데 알고 보니 그 모든 것을 주신 분은 하나님이었습니다. 하나님께서는 야곱으로 하여금 그분과의 영광된 교제를 그리워하게 하셨습니다.

하늘에서 빛이 비치기 전에는 자신의 문제를 느끼지 못합니다. 전부 자기가 똑똑해서 직장생활 잘하는 줄 알고, 자기 머리가 좋아서 집 장만한 줄 알고, 자기가 잘 키워서 애들이 공부 잘하는 줄 압니다. 그런데 어느 날 하나님께서 말씀하십니다. "이 어리석은 자야, 너는 나를 잊고 네 욕심대로 살아 왔지만 그래도 나는 너를 지켜 주었다. 네가 잘된 건 네 노력 때문이 아니야. 내가 너를 사랑해서 물질도 주고 네 자식도 지켜 준 거야. 그러니 이제 더 이상 미련 갖지 말고 내가 원하는 신앙의 자리로 돌아오거라."

주야로 뛴다고 해서 돈을 벌 수 있는 것이 아닙니다. 회사 상관이 죽으라고 할 때 죽는 시늉까지 한다고 해서 인정받는 것이 아니에요. 이 모든 것은 하나님께서 주시는 것입니다. 하나님을 잊어버리고 세상에 대한 미련을 떨치지 못해서 세상을 따라 살아온 그 무지한 세월 동안에도 하나님께서는 참아 주시고 나를 지켜 주셨습니다. 하나님께서 말씀하시는 것이 무엇입니까? 이제는 자신의 진정한 모습을 보라는 것입니다. 자신이 얼마나 병들어 있으며 지쳐 있으며 굳어 있는지 보라는 것입니다.

사람의 풍성함은 그의 외모에 있지 않습니다. 우리는 공부를 많이 한 사람은 더 풍성하게 살 것이라고 생각하고, 외국에서 살아 본 사람은 더 풍성하게 살 것이라고 생각하며, 건강한 사람은 더 풍성하게 살 것이라고 생각합니다. 그러나 실제로 그렇게 사는 사람들의 속사정을 들여다보면 그렇지가 못합니다. 공부한 것이 그를 풍성하게 해주지 못해요. 오히려 더 골치 아프게 만들고 더 열등감을 갖게 합니다. 외국에 다녀왔다거나 건강한 사람들이 더 비교하고 의심하고 욕심을 냅니다.

사람의 풍성함은 그 영혼의 상태에 달려 있습니다. 영혼이 건강하면 아무리 몸이 아프거나 약해도 천사처럼 풍성하게 살 수 있습니다. 공부를 못해도 천사처럼 살 수 있어요. 영혼이 건강한 사람은 자신이 얼마나 소중한지 알고 자신을 함부로 내던지지 않으며, 다른 사람을 깎아내리는 대신 세워 주고 완성시켜 줍니다. 영혼이 건강한 사람은 사랑을 구걸하지 않습니다. 남을 붙잡고 늘어지는 것은 사랑이 아니에요. 물귀신들이나 하는 짓이지요. 뇌물을 받아먹은 정치인들이나 고위직 인사들이 줄줄이 감옥에 들어가는 것은 놀라운 일이 아닙니다. 그들은 뇌물을 받아먹었을 때 이미 자신들의 영혼을 팔아먹은 것입니다. 너무 늦게 들통났을 뿐이지, 그들의 영혼은 이미 감옥 속에 있었습니다.

오늘 우리는 하나님 앞에서 내 영혼이 참으로 건강한지, 내 양심이 참으로 자유로운지, 나의 소중함을 참으로 알고 있는지 생각해 보아야 합니다. 그리고 그렇지 못하다면 무엇이 과연 나를 그렇게 만들었는지 찾아보아야 합니다. 진정한 나의 모습이 어떤 것인지 한번 생각해 보십시오. 탐욕스러운 눈으로 돈을 헤아리고 있는 것이 진정한 나의 모습인지, 집 안에 많은 가구들을 갖추어 놓고 그것을 닦고 또 닦으면서 만족하는 것이 진정한 나의 모습인지 생각해 보십시오.

야곱의 분명한 주장

야곱은 다시 자기를 종으로 붙들어 놓기 위해 뒤쫓아온 라반을 어떻게 대했습니까? 놀랍게도 그를 배척했습니다.

> 야곱이 노하여 라반을 책망할새 야곱이 라반에게 대척하여 가로되 나의 허물이 무엇이니이까 무슨 죄가 있기에 외삼촌께서 나를 붙같이 급히 쫓나이까(31:36).

지금까지 야곱은 감히 라반에게 이런 식으로 말한 적이 없었습니다. 이상하게도 야곱은 라반 앞에 서기만 하면 고양이 앞의 쥐처럼 꼼짝 못하고 그가 시키는 대로 해 왔습니다. 그 이유가 무엇입니까? 자신의 모든 것이 라반의 결정에 달려 있다고 생각했기 때문입니다. 그에게는 결혼을 하기는 했지만 라반이 인정해 주지 않으면 아내와 아이들을 다 빼앗길지도 모른다는 두려움이 있었습니다. 또 품삯이라고 받긴 받았지만 라반의 마음이 변하면 한순간에 모든 것을 빼앗길지도 모른다는 두려움이 있었습니다. 이처럼 '나의 모든 행복은 라반의 손에 달려 있다. 라반이 내 운명을 결정한다'고 생각했기 때문에 그에게 꼼짝을 못했던 것입니다.

그런데 이제는 무엇을 믿고 이토록 담대하게 큰소리를 치는 것입니까? 이 모든 것이 라반의 손에 달린 것이 아니라 더 큰 손에 의해 이루어진다는 사실을 안 것입니다. 그는 '내가 하나님의 말씀을 잊어버리고 욕심으로 사는 동안에도 하나님은 나를 지켜 주셨다'는 것을 깨달았습니다. 양에 대한 꿈을 꾸기 전까지는 '그래도 라반이 도와주니까 내가 이만큼 산다'고 생각했습니다. 그에게 서운함이 없는 것은 아니었지만 양을 빼돌린 데 대해서는 좀 미안한 마음도 있었습니다. 그러니까 무언가가 복잡한 거예요. 야곱의 마음속에는 라반에 대한 애증이 엇갈리고 있었습니다. 그러니까 이러지도 못하고 저러지도 못한 것입니다.

그런데 꿈에서 하나님의 말씀이 임하고 난 후에 깨닫게 된 것이 무엇입니까? 라반에게 고마워할 필요도, 미안해할 필요도 없다는 것입니다. 왜냐하면 자신의 소유는 인간적인 수단으로 빼앗은 것이 아니라 하나님께서 주신 것이기 때문입니다. '하나님은 라반보다 더 크시다. 나의 인간적인 방법보다 더 큰 하나님의 능력이 나를 지켜 주시고 라반의 것을 빼앗아 내게 주신 것이다. 라반의 의도는 절대로 나를 놓아 주지 않고 영원히 예속시키려는 것이다'는 것을 그는 깨달았습니다.

지금 야곱이 하고 있는 말은 두 가지 내용으로 요약할 수 있습니다. 첫째로, 자신은 라반에게 빚진 것이 없다는 것입니다. 지금 수색을 해서 확인된 바대로 자신은 그의 물건을 하나도 훔치지 않았다는 것입니다. 자신이 양을 치면서 낙태한 것이 없었고, 오히려 찢겨 죽은 양이나 도둑맞은 양이 있으면 자신의 것으로 보충을 했으니 빚진 것이 하나도 없다고 그는 주장했습니다. 이처럼 자기 할 일을 다했기 때문에 라반에게 미안할 것도 없고 이런 식으로 추격을 당해야 할 이유도 없다는 것입니다. 20년 동안 일을 하고서도 인사도 못한 채 떠난 것이 조금 미안하기는 하지만 그렇다고 해서 이런 식으로 추격당할 이유는 없다고 그는 잘라 말하고 있습니다.

둘째로, 야곱은 라반이 자신의 재산 축적 과정에 의혹을 가지고 있는 것 같은데, 그렇다면 어디 한번 따져 보자고 합니다. '당신은 품삯을 열 번이나 변경하면서 나를 어렵게 했지만, 하나님은 그때마다 축복해 주셨다'는 것입니다. 야곱은 만일 하나님께서 그렇게 자신을 지켜 주지 않으셨더라면 라반은 틀림없이 자신을 있는 대로 부려먹고 빈손으로 내쫓았을 것이라고 하면서, 이제 다시는 그 밑에 들어가지 않겠노라고 분명히 선언하고 있습니다.

야곱이 이렇게 자유를 선언할 수 있었던 이유가 무엇입니까? 하나님께서 자기와 함께하신다는 것을 믿었기 때문입니다. 하나님께서 도와주시지 않았더라면 야곱은 자유를 얻을 수 없었을 것입니다. 하나님께서 도와주시지 않았더라면 야곱은 탈출에 성공하지 못했을 것입니다. 하나님께서 열 가지 재앙으로 바로를 징계하시지 않았더라면 200만 명이나 되는 이스라엘 백성들은 노예생활에서 탈출하지 못했을 것입니다.

오늘 말씀은 첫째로 아직 하나님을 모르고 있는 사람들을 향한 메시지입니다. 그들은 자기도 알지 못하는 가운데 이 시대 정신의 노예가 되어 있습니다. 그들은 이 세상에 자기에게 필요한 모든 것이 다 있다고 생각합니다. 그래서 신명을 바쳐서 이 세상을 위해 살고, 건강을 희생하면서까지 회사에 충성을 다합니다. 그러나 이 세상은 결코 우리에게 풍성한 삶을 주지 못합니다. 단지 약간의 인정과 약간의 돈을 줄 뿐이지요. 그리고 사실은 그것도 하나님께서 주시는 것입니다. 이 세상은 결코 우리 영혼의 존귀함을 되찾아 주지 못합니다. 회사에서 임원으로 승진한다 해도 자신의 존귀함을 찾을 수 없어요. 이 세상이 우리에게 주는 것은 먹고사는 것을 위하여 영원히 종 노릇 하면서, 양심이나 바른 분별력 없이 남이 시키는 대로 기계적으로 사는 것뿐입니다.

말씀은 이것이 우리의 바른 모습이 아니라고 말합니다. 가장 중요한 사실은 누구든지 자신의 모습이 온전치 못하다는 것을 발견하고 주 예수의 이름을 부르면, 주님이 그의 삶에 찾아가셔서 속박된 상태에서 해방시켜 바른 모습을 되찾게 해주신다는 것입니다. 누구든지 예수의 이름을 부르면 구원을 얻습니다. 누구든지 예수의 이름을 부르면 삶이 변하기 시작하고, 눈에 보이지 않는 손이 간섭하기 시작합니다.

우리는 예수의 이름을 부르고 그리스도인이 되면 오히려 이 세상에서 많은 것을 잃고 도태되지 않을까 두려워합니다. 이 세상의 직위나 세상이 준 명성이나 친구들을 잃지 않을까 두려워합니다. 그러나 사실 오늘까지 우리의 필요를 채워 준 것은 세상이 아니라 하나님이십니다. 더 놀라운 것은 내가 하나님을 모르고 불순종했을 때에도 하나님께서는 나를 사랑하시고 지켜 주셨다는 것입니다. 내 머리가 똑똑해서 대학 가고 승진한 줄 알았더니 사실은 내가 하나님을 모르고 있던 때에도 하나님께서 나를 지켜 주고 계셨던 것입니다. 그것은 세상이 준 것이 아닙니다. 세상은 하나님의 것을 가지고 사기를 치고 있습니다.

또 한편으로 오늘 말씀은 하나님을 믿으면서도 스스로 욕심에 빠져서 그 존귀한 직분을 잃어버리고 돈이나 명예를 위해 사람의 종이 되어 있는 성도들을 향한 메시지이기도 합니다. 성경은 과연 지금 그런 생활 가운데 마음의 평안이 있느냐고 묻습니다. 그렇게 돈을 벌고 사람들에게 인정을 받으니 마음이 평안하냐는 것입니다. 그런 생활 가운데 다른 사람에게 나누어 주는 풍성함이 있느냐는 것입니다. 돈이 생기면 생활 수준에 대한 기대도 전보다 높아집니다. 또 그 수준에 맞추려면 더 많은 돈이 필요하고, 그만한 돈이 벌리면 또 기대가 더 높아집니다. 그런 삶의 결과가 어떤 것일지 한번 생각해 보라는 것입니다. 나중에 내 무덤 앞에서 다른 사람들이 무엇이라고 말할지 생각해 보라는 것입니다. 내가 그리스도인이었음에도 불구하고 다른 사람들이 "이 사람은 남을 위해서는 아무것도 한 일이 없어. 그렇게 사느니 죽는 게 낫지"라고 한다면 내 인생은 실패한 것입니다. 차라리 재주는 없어도 다른 사람들에게 많은 사랑을 나누어 준 사람이 더 큰 칭찬과 면류관을 얻을 것입니다.

오늘 본문은 만일 지금 나의 모습이 진정한 모습이 아니라고 생각될 때에는 바로 그 자리에서 일어서라고 말씀합니다. 삭개오가 했던 것처럼 삶의 목표를 바꾸라는 것입니다. 삭개오는 주님을 만나고 난 후에 이제는 더 이상 이전처럼 살아서는 안 된다는 것을 깨달았습니다. 이제는 돈이 삶의 목적이 될 수 없다는 것입니다. 그래서 토색한 것이 있으면 네 배나 갚고 재산의 반을 다른 사람에게 주겠다고 했습니다. 이렇게 삶의 원리와 방식을 근본적으로 바꾸었을 때, 그는 참 아브라함의 아들로서 주님의 칭찬을 받았습니다.

양심을 속인 채 돈을 모으고 더 높은 자리에 올라가는 것은 너무나도 손해 보는 장사를 하는 것입니다. 차라리 돈이나 높은 자리를 포기하고 양심의 평화를 지키는 것이 훨씬 더 큰 축복입니다.

우리는 날마다 악의 유혹을 받고 있습니다. 사탄은 마치 이 세상 모든 것이 자기 것인 양, 우리의 양심을 팔고 이 세상의 요구에 따르기만 하면 그 모든 것을 주겠다고 유혹합니다. 우리는 그 유혹에 분명히 "싫다!"고 말해야 합니다. 우리가 오늘까지 산 것은 세상 때문이 아니라 하나님 때문입니다. 하나님이 나의 삶을 지켜 주십니다. 야고보 사도가 말씀하고 있는 것이 무엇입니까?

마귀를 대적하라 그리하면 너희를 피하리라(약 4:7하).

사탄의 유혹이 다가올 때 우리가 해야 할 일은 자신의 입장을 분명히 밝히는 것입니다. 오해의 소지가 생기도록 애매하게 넘어가지 말고 "나는 그런 일에 동참하지 않겠다. 좀 못살아도 괜찮고 남들에게 구질구질하게 보여도 좋다. 하지만 그것만큼은 절대로 싫다"고 태도를 분명히 해야 합니다. 그러면 마귀는 물러갑니다. 하와는 마귀가 유혹했을 때 애매하게 대답하는 바람에 결국 범죄하고 말았습니다. 야곱은 요셉을 낳았을 때 분명한 의사 표시를 못했기 때문에 하란에서 6년을 더 지체해야만 했습니다. 마귀와 악써 가면서 싸울 필요가 없습니다. 내 입장만 분명히 밝히면 마귀는 물러가게 되어 있습니다.

내가 악의 세력에 빠졌다고 생각될 때에는 어떻게 해야 합니까? 주님의 이름을 불러야 합니다. "주 예수여, 도우소서. 저는 지금 저 자신의 모습을 찾아야 하는데 이러이러한 굴레에 매여 있습니다. 저를 도우소서." 금식은 이럴 때 하는 것입니다. 내가 올무에 걸려들었다고 생각될 때, 그 올무에서 빠져나와야 할 때, 금식하며 주위에 있는 사람들에게 기도를 부탁하고 새가 새장에서 빠져나오듯이 모든 지혜를 다 써서 빠져나와야 합니다. 인사할 데 다 인사하고 있는 의리 없는 의리 다 챙기다 보면 또 잡혀 버립니다. 그냥 싹 빠져나와야 합니다.

오늘 주님은 우리에게 질문하십니다. "너의 영혼은 지금 건강한가?" 세상이 주는 미끼에 속아서 겉으로는 부요한 것 같지만 영혼은 거의 고갈되어 죽기 직전에 있지 않습니까? 그렇다면 나 자신에게 긴급 신호를 울려야 합니다. 그 어떤 일보다 먼저 기도해야 합니다. 내 영혼을 다시 건강하게 치료해 달라고 기도해야 합니다.

내가 그토록 애써서 얻은 재산이나 지위는 내가 잘해서 번 것이 아닙니다. 세상이 준 것도 아닙니다. 불순종하고 있음에도 불구하고 하나님께서 나를 불쌍히 여겨 주신 것입니다.

하나님은 이 세상보다 크신 분이십니다. 하나님께서는 이 세상에서 믿음으로 살도록 우리를 부르셨습니다. 이 세상 방식으로 잘사는 것은 사는 것이 아니요 죽어 가고 있는 것입니다. 하나님을 온전히 사랑하는 마음으로 돌아오십시오. 그리고 이웃을 위하여 무엇인가 하는 삶을 사십시오. 그것이 믿음의 삶이고 우리가 되찾아야 할 모습입니다.

21

증거의 돌무더기

제가 어렸을 때 아주 인기 있던 텔레비전 프로그램 중에 '도망자'라는 것이 있었습니다. 아마 여러분 중에도 그 프로를 기억하는 분들이 있을 것입니다. 그 프로의 주인공은 자기 아내를 살해한 혐의를 뒤집어쓰고 끝없이 쫓기는 생활을 합니다. 그는 어느 곳에서도 정착해서 살 수가 없습니다. 그를 잡으려고 죽자고 따라다니는 형사가 있기 때문입니다. 이 사람에게 더 이상 쫓기지 않는 진정한 자유의 순간은 언제 찾아올까요? 자신을 쫓는 형사가 사고를 당해 죽어서 더 이상 쫓아올 수 없든지, 아니면 진짜 아내를 죽인 살인범이 잡혀서 무죄가 밝혀지든지 둘 중에 하나가 해결되어야 할 것입니다.

우리는 오늘 본문에서 드디어 야곱의 20년 종살이가 끝나는 자유의 대선언을 보게 됩니다. 야곱은 처음에 라반의 종이 되었을 때 이 일을 아주 쉽게 생각했습니다. 자신의 의사로 종이 되었으니, 역시 자신이 원하기만 하면 언제든지 자유인이 될 수 있으리라고 생각했습니다. 그러나 라반의 종이 된다는 것은 영구적인 종이 되는 것을 의미했습니다. 아마도 라반의 종이 된 후 자유를 얻어서 떠난 사람은 한 명도 없었을 것입니다. 그만큼 라반은 치밀하고 지독한 주인이었습니다.

그런데 도대체 어떻게 야곱이 자유를 얻게 되었습니까? 그것은 하나님의 부르심 때문이었습니다. 하나님께서는 라반의 종이 되어 있는 야곱을 부르셨습니다. 야곱은 그 부르심에 응해서 영광의 하나님을 만나기 위해 도망을 쳤습니다. 그러나 라반은 그렇게 호락호락 보내 줄 사람이 아니었습니다. 그는 추격대를 조직해서 맹렬하게 추격해 왔고 결국 그의 덜미를 잡았습니다.

그러나 라반은 야곱을 다시 종으로 잡아갈 수 없었습니다. 야곱의 하나님이 그의 꿈에 나타나, 야곱을 건드리면 죽을 것이라고 말씀하셨기 때문입니다. 결국 라반은 야곱을 완전히 포기하고 그를 보내기로 결정한 후 그 증거로 돌무더기를 쌓습니다. 그것이 바로 '증거의 돌무더기'입니다. 이 돌무더기가 증거하는 것이 무엇입니까? 이제부터 야곱은 라반의 종이 아니라 진정한 자유인이라는 것입니다.

중국에서 망명을 신청한 북한의 한 고위관리는 불안한 시간을 보내야 했습니다. 자칫 잘못하면 그 대사관에서 몇 년을 썩어야 할지 모릅니다. 그리고 혹시 일이 더 잘못되어 북한으로 다시 끌려간다면 그는 정말 끝장이 나는 것입니다. 그러나 마침내 김포공항에 내려서 자신을 환영하는 대한민국 당국의 환영사를 들었을 때, 그는 진정한 새 사람으로 태어났습니다. 그것은 북한에 대해 죽고 대한민국 국민으로 다시 태어나는 순간이었습니다.

야곱에게 '증거의 돌무더기'는 바로 그러한 것이었습니다. 이 돌무더기를 쌓는 순간은 지금까지 라반의 종으로 살았던 야곱은 죽고 자유인 야곱으로 다시 태어나는 순간이었습니다. 이제부터 야곱은 다시 라반을 두려워할 이유가 없고, 그의 추격을 당해야 할 이유가 없으며, 다시 그에게 끌려가서 종살이를 해야 할 이유도 없습니다. 완전한 자유를 얻었기 때문입니다.

라반의 포기

야곱은 어떻게 라반의 집요한 추격을 뿌리치고 진정한 자유를 얻게 되었습니까? 라반이 그를 포기함으로써 얻게 되었습니다. 라반은 야곱에게 이렇게 말합니다.

> 라반이 야곱에게 대답하여 가로되 딸들은 내 딸이요 자식들은 내 자식이요 양 떼는 나의 양 떼요 네가 보는 것은 다 내 것이라 내가 오늘날 내 딸들과 그 낳은 자식들에게 어찌할 수 있으랴 이제 오라 너와 내가 언약을 세워 그것으로 너와 나 사이에 증거를 삼을 것이니라 (31:43, 44).

지금 라반이 야곱에게 말하고 있는 것이 무엇입니까? 그는 원래 야곱을 보낼 생각이 전혀 없었다는 것입니다. 그는 야곱의 인생이나 소유를 전혀 인정하지 않았습니다. "딸들은 내 딸이요 자식들은 내 자식이요"라는 말이 무슨 뜻입니까? '전부 내 것이고 네 것은 하나도 없다'는 뜻입니다. 라반은 야곱의 결혼이나 소유를 전혀 인정하지 않고 있었습니다. 단지 그를 평생 종으로 부려먹기 위해 딸을 주고 자식을 낳게 하고 재산을 모으게 한 것뿐입니다. 그는 야곱을 자유롭게 보낼 생각이 전혀 없었습니다.

그러나 이제는 어떻게 합니까? 라반이 먼저 언약을 세우자고 제안합니다. 왜 이렇게 합니까? 도저히 야곱을 종으로 끌고 갈 수 없다는 것을 알았기 때문입니다. 야곱이나 그의 가족들 중에서 라반에게로 돌아가려고 하는 사람은 한 명도 없었습니다. 정 끌고 가고 싶으면 힘으로 끌고 가야 하는데 그러자니 야곱의 하나님이 두려웠습니다. 그래서 결국 야곱을 포기하고 그의 갈 길로 보낼 수밖에 없었습니다. 그가 혹시라도 야곱을 포기하지 않았다면 어떻게 되었을까요? 아마 하나님께서 그를 죽이셨을 것입니다.

저는 라반이 야곱을 따라잡기 전날 밤 하나님께서 나타나셨을 때, 분명히 어떤 방식으로든 그를 징계하셨다고 생각합니다. 그렇지 않았다면 다 잡은 야곱을 절대로 그냥 보낼 리가 없습니다. 라반은 야곱을 죽이고 그의 모든 가축들을 빼앗으려고 추격해 온 것입니다. 그럼에도 불구하고 손가락 하나 대지 못하고 야곱을 곱게 보낸 것은, 그 전날 밤 하나님께서 나타나셔서 그에게 엄청난 징계를 내리시고 거의 목숨을 잃을 정도의 고통을 주신 후에 "야곱에게 손가락 하나라도 대면 너는 죽는다"고 말씀하셨기 때문입니다.

우리는 야곱의 이러한 경험이 그의 후손 이스라엘 백성들의 출애굽 과정에서 그대로 재연되는 것을 볼 수 있습니다. 애굽에서 종살이하던 이스라엘 백성들이 어떻게 해서 애굽을 탈출하게 됩니까? 하나님의 부르심을 받게 되면서부터입니다. 하나님께서는 모세를 통해 이스라엘 백성들을 부르셨습니다. "너희들은 바로의 종살이나 하면서 살 사람들이 아니다. 너희들은 나를 섬겨야 할 사람들이다"고 말씀하시면서 그들을 부르셨습니다. 그러나 바로가 그렇게 호락호락 보내 줄 사람이 아닙니다. 그는 어떻게 해서든지 이스라엘 백성들을 노예로 붙들어 놓으려고 했습니다. 하나님께서 열 가지 재앙으로 바로와 그 백성들을 치시지 않았더라면 그는 절대로 이스라엘 백성들을 보낼 사람이 아닙니다.

이스라엘 백성들은 애굽을 탈출했습니다. 그러나 바로는 포기하지 않고 애굽의 모든 병거를 동원하여 집요하게 추격해 왔습니다. 그런데 언제 이스라엘 백성들이 완전한 자유를 얻게 되었습니까? 이스라엘 백성들이 홍해를 건너고 그들을 쫓던 바로와 그 군대가 홍해에 빠져 죽었을 때, 그래서 더 이상 그들을 쫓을 수 없게 되었을 때 진정한 자유를 얻었습니다. 이제 그들은 애굽 군대의 추격을 받거나 애굽으로 다시 잡혀갈 이유가 없었습니다. 자신들을 추격하던 자들이 다 물에 빠져 죽어 버렸기 때문입니다.

바로가 이스라엘 백성들을 보낼 수밖에 없었던 이유가 무엇입니까? 하나님의 손에 능력이 있었기 때문입니다. 하나님께서 열 가지 재앙으로 바로를 치시고 홍해에 빠뜨려 죽이셨기 때문에 430년에 걸친 종살이가 끝나게 되었던 것입니다. 이스라엘 백성들은 홍해를 건넌 후 승리의 노래를 불렀습니다. 이것은 그들이 노예생활에서 벗어난 후 처음으로 부른 승리의 노래였습니다.

혹시 하루도 빠짐 없이 나쁜 사람의 공갈이나 협박에 시달림을 받아 본 적이 있습니까? 그때 심정이 어떻습니까? 하루도 편할 날이 없습니다. 신고해서 감옥에 보내도 이런 일은 형량이 크지 않기 때문에 금방 풀려나와서 더 본격적으로 해코지를 하려 듭니다. 그런 나쁜 사람의 손에서 풀려나는 길은 다른 것이 없습니다. 그 사람이 죽든지 아니면 그 사람이 나를 포기하든지 둘 중에 하나예요. 그래서 형이나 아버지가 매일 술 먹고 와서 어머니나 자기를 때리는 경우 결국 그 형이나 아버지를 칼로 죽여 버리는 일이 생깁니다. 왜냐하면 그 사람이 살아 있는 이상 절대로 가정에 평화가 올 수 없기 때문입니다.

우리에게도 하루도 빠짐 없이 우리를 때리고 괴롭히는 술취한 형 같은 사람이 있습니다. 그가 누구입니까? 바로 우리가 살고 있는 이 세상입니다. 이 세상은 우리 부모님들의 삶을 갉아먹은 원흉입니다. 하루도 편히 쉬지 못하도록 노예처럼 우리를 부려먹는 원수입니다. 제가 여러분들에게 묻고 싶은 것은 바로 이것입니다. 여러분은 무언가 하도록 세움 받은 소중한 목적에 따라 이 세상을 살고 있습니까? 아니면 마치 자기도 알지 못하는 과정 속에 내던져진 사람처럼 이 세상을 살고 있습니까?

그리스도를 알기 전까지 우리의 삶은 완전히 내던져진 삶이었습니다. 이유도 모르면서 공부해야 하고 이유도 모르면서 취직해야 하고 이유도 모르면서 결혼해야 합니다. 어떤 학생이 묻습니다.

"대학은 왜 가야 합니까?"

"시끄러워! 가야 한다면 무조건 가야 하는 줄 알아!"

그래서 이 세상이 요구하는 대로 열심히 따라가는 학생은 모범생이 되고, 그 요구에 잘 따라가지 못하고 엉뚱한 짓을 하는 학생은 문제아가 됩니다.

우리의 삶에 근본적인 변화는 언제 옵니까? 하나님께서 말씀으로 나를 부르시는 그 순간부터 옵니다. 어느 날부터인가 자신의 진정한 가치에 대해 생각하게 되고 인생의 의미에 대해 진지하게 질문하고 싶은 때가 옵니다. 쓸데없는 질문이라고 스스로 치부하는데도 자꾸만 떠오릅니다. '인생은 무엇일까? 나는 지금 돈 번다고 정신없이 살고 있는데, 이것 말고 좀더 가치 있는 삶은 없을까? 정말 이렇게 살다 죽어야 하는 것일까?' 세상 일이 재미있을 때는 잘 모르지만, 어떤 목적을 성취하고 난 다음에는 마음에 허망함이 밀려옵니다. '과연 이것이 전부일까, 내가 이 세상에 태어난 것이 겨우 이 짓이나 하기 위해서일까' 하는 질문들이 자꾸 떠올라요. 물론 현실적인 여건들은 이런 질문들을 일축하게 만듭니다. '인생의 의미 좋아하시네. 인생의 의미를 찾으면 먹을 것이 생기니, 입을 것이 생기니?'

그런데 하나님의 말씀이 마음속에 한 번 제대로 비춰지면 이야기는 달라집니다. 하나님께서는 이 세상은 그분의 진노 아래 있으며 장차 심판받을 것이라고 단도직입적으로 말씀하십니다. 이 세상에서 성공하는 것이 가치 있는 일이 아니라는 것입니다. 하나님을 바로 알고 그분의 뜻대로 사는 것이야말로 진정으로 가치 있는 삶이라는 것입니다.

하나님께서는 그런 삶으로 우리를 부르십니다. 그리고 그 부르심은 우리를 고민하게 하고 갈등하게 합니다. 그 갈등은 몇 개월간 계속되기도 하고 10년이 넘게 지속되기도 합니다. 우리는 쉽게 이 세상을 떠나지 못합니다. 그런데 한편으로는 이 세상이 전부가 아니라는 생각이 끝없이 떠오릅니다. 여기에서 이 세상을 떠난다는 것은 수도원에 들어가거나 성직자가 되는 것을 가리키지 않습니다. 사는 원리와 목적을 완전히 바꾸라는 것입니다.

우리에게 필요한 것들은 이 세상 안에 다 있습니다. 돈이나 명예나 필요한 모든 것들이 세상에 다 있어요. 세상이 시키는 대로 고분고분하게 따라가기만 하면 명예와 부를 얻을 수 있습니다. 그러나 성경은 이런 것들로는 절대로 만족할 수 없다고 말합니다. 그래서 우리는 고민하고 갈등합니다. 어떤 목적이 있어서 그 목적을 추구할 때까지는 괜찮은데 그 목적을 성취하고 나면 허탈합니다. 좋은 대학에 들어가고 싶어서 그렇게 안달을 했는데 막상 들어가고 나니까 별게 아닙니다. 어떤 물건을 가지고 싶어서 미칠 지경이었는데 막상 가지고 나니까 아무것도 아닙니다. 이 세상에 진정한 만족이 없다는 것을 알게 되면서 우리는 고민하기 시작합니다.

솔로몬은 그것을 일찌감치 알고 있었습니다. 그래서 "헛되고 헛되며 헛되고 헛되니 모든 것이 헛되도다"라고 외쳤습니다. 솔로몬은 모든 것을 다 누려 보았습니다. 부인들도 많이 거느려 보았고 가지고 싶은 것은 전부 가져 보았습니다. 그 누구보다 뛰어난 지혜도 가지고 있었고, 명예와 권세도 누릴 만큼 누렸습니다. 그러나 그 안에는 진정한 만족이 없었습니다. 그 모든 일이 바람을 잡으려는 것처럼 헛될 뿐이었습니다.

그렇다면 우리는 어떻게 해야 합니까? 이 세상에서 도망쳐야 합니다. 그럴 때 우리가 도망치려 한다는 것을 가장 빨리 눈치채는 사람은 바로 부모님입니다. 부모님은 울면서 잡고 늘어집니다. "이놈아, 오늘까지 내가 어떻게 너를 공부시키고 키웠는데 갑자기 예수에 미쳐서 출세를 망치려고 하느냐? 정 가고 싶으면 날 죽이고 가라!" 또 친구들은 친구들대로 "지금까지 우리가 의리 하나로 뭉쳐 왔는데 너 혼자 빠져나가면 어떻게 하냐?" 하면서 붙잡습니다. 사실은 내 마음속에도 갈등과 혼란이 있습니다. '내가 이렇게 집안에 불협화음을 만들면서까지 예수를 따라야 할 것인가? 혹시 이것도 하나의 시행착오에 불과하다면 어떻게 할 것인가?' 그럼에도 불구하고 하나님의 부르심은 계속됩니다. "너는 가야 한다. 더 이상 이 세상에서 종살이하지 말고 더 높은 삶을 향해 나아가야 한다"고 말씀하십니다.

아직도 세상에 기대를 가지고 있고 세상에서 할 일이 많으며 세상이 너무나도 재미있는 사람은 진정한 자유를 얻지 못한 사람입니다. 아직도 하란을 떠나지 못하고 라반의 종살이를 하고 있는 사람입니다.

언제 진정한 자유가 옵니까? 이 세상이 나를 포기하게 만들 때 옵니다. 그러려면 이 세상에 분명한 의사 표시를 해야 합니다. "나는 이 세상에 기대할 것이 아무것도 없으며 더 이상 이 세상에서 종살이하지 않겠다"고 분명히 밝혀야 합니다.

제 아버지는 그리스도인이 아니었고 한평생 신앙을 반대하셨습니다. 예수 믿고 나서 어렵고 살고 있는 저를 지켜 보시던 아버지가 어느 날 아직도 남아 있는 마지막 미련을 말씀하셨습니다.

"예수가 내 아들의 인생을 망쳤다마는 언젠가는 네가 이 애비 앞에 영광스럽게 설 날이 있을 것을 기대한다."

그때 저는 아버지께 분명히 말씀드렸습니다.

"아버지, 그런 날은 오지 않을 겁니다. 저는 이미 이 세상에서 끝난 사람입니다."

그때서야 아버지는 저에 대한 마지막 기대와 미련을 버리시는 것 같았습니다.

이 세상이 우리를 포기하게 만들어야 합니다. "저런 인간은 아무리 붙들고 있어 봐야 소용이 없어. 어쨌든 저 갈 데로 가고 말 사람이야"라는 결론을 내리게 해야 합니다. 그 사람에게 자유가 옵니다.

신앙도 가지고 세상 사람들도 만족시키려는 사람, 신앙도 가지고 아버지도 만족시키고 술친구와도 얼마든지 잘 지낼 수 있는 사람은 그 결과가 아주 비참합니다. 그 대표적인 인물이 롯입니다.

그는 할 수 있는 대로 소돔 사람들을 다독거려 가면서 그들과 좋은 관계 속에서 신앙을 지키려고 애썼습니다. 그런데 끝내 그가 발견한 것이 무엇입니까? 소돔 사람들과 똑같이 되지 않으면 결코 그들을 만족시킬 수 없다는 사실입니다. 롯은 그렇게 노력했음에도 불구하고 결국에는 소돔 사람들과 원수가 되고 말았습니다.

세상 사람들이 모인 곳에서는 세상 사람처럼 행동하고 그리스도인들이 모인 곳에서는 그리스도인처럼 행동하는 사람은 아직 애굽을 떠나지 못한 사람입니다. 아직 뭐가 뭔지 잘 모르면서 모세를 따라 나선 수많은 잡족들과 같습니다. 광야생활에 불만을 느끼고 다시 애굽으로 돌아가려고 하다가 불뱀에 물려 죽거나 하나님을 반역하다가 죽은 자들과 같습니다.

제일 불쌍한 사람은 하나님의 부르심을 받고서도 아직까지 마음으로 이 세상을 떠나지 못한 사람입니다. 그런 사람은 하나님의 백성들이 겪는 고생은 고생대로 다 겪으면서도, 결국에는 자기 죄 때문에 멸망당하고 맙니다. 기왕 지옥에 가려면 매일 술 퍼마시고 부인 두들겨패다가 장렬하게 밑으로 떨어지는 편이 낫지 않겠습니까? 연단은 연단대로 다 받고 신앙생활 흉내는 흉내대로 다 내다가 비실비실 지옥으로 떨어지는 사람이 제일 불쌍한 사람이에요. 이렇게 그리스도와 세상 사이에 끼인 사람이야말로 가장 대책이 없는 사람입니다.

라반이 손을 들게 해야 합니다. "안 되겠구나. 배반자는 가라!" 그 입에서 이 소리가 나와야 자유가 오는 것입니다. 몸은 애굽을 떠났지만 눈은 아직도 애굽을 향하고 있다면, 천국행 열차를 타고서도 지옥행 열차에 손을 흔들면서 그 안에 있는 것을 잡으려 든다면, 고생은 고생대로 다 하고서도 중간에 떨어지고 말 것입니다. 한 번 부름을 받았으면 다른 대안이 없습니다. 신앙이 좋아지는 쪽으로 걸음을 옮기는 것이 제일 싸게 먹히는 길입니다. 자꾸 뒤를 돌아봐야 좋을 것 하나 없습니다. 세상이 나를 포기하게 만드십시오.

그래야 자유가 옵니다.

증거의 돌무더기

라반이 야곱에게 자유를 줄 의사를 보이자 야곱은 그냥 넘어가지 않고 돌을 가져다가 증거를 삼습니다.

> 이에 야곱이 돌을 가져 기둥으로 세우고 또 그 형제들에게 돌을 모으라 하니 그들이 돌을 취하여 무더기를 이루매 무리가 거기 무더기 곁에서 먹고 라반은 그것을 여갈사하두다라 칭하였고 야곱은 그것을 갈르엣이라 칭하였으니 라반의 말에 오늘날 이 무더기가 너와 나 사이에 증거가 된다 하였으므로 그 이름을 갈르엣이라 칭하였으며(31:45-48).

야곱의 해방은 말로만 이루어진 것이 아니었습니다. 분명한 언약을 세우고 음식을 같이 먹음으로써 그 언약을 확증했습니다. 왜 언약이 필요합니까? 사람은 너무나도 변덕스럽기 때문입니다. 말만으로는 믿을 수가 없습니다. 언약을 세워야 하고 증표를 세워야 합니다. 라반이 어떤 사람입니까? 분명히 약속해 놓고서도 수십 번씩 바꾸는 사람입니다. 지금은 자유를 주겠다고 하지만, 또 언제 말을 번복하고 야곱의 집에 몰려와서 다시 모든 것을 끌고 가겠다고 소란을 피울지 모릅니다. 그래서 야곱은 다시는 라반이 추격해 오지 못하도록 증거의 돌을 세웠습니다. 아람어를 사용했던 라반은 이 돌을 '여갈사하두다'라고 불렀고, 히브리어를 사용했던 야곱은 '갈르엣'이라고 불렀습니다. 두 단어 모두 '증거의 돌무더기'라는 뜻입니다.

이 돌무더기가 의미하는 것이 무엇입니까? 라반은 다시는 이 돌무더기를 넘어 야곱을 잡으러 와서는 안 된다는 것입니다. 그뿐 아니라 야곱도 이 돌무더기를 넘어 다시 라반의 종이 되러 가거나 그의 도움을 받으러 갈 수 없다는 것입니다. 이것은 영원한 경계선입니다. 라반은 이렇게 말합니다.

> 라반이 또 야곱에게 이르되 내가 너와 나 사이에 둔 이 무더기를 보라 또 이 기둥을 보라 이 무더기가 증거가 되고 이 기둥이 증거가 되나니 내가 이 무더기를 넘어 네게로 가서 해하지 않을 것이요 네가 이 무더기, 이 기둥을 넘어 내게로 와서 해하지 않을 것이라(31:51, 52).

야곱의 세력을 두려워한 라반은 앞으로 야곱이든 그의 후손이든 이 경계선을 넘어와서 자신을 해치지 않을 것을 맹세하라고 합니다. 그러나 이보다 더 진정한 의미는, 앞으로 야곱은 어떤 어려운 일이 있더라도 다시 라반의 종이 될 수 없다는 것입니다.

이스라엘 백성들의 예를 살펴보면 더 이해하기 쉬울 것입니다. 이스라엘 백성들은 애굽을 떠날 때 '일단 애굽을 떠났다가 힘들면 다시 돌아오자'는 '양다리 작전'을 생각하고 있었습니다. 그런데 애굽을 떠나 홍해를 건넌 다음에 그들이 발견한 것은 무엇입니까? 이 길은 돌아갈 수 없는 길이라는 것입니다. 이제는 광야에서 목말라 죽고 굶어 죽는 한이 있어도 애굽으로 돌아갈 수 없습니다. 무슨 일이 있어도 하나님의 백성으로 살아야 합니다. 그래서 사도 바울은 이스라엘 백성들이 홍해를 건넌 일을 '세례'로 표현했습니다.

> 형제들아, 너희가 알지 못하기를 내가 원치 아니하노니 우리 조상들이 다 구름 아래 있고 바다 가운데로 지나며 모세에게 속하여 다 구름과 바다에서 세례를 받고(고전 10:1, 2).

이스라엘 백성들은 홍해를 건넘으로써 애굽과 완전히 단절되었습니다. 다시 말해서 애굽에 대해 완전히 죽어 버린 것입니다.

이제 그들은 애굽과 아무 상관이 없는 사람들이 되었습니다. 그들은 하나님의 백성으로 다시 태어났습니다. 이제부터는 죽이 되든 밥이 되든 하나님의 백성으로 살아야 합니다.

야곱에게는 증거의 돌이 바로 그런 것이었습니다. 이 돌이 세워짐으로써 그는 라반과 아무 상관 없는 사람이 되었습니다. 어떤 의미에서 그는 라반에 대해 죽은 것과 마찬가지입니다. 이제는 어떤 어려움이 있어도 라반에게 갈 수가 없습니다. 그와의 관계는 완전히 끝나 버렸습니다.

예수를 믿었다고 해서 모든 일이 뜻대로 잘되는 것이 아닙니다. 어떤 의미에서는 예수를 모를 때가 더 형통하고 '신바람 나는 인생'이었던 것 같기도 합니다. 예수를 믿고 나니까 오히려 예전보다 생활도 더 어렵고 일도 뜻대로 되지 않습니다. 그럴 때 '잘나가던' 옛날이 그리워질 수 있습니다. 그럼에도 불구하고 그리스도인들은 과거로 돌아갈 수가 없습니다. 그것은 우리에게 야곱의 돌무더기 같은 경계선이 있기 때문입니다. 사도 바울은 그 경계선을 마음의 십자가라고 말했습니다.

> 그러나 내게는 우리 주 예수 그리스도의 십자가 외에 결코 자랑할 것이 없으니 그리스도로 말미암아 세상이 나를 대하여 십자가에 못박히고 내가 또한 세상을 대하여 그러하니라(갈 6:14).

예수를 믿는다고 해서 인생의 모든 문제가 자동적으로 해결되는 것이 아닙니다. 오히려 모든 것이 더 어렵고 복잡합니다. 예전에는 아무 갈등 없이 모든 일을 다 했는데 이제는 내 뜻이 무엇이고 하나님의 뜻이 무엇인지 잘 모르겠습니다. 그래서 가끔씩 그리스도 밖에서 잘나가던 옛날이 그리워집니다. 그럼에도 불구하고 옛날로 돌아갈 수 없게 만드는 것이 무엇입니까? 바로 십자가입니다. 이 십자가 때문에 아무리 힘들고 어려워도, 아무리 장사가 예전처럼 잘

안 되어도, 하나님을 알지 못했던 그 무의미한 삶과 웃음과 자랑과 며칠 동안 밤새워 술 퍼마시던 열정의 시절로는 절대 돌아갈 수가 없습니다.

십자가는 세상이 내게 올 수도 없고 내가 세상으로 넘어갈 수도 없는 영원한 경계선입니다. 참으로 거듭난 자는 살든지 죽든지 세상으로 돌아갈 수가 없습니다. 거듭난 자라고 해서 실수하지 않는 것이 아닙니다. 그리스도인이라고 해서 유혹에 빠지지 않는 게 아니에요. 때로는 넘어지기도 하고 하나님의 말씀에 불순종하기도 합니다. 그러나 그럼에도 불구하고 그에게는 도저히 부인할 수 없는 마음의 경계선이 있습니다. 아무리 억만금을 준다고 해도 하나님을 모르던 삶으로는 다시 돌아갈 수 없는 경계선이 있습니다. 그것이 '여갈사하두다'이며 '갈르엣'입니다.

주님을 만나기 전에도 제게 어려움이 없었던 것은 아니지만 예수를 믿고 난 후에는 더 많은 고통의 시간을 보내야 했습니다. 전에는 내가 모든 것을 판단해서 나 하고 싶은 대로 한 다음에 그 결과를 내가 책임졌기 때문에 답답하게 다른 사람을 원망할 필요가 없었습니다. 내가 저지른 일의 열매를 내가 거두는데 남을 원망할 필요가 뭐가 있겠습니까? 아무 유감 없이 하고 싶은 것을 다 했습니다. 그러나 그리스도를 알고 난 후에는 도대체 되는 일이 없었습니다. 하나님의 뜻이 무엇인지 알 수가 없었어요. 완전히 오리무중입니다. 내 뜻은 무엇이며 하나님의 뜻은 무엇인지, 예수 믿는 게 뭐가 그리 복잡한지 알 수가 없었습니다. 코피 흘리며 공부하던 시절, 나의 능력을 마음껏 뽐내던 생활이 그리웠습니다. 잘나가던 젊은이였던 그때가 그리웠습니다.

그러나 저는 결코 그때로 돌아갈 수가 없었습니다. 그것은 너무나도 무의미한 열정과 자랑들로 가득 찬 세월이었기 때문입니다. 그리스도 안에서 손가락질당하고 그리스도 안에서 굶어 죽는 한이 있어도 옛날로는 돌아갈 수가 없었습니다. 제 안에는 결코 과거로 돌아갈 수 없는 경계선이 있었습니다.

이것이 자유입니다. 돌아가고 싶을 때는 언제든지 세상으로 돌아갈 수 있고 과거로 돌아갈 수 있는 사람은 진정으로 홍해를 건너지 못한 사람입니다. 마음에 경계선이 없는 사람입니다. 그는 언제든지 하나님을 배신할 수 있습니다.

라반이 조금 정신을 차리다

지금까지 라반은 사랑이라고는 조금도 찾아볼 수 없는 아주 야비한 사람이었고, 이것은 그의 딸들도 인정한 바였습니다. 그러나 하나님의 능력을 한 번 맛보고 난 후 야곱을 포기하면서부터는 상당한 변화를 보이고 있습니다.

그는 먼저 야곱의 아내나 자식이나 양 떼가 모두 자기 것이라고 허풍을 떨고 있습니다. 그러면서 무엇이라고 말합니까?

내가 오늘날 내 딸들과 그 낳은 자식들에게 어찌할 수 있으랴(31:43하).

이 말이 의미하는 바가 무엇입니까? 라반이 제 정신을 차리고 있다는 것입니다. 그는 지금까지 자기 딸도 딸로 보지 않았습니다. 딸도 원수로 생각하고 이윤 추구의 수단으로 생각했어요. 지금 여기까지 그들을 쫓아온 것도 죽이기 위해서였습니다. 그런데 이제 정신이 조금 들어서 "내 딸들과 손주들을 어쩌겠느냐? 내가 어떻게 그들을 죽이겠느냐?"고 말하는 것입니다. 하나님께서 그의 마음을 붙들고 계십니다. 이제 그의 눈에는 딸이 딸로 보이고 손주가 손주로 보입니다.

사람의 욕심이 얼마나 무서운지, 한 번 욕심의 노예가 되면 자식이 자식으로 보이지 않습니다. 자식도, 아내도 다 원수로 보여

요. '저 웬수가 내 돈을 떼어 가려고 호시탐탐 노리고 있지' 하는 생각 때문에 금고도 아내에게 등 돌리고 열고 비밀번호도 일주일에 한 번씩 바꿉니다. 그런데 하나님의 능력에 한 번 굴복되고 나면 갑자기 정신이 들면서 모든 것이 제대로 보이기 시작합니다.

50절에서 라반은 야곱에게 무엇을 부탁하고 있습니까?

> 네가 내 딸을 박대하거나 내 딸들 외에 다른 아내들을 취하면 사람은 우리와 함께할 자가 없어도 보라, 하나님이 너와 나 사이에 증거하시느니라 하였더라

참으로 놀라운 말입니다. 라반은 야곱을 중혼하게 만든 장본인입니다. 야곱은 원래 레아와 결혼할 생각이 없었는데 라반이 그를 공짜로 7년 동안 부려먹으려고 레아를 끼워서 시집보낸 것입니다. 지금 라반이 하고 있는 이 말은 무슨 뜻입니까? 완곡하게 자신의 지난 잘못을 사과하는 것입니다. 자존심 때문에 차마 있는 그대로 이야기하지는 못하지만 다시는 다른 사람과 결혼하지 말라고 말함으로써, 자신의 과거를 용서해 주고 다른 형태로 자기 딸들에게 보복하지 말아 달라고 부탁하는 것입니다.

지금까지 야곱은 라반의 종에 불과했습니다. 그러나 라반이 하나님의 능력을 한번 체험하고 나니 어떻게 되었습니까? 야곱의 존귀함이 회복되고 있습니다. 야곱은 아무 말도 하지 않았는데 라반의 눈에 그가 크게 보이기 시작합니다. 그 앞에서 지금까지 자기가 저질러 온 모든 일들이 주마등처럼 떠오르기 시작합니다. 그래서 자신의 잘못을 깊이 사과하면서 딸들에게 보복하지 말아 달라고 부탁하고 있습니다. 지금 야곱은 잡히지 않고 도망치는 것만으로도 감지덕지한 상태입니다. 그러나 하나님께서는 야곱을 높이고 계십니다. 야곱의 존귀함을 회복시키고 계십니다. 그렇다면 지금까지 라반이 마치 눈에 무엇이 씐 사람처럼 야곱에게 악하게 군 이유

가 무엇입니까? 하나님께서 야곱을 연단하기 위해 라반을 사용하신 것입니다.

나를 유독히도 힘들게 하는 사람이 있습니까? 마치 눈에 무엇이 씐 사람처럼 나만 보면 이를 갈면서 죽자고 미워하는 사람이 있습니까? 그를 미워하지 마십시오. 그에게 보복하려는 생각을 완전히 버리십시오. 그는 나를 낮추시기 위해서, 내 속에 있는 교만을 버리게 하기 위해서, 내 속의 죄성이 빠져나가게 하기 위해서 하나님께서 특별히 고용하신 조교이기 때문입니다. 라반이 없었더라면 야곱은 그렇게 낮아지는 경험을 하지 못했을 것입니다. 그런 것은 원래 학비를 내면서 배워야 하는데, 하나님께서 직접 고용해서 우리에게 붙여 주시니 얼마나 감사합니까?

그러나 하나님의 훈련 시간이 다 끝나면 어떻게 됩니까? 그 사람이 갑자기 정신을 차리면서 도저히 믿을 수 없는 말이 그 입에서 나오게 됩니다. "내가 오늘날 내 딸들과 그 낳은 자식들에게 어찌할 수 있으랴?" 라반은 이런 말을 할 인간이 아닙니다. 인정사정없는 사람이에요. 그런데 갑자기 정신을 차리면서 혹시 그동안 자신이 섭섭하게 한 일이 있다 하더라도 다 너그러운 마음으로 잊어주기 바란다고 말하는 것입니다. 이것은 무엇을 의미합니까? 내가 그리스도 안에 있으며, 하나님의 연단이 끝났고, 이제 주님이 나를 높이시며 회복시키신다는 뜻입니다.

하나님께서는 교만한 우리를 길들이는 방법을 수천 가지나 알고 계십니다. 한 조교가 지나가면 또 다른 조교가 옵니다. 첫째 시누이가 애먹이고 나면 둘째 시누이가 있고 그 다음에는 시어머니가 가세합니다. 하나님께서는 우리를 길들일 조교를 수천 명 두고 계십니다. 나를 괴롭히는 사람들을 미워하거나 그들에게 보복하려 드는 것은 아무 소용없는 짓입니다. 그 사람 죽게 해 달라고 아무리 기도해도 소용이 없어요. 이 세상에 나를 괴롭힐 사람은 그 사람 말고도 많습니다. 여기에서 못된 사람 피해가도 그다음 길에 더 지독한 사람이 기다리고 있어요.

우리는 그런 조교들을 사랑해야 합니다. 그들은 뭐가 뭔지 모르면서 그렇게 하고 있는 것이고, 이 모든 일은 나를 진정으로 낮추기 위한 것입니다. 월급도 안 받고 이 일을 해주는 사람들한테 "너무 감사합니다. 못된 나를 훈련시키느라 얼마나 수고가 많습니까? 월급은 못 드려도 조그만 선물을 하나 준비했습니다"라고 해야 합니다. 이런 조교들이 나에게 기쁨과 감사로 용납이 될 때, 하나님의 의도는 이루어지고 있는 것이며 그런 조교들은 미안해하면서 물러갈 것입니다.

세상과의 새로운 관계

라반은 증거의 돌 앞에서 이렇게 맹세합니다.

아브라함의 하나님, 나홀의 하나님, 그들의 조상의 하나님은 우리 사이에 판단하옵소서 하매 야곱이 그 아비 이삭의 경외하는 이를 가리켜 맹세하고(31:53).

라반이 하나님의 이름을 부르는 내용을 보면 그의 신앙이 얼마나 잘못되었는지 알 수 있습니다. 그는 "아브라함의 하나님, 나홀의 하나님, 그들의 조상의 하나님"을 부르고 있습니다. 나홀은 아브라함의 동생이자 라반의 할아버지입니다. 그러니까 모두 다 죽은 사람들인 것입니다. 사실 라반이 여기에서 부르는 아브라함의 하나님, 나홀의 하나님, 그 조상들의 하나님은 각각 다 다른 하나님입니다. 라반은 하나님의 이름을 많이 부르면 부를수록 좋은 줄 알고 있습니다.

어떤 사람은 기도할 때 예수님도 부르고 부처님도 부르고 생각나는 모든 신들의 이름을 부르면서 기도합니다. 그러나 야곱은 간단히 "그 아비 이삭의 경외하는 이"의 이름으로 맹세했습니다. 살아 계신 하나님, 지금도 아버지 이삭이 두려워하고 있는 하나님, 오늘까지 자신을 지켜 주시고 인도하신 그 하나님의 이름으로 맹세한 것입니다.

그러면 이 언약을 통하여 야곱과 라반은 어떤 관계에 있게 되는 것입니까? 그들은 더 이상 동맹자가 아닙니다. 그 관계는 분명히 해체되었습니다. 그렇다면 두 사람은 전혀 상관 없는 적이 되는 것입니까? 그것도 아닙니다. 야곱과 라반은 분명히 같은 시대를 살면서 어쩌면 다시 만나게 될지도 모르는 그런 사이입니다. 저는 이들의 관계를 '좋은 이웃의 관계'라고 표현하고 싶습니다.

이 관계의 문제는 오늘날 우리의 문제이기도 합니다. 우리는 분명히 이 세상에 속한 사람들이 아닙니다. 그러나 우리는 여전히 이 세상에 몸을 담고 살아야 하며 여기에서 여러 가지 필요한 것들을 공급받아야 합니다. 그러면 이 세상과 우리의 관계는 어떻게 정의해야 옳습니까? 저는 이것 또한 '좋은 이웃의 관계'로 정의할 수 있다고 생각합니다.

그리스도인들은 분명히 이 세상에 속한 사람들은 아닙니다. 이 세상에서 높은 자리를 차지하고 돈을 많이 벌었다고 해서 그리스도인으로서도 성공한 것은 아닙니다. 그러나 이 세상과 완전히 분리될 수는 없습니다. 예를 들어 예수를 믿고 세상을 떠났다고 해서 가족들과의 관계를 다 끊어 버릴 수 있는 것도 아니고, 무조건 직장을 박차고 나와서 전도만 하면서 살 수 있는 것도 아닙니다. 우리는 여전히 가족들과 함께 살아야 하며 때로는 하나님을 모르는 부모님의 도움으로 대학도 다니고 결혼도 해야 합니다. 그러면 도대체 우리는 무엇입니까?

우리는 이 세상의 좋은 이웃입니다. 믿지 않는 부모님의 도움을 받는 것도 사실은 다 하나님이 주시는 것입니다. 그럼에도 불구하고 우리는 분명히 부모님께 빚진 자들입니다. 우리는 이 세상에도 많은 빚을 지고 있습니다. 어떤 경우에는 신앙 없는 친구의 도움을 받기도 합니다. 그래서 그리스도인들은 이 세상의 행복 자체를 목적으로 삼지는 않지만 이 세상에서 살면서 그들에게 갚아야 할 빚이 있고 좋은 이웃으로 살아야 할 의무가 있습니다.

예를 들어서 동네에 큰 어려움이 생기면 다 함께 나가서 도와야 합니다. 거기에서 종교를 따질 필요가 뭐가 있습니까? 때로는 스님과 목사가 함께 흙을 날라서 홍수 피해를 막아야 할 때도 있습니다. 그럴 때 굳이 종교를 따져서 스님은 저쪽으로 가고 목사는 이쪽으로 갈 필요가 없습니다. 일단 같이 가서 홍수를 막아야 합니다. 왜 그렇습니까? 좋은 이웃이기 때문입니다.

어떤 목사님 댁의 이웃에 절이 있었는데, 그 목사님과 스님이 주차 문제를 놓고 굉장히 사이좋게 의논하고 나서 스님은 합장하면서 인사하고 목사님도 예의있게 인사하며 헤어지는 모습을 보았습니다. 우리는 이 세상에서 좋은 이웃으로 살아야 합니다. 우리가 여기에서 공부를 하고 일을 하는 것은 믿지 않는 사람들에게 받은 그 빚을 갚기 위해서입니다. 선한 사마리아 사람처럼 고통 가운데 있는 사람들을 돕기 위해서입니다.

때로는 그들의 요구가 진정한 그들의 필요가 아닐 수도 있습니다. 그들은 돈을 요구하는데 사실은 돈이 그들에게 독이 될 때도 있어요. 그럴 때 우리에게는 우리의 이웃이 진정으로 필요로 하는 것이 무엇인지 꿰뚫어보는 지혜가 필요합니다. 때로는 조용히 기다려 주는 것이 도움이 될 수도 있고, 때로는 찾아가서 위로해 주는 것이 도움이 될 수도 있으며, 때로는 진리로 그들을 깨우쳐 주는 것이 도움이 될 수도 있습니다. 또 오늘날처럼 너무나도 부패한 시대에는 같이 부패해지지 않고 온전히 보전되어 있는 것이 곧 이 세상을 돕는 길이 될 수도 있습니다.

야곱은 그들과 평화의 식사를 하고 있습니다. 이것은 앞으로 어떤 일이 있어도 그들에게 보복하지 않겠다는 약속의 표시입니다. 나의 친척들이나 이웃들이나 회사 동료들은 모두 우리의 좋은 이웃입니다. 물론 그들 중에 나를 힘들게 하는 사람들이 있습니다. 그러나 그들은 하나님께서 고용하신 조교들입니다. 그들에게 보복하려는 것은 하나님께 보복하려는 것과 똑같습니다. 오늘 이 시간, 그동안 나를 미워하고 힘들게 한 사람에게 보복하려는 생각을 다 버립시다. 이 세상에 꼭 필요한 좋은 이웃이 됩시다.

22

가장 부담스러운 만남

처음에 리브가가 에서와 야곱이라는 쌍둥이 형제를 가졌을 때, 하나님께서는 그의 배 속에서부터 민족이 나뉠 것이라고 말씀하셨습니다. 단지 신앙 때문에 형제가 그 민족까지 나뉜다는 것은 너무 지나친 말씀이 아닌가 생각될지도 모르겠습니다. 그러나 가까운 친구나 형제 사이도 시간이 점점 지나면서 결코 하나 될 수 없는 물과 기름의 관계가 되어 가는 것을 느낄 때가 많습니다. 우선 사물을 보는 관점이나 가치관이 너무나 다릅니다. 한 사람은 중요하게 생각하는 일이 다른 사람에게는 완전한 시간 낭비로 보일 수 있고, 한 사람은 의미 있게 생각하는 일이 다른 사람에게는 어린애 장난처럼 보일 수 있습니다.

그러나 이것은 물과 기름의 관계를 이루고 있는 한 부분에 불과합니다. 신앙 없는 사람이 신앙 있는 사람을 보면 어딘가 모르게 건방져 보이고 마치 자기만 모든 것을 다 아는 양 행동하는 것 같습니다. 그 앞에 있으면 무언가 판단받는 듯한 느낌이 들고 왠지 무시당하는 것 같아요. 그래서 신앙 없는 사람들은 더욱더 이 세상의 권력이나 명예를 붙듦으로써 신앙이 있는 이 건방진 친구들을 이기려고 합니다.

그런데 신앙 있는 사람은 또 그 나름대로 신앙 없는 친구나 형제들 앞에서 느끼는 열등감이 있습니다. 하나님의 사람이 되기 위해 연단을 받느라고 이 세상에 내놓을 만한 것이 아무것도 없기 때문입니다. 그래서 신앙 있는 사람들은 할 수 있는 한 같은 믿음의 식구들끼리만 어울리려고 하고, 신앙 없는 가족이나 친구들을 잘 만나려고 하지 않습니다. 만나 봐야 마음에 상처만 받고 돌아오니까요. 그러나 우리는 이 세상에서 완전히 고립된 삶을 살 수 없습니다. 자신이 원하든 원하지 않든 신앙 없는 가까운 사람들을 만나야 하고 그들과 관계를 유지해야 합니다.

야곱은 하란을 떠남으로써 드디어 자유인이 되었습니다. 이제는 자기가 원하는 것을 마음껏 추구할 수 있습니다. 그러나 그렇다고 해서 모든 문제가 해결된 것은 아니었습니다. 하란을 떠난 사건은 가장 부담스러운 만남을 가져야 하는 자리로 그를 이끌어 갔기 때문입니다. 그 만남이 무엇입니까? 야곱을 20년 동안 하란에서 종살이하게 만든 장본인 에서와의 만남입니다. 에서는 신앙이 없는 사람이었습니다. 그는 성격이 대단히 급하고 과격한 사람이었으며, 이 세상에서 못하는 것이 없을 정도로 뛰어난 자질을 가진 유능한 사람이었습니다.

야곱은 그에 비해 좀 내성적이며 계산적인 사람이었습니다. 야곱은 20년 전 아버지와 형을 속이고 축복을 가로챘다가 형의 미움을 샀고, 에서는 야곱을 죽이기로 결심했습니다. 객관적으로 보면 야곱도 그렇게 뒤떨어지는 사람이 아니었습니다. 그런데 유독 에서 앞에만 서면 자신감이 사라졌습니다. 그것은 에서가 뛰어난 탓이기도 했지만 그의 불 같은 성질을 감당하기가 힘들었기 때문입니다. 또 자기 나름대로의 자존심도 있었습니다.

20년간의 종살이를 끝내고 아버지 집으로 돌아가는 야곱은 이제 형 에서와 만나지 않으면 안 되는 문제에 봉착해 있습니다. 적어도 아버지 집은 아직 형의 주관 아래 있기 때문입니다. 그는 형의 승낙을 받지 않고서는 아버지 집 안에 한 발도 들여놓을 수 없는 처지였습니다. 물론 지금 에서는 아버지 집에 있지 않고 거기에서 멀리 떨어진 에돔에 있습니다. 그럼에도 불구하고 아버지 집은 에서의 관할 아래 있었기 때문에 그의 허락 없이는 발을 들여놓을 수가 없었습니다. 만일 형이 조금이라도 반대를 할 경우에는 영원히 아버지 집에 들어갈 수 없을 것입니다. 그뿐만 아니라 형이 20년 전의 감정 때문에 야곱을 해치려고 한다면 꼼짝 못하고 당할 수밖에 없었습니다.

이처럼 야곱과 에서의 만남은 운명적인 만남이 아닐 수 없었습니다. 에서를 만나지 않으면 아버지 집에 들어갈 수가 없는데, 야곱에게는 에서를 만나는 일보다 더 거북하고 부담스럽고 두려운 일이 없었기 때문입니다. 오늘 우리가 다루려고 하는 이 주제는 신앙생활을 오래 해서 신앙 안에 있는 아주 미묘한 문제를 경험해 본 사람만이 알 수 있는 어려운 숙제입니다.

하나님의 군대

야곱은 길을 행진하는 가운데 하나님의 천사들의 무리를 보게 되었습니다.

> 야곱이 그 길을 진행하더니 하나님의 사자들이 그를 만난지라 야곱이 그들을 볼 때에 이르기를 이는 하나님의 군대라 하고 그 땅 이름을 마하나임이라 하였더라(32:1, 2).

야곱은 20년 전 에서를 피해 도망치는 중에 벧엘에서 돌베개를 베고 누워 잠을 자다가, 사닥다리 위로 하나님의 천사들이 오르락내리락하는 꿈을 꾼 적이 있습니다. 그런데 이번에는 꿈속에서가 아니라 길에서 직접 하나님의 천사들을 만나게 되었습니다. 그것도 한두 명이 아니라 두 무리나 되는 천사들을 만난 것입니다. '마하나임'은 '두 진영'이라는 뜻입니다.

여기서 우리는 질문하지 않을 수 없습니다. 사람이 천사를 만난다는 것은 예삿일이 아닙니다. 더욱이 천사들의 군대를 두 부대나 만난다는 것은 더더욱 흔한 일이 아닙니다. 과연 야곱은 어떤 과정에서 이 천사들을 만났으며, 왜 하필 여기서 만난 것일까요?

우리는 가끔 길을 가다가 작전 수행중인 군인들을 만날 때가 있습니다. 많은 군인들이 길 양 옆에 줄을 서서 가거나 트럭을 타고 가기도 하고 장비를 수송하기도 합니다. 그런데 두 부대가 지나갈 정도라면 굉장히 큰 규모의 작전이 진행되고 있는 것입니다.

이 천사의 무리들을 모든 사람이 본 것 같지는 않습니다. 아마 야곱 혼자 보았을 것입니다. 사실 우리 눈은 보지 못하는 것이 너무 많습니다. 어떨 때는 바로 앞에 있는 물건을 찾지 못해서 이 방 저 방 돌아다니기도 하지 않습니까? 하물며 영적인 세계는 더 보지 못합니다. 열왕기하 6장을 보면, 아람 군대가 엘리사를 잡으려고 쳐들어오는 이야기가 나옵니다. 엘리사의 종 게하시는 수많은 말과 군대가 성을 에워싼 것을 보고 두려워 떨었습니다. 그때 엘리사는 "우리와 함께한 자가 적들보다 많다"고 하면서 이 종의 눈을 열어 달라고 기도했습니다. 그러자 그의 눈이 열려 하나님의 불말과 불병거가 자기들을 에워싸고 있는 모습을 보게 되었습니다.

오늘 본문에서 야곱이 하나님의 군대를 보게 된 것은 그의 눈이 열렸기 때문입니다. 구체적으로 어떻게 그의 눈이 열려 천사들을 보게 되었는지는 알 수 없습니다. 그러나 그는 분명히 평소에 보지 못했던 하나님의 군사들이 두 부대나 출동한 모습을 보았습니다.

그렇다면 하나님의 천사들이 이렇게 여기에 나타나 그의 눈에 보인 이유는 무엇일까요? 그것은 앞으로 야곱에게 닥칠 위험을 하나님께서 알고 계셨기 때문입니다. 야곱은 바로 잠시 후 어떤 일이 일어날지 알지 못했습니다. 그러나 하나님께서는 얼마 있지 않아서 야곱이 믿음을 다 잃을 정도로 큰 위기에 빠지게 되리라는 것을 알고 계셨습니다. 그래서 그를 지키기 위해 이렇게 많은 하나님의 군대가 출동해 있다는 것을 보여 주심으로써 그를 안심시키시고, 어려움 가운데 하나님께 나아오도록 하기 위해서 미리 천사들을 보여 주신 것입니다.

우리는 어떤 위험과 어려움이 우리를 기다리고 있는지 알지 못합니다. 그러나 하나님께서는 그것을 알고 계시며 미리 은혜를 체험케 하심으로써 우리를 무장시켜 주십니다. 미리 은혜를 받은 상태에서 위기를 맞는 것과 전혀 준비 없이 위기를 맞는 것 사이에는 큰 차이가 있습니다. 마음속에 하나님께서 주신 은혜와 감동이 있으면 견딜 수 있는 시간이 좀더 길어집니다. 물론 불안하기도 하고 마음속에 의심이 생기기도 하지만 그래도 조금은 견딜 만합니다. 그러나 하나님의 은혜나 감동이 전혀 없이 어려움을 맞이하면 마치 마른 장작에 불이 붙듯이 한순간에 그 어려움에 휩쓸리고 맙니다. 그렇게 정신없이 이리 뛰고 저리 뛰다 보면 상황은 이미 다 끝나 버리고, 건질 것은 하나도 없게 되는 것입니다.

에서와의 만남

야곱은 아버지 집에 들어가기 전에 먼저 자기 형 에서에게 그 사실을 알리고 허락을 받아야 한다고 생각했습니다. 아버지 집의 실질적인 모든 권한이 에서에게 있었기 때문입니다.

> 야곱이 세일 땅 에돔 들에 있는 형 에서에게로 사자들을 자기보다 앞서 보내며 그들에게 부탁하여 가로되 너희는 이같이 내 주 에서에게

고하라 주의 종 야곱이 말하기를 내가 라반에게 붙여서 지금까지 있었사오며 내게 소와 나귀와 양 떼와 노비가 있사오므로 사람을 보내어 내 주께 고하고 내 주께 은혜 받기를 원하나이다 하더라 하라 하였더니(32:3-5).

이 말에서 느낄 수 있듯이 야곱은 지금 어떻게 해서든지 에서의 성미를 건드리지 않으려고 애를 쓰고 있으며, 할 수 있는 한 그 앞에서 자신을 낮추고 있습니다. 이렇게 오랜만에 만나는 쌍둥이 형제라면 서로 허물없이 반갑게 만날 수도 있을 텐데 지금 야곱은 마치 설설 기고 있는 것처럼 보입니다. 왜 그렇습니까? 20년 동안 너무 철이 들고 교양이 생겨서 아무리 쌍둥이 형이라도 예의를 갖추어야 한다고 생각한 것입니까? 천만의 말씀입니다.

야곱과 에서 사이에는 다른 사람은 이해할 수 없는 깊은 감정의 앙금이 있었습니다. 강압적인 아버지 밑에서 자란 아들은 심리적으로 깊은 마음의 상처를 받습니다. 그것을 그리스 신화에서 자기 아버지를 살해한 인물의 이름을 따서 '오이디푸스 콤플렉스'라고 부릅니다. 또 아버지를 사이에 두고 어머니에게 경쟁심을 느끼는 심리적 경향을 아가멤논의 딸 엘렉트라의 이름을 따서 '엘렉트라 콤플렉스'라고 부르기도 합니다.

물론 형제나 자매들이 한집에서 자라다 보면 서로 엄청나게 싸우게 되어 있습니다. 어떤 의미에서 이런 싸움들은 긍정적인 역할을 많이 합니다. 즉 심하게 싸우면서 자란 형제나 자매들은 이런 싸움을 통해 다른 사람의 존재를 인식하게 되고 양보하는 것을 배우기도 하면서 자기중심적인 성향에서 조금은 벗어날 수 있습니다. 그러니까 형제나 자매끼리 심하게 싸운다고 해서 꼭 콤플렉스로까지 발전하는 것은 아닙니다. 이렇게 싸울 때 부모가 어느 한쪽을 일방적으로 편들거나 다른 한쪽을 따돌린다면 열등감이나 상처가 생길 수 있지만, 단지 자기들끼리 싸우는 것은 마음의 상처로 남지 않습니다.

그러나 오늘 본문을 보면 야곱과 에서는 쌍둥이 형제 사이면서도 서로 간에 아주 심한 콤플렉스와 거부감과 적개심을 가지고 있는 것을 볼 수 있습니다. 이것은 형제끼리 경쟁하느라고 생긴 콤플렉스가 아닙니다. 신앙 때문에 생긴 열등감이고 상처입니다. 따라서 심리학자들은 이 증상을 이해할 수가 없습니다. 저는 이런 현상에 대해서 오늘 우리가 새로운 이름을 하나 지어야 한다고 생각합니다. 너무 어려운 이름은 다른 사람들이 따라부르기가 힘드니, 쉽게 '야곱 콤플렉스'라고 부르면 어떨까요?

아무리 가까운 형제요 심지어 5분 간격으로 태어난 쌍둥이라 하더라도 신앙이 다르면 그 가치관 또한 달라지게 되어 있습니다. 신앙 없는 사람은 모든 것을 세상적인 기준으로 평가합니다. 예를 들면 얼마나 많은 재산을 가지고 있고 얼마나 높은 위치에 올라가 있느냐, 얼마나 큰 집에서 어떤 가구들을 들여 놓고 살고 있으며 그 집 아이들은 성적이 어떠냐 같은 것으로 사람을 평가합니다. 이런 것들 말고는 사람을 평가할 기준이 없어요. 그래서 재산이 많고 권세가 있는 사람은 기꺼이 인정하는 데 비해, 가진 것 없이 초라하게 살고 있는 사람은 업신여깁니다.

그런데 하나님을 믿는 사람은 어떻습니까? 하나님께서는 절대로 처음부터 그 사람에게 재산이나 지위 같은 것을 주시지 않습니다. 오히려 어떤 때는 가지고 있던 재산이나 지위나 건강을 빼앗아 가면서 그 사람의 내면을 바꾸십니다. 그 사람의 가치관, 더러운 기질, 삶의 방식을 뜯어고쳐서 그 속사람을 변화시키십니다.

신앙을 가진 사람을 가장 괴롭히는 가시는 같은 집에 살면서도 가치관이 다른 형제나 가족들입니다. 그들은 내면적인 변화라든지 영적인 성숙 같은 것은 인정하지도 않을 뿐더러 관심도 없습니다. 그들이 믿는 형제들에게 질문하는 것은 "네가 그렇게 똑똑하고 신앙이 좋다면 왜 돈도 제대로 못 버냐?"는 것입니다. 교회는 뻔질나게 드나들면서 집에 돈 한 번 제대로 가져다 준 적이 있느냐는 것이지요.

하나님의 백성에게 가장 고통스러운 것이 바로 이것입니다. 전혀 모르는 사람이라면 무시해 버리면 됩니다. 그러나 같은 집 안에서 자기 할 일을 아주 잘할 뿐 아니라 주위 사람들에게 칭찬을 한 몸에 받아 가면서 유독 믿는 자들의 부족한 부분을 예리한 송곳으로 후벼 대는 이 가까운 형제와 가족들은 너무나도 고통스러운 존재가 아닐 수 없습니다. 같이 사는 게 괴로워요. 그리고 설사 같이 살지 않는다 하더라도 어쩌다 한 번씩 집안 일로 만나지 않을 수 없을 때, 그 만남이 마음에 얼마나 큰 부담이 되는지 모릅니다. 만나면 예외 없이 한두 마디를 탁 던지는데 그 한두 마디가 1년 동안 쌓아 온 신앙을 뒤흔들어 놓습니다. 이것이 '야곱 콤플렉스'입니다.

에서와 야곱은 인간적으로는 가장 가까운 사이였지만 가치관으로는 결코 하나 될 수 없는 사람들이었습니다. 에서는 그 당시 기준에서 볼 때 대단히 뛰어난 사람이었습니다. 그 당시에는 남성다움이 뛰어난 남자의 기준이었고, 남성다움의 조건은 사냥을 얼마나 잘하느냐는 것이었습니다. 그런데 에서는 대단히 뛰어난 사냥꾼인 데다가 온몸이 털로 뒤덮여 있는, 남자 중에 남자였습니다. 그러나 그는 내면생활이라는 것을 전혀 인정하지 않았습니다. 팥죽과 언약 중에서 하나를 골라야 한다면 당연히 팥죽이에요. 반면에 야곱은 내면에 관심이 많았습니다. 그가 밖으로 돌아다니지 않았던 것도 바로 사람의 내면에 관심이 많았기 때문입니다. 그는 하나님의 말씀을 좋아했습니다.

에서와 야곱이 아버지의 축복을 받으려고 한 동기나 의미도 서로 완전히 달랐습니다. 에서는 그 축복을 통해서 명실공히 그 가정의 책임자가 되려고 했고, 야곱은 하나님의 축복을 받으려고 했습니다.

에서는 야곱을 이해할 수가 없었습니다. 도대체 이 동생이 무엇 때문에 사는지, 사냥도 안 하고 집구석에 처박혀서 무엇을 하는지 알 수가 없었어요. 야곱은 신체적인 조건이나 사회적인 면에서 분명히 자기보다 열등했습니다. 그러나 늘 무언가 자기가 알고 있는 것 이상을 알고 있는 것 같았고, 자기보다 더 자존심이 강했습니다. 자존심을 부리려면 무어라도 가진 게 있어야 할 텐데 아무것도 없는 주제에 콧대만 세우는 것입니다.

한편 야곱은 하나님께서 자기와 함께 계시고 자신을 변화시켜서 새 사람으로 만드신 것을 믿습니다. 그러나 에서 앞에 서기만 하면 내세울 것이 없습니다.

"네가 내세울 게 뭐가 있냐?"

"속이 변화되었는데요."

"뭐, 속이 안 좋다구?"

이야기가 안 통합니다.

야곱에게 가장 부담스러운 만남은 적과의 만남이 아니라 가치관이 다른 형 에서와의 만남이었습니다. 에서는 가장 가까운 사람이면서도 자신을 가장 고통스럽게 만드는 적이었습니다. 에서는 야곱의 '가까운 원수'였습니다. 사실 다른 사람들 앞에서 그를 '원수'라고 말하기에는 너무 가까운 사이입니다. 그리고 그가 하는 말 중에서 틀린 말은 하나도 없습니다. 전부 나 잘되라고 하는 말이고 나를 위해서 하는 소리입니다. 그래서 얘기 끝에 항상 "내가 오죽 답답하면 이런 소리를 다 하겠냐?"고 하지요. 그러나 그는 수많은 시간 하나님 앞에서 땀과 눈물을 흘리면서 만들어진 새로운 양심을 조금도 인정하지 않고 한순간에 허물어지게 만드는 원수입니다.

예수님께서는 복음서에서 하나님 나라의 가장 무서운 원수로 바리새파 사람들을 지적하셨습니다. 예수님께서는 호수 위를 지나가면서 바리새인의 누룩을 조심하라고 제자들에게 말씀하셨습니다. 바리새파는 그 당시 유대교의 여러 파벌들 중에서 가장 성경적이며 가장 진리에 가까운 파벌이었습니다. 그런데 예수님은 다른 파벌에 대해서는 아무 말도 하지 않으시면서도 진리에 가장 가깝다고 여겨졌던 바리새파는 심하게 공격하고 경계하셨습니다. 그 이유가 무엇입니까?

바리새파는 한편으로는 가장 성경적이었지만 다른 한편으로는 철저하게 겉으로 나타난 결과로 모든 것을 판단하는 사람들이었습니다. 그들에게 속사람의 변화라는 것은 중요하지 않았습니다. 중요한 것은 세상적으로 얼마나 성공하며 얼마나 많은 사람들에게 인정을 받느냐 하는 것이었습니다. 한 달에 돈을 얼마나 버느냐, 시험에 붙었느냐, 어떤 집에서 사느냐, 무슨 차를 타느냐 하는 것이 중요한 거예요. 그들은 복음의 가장 무서운 원수였습니다.

속사람이 변하면 겉으로도 나타나게 되어 있습니다. 그러나 문제는 이 변화가 곧바로 나타나지 않고 오랜 시간에 걸쳐 서서히 나타난다는 것입니다. 10년이 걸릴지, 20년이 걸릴지 몰라요. 이것을 신앙 없는 가족들은 인정해 주지 않습니다. 당장 직장이 없다는 사실이나 돈을 못 번다는 사실만 놓고 맹공격을 하지요. "신앙 좋다는 녀석이 돈도 못 버냐? 너희 하나님은 그런 것도 안 해주고 뭐 한대?"

시편에서 "사람들이 종일 나더러 하는 말이 '네 하나님이 어디 있느뇨?' 하니 내 눈물이 주야로 내 음식이 되었도다"(시 42:3)라고 고백하는 시인의 마음과 같습니다. 물론 마음속으로는 내가 믿는 진리가 옳다는 것을 압니다. 그러나 겉으로 보여 줄 만한 것이 하나도 없습니다.

오늘 본문을 보십시오. 야곱은 친형제가 아니라 마치 적대적인 관계에 있는 나라에 외교사절을 보내는 사람처럼 몸을 잔뜩 움츠리고 있습니다.

주의 종 야곱이 말하기를 내가 라반에게 붙여서 지금까지 있었사오며 내게 소와 나귀와 양 떼와 노비가 있사오므로(32:4하-5상).

20년 만에 다시 만나는 형제 사이에 할 말이 이런 것밖에 없겠습니까? 그러나 에서는 이렇게 눈에 보이는 것을 가지고 이야기하지 않으면 아예 들을 생각조차 하지 않는 사람이라는 것을 야곱은 알고 있었습니다. 소나 양이나 노비 이야기를 하지 않으면 뭐라도 얻어먹으러 온 줄 알고 아예 상종도 하지 않을 것입니다.

도시에서 직장생활하는 아들이 시골에 계신 부모님과 친척들을 만나러 갈 때는 남에게 빌려서라도 차를 끌고 가야 합니다. 승용차가 없으면 봉고차라도 끌고 가야 해요. 애 업고 손에 보따리 두 개 들고 버스 갈아타고 또 갈아타면서 땀 흘리며 간 사람은 아무 할 말이 없습니다. 성령의 은혜에 관해 말하겠습니까? 그동안 고난 가운데 변화된 성품을 놓고 이야기하겠습니까? 가장 지혜로운 방법은 주는 밥이나 먹고 아이들 챙겨서 빨리 돌아오는 것입니다. 거기에서 꾸물거려 봤자 좋은 소리 들을 일이 하나도 없습니다.

야곱은 에서의 성미를 건드리지 않으려고 최대한 공손하게 자기가 왔다는 사실을 알리며 그의 양해를 구하고 있습니다. 특히 이제는 자기도 가난하지 않으니까 만나서 이야기를 할 만하리라는 점을 알렸습니다. 그러자 에서가 어떻게 반응했습니까? 놀랍게도 400명을 거느리고 야곱을 만나기 위해 길을 나섰습니다.

> 사자들이 야곱에게 돌아와 가로되 우리가 주인의 형 에서에게 이른즉 그가 사백인을 거느리고 주인을 만나려고 오더이다(32:6).

문제는 바로 여기에 있었습니다. 왜 에서는 야곱이 왔다는 소식을 듣고 무려 400명이나 되는 사람들을 데리고 오는 것입니까? 가까운 거리도 아니고 이렇게 먼 길을 굳이 400명씩이나 끌고 올 필요가 뭐가 있습니까? 그것은 무력시위였습니다. 물론 야곱을 죽이겠다는 것은 아닙니다. 20년 전의 분노가 아직까지 풀리지 않아서 복수하겠다는 것도 아닙니다. 그러면 도대체 무엇 때문입니까?

에서에게는 아직도 야곱을 부담스러워하는 마음이 있었습니다. 그것은 일종의 영적인 열등감이었습니다. 믿는 사람은 믿지 않는 사람에게 세상적인 열등감을 느낍니다. 그 열등감이 심해지면 완전히 기가 죽어서 만나도 말도 제대로 못한 채 주는 밥이나 먹고 인사 꾸벅 하고 오지요. 그러나 믿지 않는 사람은 믿는 사람들에게 영적인 열등감을 가지고 있습니다. 세상적으로는 그들이 열등할지 몰라도, 자기가 모르는 어떤 세계를 알고 있는 것 같기 때문입니다.

에서는 이런 부담 속에서 자신의 우위를 확실하게 하기 위해 400명이나 되는 군사를 이끌고 길을 나섭니다. '네까짓 것이 지금까지 어디서 무엇을 하면서 굴러먹다 왔는지 모르겠지만 나는 지금 이 정도로 성공했다'는 것을 과시하고 싶은 것입니다. 야곱은 에서가 이 세상에서 이기지 못하는 유일한 사람이었습니다. 그래서 이번에는 확실하게 기를 죽여 놓기 위해 군사를 이끌고 야곱을 맞으러 나왔습니다.

야곱의 반응

에서가 자기를 만나기 위해 군사를 400명이나 끌고 온다는 소식을 들은 야곱은 어떤 반응을 보였습니까? 말로 표현할 수 없는 두려움과 공포에 사로잡혔습니다. 오는 길에 하나님의 천사 두 군대를 만난 일은 다 잊어버린 채 극심한 두려움에 빠져 버렸습니다.

> 야곱이 심히 두렵고 답답하여 자기와 함께한 종자와 양과 소와 약대를 두 떼로 나누고 가로되 에서가 와서 한 떼를 치면 남은 한 떼는 피하리라 하고(32:7, 8).

야곱은 이제는 정말 죽었다고 생각했습니다. 그래서 가장 먼저 재산을 지키기 위한 조처로, 양 떼와 소 떼를 둘로 나누었습니다. 에서가 한 쪽을 치면 다른 한 쪽은 피해서 반이라도 건지겠다는 것입니다.

단순히 에서가 자기를 만나러 온다는 말만 듣고 야곱이 이런 반응을 보인 것에 대해 어떻게 생각합니까? 그는 마땅히 취해야 할 행동을 취한 것입니까, 아니면 좀 지나친 데가 있습니까? 야곱의 반응에는 확실히 지나친 데가 있습니다. 에서는 일종의 무력시위로 400명을 끌고 오는 것일 뿐입니다. 그런데 야곱은 굉장히 예민하고 극단적인 반응을 나타내고 있습니다. 그 이유가 무엇일까요?

야곱의 마음속에서 에서는 아직도 치료되지 못한 상처로 남아 있는 것입니다. 우리가 어떤 일에 지나친 반응을 보이는 것은 그 문제로 인한 상처가 아직 아물지 않았기 때문입니다. 상처가 다 아물면 다른 사람에게 보여 줄 수도 있고, 남이 만지거나 건드려도 아프지 않습니다. 그러나 상처가 아직 아물지 않았을 때는 사람들이 그것에 대해 언급하는 것도 싫을 뿐 아니라 누가 건드리기도 전에 자신을 방어하기 위해 과잉 반응을 하게 됩니다.

이것은 신앙을 가진 사람에게만 나타나는 일종의 강박관념입니다. 모든 사람에게는 강박관념이라는 것이 있습니다. 이것은 하나의 생각이 그 사람의 모든 상태를 지배하는 것입니다. 예를 들어서 집을 나섰는데 아무래도 가스를 끄지 않고 나온 것 같습니다. 이럴 때 대개의 경우는 '에이, 아마 껐을 거야' 하면서 그냥 자기 일을 보러 가거나, 그래도 영 의심이 될 때는 다시 돌아가서 확인을 하지요. 그런데 끄지 않았을지도 모른다는 생각이 드는 순간부터 그 생각에 완전히 사로잡혀서, 지금 당장 집에 불이라도 난 것처럼 안절부절못하는 경우가 있습니다. 그래서 미친 듯이 집에 달려가 보면 아무 일도 없습니다. 이것이 강박관념입니다. 징크스라는 것도 이런 강박관념의 일종입니다.

사람의 머릿속에는 순간순간 별 희한한 생각이 다 떠오릅니다. 그러나 대개는 그 생각들을 믿음으로 이겨 냅니다. 물론 그때의 믿음은 하나님을 믿는 믿음이 아니라, 지금까지 살아오면서 형성된 자기 자신에 대한 믿음이나 이웃에 대한 믿음입니다. 그러나 자라는 동안 자기를 믿어 주는 사람이 아무도 없었고 심지어 부모나 형제들한테까지 의심을 받았던 사람의 마음속에는 인간에 대한 기본적인 믿음이 없습니다. 그래서 그는 이 세상에 일어나는 우연한 일들까지 전부 자기가 책임지려고 하기 때문에, 한순간 떠오르는 생각을 이기지 못하고 결국 그 생각의 노예가 되고 마는 것입니다.

하나님의 백성들에게도 일종의 강박관념이 있습니다. 그것은 신앙을 가진 후에 생긴 것입니다. 신앙을 갖고 나면 눈에 보이는 것은 하나도 없이 오직 하나님의 약속만 붙들고 살아가게 됩니다. 물론 하나님께서는 늘 신실하게 지켜 주셨습니다. 그러나 마음속 저 깊은 곳에는 '혹시 하나님이 나를 버리시면 어떻게 하나' 하는 불안이 깔려 있습니다. 평소에는 괜찮아요. 그런데 자기가 예측했던 것보다 더 심한 어려움이 현실로 닥치면 모든 감정이나 믿음이 붕괴되면서 신앙 없는 사람보다 더 과민한 반응을 보일 수 있습니다. 그런 것이 바로 신앙적인 강박관념입니다.

예를 들어 집세가 얼마 정도는 오를 거라고 미리 예측은 했습니다. 그런데 내 예측보다 몇 배나 비싸게 올랐을 때, '이런 일이 일어나도록 하나님은 도대체 뭘 하신 걸까? 왜 하나님은 나에게 이런 일을 허락하셨을까? 나는 그동안 돈도 못 벌고 뭘 했지? 난 바보인가 봐' 하면서 과민한 반응을 보이게 되는 것입니다. 이렇게 믿는 사람에게 찾아오는 불안과 두려움을 저는 '지옥의 사자'라고 부릅니다. 신앙이 없는 사람에게는 지옥의 사자가 찾아오지 않습니다. 그러나 신앙이 있는 사람에게 한 번씩 엄습해 오는 불안은 거의 치명적인 상처를 입힙니다.

에서가 무장하고 맞이하러 온다는 소식을 들은 야곱이 일종의 비상사태를 선언한 것은 잘한 일입니다. 가족이나 종들을 모아 놓고 "여러분들은 이해 못할지 모르겠지만 제 일생에 대단히 위험한 일이 닥쳐오고 있습니다. 우리 모두 함께 기도합시다. 특히 연약한 저를 위하여 기도해 주십시오. 혹시 여러분들에게 어떤 일이 일어나더라도 경거망동해서는 안 됩니다. 지금은 비상입니다. 비상!"이라고 했다면 그것은 잘한 일이에요. 에서가 400명을 데리고 온다는 것이 야곱에게는 영적인 전쟁이었기 때문입니다. 칼을 휘두르지는 않는다 해도 에서의 입에서 무슨 말이 나올지 모릅니다. 가족과 다른 사람들 앞에서 내뱉는 에서의 한마디는 야곱에게 치명적인 영향을 줄 수 있었습니다.

그러나 야곱은 이렇게 비상사태를 선언하는 것을 넘어서서 완전히 최악의 시나리오를 생각하고 있습니다. 그는 벌써 에서가 사람들을 몰고 쳐들어와서 자기 가족들을 죽이는 상황을 그리고 있습니다. 그 당시에는 원한 관계에 있는 사람들이 상대방 집안의 씨를 말리는 일이 예사로 벌어졌습니다. 사람이든 가축이든 하나도 남기지 않고 전부 죽여 버렸어요. 지금 야곱은 무너지고 있습니다. 그는 자신의 감정을 추스릴 수가 없었습니다. 만일 옆에서 누가 한마디라도 했다면 아마 엄청난 분노가 폭발했을 것입니다.

지금 마귀가 노리는 것이 무엇입니까? 야곱의 생명을 해치는 일이 아닙니다. 에서는 야곱을 죽이려고 오는 것이 아니에요. 마귀가 노리는 것은 야곱이 에서의 400명 앞에서 스스로 비참하게 느끼도록 만드는 것입니다. '하나님께서 함께하신다는 것도 별게 아니다. 하나님께서 20년 동안 함께하시면서 나를 축복하신 것도 에서 앞에서는 아무것도 아니야'라는 생각으로 스스로를 무가치하게 여기고 자신의 존귀함을 포기하게 만드는 것이 마귀의 목적이었습니다.

지금 야곱의 믿음은 거의 바닥난 상태입니다. 한 걸음만 더 나아가면 회복할 수 없는 신앙의 상처를 입을 것입니다. 지금 그의 입에서는 뜨거운 단내가 나고 있고, 코끝에서는 지옥의 유황불 냄새가 나고 있습니다. 그 정도로 그의 영혼은 위험한 상태에 있었습니다.

여기에서 우리는 두 가지 요소를 살펴볼 수 있습니다. 하나는 야곱을 굉장히 고통스럽게 만드는 가까운 이웃이고 다른 하나는 아직 그의 마음속에서 치유되지 못한 상처입니다. 야곱의 경우에 이 두 요소는 모두 같은 사람에게서 비롯된 것이었습니다. 왜 하나님께서는 야곱에게 이런 약점을 남겨 두신 것일까요? 하나님께서 가장 싫어하는 것이 바로 하나님의 백성들이 교만해지는 것이기 때문입니다.

교만은 우리 인간이 하나님 앞에서 가지고 있는 가장 치명적인 병입니다. 아무리 야곱이 라반을 떠났다 하더라도 다시 교만해진다면 하나님께서는 그를 버리실 수밖에 없습니다. 하나님은 한 순간이라도 하나님을 떠나서는 아무것도 할 수 없다는 것을 보여주기 위해서 야곱에게 에서와 같은 두려운 이웃을 주시고 그의 마음속에 지옥의 사자를 남겨 두신 것입니다.

나를 그렇게 고통스럽게 만드는 친척과 이웃이 있는 이유가 무엇입니까? 내 마음속에 극복하지 못한 마음의 상처와 분노가 남아 있는 이유가 무엇입니까? 아직도 우리 마음속에 교만이 남아 있기 때문이며 아직도 변해야 할 부분이 많기 때문입니다. 그래서 하나님의 천사들을 보고 그렇게 당당했던 야곱이, 에서가 400명을 데리고 나온다는 소식 앞에 벌벌 떠는 스스로의 모습을 보면서 자신이 얼마나 연약하며 하나님의 은혜 없이는 단 한 순간도 살 수 없는 존재인지를 깨닫게 하신 것입니다.

하나님께 기도하다

야곱은 이 엄청난 두려움 앞에서 어떻게 했습니까? 하나님 앞에 나아가 기도했습니다. 그러나 사실 이런 두려움이 찾아올 때 가장 어려운 점은 기도가 안 된다는 것입니다. 내가 감당할 수 없는 어려움을 주신 데 대해 미움과 섭섭한 감정이 있기 때문에 기도가 안 돼요. '지금까지 세상을 살면서 전셋값 하나도 감당하지 못하는 나는 도대체 뭔가?' 하는 자신에 대한 미움과 하나님에 대한 원망 때문에 기도가 나오지 않습니다. 처음에는 엎드려서 "하나님 아버지"도 불러 보지만, 나중에는 나도 밉고 이런 고통을 주는 그 사람도 밉고, 하나님도 미워서 씩씩거리다가 시간을 다 보냅니다.

야곱도 처음에는 얼른 머리에 생각나는 대로 재산부터 처리했습니다. 그런데 마음속에 '내가 이럴 때가 아니지. 기도를 해야 해. 하나님이 주신 문제는 그 안에 답이 있으니까' 하는 생각이 드는 것입니다. 야곱에게 기도할 마음이 생기게 된 이유는 어디 있을까요? 하나님의 은혜를 미리 맛보았던 경험이 있었기 때문입니다. 마하나임에서 하나님의 군대를 만난 체험 때문에 그의 마음속에 약간의 은혜가 남아 있었고, 그래서 시험에 완전히 압도당하지 않고 하나님께 기도할 용기를 낼 수 있었던 것입니다.

야곱의 기도는 세 부분으로 되어 있습니다. 첫째로, 자신이 지금 여기까지 온 것은 하나님의 명령이고 약속이라는 사실입니다. "하나님, 저는 지금까지 욕심대로 살았습니다. 그래서 이제 하나님의 말씀에 순종하려는데 이런 큰 어려움이 생겼습니다. 어떻게 하면 좋습니까? 이건 하나님 책임 아닙니까?" 하고 매달리는 것은 참 좋은 기도입니다. 무조건 살려 달라고 투정부리는 것이 아닙니다. 하나님의 뜻에 순종하려고 하는데 이런 일이 생겼으니 어떻게 하시겠느냐고 논리적으로 나아가는 것입니다.

둘째로, 야곱은 자신에게 하나님의 은혜를 받을 자격이 전혀 없다는 것을 솔직하게 고백하고 있습니다. 10절 상반절을 보십시오.

> 나는 주께서 주의 종에게 베푸신 모든 은총과 모든 진리를 조금이라도 감당할 수 없사오나

자신은 하나님의 은혜를 바랄 자격도 없고 혼자 힘으로는 아무것도 할 수 없을 정도로 연약하다는 것입니다. 20년 전에 이곳을 지나갔을 때에는 지팡이 하나밖에 없던 자신이 지금 두 떼나 되는 무리를 거느리게 된 것은 자신의 업적이 아니라 하나님이 하신 일임을 그는 분명히 고백하고 있습니다. 즉 자신의 것은 하나도 없고 전부 하나님의 것이라는 뜻입니다.

셋째로 그는 자기 안에 있는 두려움과 고민을 솔직하게 고백하고 있습니다.

> 내가 주께 간구하오니 내 형의 손에서, 에서의 손에서 나를 건져 내시옵소서 내가 그를 두려워하옴은 그가 와서 나와 내 처자들을 칠까 겁냄이니이다(32:11).

야곱은 하나님 앞에서 자기가 두려워하고 있는 것이 무엇이며 고민하고 갈등하는 것이 무엇인지 솔직하게 고백하고 있습니다. 아마 야곱의 생애에 이처럼 진실하고 간절하면서도 하나님의 뜻에 일치하는 기도를 드린 적이 없을 것입니다. 이 기도 안에는 하나님의 약속에 대한 확신과, 자신의 연약함을 솔직하게 인정하면서 당면한 문제를 있는 그대로 아뢰는 솔직한 고백이 있습니다.

하나님께서 어려움에 빠진 우리에게서 듣고 싶어 하시는 기도가 바로 이런 기도입니다. 이런 기도를 드리면 모든 위선과 거짓과 교만이 빠져나가게 되어 있습니다. 이 기도를 통해 야곱은 이미

지옥의 사자를 몰아 내고 있습니다. 그는 기도에서 이미 승리하고 있습니다. 두려움을 이기고 자신의 존귀함을 되찾고 있습니다.

평소에 우리에게 은혜가 필요한 이유가 무엇입니까? 위기 때 조금 정신을 차리기 위한 것입니다. 이 '조금'이 굉장히 중요합니다. 아무 준비 없이 위기에 처하면 치명적인 손상을 입고 신앙을 다 팔아먹게 됩니다. 그러나 조금이라도 은혜가 남아 있으면 그 '조금'의 은혜가 굉장히 큰 차이를 만들어 냅니다. 간발의 차이가 결정적인 역할을 해요. 평소에 하나님의 은혜와 말씀의 맛을 조금이라도 본 사람은 완전히 믿음을 팔아먹지 않습니다. 그래도 기도할 마음이 생겨요. '내가 아무리 생각한들 무슨 소용이 있나? 그래도 하나님 앞에 나아가서 기도하는 수밖에 없지' 하는 생각이 듭니다.

하나님의 백성에게는 신앙적인 열등감이 있습니다. 내면은 변화되었지만 세상적으로는 내세울 것이 하나도 없는 데서 비롯된 열등감이 있습니다. 그러다가 내 생각을 넘어서는 어려움이 닥치면 곧바로 지옥의 사자가 덤벼듭니다. 위기상황이 발발하는 것입니다. 그때 빨리 비상등을 켜야 합니다.

마귀의 목적이 무엇입니까? 죽이려는 것이 아닙니다. 굶겨서 죽여 봐야 뭐 하겠습니까? 몸이 가벼워서 천국에만 더 빨리 올라가지요. 마귀의 목적은 하나님을 원망하게 만드는 것이고 스스로 무가치하게 느끼게 하는 것입니다. '5년, 10년 말씀 들었어도 에서 앞에 서니 아무것도 아니구나' 하는 소리가 입에서 나오게 만드는 것이 마귀의 목적입니다.

그러나 기도는 우리를 승리하게 만듭니다. "하나님, 저는 하나님 앞에 자랑할 것이 아무것도 없습니다. 그러나 하나님 말씀대로 살려고 하는데 이런 일이 생겼네요. 저는 두렵고, 어떻게 해야 할지 모르겠습니다. 도와주십시오" 하고 기도할 때 상황은 바뀌기 시작합니다.

사랑하는 여러분, 오늘 나를 힘들게 하는 가까운 이웃들을 주신 것을 감사드립시다. 믿는다고는 하지만 우리에게는 아직 변해야 할 부분들이 너무나도 많습니다. 송곳으로 찌르는 사람이 없으면 절대로 변하지 않는 이 교만한 마음을 인정해야 합니다. 우리 속에 있는 아직도 해결되지 못한 두려움을 통해, 아직도 마음속에 남아 있는 분노의 감정을 통해, 내가 하나님의 은혜 없이는 단 한 순간도 살 수 없으며 지극히 짧은 순간 지옥 입구까지 떨어질 수 있다는 것을 인정하게 되어야 합니다. 그렇지 않으면 우리의 신앙은 결코 제자리에서 벗어나지 못할 것입니다. 야곱처럼 기도할 수 있을 때, 나의 연약함과 하나님의 신실하심을 붙들고 내 문제를 있는 그대로 진술할 수 있을 때, 지옥의 사자는 떠나고 상황은 변하기 시작한다는 것을 잊지 마십시오.

23

야곱의 선물

이 세상에서 가장 자존심 강한 사람들이 있다면 바로 하나님을 믿는 사람들일 것입니다. 하나님을 믿고 있고 그의 뜻을 따르고 있다는 생각 때문에 다른 사람의 말이 중요하지 않게 느껴지기도 하고, 그래서 때로는 많은 오해나 불필요한 마찰이 일어나기도 합니다.

신앙 좋은 청년이 한 사람 있었습니다. 그런데 이 청년의 아버지는 너무나도 기독교를 싫어하는 사람이었기 때문에 청년의 마음속에는 늘 아버지로 인한 갈등이 있었습니다. 그는 오직 하나님의 말씀만 듣고 그 말씀에 순종하고 싶었습니다. 그런데 아버지는 자꾸 불신앙적인 요구를 하고 그것을 강요했습니다. 그가 아버지의 요구를 거부하고 자기 뜻대로 행동하다 보니, 자연히 아버지와의 관계가 굉장히 불편해졌습니다. 처음에는 이렇게 되는 것이 당연하다고 생각했습니다. 자신에게 중요한 것은 오직 하나님의 말씀에 순종하는 것이지 사람의 말을 듣는 것이 아니라고 생각했기 때문입니다. 아무리 아버지라도 하나님을 모를 때에는 순종하지 않는 것이 당연한 것 같았습니다.

그러나 세월이 지나면서 이 청년의 생각은 조금씩 변하기 시작했습니다. 단지 신앙적인 이유만으로 아버지를 그토록 적대시

한 것이 과연 옳으냐는 생각이 들기 시작한 것입니다. '어떻게 생각하면 아버지는 참으로 단순한 분이신데, 내가 너무나도 쉽게 신앙으로 아버지를 정죄한 것이 아닐까' 하는 의문이 떠오르면서, 아버지와의 불편한 관계가 계속 부담이 되었습니다.

어느 날 그는 적어도 자기가 아버지를 미워하고 있지는 않다는 것을 보여 드리기 위해 작은 선물을 하나 준비해서 아버지를 찾아갔습니다. 그는 이 작은 선물이 아버지와의 관계를 회복시켜 주리라고까지 기대하지 못한 것은 물론이고, 오히려 이 선물을 밖으로 집어 던지지나 않으면 다행이라고 생각했습니다. 그런데 나타난 결과는 너무나도 놀라웠습니다. 아버지가 너무나도 기뻐하면서 아들의 선물을 받아들인 것입니다.

우리는 신앙을 수직적으로만 생각한 나머지, 나와 하나님과의 관계를 제외한 다른 사람과의 관계는 중요하지 않다고 생각할 때가 많습니다. 그러나 다른 사람의 존재를 인정하지 않고 이 세상에서 살 수는 없습니다. 이 청년처럼 믿지 않는 부모님 밑에서 살아야 하는 경우도 있고 기독교를 아주 싫어하는 과장 밑에서 직장생활을 해야 하는 경우도 있습니다. 그럴 때 어떻게 해야 합니까? 나는 하나님의 말씀만 순종하고 싶으니까 신앙 없는 사람들의 말을 전부 거부하고 내가 옳다고 생각하는 대로만 행동해야 할까요? 신앙 없는 사람들과는 무조건 적대적인 관계를 가져야 합니까? 아니면 때로는 저자세로 생각될 수 있는 방법을 써서라도 그들과의 관계를 개선하려고 노력해야 합니까?

오늘 본문은 자기를 미워하는 형 에서가 무려 400명이나 되는 사람들을 데리고 오고 있다는 말을 들은 야곱이, 형의 마음을 돌이키기 위해 엄청난 선물을 준비하는 내용을 담고 있습니다. 야곱은 어떤 사람입니까? 하나님 앞에서 에서의 장자권을 빼앗기 위해 팥죽을 팔았던 사람이고, 아버지를 속여서 축복을 가로챈 사람입니다. 그런데 에서가 400명을 거느리고 자기를 만나러 온다는 말을 듣자마자 얼굴이 사색이 되어서 하나님께 살려 달라고 매달리고, 그것도 모자란 것 같으니까 많은 선물을 준비하고 있는 것입니다.

오늘 우리가 궁금히 여기는 것은 야곱이 이런 식으로 많은 선물을 준비해서 에서의 마음을 누그러뜨리려는 것이 과연 믿음으로 하는 일인가, 아니면 반대로 믿음이 흔들려서 하는 일인가 하는 점입니다. 다시 말해서 이것은 우리가 본받아야 할 신앙의 행동입니까, 아니면 본받아서는 안 되는 부정적인 행동입니까? 신앙이란 어려움이 닥쳤을 때 순전히 하나님의 도움만 의지한 채 아무것도 하지 않고 기다리는 것입니까, 아니면 하나님께 기도하고 도움을 간구하면서도 나는 내 나름대로 또 무언가를 하는 것입니까? 이것은 현실 속에서 살아가야 하는 우리들의 문제이기도 합니다.

하나님의 도움을 기다리는 시간

살면서 가장 마음이 답답하고 힘든 때는 하나님의 도우심을 바라보면서 기다리는 때입니다. 야곱은 지금 형 에서가 자기를 만나러 오고 있다는 말을 듣고 두려워하고 있습니다. 그래서 그는 하나님께 기도했고, 그의 도움을 기다리고 있었습니다. 그러나 아직까지 도움은 나타나지 않고 있었습니다. 이 시간은 그의 생애에서 가장 긴 시간이었습니다.

그는 에서의 소식을 듣고 처음에 가축을 두 떼로 나누었고, 다음에는 하나님께 살려 달라고 기도하면서 매달렸습니다. 그리고 나서도 아직 시간이 남아 있었습니다. 이럴 때 무슨 일을 해야 할까요? 그는 자기 가축들 중에서 에서에게 줄 선물을 아주 많이 골랐습니다.

야곱이 거기서 경야하고 그 소유 중에서 형 에서를 위하여 예물을 택하니 암염소가 이백이요 숫염소가 이십이요 암양이 이백이요 숫양이 이십이요 젖 나는 약대 삼십과 그 새끼요 암소가 사십이요 황소가 열이요 암나귀가 이십이요 그 새끼 나귀가 열이라(32:13-15).

야곱은 하나님께 기도하고 가만히 있었던 것이 아니라, 에서를 만났을 때 그의 마음을 누그러뜨리기 위해 많은 예물을 준비했습니다. 사실 야곱이 고른 가축들은 난순한 선물이라고 보기에는 너무나 많았습니다. 신하가 왕에게 바치는 조공에 가까울 정도로 많았어요.

우리의 문제로 돌아가 봅시다. 야곱이 형 에서를 위해 이렇게 많은 선물을 준비해서 그의 마음을 누그러뜨리려고 한 것은 과연 옳은 일입니까? 어려움이 닥쳤을 때 신앙 있는 사람의 태도와 신앙 없는 사람의 태도는 완전히 다릅니다. 신앙 없는 사람은 일단 살기 위해서 자기가 할 수 있는 모든 방법을 다 씁니다. 이리 뛰고 저리 뛰면서 자기가 알고 있는 사람이란 사람은 다 동원하고 자기가 할 수 있는 방법이란 방법은 다 시도해 봅니다. 그리고 이 모든 것이 아무 소용 없는 것으로 판명나면 자포자기해 버리지요.

그러나 신앙 있는 사람들은 그 신앙 상태에 따라 다양한 태도가 나타납니다. 대개는 자신이 하나님을 의지함에도 불구하고 어려운 일이 생겼다는 데 대해 화를 냅니다. "하나님, 제가 이런 일이 일어나지 않게 해 달라고 얼마나 많이 기도했습니까? 물론 신앙생활을 완벽하게 하진 못했지만 그래도 제 나름대로 애를 썼는데, 왜 이런 일이 일어나는 것입니까?" 무언가 속았다는 느낌이 들면서 하나님을 향한 원망과 자신의 무능함에 대한 분노에 사로잡힙니다.

사실 그리스도인이 어려움 속에 있을 때 화를 내는 것보다 더 위험한 일이 없습니다. 화를 내고 있는 동안에는 하나님이 그를 위해 아무 일도 하실 수 없기 때문입니다. 이렇게 되는 것을 '침체'된다고 하는데, 침체되어 있으면 하나님이 손을 쓰실 수가 없습니다. 그래서 야고보 사도는 "사람의 성내는 것이 하나님의 의를 이루지 못함이니라"(약 1:20)고 말씀했습니다. 정신만 차리고 있으면 약간의 수고로도 큰 어려움을 막을 수 있지만, 화를 내고 있으면 쉽게 극복할 수 있는 일도 극복하지 못한 채 모든 어려움을 줄줄이 다 당하게 됩니다. 물론 침체의 경험에도 유익은 있습니다. '다시는 침체되면 안 되겠다'는 것과 '침체되어 있으면 도와줄 사람이 아무도 없다'는 것을 깨닫게 되기 때문입니다.

어려움이 닥쳤을 때 두 번째로 나타날 수 있는 태도는 아무것도 하지 않고 오직 하나님 한 분만 바라보는 것입니다. 즉 하나님께서 친히 오셔서 건져 내 주실 때까지 가만히 기다리고 있는 것입니다. 이스라엘 백성들은 애굽을 탈출한 직후 큰 위기에 처하게 되었습니다. 앞에는 홍해가 가로놓여 있었고 뒤에는 애굽 군대가 추격해 오고 있었습니다. 그때 두려워하면서 소리지르는 이스라엘 백성들을 향해 모세는 "너희는 두려워 말고 가만히 서서 여호와께서 오늘날 너희를 위하여 행하시는 구원을 보라"(출 14:13상)고 말했습니다. 즉 그들이 할 일은 하나도 없고 단지 가만히 있기만 하면 된다는 것입니다. 그러면 하나님께서 큰 구원을 이루시리라는 것입니다. 이런 일은 주로 구원의 초기 단계에서 많이 나타납니다.

세 번째 태도는 하나님께서 도와주시고 지켜 주실 것은 믿지만, 그러면서도 자신이 할 수 있는 작은 일을 찾아서 그것을 열심히 하는 것입니다. 물론 내가 작은 일을 한다고 해서 그 위기를 근본적으로 해결할 수 있는 것은 아닙니다. 그러나 여러 번 어려움을 겪으면서 알게 된 것은 하나님의 때라는 것이 있다는 것과, 내가 그 때를 당기거나 늦출 수 없다는 것입니다. 그런데 하나님의 때가 내 생각보다 길어지면 견디기 어려우니까 장기전에 돌입하기 위해 내가 할 수 있는 작은 일을 하면서, 예를 들어 나에게 영적으로 부족한 부분들을 훈련하거나 육체적인 건강을 돌보거나 가족들과의 관계를 돌아보면서, 참고 견디며 그때를 기다리는 것입니다.

야곱은 어떻게 했습니까? 그는 자기에게 어려움이 닥쳤다고 해서 하나님을 원망하지 않았습니다. 또 에서가 올 때까지 가만히 앉아서 기다리지도 않았습니다. 야곱은 에서가 와서 어떻게 하든 그것을 운명으로 여기면서 손을 놓고 있는 대신, 어떻게 해서든지 그의 분노를 누그러뜨릴 수 있는 방법을 찾았습니다. 즉 '나는 에서를 만나겠다. 에서를 만나되 수동적인 위치에서 만나는 것이 아니라 어떻게 해서든지 그의 분노를 누그러뜨린 후에 만나겠다'는 대단히 적극적인 자세를 취한 것입니다.

야곱의 생각

야곱이 이런 선물을 에서에게 보내려고 한 의도는 20절에 나타나고 있습니다.

> 또 너희는 말하기를 주의 종 야곱이 우리 뒤에 있다 하라 하니 이는 야곱의 생각에 내가 내 앞에 보내는 예물로 형의 감정을 푼 후에 대면하면 형이 혹시 나를 받으리라 함이었더라

야곱이 이렇게 많은 선물을 보낸 것은 혹시 지난 20년간 에서의 분노가 풀리지 않았더라도 이 선물들을 보면 그 분노가 조금 사그러들어서 자신을 받아 줄지도 모른다고 생각했기 때문입니다.

문제는 이 선물이 믿음에서 나온 것이냐, 아니면 아직도 하나님 앞에서 포기하지 못한 인간적인 술책이냐 하는 점입니다. 우리가 보기에는 인간적인 술책 같습니다. 에서가 400명을 끌고 오고 있다는 말을 듣자마자 야곱이 가장 먼저 한 일은 가축을 두 떼로 나누는 것이었습니다. 이것은 거의 본능적인 행동이었습니다. 기도하는 가운데 '일단 가축을 나누는 것이 좋다'는 판단이 들어서 나눈

것이 아니라 에서가 온다는 말을 듣자마자 본능적으로 한 일이에요. 한쪽을 치면 다른한 쪽이라도 도망시켜서 반이라도 건져야 하지 않겠습니까? 그 다음으로 그는 기도를 했습니다. 그리고 기도하고 나서도 안심이 되지 않았는지 에서의 마음을 누그러뜨릴 선물을 준비했습니다.

이 일이 있고 난 후에 야곱은 얍복 강가에서 하나님의 천사와 씨름을 하게 됩니다. 야곱이 지금까지 가지고 있던 인간적인 생각과 방법과 술책이 전부 깨지는 것은 이때 이후입니다. 천사와 씨름하다가 환도뼈가 위골되어 더 이상 도망치지 못하게 되었을 때, 비로소 그는 모든 인간적인 생각과 방법을 다 버리고 전적으로 하나님께 자신의 삶을 맡기게 됩니다. 그것을 보면 야곱이 에서의 선물을 준비한 것은 아직도 그의 마음속에 남아 있는 인간적인 술책의 한 방법이었다고 볼 수 있습니다.

그러나 저는 그럼에도 불구하고 야곱의 이 행동이 믿음에서 나왔다고 생각합니다. 그 첫 번째 이유는 에서가 쳐들어온다는 소식을 듣고서도 야곱이 더 이상 도망치려고 하지 않았다는 데 있습니다. 지금까지 야곱의 인생은 도망의 연속이었습니다. 그는 도망의 명수였어요. 그러나 이제는 더 이상 도망치려고 하지 않습니다. 그렇게 두려워하면서도 도망치지 않았습니다. 왜 그렇습니까? 더 이상 도망칠 수 없을 정도로 지쳤기 때문입니까? 에서가 오든지 말든지 자신이 있었기 때문입니까? 아니면 오기가 생겨서 죽기 아니면 까무러치기로 한번 부딪쳐 보고 싶었기 때문일까요?

야곱이 도망치지 않은 이유는 단 한 가지입니다. 즉 이제는 무슨 일이 있어도 아버지 집으로 돌아가야 한다는 것입니다. 아버지 집으로 돌아가는 일에는 신앙적으로 아주 중요한 의미가 있었습니다. 야곱은 아버지 집을 떠났지만 하나님은 지금까지 그를 지켜주셨습니다. 그렇다고 해서 야곱의 상태가 정상적인 것은 결코 아니었습니다. 예를 들어서 정부가 게릴라들에게 밀려서 외국으로 도망친 후 거기에 임시정부를 세웠다고 합시다. 말은 정부지만 실제로는 제대로 된 정부가 아닙니다.

교회도 그럴 때가 있습니다. 교회가 정상적인 상태에 있지 못하고 세상적인 권력의 감시 아래 있을 때, 교회가 존재하기는 해도 그 기능을 온전히 발휘하지는 못합니다. 에스겔서나 다니엘서나 요한계시록은 모두 교회가 정상적이지 못할 때 기록된 성경들입니다. 이런 성경들은 외부인들이 중요한 메시지를 알아듣지 못하도록 묵시의 형태로 기록되었습니다. 가톨릭에서는 이런 것을 '교회의 바벨론 유수'라고 불렀습니다. 이것은 한때 교황이 프랑스 국왕에 의해 아비뇽이라는 곳으로 강제로 유폐되었을 때 생긴 말입니다.

개인의 신앙생활에서도 마찬가지입니다. 여러 가지 이유로 정상적인 교회생활을 하지 못하고 여기저기 떠돌거나 혼자 집에서 테이프를 듣고 성경을 읽을 때에도 하나님께서는 우리에게 은혜를 주시며 인도해 주십니다. 그러나 그것이 정상적인 신앙의 상태는 아닙니다. 교회에서 형제자매들과 서로 만나고 교제하면서 자기 책임을 다하고 함께 풍성한 은혜를 나누는 생활을 할 때 비로소 정상적인 신앙이 되는 것이지요.

이삭의 집을 하나의 교회로 볼 때, 야곱이 아버지 집에서 쫓겨나서 하란에서 20년을 보냈다는 것은 이 교회가 정상적인 상태에 있지 못했다는 뜻이 됩니다. 하나님이 세우신 선지자 야곱은 엉뚱한 곳에 가 있었고, 신앙이라고는 조금도 없는 에서가 교회의 모든 것을 지배하고 있었습니다.

지금 야곱이 원하는 것이 무엇입니까? 어떻게 해서든지 자신의 위치를 다시 회복하는 것입니다. 그러려면 어떻게 해야 합니까? 에서에게 머리를 숙이고서라도 아버지 집에 돌아가야 합니다. 에서에 대한 일은 하나님께서 알아서 하실 것이고, 자신은 여하튼 정상적인 위치로 돌아가야겠다는 것이 야곱의 결심이었습니다. 야곱은 이것이 하나님의 뜻이라는 것을 알고 있었습니다.

야곱이 아버지 집에 돌아간다고 해서 제도권에 다시 진입하려 한다고 말할 수는 없습니다. 이삭의 집은 단순한 제도권 교회를 가리키는 것이 아니라 하나님의 구원의 중심을 의미하기 때문입니다. 이삭의 집은 하나님의 말씀이 임하고 그분의 뜻이 펼쳐지는 중심이었습니다. 하나님께서는 야곱이 그 위치로 회복되기를 원하셨습니다.

야곱은 이삭의 집에 다시 받아들여지기 위해 두 가지를 포기합니다. 하나는 자신의 자존심입니다. 그는 에서 앞에서 기꺼이 에서를 '주'로, 자신을 '종'으로 부르면서 무릎을 꿇었습니다. 이것은 영적인 장자권을 포기하는 것이 아닙니다. 자존심을 포기함으로써 영적인 위치를 되찾는 것입니다.

또한 그는 재물을 포기했습니다. 야곱이 에서에게 준 선물은 결코 적은 것이 아니었습니다. 누가 봐도 아까울 정도로 많은 것이었어요. 그러나 야곱의 생각이 무엇입니까? 재산이란 이럴 때 사용하기 위해 존재한다는 것입니다. 그는 재산을 절대적인 것으로 생각하지 않았습니다. 재물이란 영적인 관계를 회복하기 위해 쓰는 것으로서, 아버지 집에 받아들여지기 위해서라면 얼마든지 과감하게 포기할 수 있다는 것이 야곱의 믿음이었습니다. 이처럼 야곱이 에서에게 많은 선물을 보낸 것은 단순한 인간적인 술책이나 불신앙에서 나온 행동이 아니라 깊은 신앙의 동기에서 나온 지혜였다고 생각됩니다.

하나님의 뜻, 인간의 지혜

처음 신앙생활을 할 때 가장 힘든 부분은 이 세상에서 어떤 일을 할 때 내가 할 일은 무엇이며 하나님께서 하실 일은 무엇이냐 하는 점입니다. 예를 들어서 출애굽 때 이스라엘 백성들은 가만히 있었는데 하나님께서 홍해를 갈라 건너게 하시고 만나와 메추라기를 먹이셨습니다. 그렇다면 오늘 우리가 생활할 때도 가만히 있기만 하면 모든 일이 저절로 잘 되도록 하나님께서 인도해 주실까요?

예를 들어서 결혼을 하기 위해 선이 들어올 때마다 다 나가 봐야 합니까, 아니면 '젓가락도 짝이 있고 짐승들도 쌍으로 만드셨는데, 내가 아무려면 짐승보다 못하겠어?' 하는 믿음으로 한없이 기다려야 합니까? 취직을 하기 위해 광고 나올 때마다 이력서니 원서니 다 넣어 보아야 합니까, 아니면 '하나님께서 정하신 뜻이 있다'는 믿음으로 묵상기도하면서 집에 있어야 합니까?

우리가 알아야 할 것은 하나님이 하실 일과 내가 해야 할 일이 따로 있지 않다는 것입니다. 이것은 신앙생활에서 가장 예민한 문제입니다. 물론 출애굽 같은 '구원'은 우리가 도울 수 있는 일이 아닙니다. 예수님께서 십자가를 지시고 무덤에서 부활하시고 하늘로 올리우신 일은 우리가 협력할 수 있는 성질의 것이 아니에요. 구원은 전적으로 하나님께 속한 일입니다.

그러나 이 세상에서 하나님의 백성으로 살아가는 일에서는 우리가 모든 것을 해야 합니다. 신앙생활에는 감나무 밑에 입 벌리고 있으면 하늘에서 감 떨어지듯이 거저 되는 일이 하나도 없습니다. 나는 가만히 있는데 다른 사람이 다 된 떡을 나에게 가져다 주는 일도 없고, 누가 날 안거나 업어서 데려가 주는 법도 없어요. 전부 다 내가 해야 하고 내 발로 걸어서 가야 합니다. 하나님께서는 모든 일을 우리를 통해 하십니다. 그래서 성령을 통해 자꾸 의지를 불어 넣으시고 생각을 주시며 충동을 주십니다. 그것을 억누르고 있으면 아무 일도 하지 못합니다.

예를 들어 야곱이 가만히 있는데 에서가 찾아와서 "하나님 나라에 복귀해야지. 교회는 회복되어야 해" 하면서 그를 데려가는 일 같은 것은 일어나지 않는다는 것입니다. 야곱은 자기 몸을 움직여야 했고 자기 머리를 써야 했으며 에서에게 머리를 숙여야 했고 재물을 써야만 했습니다. 이처럼 우리에게는 적극적으로 하나님의 뜻을 찾아서 그 뜻대로 해야 할 책임이 있습니다.

그러면 어떻게 하나님의 뜻을 알 수 있습니까? 하나님께서 나에게 말씀하신 것을 우리 삶에 적용하면 됩니다. 예를 들어 야곱은 다시 아버지 집에 돌아가야 하는데 지금까지는 에서 때문에 돌아가지 못했습니다. 에서는 지금도 건재합니다. 그러면 어떻게 해야 합니까? 또다시 에서를 피해 도망쳐야 합니까? 아니면 머리를 숙이고 그에게 복종하는 자세로 들어가야 합니까? 그 답은 분명합니다. 에서에게 머리를 숙이고 그의 주권에 복종하는 것이 옳습니다. 그렇다면 자기의 자존심이나 재산의 일부를 그에게 선물로 바치는 것은 당연한 일입니다. 그것은 아버지 집에 다시 받아들여지기 위한 비용입니다.

오늘 이 세상에서 믿음으로 살고자 할 때 가장 힘든 것이 두 가지 있습니다. 그중에 하나가 바로 이 자존심의 포기입니다. 우리는 하나님의 말씀을 직접 듣는다고 생각하기 때문에 다른 사람들의 말에 귀를 기울이지 않을 때가 많습니다. '내가 그래도 하나님의 말씀을 듣는 사람인데, 저 인간은 지옥 땔감 주제에 말도 많네' 하면서 사람을 무시하고 하나님께 직행하려고 할 때가 많아요. 그 결과가 무엇입니까? 주위에 있는 사람들과의 관계가 악화되는 것입니다. 가는 데마다 삐걱거리지 않는 곳이 없습니다.

물론 신앙 양심을 지키기 위해서는 때때로 주위 사람들의 말을 거부해야 할 필요도 있고, 그렇게 하다 보면 관계가 서먹서먹해지고 어떤 경우에는 원수처럼 될 때도 있습니다. 그러나 이런 갈등과 긴장의 원인은 진리보다는 자존심이나 기질에 있는 경우가 많습니다. 상관이 말도 안 되는 것 같은 소리를 할 때 '내가 이래 봬도 하나님을 믿는 사람인데 너 같은 것한테 굴복할 줄 알아?' 하는 식으로 대하면 아무리 마음 좋은 상관이라도 관계가 악화되지 않을 수 없습니다.

교회 안에서도 많은 불만이 생기고 관계가 악화되는 것이 사실은 자존심 때문인 경우가 많습니다. 조금만 달리 생각하면 별것 아닌 우스운 일인데도, 당사자들은 목숨을 걸고 대결하는 이유가 무엇입니까? 자존심이 걸려 있기 때문입니다. 이 세상에서 가장 치사하고 더러운 싸움이 자존심 싸움입니다. 하나님의 백성들이 가지고 있는 가장 큰 문제는 자존심이 너무 강하다는 것입니다.

믿음으로 살고자 할 때 우리를 힘들게 하는 또 한 가지 문제는 영적인 측면에 너무 치우친 나머지 자기의 소유, 특히 돈에 너무 인색하다는 것입니다. 용돈을 많이 가지고 있으면서도 돈 쓸 일이 생기면 꼭 부모님께 타서 쓰는 아이들이 있습니다. 그럴 때 어머니가 한 번씩 "이번 참고서는 네 돈으로 사" 하면서 폭탄선언을 하면 그렇게 억울해할 수가 없습니다. 어머니 주머니와 자기 주머니가 다르다고 생각하기 때문입니다. 우리도 내가 가지고 있는 것과 하나님이 가지고 있는 것이 다르다고 생각할 때가 많습니다. 그래서 어떤 일에는 꼭 하나님 주머니에서 돈이 나와야 하며 내 것은 절대로 손대서는 안 된다는 인색한 마음이 우리에게 있습니다.

사실 우리가 어려운 일을 앞에 두고 지혜를 사용하지 못하는 것은 너무나도 아마추어적인 사고방식을 가지고 있기 때문인 경우가 많습니다. 아마추어와 프로의 차이가 무엇입니까? 아마추어는 어떤 일을 하더라도 직업으로 하지 않습니다. 취미나 여가 선용으로 테니스를 치든지 바둑을 두든지 하지, 직업으로 하지 않아요. 그러니까 이기든지 지든지 중요하지 않습니다. 그 결과에 책임질 필요가 없으니까 언제나 여유가 있어요.

그러나 프로는 그렇지 않습니다. 그 일 안에 있는 문제 하나하나가 자신의 생계와 직결되기 때문에, 그 일 안에 들어가 사력을 다해서 문제를 해결하려고 몸부림을 칩니다. 거기에서 지혜가 생기고 상대방을 이길 수 있는 방법을 터득하게 되는 것입니다. 그리고 일단 이길 방법이 생각나면 다른 사람이 도와줄 때까지 기다리지 않고 과감하게 그 방법을 써 봅니다. 왜 이렇게 합니까? 그 하나하나가 자신의 사활을 결정하는 중요한 문제이기 때문입니다.

주님이 우리에게 요구하시는 것은 바로 이와 같은 프로의 자세입니다. 우리의 신앙생활은 아마추어 같습니다. 취미생활 하듯이 신앙생활을 하니까 어떤 문제에 적극적으로 몰입해서 그 안에서 자기가 살 수 있는 방법은 무엇이며 최선의 방안은 무엇인지 애써 찾는 자세, 필요하다면 머리도 숙일 수 있는 자세가 나오질 않습니다. 어떤 사람은 돈 문제만 나오면 고개를 절레절레 흔듭니다. 돈은 속되고 부정하다는 것입니다. 그렇다면 밥도 먹지 말고 화장실도 가지 말아야지요. 어떤 일에 자기 생계가 달렸다고 생각해서 전문적으로 파고드는 사람과 어쩌다 한 번씩 시간날 때마다 머리를 식히기 위해서 즐기듯이 관심을 가지는 사람은 그 차원이 완전히 다를 수밖에 없습니다.

마귀는 어떻습니까? 하나님의 백성들을 타락시키는 일에 프로입니다. 마귀는 오로지 '어떻게 하면 하나님의 백성을 타락시킬까? 어떻게 하면 저들로 하여금 죄짓게 할까?'에 골몰합니다. 그런데 우리는 주일에 교회 가려고 성경책에 앉은 먼지를 털 때나 한 번씩 신앙을 생각하는 것입니다. 프로와 아마추어는 게임이 되지 않습니다. 어떤 문제에 사력을 다해서 달려드는 사람과 일주일에 한 번씩 머리나 식히려고 신선놀음 하듯 생각하는 사람은 게임이 되질 않습니다.

예수님께서 이 세상에 육체로 계시지 않고 십자가에 못박히시고 하늘에 올리워 가신 후 성령을 보내 주신 이유가 무엇입니까? 우리를 신앙생활의 프로로 만드시기 위해서입니다. 만약 예수님이 육체를 입고 우리 곁에 계신다면, 우리는 '예수님이 알아서 다 해주시겠지' 하면서 아무 생각 없이 지내다가 어려운 일만 생기면 울면서 예수님께 떼를 쓸 것이고, 어떤 일에도 책임을 지려고 하지 않으며, 예수님이 내 생각대로 해주시지 않는다고 원망하며 불평하는 어린아이가 될 것입니다. 예수님께서는 빈들에서 제자들이 자신들에게는 먹을 것이 없으니 사람들을 보내서 사먹게 하자는 말에 "너희가 먹을 것을 주라"고 말씀하셨습니다. 그 말을 들은 제자들은 절망에 사로잡혔습니다. 그 말 한마디에 신앙의 뿌리까지 흔들렸어요.

아마추어는 이상적이지만 실제로는 아무 일도 못 합니다. 오늘날 그리스도인들이 이 세상에서 실패하는 이유가 무엇입니까? 아마추어이기 때문입니다. 스스로 생각을 할 줄 모릅니다. 스스로 책임질 줄을 몰라요. 교회 안 나가면 알아서 심방 와주지요, 일이 안 풀리면 또 와서 기도해 주지요, 나 스스로 기도하고 씨름하고 생각할 필요가 없습니다. 너무 아마추어입니다.

저는 하나님이 도와주실 줄 알면서도 형의 마음을 누그러뜨리기 위해서 최선을 다해 선물을 마련하고 있는 야곱의 모습을 보면서, 그는 역시 프로라고 생각합니다. 믿음의 조상 중에서 제일 매력적인 프로의 자세를 가진 사람이 바로 야곱입니다. 그동안 어려운 일에 어디 한두 번 부딪쳐 봤습니까? 그는 프로의 본능과 육감으로 움직였습니다. 그는 먼저 누구라도 무시할 수 없을 정도로 많은 선물을 마련했습니다. 그리고 그 선물을 한꺼번에 보내지 않고 세 떼, 네 떼로 나누어 계속 보냈습니다. 아무리 에서의 마음이 굳어 있다 하더라도 몇 번에 걸쳐 반복되는 이 선물의 파상공격을 받으면 결국 누그러지지 않겠습니까? 그리고 그는 종들에게 "당신의 종 야곱이 뒤따라오고 있습니다"라고 말하도록 일렀습니다. 이제는 더 이상 도망치지 않고 에서를 만나기 위해 가고 있다는 뜻을 당당하게 밝힌 것입니다.

하나님의 백성과 세상 사람들과의 관계

우리는 이 세상에서 신앙을 가진 사람들하고만 지내는 것이 아닙니다. 신앙 없는 친척과 직장동료, 친구들과도 어울려 살아야 합니다. 그 사람들이 내 아랫사람일 때는 그래도 좀 낫습니다. 그가 나보다 지위가 높아서 그의 명령을 들어야 할 경우 마음이 상당히 답답해지는 경우가 많습니다.

오늘 야곱의 지혜를 통하여 배울 수 있는 것이 무엇입니까? 신앙 없는 사람들의 말이나 생각을 신앙 있는 사람의 말이나 행동처럼 복잡하게 생각하지 말라는 것입니다. 사도 바울은 고린도전서에서 이렇게 말씀하고 있습니다.

> 육에 속한 사람은 하나님의 성령의 일을 받지 아니하나니 저희에게는 미련하게 보임이요 또 깨닫지도 못하나니 이런 일은 영적으로라야 분변함이니라. 신령한 자는 모든 것을 판단하나 자기는 아무에게도 판단을 받지 아니하느니라(고전 2:14, 15).

그리스도인들은 신령하고 영적인 사람들입니다. 하나님을 모르는 사람들은 영적인 사람들을 이해하지 못합니다. 하는 짓들이 얼마나 미련해 보이는지 도저히 이해할 수가 없어요. 왜냐하면 그들은 영적으로 사고할 능력이 없기 때문입니다. 그래서 쉽게 화를 내고 쉽게 잊어버립니다. 그러나 하나님의 백성들은 그렇지 않습니다. 어떤 문제를 보더라도 근원에 깔려 있는 동기나 생각을 살피기 때문에 작은 일에도 큰 충격을 받을 수 있습니다.

이것은 마치 일반인과 의사의 차이 같습니다. 일반인들은 다른 사람의 병에 대해 아는 바가 없기 때문에 호박을 삶아 먹으라느니 가지를 찢어 먹으라느니 생각나는 대로 들은 대로 다 이야기하고 자기 말에 책임을 지지 않습니다. 그러나 의사는 모든 것을 근본부터 살펴야 하며 자기의 말에 책임을 져야 하는 사람입니다. 그래서 의사는 항상 진지하고 심각하게 되어 있습니다. 일반인과 의사가 싸우면 누가 이기겠습니까? 겉으로는 목소리 크고 막무가내인 일반인이 이기는 것처럼 보일 수 있습니다. 그러나 실제로는 의사를 이길 수 없어요. 왜냐하면 의사들은 전문적인 지식을 가지고 있기 때문입니다.

마찬가지로 하나님의 백성들은 항상 진지하게 되어 있습니다. 그들은 사람에 대해 아는 것이 많기 때문입니다. 신앙 있는 사람은 다른 사람의 말이나 행동을 볼 때 그 근본적인 동기부터 살피기 때문에 말 한마디에도 굉장히 큰 충격을 받을 수 있어요. 그래서 신앙 없는 사람들의 눈에 도저히 상대하기 어려운 인간, 무언가 자기를 판단하고 있는 듯한 건방지고 도도한 인간처럼 보일 수 있습니다.

믿지 않는 사람이 믿는 사람에게 화를 내는 것은 그에 대해 모든 것을 다 알기 때문이 아니라, 너무나 답답하고 무언가 통하지 않기 때문일 때가 많습니다. 그런데 믿는 사람들이 그런 것 하나하나를 의미심장하게 받아들이고 마치 그들이 사탄의 종이나 되는 것처럼 판단해서 선을 그어 버린다면, 아마 이 세상에서 친하게 지낼 수 있는 사람이 거의 없을 것입니다.

어떤 사람이 나한테 억울한 말을 해서 밤새도록 우느라 잠도 못 잤는데, 다음 날 그 사람을 만나서 물어 보면 자기가 무슨 말을 했는지 기억도 못할 때가 있습니다. 나는 그 사람 말을 듣고 밤새도록 울고 이 갈고 일기도 몇 장씩 썼는데, 정작 그 사람은 "내가 언제 그런 말 했냐?"는 거예요. 믿지 않는 사람들의 분노를 너무 심각하게 생각하면 용서하기가 어렵습니다. 예수님이 십자가 위에서 "아버지여, 저희를 사하여 주옵소서"라고 하시면서 말씀하신 것이 무엇입니까? "자기의 하는 것을 알지 못함이니이다"(눅 23:34)라는 것입니다. 다른 사람이 나한테 화를 냈다고 해서 마음에 품지 말고,

단지 그가 자신도 잘 모르는 가운데 한때 좋지 않은 도구로 사용되었다고 생각하십시오. 그리고 좋은 기회가 있을 때 내가 그에게 적대감을 가지고 있지 않다는 것을 보여 주십시오.

야곱이 여기서 생각하고 있는 것이 무엇입니까? 어쩌면 에서는 자신의 짐작처럼 철저하지 않을 수도 있다는 것입니다. 야곱 자신은 굉장히 진지한 사람이고 영적인 사람입니다. 그러니까 400명이 온다는 소리만 듣고도 가슴이 철렁 내려앉습니다. 그런데 생각을 달리하면 에서가 그냥 폼 잡으려고 400명씩 끌고 온다고 볼 수도 있습니다. 선물을 좀 많이 보내면 누그러질 만하다고 생각할 수 있어요. 이것은 놀라운 사고의 전환입니다.

사실 사람들은 쉽게 화를 내고 쉽게 감동합니다. 누군가 자기를 좀 무시하고 섭섭하게 하면 화를 내지만, 누군가 자기를 위해서 좀 헌신적으로 수고해 주거나 신경 써서 대접해 주면 그렇게 고마워하고 감격할 수가 없습니다. 사실 이 세상에서 가장 지독한 사람들은 영적으로 생각하는 사람들입니다. 예수 믿는 사람들은 한번 말 안 하겠다고 작정하면 주님 오시는 날까지 안 합니다. 그들은 모든 것을 근원에서부터 생각하고 그 동기부터 파고 들어가기 때문에 한번 말 안 하기로 작정하면 정말 안 할 사람들이에요. 그런데 세상 사람들은 "내가 너랑 또 말하나 봐라!" 해 놓고서도 계속 말을 합니다. 세상 사람들은 쉽게 화를 내는 반면 또 쉽게 풀어집니다. 안 믿는 사람이 "너 죽어!" 하는 것은 그냥 인삿말 정도로 하는 말이지만, 예수 믿는 사람이 속으로 '너 죽어!' 하는 것은 그 안에 진짜 죽이고 싶은 마음이 있는 것입니다.

하나님께서 우리에게 바라시는 것이 무엇입니까? 하나님보다 더 거룩해지려 하지 말라는 것입니다. 하나님보다 더 철저하게 모든 것을 밝히고 따지고 까발리려 한다면 그것은 하나님보다 더 거룩해지려 드는 것입니다. 그런 교만이 얼마나 불필요하게 많은 사람들을 정죄하게 만들며 그들과의 관계를 힘들게 만드는지 모릅니다. 우리는 하나님이 아닙니다. 우리는 아직 다른 사람의 수하에 있으며, 따라서 그들에게 합당한 예의를 베풀어야 할 때는 베풀어야 합니다. 그들의 신앙적인 기준이 나와 다르다고 해서 무조건 정죄하고 끝까지 판단한다면 그것은 분명히 죄를 짓는 것입니다.

야곱의 선물은 항복이나 굴복이 아니라 자존심을 포기한 것이며, 영적인 관계를 회복하기 위해 재물을 포기한 것이었습니다. '돈이라는 것은 바로 이럴 때 쓰라고 있는 것'이라는 생각을 가지고 과감하게 버릴 것은 버리고 포기할 것은 포기하고 인정할 것은 인정하는 이것이 프로의 자세입니다. 야곱은 프로의 모습을 보여 주고 있습니다. 너무 완전하려고 하고 너무 이상적으로 살려고 하면 정신병적인 요소가 나타나기 시작합니다. 우리는 프로가 되어야 합니다.

오늘 말씀을 잘못 적용하지 않도록 주의하십시오. '야곱도 선물을 주었으니 나도 인사 청탁을 좀 해야겠다'고 생각하면 안 됩니다. 지금 야곱이 준 것은 청탁성 뇌물이 아닙니다. 지금까지는 에서를 인정하지 않았는데 이제는 자기 머리로 인정한다는 의미의 순수한 예물입니다.

예수님께서는 누가복음 16장에서 불의한 청지기의 비유를 말씀하셨습니다. 자기 것도 아닌 재산을 낭비하다가 해고당할 처지에 놓인 불의한 청지기의 비유는 유대인들을 향한 말씀입니다. 그들은 해고를 앞두고 있습니다. 얼마 있지 않으면 예루살렘은 망할 것입니다. 그들이 살 수 있는 유일한 길이 무엇입니까? 기왕 자기 주인의 재물을 낭비하고 있다면 그것을 다른 사람과 함께 나누라는 것입니다. 기왕 주인의 것을 쓰고 있다면 빚진 자들을 불러서 빚을 탕감해 주고 서로 나눠서 쓰라는 것입니다. 유대인들이 망한 것은 돈을 자기들끼리만 움켜쥐고 있었기 때문입니다. 그들은 하나님의 은혜도 움켜쥐고 돈도 움켜쥐고 축복도 움켜쥐려 했습니다.

우리가 하나님 앞에서 불쌍히 여김을 받을 수 있는 유일한 길은 남을 불쌍히 여기는 것이고 무조건 용서해 버리는 것입니다. 그러면 하나님께서도 나의 허물을 무조건 덮어 주실 것입니다. 다른 사람과의 관계가 불편한데도 그 관계를 개선하기 위해서 내게 있는 것을 사용하지 않는다면 하나님께서도 나에게 은혜를 주시지 않을 것입니다. 자기들끼리만 만나고 자기들끼리만 인사하고 자기들끼리만 뭉친다면 하나님께서 불쌍히 여기실 이유가 전혀 없습니다. 우리가 가진 것을 열심히 다른 사람들에게 펴 주어야 합니다. 돈이 있으면 열심히 나누어 주고 말씀이 있으면 열심히 펴 주고 용서할 것이 있으면 무조건 용서해 버려야 합니다. 그렇지 않고 모든 잘못을 컴퓨터에 입력시켜서 다 기록해놓고 시간 날 때마다 다시 엔터키 쳐서 들여다보면 하나님께서도 천국에서 내 기록을 계속 살피실 것입니다.

관계가 불편한 사람이 있는데 약간의 선물로 회복될 수 있을 것 같으면 선물하십시오. 약간의 애정 표현이 사람을 굉장히 감동시킬 때가 있습니다. "저 예수쟁이, 말도 안 통하는 숭악한 놈인 줄 알았더니 오늘 보니까 뭘 주면서 쓰라고 할 줄도 알대" 하면서 감동합니다. 머리 좀 숙인다고 해서 영적인 존귀함을 포기하는 것이 아닙니다. 자존심을 낮추면 낮출수록 사람들은 우리를 더 쉽게 사랑할 것입니다. 교회가 너무 똑똑하고 목사가 너무 똑똑하면 "그렇게 잘났으면 니들이나 천국 가라" 하면서 외면합니다. 오히려 좀 모자라 보일 때 '저 사람은 적어도 나를 해치지 않는다'고 생각하면서 쉽게 접근할 수 있는 것이지요.

오늘 말씀이 이야기하는 것이 무엇입니까? 우리에게 가장 힘든 시간은 하나님을 기다리는 시간입니다. 그때 화를 내고 침체에 빠지면 누구도 도와줄 수가 없습니다. 하나님도, 사람도 도와주지 못해요.

구원을 얻는 일에서는 우리가 할 일이 없습니다. 구원에 관한 일은 하나님이 직접 다 하십니다. 그러나 실제로 사는 삶의 측면

에서는 저절로 되는 일이 하나도 없습니다. 구원은 공짜지만 예수 믿는 것은 절대로 공짜가 아닙니다. 이력서 안 내고 버티고 있으면 취직이 안 됩니다. 어디에서 사람을 구하는지 내가 알아 보아야 하고 내가 이력서 써서 집어 넣어야 합니다. 고난의 시간이 길어질 것 같은데 금식하는 사람은 일찌감치 굶어 죽습니다. 성령님께서 고난이 길어지리라는 사인을 주셨으면 밥도 열심히 먹고 줄넘기도 하면서 장기전에 대비를 해야지요.

야곱은 하나님과의 관계가 회복되고 영적인 위치가 회복되는 것이 공짜가 아니라는 것을 알았습니다. 그래서 야곱이 제일 크게 포기한 것이 무엇입니까? 자존심입니다. 쌍둥이 사이에도 자존심이 있습니다. 그런데 쌍둥이 형한테 "주여"라고 부르는 것을 보면 자존심을 죽여도 많이 죽인 것입니다. 이렇게 야곱이 자존심을 포기했을 때 교회의 모습이 제대로 회복되었습니다. 또한 그는 수많은 재산을 포기했습니다. 형과의 관계를 회복하고 아버지 집에 돌아가기 위해 기꺼이 비용을 지불했습니다.

믿지 않는 사람들의 말을 너무 고깝게 듣지 마십시오. 잘 모르고 하는 말입니다. 한순간 충동에 따라 잘못 말한 것을 영원히 보복하려고 하면 아무와도 친해질 수가 없습니다. 허물이 있다면 덮어 주십시오. 용서할 것이 있다면 용서해 주십시오. 그들과 잘 지내기 위해서 물질을 써야 한다면 쓰십시오. 그것이 프로의 모습입니다.

24

야곱의 씨름

세계적인 운동 선수가 되려면 역시 세계적인 운동 선수와 대결을 많이 해 보아야 합니다. 운동이라는 것은 아무리 이론에 통달했다 하더라도 실제 경험이 없으면 소용이 없는 분야이기 때문입니다. 국내에서는 훌륭한 선수인데도 기량을 겨룰 만한 상대가 없어서 세계적인 선수로 성장하지 못하는 경우도 많고, 세계적인 무대에서 정상급 선수들과 겨루고 난 후에 기량이 급성장해서 웬만한 선수들은 손쉽게 이기는 경우도 많습니다.

오늘 본문은 성경 가운데 가장 해석하기 어려운 말씀 중 하나입니다. 하나님과 사람이 씨름해서 사람이 이겼다는 것은 다른 어떤 성경에서도 찾아볼 수 없는 내용입니다.

에서가 자기를 만나러 온다는 소식을 들은 야곱은 한시라도 빨리 가족들을 얍복 강 너머로 건네 보내는 것이 현명하다고 생각했던 것 같습니다. 만일 그들이 강을 건너는 도중에 에서 쪽 사람들을 만난다면 제대로 도망치지도 못하고 몰살당할 것이기 때문입니다. 그래서 야곱은 밤에 가족과 가축들을 전부 건네 보내고 자신은 혼자 강 이편에 남았습니다.

야곱이 이렇게 홀로 남은 것은 아마도 자신의 감정이 너무나도 복잡해서 이런 상태로는 에서를 만날 자신이 없었기 때문인 것 같습니다. 그는 자신의 불안한 감정도 추스리고 하나님께 좀더 매달리는 기도를 할 생각도 있었을 것입니다. 그런데 갑자기 한 사람이 나타나서 덤벼드는 바람에 생각지도 못한 싸움을 벌이게 되었습니다. 성경은 씨름을 했다고 말하고 있는데, 이것은 우리가 생각하는 신사적인 씨름 경기가 아니라 뼈가 부러질 정도로 심한 몸싸움을 의미합니다.

중요한 것은 야곱에게 덤벼든 그 사람이 과연 누구냐 하는 점입니다. 처음에 야곱은 그를 에서나 라반이 보낸 사람으로 생각했을지도 모르겠습니다. 그러나 그 사람은 나중에 하나님으로 밝혀지고, 야곱도 그 사실을 알게 됩니다.

그렇다면 왜 하나님께서 사람의 몸을 입고 와서 야곱과 씨름하신 것일까요? 그리고 왜 야곱에게 지심으로써 '승리자'라는 이름을 주신 것일까요?

야곱과 씨름한 사람

야곱은 에서와 만나는 것이 심히 두려웠습니다. 그래서 여러 가지 방법을 생각했습니다. 그는 먼저 가축을 두 떼로 나누었고, 하나님께 살려 달라고 매달리면서 기도했습니다. 또 그것도 부족해서 에서의 마음을 달랠 수 있는 선물도 아주 많이 준비했습니다. 그럼에도 불구하고 그의 마음은 편치가 않았습니다. 에서에게서 목숨을 구하기 위해 할 수 있는 일이 있다면 무엇이든지 기꺼이 더 하고 싶은 심정이었습니다. 그때 갑자기 예기치 않은 한 사람이 덤벼드는 바람에 야곱은 그 사람과 심한 몸싸움을 하게 됩니다. 32장 24절과 25절을 보십시오.

야곱은 홀로 남았더니 어떤 사람이 날이 새도록 야곱과 씨름하다가 그 사람이 자기가 야곱을 이기지 못함을 보고 야곱의 환도뼈를 치매 야곱의 환도뼈가 그 사람과 씨름할 때에 위골되었더라

우리는 그 당시의 씨름에 대해 아는 바가 없습니다. 그러나 '야곱'이라는 이름 자체가 씨름과 관련이 있다는 것은 알고 있습니다. 그 당시 씨름에는 넘어지는 척하면서 상대방의 발꿈치를 잡고 쓰러뜨리는 기술이 있었습니다. '속임수', '사기꾼'이라는 의미의 '야곱'이라는 이름은 바로 거기에서 나온 것입니다. 아마 그 당시 목자들은 들판에서 양을 치는 무료함을 달래기 위해서 씨름을 많이 했던 것 같습니다. 그런데 누구인지도 모르는 사람이 갑자기 나타나서 덤벼드는 바람에 야곱은 밤새 그 사람과 싸우게 되었습니다.

우리는 여기에서 두 가지를 생각할 수 있습니다. 하나는 이 사람이 야곱을 죽이려고 하지 않았다는 것입니다. 단지 그가 하려고 한 것은 야곱을 땅에 때려눕히는 것이었습니다. 야곱은 그 사람이 자기를 땅에 때려눕힌 후에 에서에게 끌고 가려 한다고 생각했을지도 모르겠습니다. 그러나 그는 야곱을 때려눕히지 못했습니다. 야곱이 사생결단하고 그 사람에게 매달리며 힘을 썼기 때문입니다.

다른 한 가지는 이 씨름이 보통 격렬한 싸움이 아니었다는 것입니다. 성인의 엉치뼈가 어긋날 정도라면 굉장히 심하게 싸운 것입니다. 그 사람은 아무리 야곱을 땅에 쓰러뜨리려고 해도 잘 되지 않으니까 야곱의 엉치뼈를 손으로 쳐서 위골시켰습니다. 그런데도 야곱은 쓰러지지 않고 끝까지 버텼습니다.

야곱과 싸운 이 사람은 누구입니까? 성경은 그가 하나님이었다고 말씀하고 있습니다. 그가 천사였다고 말하는 사람들도 있지만, 성경 저자는 이 분이 육신을 입고 오신 하나님이라고 설명하고 있으며 야곱도 나중에 그 사실을 알고서 이 장소에 '브니엘'이라는 이름을 붙였습니다. '브니엘'은 '하나님의 얼굴'이라는 뜻입니다.

즉 '내가 하나님의 얼굴을 보았지만 죽지 않았으니 얼마나 큰 은혜인가?' 하는 뜻으로 이곳을 '브니엘'이라고 부른 것입니다. 사실 하나님의 얼굴만 본 것이 아니라 엎치락뒷치락하는 몸싸움을 수없이 하고도 살아남았다는 것은 정말 큰 은혜였습니다.

그런데 야곱은 왜 이 사람에게 끝까지 항복하지 않고 버틴 걸까요? 야곱이 끝까지 쓰러지지 않은 이유는 분명합니다. 그 당시에는 씨름이나 격투 끝에 굴복한 사람은 이긴 사람의 종이 되어야만 했던 것으로 보입니다. 야곱은 이 어두운 밤에 자기를 습격한 이 사람이 에서가 보낸 자이든 라반이 보낸 자이든 간에 어쨌든 자신을 다시 종으로 잡아가기 위해서 쳐들어온 사람이라고 생각했습니다. 그가 밤새도록 싸우면서도 무릎을 꿇지 않은 것은, 심지어 엉치뼈를 다치고 다리를 절게 되었음에도 불구하고 끝까지 대항한 것은, 이제 다시는 어느 누구의 종도 되지 않겠다는 결심이 있었기 때문입니다.

지금 야곱의 마음은 자유에 대한 열망으로 불타오르고 있습니다. 그는 지금까지 무려 20년씩이나 종살이하다가 이제 막 자유인이 되었습니다. 그런데 자유인이 된 지 불과 몇 시간도 되지 않았는데 누구인지도 모를 사람이 자기를 억지로 때려눕혀서 종으로 끌고 가려 하는 것입니다. 야곱은 '죽으면 죽었지 다시는 종이 되지는 않겠다. 때릴 테면 때려라. 절대 종은 될 수 없다'는 생각으로 결사적으로 저항하고 덤벼들었습니다. 결국 그 사람은 아침이 될 때까지 야곱을 쓰러뜨리지 못했습니다.

그렇다면 하나님께서는 왜 굳이 사람의 몸을 입고 오셔서 야곱과 씨름을 해야 하셨을까요? 바로 이것이 오늘 우리가 생각해야 할 문제입니다.

사람의 몸으로 오신 하나님

우리 인간에게 가장 큰 하나님의 축복은 하나님 자신이 친히 사람의 몸을 입고 오셔서 우리들과 상대하시는 것입니다. 우리는 하나님께서 사람의 몸을 입고 아브라함을 불시에 방문하신 일을 알고 있습니다. 하나님은 몸을 입고 오셔서 그와 음식을 나누시고 얼굴과 얼굴을 마주 대고 교제하면서 말씀을 나누셨습니다. 그런데 이번에는 단순히 몸을 입고 방문하시는 데 그친 것이 아니라 아예 몸을 부딪쳐 가며 싸우신 것입니다.

우선 하나님께서 사람의 몸을 입고 오셔서 야곱과 싸우신 것은 하나님이 직접 그의 대전 상대가 되어 주심으로써 야곱 스스로 자신이 얼마나 강한 사람인지 깨닫게 하시기 위해서였습니다. '하나님과 겨루어 이긴 사람은 앞으로 어떤 사람을 만나 상대한다고 하더라도, 앞으로 어떤 어려움을 만난다고 하더라도 능히 이길 수 있다. 너는 그렇게 엄살을 부려서는 안 된다'는 사실을 확신시켜 주시는 것이 일차적인 목적이었어요. 이 점은 26절부터 28절에 명백히 나타나고 있습니다.

> 그 사람이 가로되 날이 새려 하니 나로 가게 하라 야곱이 가로되 당신이 내게 축복하지 아니하면 가게 하지 아니하겠나이다 그 사람이 그에게 이르되 네 이름이 무엇이냐 그가 가로되 야곱이니이다 그 사람이 가로되 네 이름을 다시는 야곱이라 부를 것이 아니요 이스라엘이라 부를 것이니 이는 네가 하나님과 사람으로 더불어 겨루어 이기었음이니라

하나님은 야곱을 쓰러뜨리지 못했지만 야곱도 하나님을 쓰러뜨리지 못했습니다. 그렇다면 무승부 아닙니까? 그런데 왜 야곱을 승리자라고 부르십니까? 제가 보기에 이것은 하나님의 기권패

입니다. 날이 새려고 하자 하나님의 사람은 더 이상 씨름을 하려 하지 않고 이제 가야겠다고 하면서 싸움을 포기합니다. 그러니까 자연스럽게 야곱의 기권승이 된 것이지요.

날이 새려고 할 때 하나님의 사람이 떠나려고 한 데 대해 추측이 무성합니다. 어떤 사람들은 믿지 않는 자들의 미신을 근거로 "천사나 귀신은 밤에만 움직이지 낮에는 힘을 잃고 꼼짝하지 못한다. 그래서 이 사람도 날이 새려고 하니까 떠나려고 한 것이다"라고 말합니다. 우리 전설을 보면 귀신들이 닭 울음소리를 가장 무서워하지 않습니까? 그러나 만약 하나님의 사람이나 천사가 밤에만 움직인다고 생각한다면 성경을 전부 다시 써야 합니다. 성경을 보면 하나님이 낮에 나타나신 적이 아주 많습니다. 특히 아브라함을 찾아오신 시간은 정오쯤이었습니다.

그래서 어떤 사람은 하나님의 사람이 날이 샐 때 떠나려고 한 것은 자기 얼굴을 야곱에게 보이지 않게 하기 위해서라고 말하기도 합니다. 그러나 야곱은 분명히 하나님의 얼굴을 보았고, 그곳 이름을 '브니엘'이라고 지었습니다. 또 어떤 사람은 하나님께서 야곱에게 얼굴을 보인 것까지는 어쩔 수 없지만 다른 사람들에게까지 이 씨름 장면을 보여 주지 않으려고 떠나려 했을 것이라고 말하기도 하지만, 이것 역시 하나의 상상에 불과합니다.

제가 생각하기에 하나님의 사람이 떠나려고 한 것은 자신이 하시고자 하는 뜻을 다 이루었기 때문입니다. 이제 야곱은 새로운 경험을 해야 합니다. 날이 샜고 야곱은 에서를 만나야 합니다. 언제까지나 하나님의 사람을 붙들고 늘어질 수는 없습니다.

여하튼 하나님의 사람은 야곱을 땅에 때려눕히지 못했고 또 스스로 싸움을 포기했기 때문에 게임은 야곱의 승리로 끝났습니다. 그래서 야곱은 '이스라엘'이라는 이름을 얻습니다. 이것은 '하나님을 이겼다'는 뜻입니다. 하나님과 겨루어 이겼으니 이제는 어떤 상대도 이길 수 있다는 뜻입니다.

그런데 한편으로는 이 싸움을 반드시 야곱의 승리로 볼 수 없는 부분이 있습니다. 왜냐하면 야곱이 하나님께 축복을 구했기 때문입니다. 어떤 싸움에서도 승리자가 패배자에게 축복을 구하는 경우는 없습니다. 축복은 승리자가 패배자에게 주는 것입니다. 야곱은 하나님께서 "네가 이겼다"고 말씀하심에도 불구하고 자신을 축복해 주시지 않으면 절대로 보낼 수 없노라고 붙들고 늘어지고 있습니다. 호세아서는 야곱이 그냥 축복을 구한 것이 아니라 울면서 구했다고 기록하고 있습니다.

천사와 힘을 겨루어 이기고 울며 그에게 간구하였으며 하나님은 벧엘에서 저를 만나셨고 거기서 우리에게 말씀하셨나니(호 12:4).

이겼는데 울 이유가 어디 있습니까? 물론 승리한 감격 때문에 울 수도 있겠지요. 그러나 여기서 야곱의 울음은 승리의 감격에서 나온 것이 아니라 마음속에 맺힌 한에서 터져나온 것이었습니다. 사람이 평생에 한 번 우는 울음이 있다면 바로 이런 울음일 것입니다. 이것은 자기가 지지 않았다는 감격에서 나온 울음도 아니고, 힘들게 밤새 싸우다가 동이 트는 걸 보니 어머니 생각이 나서 나온 울음도 아니었습니다. 이것은 어느 누구에게도 내보인 적이 없는, 가슴속 깊은 곳에 간직되어 있던 연약한 부분을 인정하고 고백하지 않을 수 없게 되었을 때, 그것을 내놓고 은혜를 구하면서 터져나온 눈물이었습니다.

사실 야곱의 눈물은 상대방이 누구인지 알았기 때문에 터져나온 것이었습니다. 오늘 성경 본문에는 야곱이 어떻게 상대방의 정체를 알았는지가 분명히 나와 있지 않습니다. 아마 하나님의 사람이 자기를 떠나려고 했을 때, 한순간 어두웠던 눈이 밝아져 자기와 씨름한 분이 벧엘의 그 하나님이라는 것을 알게 되었을 것입니다.

그런데 왜 그 하나님께서 야곱을 찾아와 밤새도록 목숨을 건 사투를 벌이신 것입니까? 단지 '너는 하나님과 싸워서 이겼으니 이제는 누구와 싸워도 이길 수 있다'는 확신을 주시려는 것이 전부입니까? 사실 이런 확신은 다른 방법으로도 얼마든지 주실 수 있습니다.

하나님께서 사람의 몸을 입고 찾아오셔서 야곱과 씨름하신 것은 정말 야곱과 싸우고 싶었기 때문입니다. 그러나 하나님과 사람은 싸움이 되질 않습니다. 우리는 유다 왕 히스기야 때 하나님의 천사 한 명이 앗수르 군대 185,000명을 하루 저녁에 몰살시킨 일을 알고 있습니다. 또 성경에는 야곱을 "지렁이 같은 너 야곱아"(사 41:14상)라고 부르는 부분도 있습니다. 야곱은 하나님 앞에서 지렁이에 불과합니다. 한 번 밟으면 터져 버리는 존재입니다.

그럼에도 불구하고 하나님께서 사람의 몸을 입고 오셔서 야곱과 싸우신 이유가 무엇입니까? 지금까지 그의 신앙은 하나님과의 싸움이었기 때문입니다. 하나님께서 야곱을 붙들려고 하실 때마다, 하나님께서 야곱을 주장하려고 하실 때마다 야곱은 용하게 도망쳤습니다. 하나님께서 그에게 결단을 요구하실 때마다 그는 언제나 인간적인 방법으로 빠져나갔습니다.

야곱은 단순히 형 에서를 속이는 데서만 이름값을 한 것이 아닙니다. 그는 하나님과의 관계에서도 속임수를 써 가며 오늘까지 정말 잘도 피해 다녔습니다. 하나님께서 야곱을 구석에 몰아넣고 "너 이번에 믿음으로 제대로 살래, 네 멋대로 살래?" 하실 때마다 "이번만큼은 꼭 믿음으로 살겠습니다" 하고 다짐해 놓고, 막상 하나님의 도움으로 어려움에서 빠져나오고 나면 또 자기 방법대로 사는 것입니다. 어려움을 겪고 나서도 변한 것이 하나도 없었어요. 이것이 야곱의 속임수였습니다. 말씀을 듣는 것처럼 해 놓고 그 문제가 해결되면 결국 자기 모습으로 돌아가 버리는 것입니다.

우리는 하나님께서 어려움을 주실 때 어떻게 합니까? 하나님 앞에서 손이 발이 되도록 빕니다. "하나님, 이번 어려움만 면하게 해주시면 어떤 일이 있어도 믿음으로 살겠습니다. 이것은 하나님께 드리는 마지막 부탁입니다. 앞으로 다시는 이런 기도를 드리는 일이 없을 것입니다." 이렇게 해 놓고 그 어려움만 해결되면 언제 그런 기도를 드렸느냐는 듯이 모든 것을 잊어버린 채 원래 자신의 모습으로 돌아가 버리는 것입니다. 이것은 사기이고 속임수입니다.

지금까지 하나님은 야곱에게 수없이 속으셨습니다. 그래도 참고 또 참고, 기다리고 또 기다리셨습니다. 그러나 이제는 더 이상 기다리실 수가 없습니다. 왜 그렇습니까? 야곱이 가나안 땅으로 돌아오고 있기 때문입니다. 하나님께서 야곱에게 원하시는 것은 몸만 가나안으로 돌아오는 것이 아니라 마음으로 돌아오는 것이고, 정말 믿음으로 이 땅에서 사는 것입니다.

야곱은 지금까지 20년이라는 기간을 허비했습니다. 벧엘에서 그 영광된 하나님을 경험하고 난 후 무려 20년 동안 변한 것이 하나도 없었어요. 하나님께서는 야곱의 몸만 가나안 땅에 돌아오고 삶의 방식은 라반에게 했던 방식 그대로 계속해서 사기치고 거짓말하면서 사는 것이 아니라, 이제는 오직 하나님께 모든 것을 맡기고 믿음으로 살기를 원하셨습니다. 그래서 야곱을 찾아와 '내가 지금까지는 참았지만 오늘 밤에는 정말 너를 죽여 버리겠다'고 하시면서 엄청난 몸싸움을 한 것입니다.

아마도 야곱은 이 사람을 이기기 위해 밤새도록 자기가 즐겨 쓰던 기술, 즉 넘어지는 척하면서 상대방의 발꿈치를 잡는 기술을 사용해 보았을 것입니다. 그러나 그는 발꿈치를 잡히는 분이 아니었습니다. 에서와는 완전히 수준이 다른 분이었습니다.

야곱은 어디까지나 자기는 자유인이라는 뜻에서 끝까지 쓰러지지 않으려고 버텼습니다. 그러나 하나님께서는 거짓되고 진실하지 못하며 한번 마음 먹은 것은 무슨 일이 있어도 해 내야 직성이 풀리는 야곱의 그 못된 기질, 어느 누구에게도 굴복하지 않으며 목적을 위해서라면 수단 방법을 가리지 않는 그 기질을 꺾으려고 하셨습니다. 그래서 야곱은 야곱대로, 하나님은 하나님대로 밤새 싸웠습니다. 야곱은 자기가 가지고 있는 생각과 잔꾀를 버리면 이 세상에서 실패하는 줄 알고 있습니다. 그러나 하나님께서는 야곱이 가지고 있는 그 자존심과 인간적인 술수, 얄팍한 계산과 고집을 꺾지 않는 이상, 이 세상에서 믿음으로 승리할 수 없다는 것을 보여주고자 하십니다.

이것은 마치 목숨을 건 격투와 같습니다. 우리는 무슨 일이 있어도 내 생각이나 방법, 또는 내가 자랑하고 의지하고 있는 것들을 포기하려고 하지 않습니다. 나 잘난 맛에 세상에서 살고 있는데, 그것들을 다 버리면 어떻게 살겠습니까? 그러나 하나님께서는 바로 그 '잘난 맛'을 깨뜨리기 위해 우리 평생에 우리와 씨름하십니다.

예수를 믿는 데에는 기질이 중요하지 않습니다. 그러나 일단 예수를 믿고 난 후 신앙생활을 할 때에는 기질이 결정적으로 중요합니다. 강한 기질을 가진 사람은 자기에게 납득되지 않는 것은 절대 인정하지 않습니다. 하나님께서 어떤 일을 하시든지 간에 나한테 이해가 되어야 하고 납득이 되어야 합니다. 하나님도 새로운 일을 하시려면 나한테 결재를 받으라는 거예요. 내가 생각하지 않은 방식으로 일하시면 하나님을 불신하고 심한 영적 침체에 빠져서 아무것도 하려 들지 않습니다. 이 못된 기질 때문에 믿는다고 하면서도 시간 낭비만 하고 믿음으로 하는 일은 하나도 없는 것입니다.

하나님께서는 야곱 속에 있는 강한 자아를 깨뜨리기 위해 '이 세상 일이 네 생각대로 되지 않는다'는 것을 계속 경험하게 하셨습니다. 야곱은 자기가 똑똑한 줄 알았지만 결국 20년 동안 종살이한 것 말고는 남은 것이 없었습니다. 가축을 모았다고는 하지만 그게 어디 야곱이 모은 것입니까? 하나님이 주신 것이지요.

우리 속에 있는 강한 자아가 깨뜨려지지 않는다면 그 신앙은 실패한 신앙입니다. 그 강한 자아는 하나님께서 개구리 패대기치듯이 바닥에 내동댕이치시기 전까지는 절대 깨지지 않습니다. 이런 사람들이 견디지 못하는 것은 단순히 가난하다는 사실 그 자체가 아니에요. 자기 눈에 별것 아니게 보이는 사람들보다 자기가 더 못한 자리에 떨어져 있다는 사실을 못 견디는 것입니다. 그런 사람은 배가 고파서 죽는 것이 아니라 자존심이 상해서 죽습니다.

하나님은 오래오래 우리와 싸우시면서 "너의 그 말도 안 되는 자존심과 고집을 버리지 않는다면 너는 인생을 낭비하고 있는 것이다"라고 말씀하십니다. 우리는 하나님을 믿기는 하지만 내 방식과 내 생각, 내 논리를 절대로 포기하지 않습니다. 그런데 언제 그것을 꺾고 하나님 앞에 무릎을 꿇습니까? 도저히 도망칠 수 없을 정도로 구석에 몰렸을 때, 다리까지 부러져서 이제는 도망칠 재주도 없게 되었을 때, 하나님의 도움 없이는 도저히 살 수 없게 되었을 때, 그때 울고 애원하면서 하나님께 나아가게 됩니다.

야곱은 언제 자기 고집과 방법을 버리고 하나님께 굴복했습니까? 날이 새면 에서와 만나야 하는데 다리까지 다쳐서 도저히 도망칠 수 없게 되었을 때입니다. 그때 야곱은 처음으로 자기의 연약한 부분을 내어놓고 하나님의 도움을 간구하며 눈물과 통곡으로 기도했습니다. 그 순간, 사기꾼 야곱은 승리자 이스라엘로 바뀝니다.

승리자 이스라엘

야곱이 하나님의 사람과 씨름하면서 느낀 것이 무엇입니까? 이 사람은 자기를 죽이려고 하지 않는다는 것입니다. 죽일 마음이 있었다면 칼이나 무기를 사용하든지 아니면 그 강한 힘만으로도 얼마든지 죽일 수 있었을 것입니다. 그뿐만 아니라 그는 자기를 잡아가려고 싸우는 것도 아니었습니다. 힘으로만 보면 얼마든지 자기를 때려 눕힐 수도 있는데 결코 그렇게 하지 않았습니다. 그렇다면 이 사람은 왜 이렇게 밤새 자기와 싸운 것입니까?

야곱은 이것이 자신을 깨닫게 하기 위해서라는 것을 나중에 알게 되었습니다. 적이 아니라 같은 편으로서 무언가를 가르쳐 주고 깨닫게 하기 위하여 밤새 애쓴 것이라는 사실을 알게 된 것입니다. 자기와 같은 편으로서 이렇게 씨름을 잘 하는 힘센 분이 누구입니까? 벧엘의 하나님밖에 없습니다. 그분이 아니라면 자신에게 무언가를 가르쳐 주기 위해 여기까지 쫓아와서 이렇게 심한 대전 상대가 되어 줄 분이 없습니다.

야곱은 절대로 울지 않는 사람입니다. 그는 자존심 하나로 지금까지 버텨 왔습니다. 그러나 이 마지막 순간에는 눈물과 통곡을 터뜨리지 않을 수 없었습니다. 지금까지 야곱은 자기 인생은 자기가 책임져야 한다고 생각했습니다. 그래서 어떤 경우에도 빈틈을 보이려고 하지 않았습니다. 그는 실수를 용납하지 않았으며, 다른 사람 앞에서 언제나 완벽하고 당당하게 행동했습니다. 그러나 그의 마음속에도 약한 부분과 외로움과 책임질 수 없는 두려움이 있었습니다. 특히 이번 에서의 문제는 자기 자존심으로도 도저히 감당할 수가 없었습니다. 그런데 바로 그때 하나님께서 육신을 입고 자기를 돕기 위하여 찾아오신 것입니다. 야곱은 사람의 몸을 입고 오신 하나님, 자기의 모든 것을 아시며 자기보다 더 강하신 그분 앞에서 어린아이같이 울면서 매달렸습니다.

사람들은 속마음은 어린아이 같으면서도 사람들 앞에서는 실수하지 않고 완벽하게 보이려는 마음 때문에 자꾸 위선적이 되고 정직해지지 못합니다. 혹시 자기의 약한 부분을 내보이면 상대방에게 이용당할까 봐 두려워서 자꾸 위선과 거짓으로 겹겹이 자신을 에워싸다 보면, 나중에는 아무리 껍질을 벗겨도 그 속을 알 수 없는 양파 같은 사람이 됩니다.

그가 자신의 모습을 있는 그대로 내어놓는 때는 언제입니까? 혼자 힘으로는 도저히 감당할 수 없는 어려움 앞에서 하나님이 찾아오실 때입니다. 그때는 위선적인 사람의 눈에서도 눈물이 흐르게 되어 있습니다. 하나님 앞에서 자신이 연약한 인간에 불과하다는 것을 인정하며 있는 모습 그대로 내어놓고 통곡하게 되어 있습니다. 그때 그 사람은 하나님을 이긴 승리자로 나타나는 것입니다.

하나님께서는 야곱의 이름을 바꾸게 하셨습니다. 지금까지 그는 이겨 보긴 했지만 정상적인 방법으로 이긴 적은 한 번도 없었습니다. 늘 쓰러지는 척하면서 다른 사람의 발꿈치를 걸어서 이기는 야비한 승리자였습니다. 그러나 이제는 하나님께서 친히 승리자라는 이름을 주십니다. 어떤 승리자입니까? 하나님과 겨루어 이긴 승리자입니다. 그렇기 때문에 이제는 어떤 상대를 만나더라도 이길 수 있습니다.

아주 강한 상대와 한번 싸워서 이겨 보면 기량이 엄청나게 자라기 때문에 그 뒤에는 웬만한 상대를 만나도 호락호락하게 지지 않습니다. 그래서 사람은 큰물에서 노는 것이 중요합니다. 도토리 키 재기처럼 비슷비슷한 사람들끼리 모여 있으면 자기 실력이 어느 정도인지 알 수 없기 때문에 실력이 자라지 않습니다. 그러나 엄청난 상대와 붙어서 사력을 다해 싸워서 이기거나 비기고 나면, 그때부터는 자신감이 생겨서 웬만한 상대는 다 이길 수 있어요.

야곱이 승리자가 된 이유는 어디에 있습니까? 하나님 앞에서 자기의 약한 부분, 도무지 변하지 않는 자기 기질, 자기 방법, 자기 자존심을 내놓고 통곡한 데 있습니다. 하나님 앞에서 자신의 부족함을 깨달았을 때 하나님께서 야곱을 온전히 주장하심으로써 누구를 만나더라도 이길 수 있는 승리자로 만들어 주셨습니다. 놀랍게도 야곱은 환도뼈가 위골되었을 때 오히려 다른 모든 사람을 이길 수 있는 힘을 얻게 되었습니다. 이제는 더 이상 자기 힘이나 머리나 방법을 의지하지 않고, 세상의 방법과 하나님의 방법을 뒤섞지 않으며, 온전히 하나님만 의지하게 되었기 때문입니다. 예수도 믿고 사람들의 말에도 솔깃해하면서 자기 하고 싶은 것을 다 해야 직성이 풀리는 기질로 살지 않고 "살든지 죽든지 하나님이 알아서 하십시오" 하고 모든 것을 다 맡길 때, 우리는 승리자로 변하게 되어 있습니다.

우리의 삶에서 가장 큰 싸움이 무엇입니까? 경제적인 어려움이 아닙니다. 빚쟁이가 아닙니다. 대학입시나 사법고시 같은 시험이 아닙니다. 내 속에 있는 저 잘난 맛, 강한 자아, 자랑, 허황된 욕심을 하나님 앞에 굴복시키는 싸움이 가장 큰 싸움입니다. '그래도 나는 똑똑하고 재주가 있어. 하나님을 믿기는 하겠지만 완전히 맡길 수는 없어' 하는 알량한 자아가 가장 큰 원수예요. 이런 사람은 자기 머리로 미래를 자꾸 예측하면서 하나님이 100퍼센트 길을 열어 주시기 전까지는 꼼짝도 하지 않습니다. 그러니까 아무것도 안 되는 것입니다.

하나님께서 원하시는 것은 이 세상에서 성공하는 것이 아닙니다. 돈 더 벌고 좋은 집에 살면서 사람들이 부러워하는 상태에서 사는 게 아니에요. 하나님이 원하시는 것은 아무것도 없는 상태에서 하나님을 의지하는 믿음 하나 붙들고 남들이 하지 못하는 일을 해내는 것입니다. 그렇게 하기 위해서는 나의 삶에 하나님이 오셔야 합니다. 사람의 몸을 입고 오시는 것이 아니라 내 몸을 입고 일하셔야 합니다.

자신이 하나님 앞에 아무것도 아님을 고백하는 것은 정말 힘든 일입니다. 내 자존심, 내 생각, 내 고집, 내 기질을 하나님 앞에서 꺾는 것은 가장 어려운 일이에요. 그러나 만약 그것이 된다면 그 사람은 이 세상의 어떤 것도 다 이겨낼 수 있습니다. 그것은 하나님이 나를 이기시는 것이며 또 내가 하나님을 이기는 것입니다. 그때부터 나는 '이스라엘'이 됩니다.

나 자신을 하나님께 내어드린다는 것은 무슨 뜻입니까? 내가 반드시 성공하고 잘되어야 한다는 생각을 버리는 것입니다. 내가 뭔데 다른 사람들보다 잘살아야 합니까? 내가 뭔데 나만 좋은 차 타고 좋은 집에서 살아야 합니까? 다 똑같은 아이들인데 왜 내 아이만 좋은 학교에 다녀야 하고 다른 아이들보다 잘나야 합니까? 다 똑같은 사람들인데 왜 나만 인정을 받아야 합니까? '나만'이라는 그 생각을 버리기 전까지는 야곱이요 사기꾼이요 하나님이 사용하실 수 없는 패배자가 될 수밖에 없습니다. 그런 생각이 꺾이고 다른 사람들이 소중하고 귀하게 보일 때, 비로소 우리는 이스라엘로 바뀔 수 있습니다. 내 인생만 중요한 것이 아니라 이 세상에 태어난 한 사람 한 사람의 인생이 다 중요하고 귀하다는 것이 깨달아질 때, 그는 하나님의 능력으로 큰 일을 할 수 있는 사람이 됩니다.

그 후에 이루어진 일

오늘 중요한 것은 야곱과 씨름한 사람이 자신을 "하나님과 사람"으로 소개했다는 사실입니다. 28절 하반절을 보십시오.

이는 네가 하나님과 사람으로 더불어 겨루어 이기었음이니라

야곱이 싸운 대상은 하나님인 동시에 사람이었습니다. 구약시대 성도들에게 이보다 더 이해되지 않는 말은 없었을 것입니다. 어떻게 하나님인 동시에 사람일 수가 있습니까? 하나님이면서 사람일 수 있는 분은 오직 예수 그리스도밖에 없습니다. 인간에게 가장 귀한 것은 하나님이시면서 사람이신 이분이 우리에게 오신 것입니다. 그가 오셔서 우리가 몸으로 어떻게 살아야 할 것인지 실천해 보이시고 또 그렇게 살 수 있도록 우리에게 성령을 주신 것이야말로 가장 귀중한 축복입니다.

야곱은 그분의 이름을 묻습니다. 그분이 누구인지 몰라서가 아닙니다. 자기가 알고 있는 것을 더 분명히 확인하기 위해서입니다. 그러나 하나님께서는 그에게 자신의 이름을 말씀해 주시지 않

았습니다.

야곱이 청하여 가로되 당신의 이름을 고하소서 그 사람이 가로되 어찌 내 이름을 묻느냐 하고 거기서 야곱에게 축복한지라(32:29).

하나님께서 야곱에게 자신의 이름을 밝히시지 않은 것은 아직 때가 되지 않았기 때문일 것입니다. 하나님께서는 모세에게 자신을 '여호와'로 소개하실 때 "내가 아브라함과 이삭과 야곱에게 전능의 하나님으로 나타났으나 나의 이름을 여호와로는 그들에게 알리지 아니하였고"(출 6:3)라고 말씀하셨습니다. 이것은 야곱에게 자신의 이름을 명확하게 밝히지 않으셨다는 것을 의미합니다. 다시 말해서 야곱이 단지 '여호와'라는 이름을 몰랐다는 것이 아니라, 그에게 이 이름의 의미가 얼마나 놀라운지를 설명하지 않으셨다는 뜻입니다. 이분은 나중에 노아에게 나타나서 자신의 이름을 '기묘'라고 소개했습니다. 그 이름이 온전하게 나타난 것은 예수께서 몸을 입고 이 세상에 오셨을 때입니다.

30절을 보십시오.

그러므로 야곱이 그 곳 이름을 브니엘이라 하였으니 그가 이르기를 내가 하나님과 대면하여 보았으나 내 생명이 보전되었다 함이더라

야곱은 자기에게 나타난 분이 하나님이신 줄 알았습니다. 그리고 자기가 하나님의 얼굴을 뵙고도 죽지 않은 것을 통해, 하나님께서 자기를 얼마나 사랑하시는지 깨닫게 되었습니다.

부모님이 우리에게 다정한 모습을 보이면 얼마나 좋습니까? 만약 아버지나 어머니를 불렀는데 화난 모습으로 돌아보면 얼마나 마음이 아프겠습니까? 오늘날 우리는 말씀을 통해 하나님의 얼굴을 뵙습니다. 하나님의 말씀을 듣는 이곳이 바로 우리들의 브

니엘입니다.

하나님께서 나와 똑같은 평범한 형제의 입을 통해 우리에게 말씀해 주시는 것은 하나님이 우리를 얼마나 사랑하시며 귀하게 생각하시는지를 나타내 주는 증거입니다. 목사를 통해 말씀을 듣기 싫으면 시내 산으로 가서 천둥과 벼락과 지진과 화산 가운데서 하나님을 만나 이야기하십시오. 하나님께서 오늘 나와 다를 바 없는 평범한 사람을 세워서 우리가 알아들을 수 있는 언어로 이야기하시는 것은 우리를 축복하시며 우리를 사랑하시며 우리를 바른 길로 가게 하기 위해서입니다. 마치 몸을 입고 와서 야곱과 씨름하신 것처럼 사람이 알아들을 수 있는 언어로 우리를 설득하시는 것입니다.

성경은 이후로 이스라엘 자손들이 환도뼈의 힘줄을 먹지 않았다고 기록하고 있습니다.

그 사람이 야곱의 환도뼈 큰 힘줄을 친 고로 이스라엘 사람들이 지금까지 환도뼈 큰 힘줄을 먹지 아니하더라(32:32).

이스라엘 백성들은 모세가 출애굽기를 기록할 당시까지 환도뼈의 큰 힘줄을 먹지 않았습니다. 자기 조상의 약한 부분, 부러진 부분, 손상된 부분이야말로 에서의 손에서, 원수의 손에서, 이 세상에 있는 모든 적들의 세력에서 자신들을 건져 주었다고 믿었기 때문입니다. 그래서 그들은 짐승을 먹을 때도 그 힘줄은 먹지 않고 남겨 놓음으로써 조상의 약한 부분이 더 큰 능력의 방편이 된 것을 기념했습니다.

오늘 우리에게 꺾인 부분은 무엇입니까? 학위를 따지 못한 것입니까? 자격증을 따지 못한 것입니까? 다른 사람에게 내놓을 수 없는 나의 부모님이나 자녀들의 결정적인 연약함입니까? 사랑하는 여러분, 바로 그 부분이 온 세상을 이기는 통로입니다. 우리는 그 꺾인 부분 때문에 하나님 앞에 울고 몸부림칩니다. 처음에는 하나님께 대들기도 하지만, 나중에는 이것이야말로 나를 너무나 사랑하시기 때문에 주신 축복임을 알게 되고, 내가 겉으로는 남을 해치지 않는 순한 사람 같지만 사실은 하나님 앞에서 얼마나 자존심이 강하며 내 생각을 포기하지 않는 야곱 같은 사람인지 깨닫게 됩니다.

야곱이 하나님을 만난 후에 절었던 것처럼, 하나님은 그 사랑하시는 자들을 이 세상에서 절게 하십니다. 결코 그에게 모든 것을 주시지 않습니다. 보는 것을 다 누리면서 멀쩡한 다리로 뛰어가는 사람, 그것도 모자라서 벤츠 타고 달리는 사람은 위험한 사람입니다. 무언가 모자라고 무언가 부족한 사람, 다리를 절어서 도망도 못 가는 사람, 그래서 결국 하나님 앞에 나아올 수밖에 없는 그 사람이 복된 사람입니다.

여러분, 다리를 절면 눈이 좋아집니다. 무언가 부족할 때 하나님이 더 잘 보이고 인생의 의미가 눈에 들어옵니다. 튼튼한 다리로 눈 감고 마구 내달리기보다는, 차라리 다리를 약간 절더라도 눈 똑바로 뜨고 가는 것이 더 낫습니다. 사회적인 불구자는 어떤 사람을 만나더라도 그를 만나는 진정한 의미를 알며, 공부를 하거나 직장생활을 할 때에도 절대로 후회하지 않는 삶을 살 수 있습니다.

우리에게 가장 어려운 씨름이 무엇입니까? 나를 힘들게 하는 시집 식구들과의 씨름이 아닙니다. 나를 어렵게 하는 돈과의 씨름이 아닙니다. '내가 그래도 저 사람들보다는 낫지' 하는 저 잘난 맛을 끊는 것이 제일 어려운 씨름입니다. 왜 '나'만 중요하게 생각합니까? 왜 '내 애'만 물고 빱니까? '나만 중요한 것이 아니구나. 다른 사람들도 다 중요하고 존귀하구나' 하는 것을 깨닫는 것이 제일 어려운 일입니다.

자기 기질을 하나님 앞에서 꺾을 수 있는 사람은 이 세상에서 못할 것이 없습니다. 그는 다른 사람이 듣지 못하는 하나님의 세밀한 음성을 듣습니다. 겉으로 나타나지 않는 사탄의 미묘한 계교를 알아챕니다. 이 세상이 어떻게 그런 사람을 이길 수 있겠습니까? 절대로 못 이깁니다. 이 세상은 하나님과 겨루어 이긴 사람을 절대로 이기지 못합니다.

하나님께서 사람으로 오신 이유가 무엇입니까? 어려운 히브리어나 헬라어가 아니라 알아들을 수 있는 우리말로 설교 말씀을 들려 주시는 이유가 무엇입니까? 우리를 사랑하시기 때문입니다. 그것이 싫으면 시내 산으로 올라가십시오. 화산 가운데서, 땅이 갈라지는 굉음 가운데서 하나님과 한번 이야기해 보십시오. 하나님께서 연약한 몸을 입고 오셔서 밤새도록 씨름해 주신 것이 야곱에게 얼마나 큰 은혜였는지 알아야 합니다. 지금 우리가 상대하고 있는 분은 사람이 아니라는 것을 기억하십시오. 그는 하나님이십니다.

나에게 저는 부분이 있습니까? 그 부족한 부분을 인하여 기뻐하고 감사하십시오. 그것으로 우리는 세상을 이길 것입니다.

《팥죽 한 그릇의 거래》 초판 머리말

진정한 축복

옛날에 백인들은 인디언들에게 유리구슬 반 상자를 주고 뉴욕 섬을 샀다고 합니다. 믿음의 조상 이삭의 집에는 하나님의 축복이 상속되고 있었습니다. 야곱은 형 에서에게 팥죽 한 그릇을 주고 장자권을 샀습니다. 그러나 하나님의 축복은 돈을 주고 살 수 있는 성질의 것이 아닙니다. 오직 하나님께서 원하시고 기뻐하시는 자에게 거저 주시는 것입니다.

오늘날 사람들은 눈에 보이는 부귀와 영화를 찾아 이리저리 날뛰고 있습니다. 그러나 진정한 하나님의 축복은 눈에 보이지 않는 데 있습니다. 그것은 성령으로 우리의 속사람을 치료하여 새 사람 되게 하시는 축복입니다. 이 귀한 축복이 믿는 자들의 공동체 안에 있습니다.

이 설교집이 세상에서 빛을 볼 수 있도록 수고하신 홍성사 여러 식구들에게 깊은 감사를 드리며, 이 귀한 축복을 함께 나누었던 제자들교회 식구들에게도 깊은 감사를 드립니다.

새 천년을 시작하며

대구에서

김서택

《천사와 씨름한 사람》 초판 머리말

야곱이 파란만장한 인생을 산 이유

한때 신문에 '386 세대'라는 말이 많이 등장했습니다. '386'이란 원래 컴퓨터 기종에서 나온 말인데, 60년대에 태어나 80년대에 대학생활을 하면서 격동의 시절을 겪은 지금의 30대를 일컫는 표현이 되었습니다.

사실 요즘 늙어 가시는 우리 아버지나 어머니 세대를 보면 이분들의 인생이야말로 파란만장했다는 생각이 듭니다. 그분들은 어린 시절에 일제 식민지 시대를 거쳤고 한국전쟁을 겪었으며 그 후에도 계속해서 격동의 시대를 살아왔기 때문입니다. 그렇다면 전후 세대인 우리는 참으로 보람되고 알찬 삶을 살아야 할 것 같은데, 실상은 그렇지도 않습니다. 우리는 우리 나름대로 파란만장한 인생을 살아가고 있습니다.

믿음의 조상 야곱의 생애는 그야말로 파란만장한 생애였다고 할 수 있습니다. 우리가 생각하기에는 야곱의 생애가 할아버지 아브라함과 아버지 이삭의 생애에 비해 훨씬 더 안정되어야 할 것 같은데, 실제로 야곱은 전쟁을 치른 아브라함이나 불안정한 시대를 산 이삭보다 더 심한 격동의 인생을 살아야만 했습니다. 그 이유가 무엇일까요?

그것은 그가 하나님이 주신 벧엘의 언약을 버리고 세상 속에서 풍성한 삶을 찾으려고 했기 때문입니다. 이와 마찬가지로 오늘 전후 시대의 젊은이들이 전쟁을 치른 세대보다 더 거칠고 파란만장한 삶을 살 수밖에 없는 것도 그들의 마음속에 하나님이 없기 때문입니다.

사십대 중반을 넘어서면서 저 자신의 과거를 돌이켜볼 때, 저 또한 참으로 파란만장한 인생을 살아왔습니다. 그것을 보면서 '과연 야곱이 멀리 있는 것이 아니구나' 하는 생각이 듭니다. 바로 저 자신의 인생이 야곱의 인생이었던 것입니다. 지금은 하나님 앞에서 사는 것이 그렇게 좋을 수가 없습니다. 이제는 더 이상 이 귀중한 축복을 빼앗기지 않을 것입니다.

이 부족한 설교집이 빛을 볼 수 있도록 수고하신 홍성사의 여러 식구들에게 깊은 감사를 드립니다.

새 천년 봄을 맞이하여

대구 수성교 옆에서

김서택

창세기 강해설교 3

천사와 씨름한 야곱

Expository Sermons on Genesis 3: Jacob Wrestling with the Angel

지은이 김서택
펴낸곳 주식회사 홍성사
펴낸이 정애주
국효숙 김의연 김준표 박혜란 손상범 송민규
오민택 임영주 주예경 차길환 허은

2021. 9. 15. 초판 인쇄 2021. 9. 29. 초판 발행

등록번호 제1-499호 1977. 8. 1.
주소 (04084) 서울시 마포구 양화진4길 3 전화 02) 333-5161 팩스 02) 333-5165
홈페이지 hongsungsa.com 이메일 hsbooks@hongsungsa.com
페이스북 facebook.com/hongsungsa 양화진책방 02) 333-5161

ISBN 978-89-365-1439-6 (04230)
ISBN 978-89-365-0561-5 (세트)